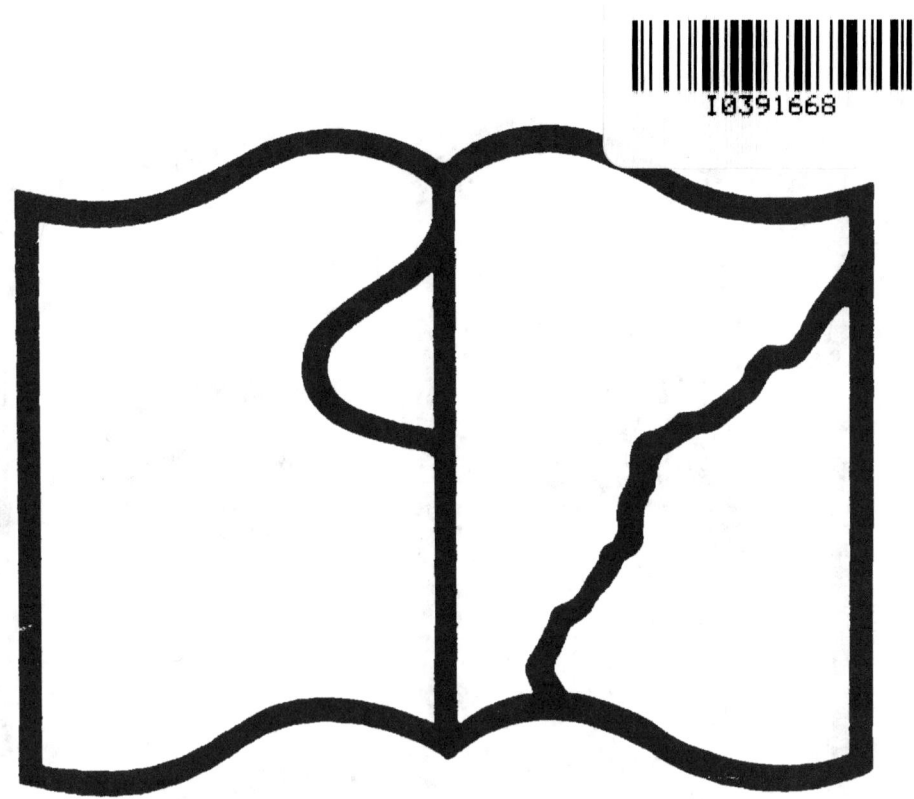

Texte détérioré — reliure défectueuse

NF Z 43-120-11

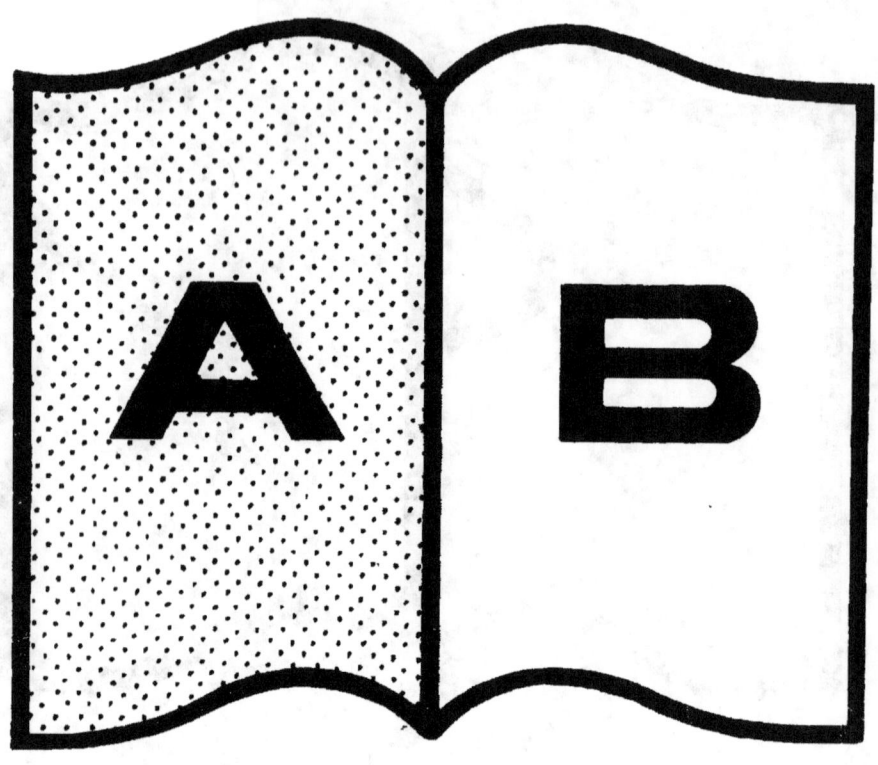

Contraste insuffisant

NF Z 43-120-14

ESSAI

SUR LA MUSIQUE.

TOME QUATRIEME.

ESSAI

SUR

LA MUSIQUE

ANCIENNE ET MODERNE.

TOME QUATRIEME.

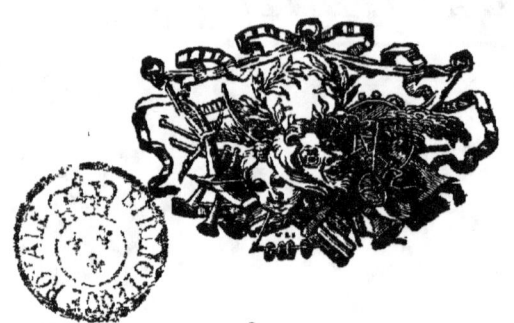

À PARIS,

De l'Imprimerie de Ph.-D. PIERRES, Imprimeur ordinaire du Roi;

Et se vend

Chez EUGENE ONFROY, Libraire, rue du Hurepoix.

M. DCC. LXXX.

Avec Approbation, & Privilége du Roi.

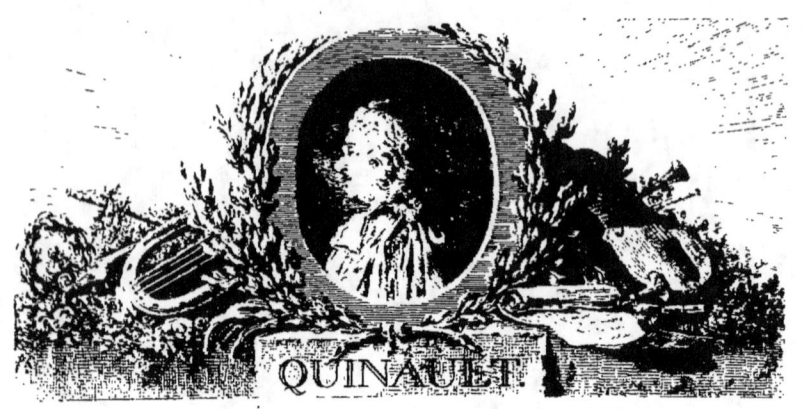

ESSAI
SUR LA MUSIQUE.

LIVRE SIXIEME.

POETES LYRIQUES FRANÇAIS.

Adam Billaut (Maître), Menuifier à Nevers, vivait fur la fin du regne de Louis XIII. Il mourut en 1662 (a).

(a) Il y avait de fon tems un Pâtiffier Poëte qui faifait auffi des pieces de vers. Il difait « que fi Maître Adam travaillait avec plus de bruit, pour lui il travaillait avec plus » de feu »

Le duc de Saint-Aignan a fait pour lui les vers suivans :

« Ornement du siecle où nous sommes,
» Vous n'aurez rien de moi, sinon
» Que, pour les vers & pour le nom,
» Vous êtes le premier des hommes.

Chanson à boire.

« Si quelque jour étant ivre
» La parque arrête mes pas,
» Je ne veux point pour revivre
» Quiter un si doux trépas.
» Je m'en irai dans l'Averne
» Faire enivrer Alecton,
» Et planterai ma taverne
» Dans la chambre de Pluton.

» Le plus grand de la terre,
» Quand je suis au repas,
» S'il m'annonçait la guerre,
» Il n'y gagnerait pas :
» Jamais je ne m'étonne ;
» Et je crois, quand je boi,
» Que si Jupiter tonne,
» C'est qu'il a peur de moi.

» La nuit n'est point chassée
» Par l'unique flambeau,
» Qu'aussi-tôt ma pensée
» Est de voir un tonneau ;
» Et lui tirant la bonde,
» Je demande au soleil
» As-tu bu dedans l'onde
» D'un élement pareil ?

Voltaire cite ce rondeau de Maître Adam.

« Pour te guérir de cette sciatique,
» Qui te retient comme un paralytique
» Dedans ton lit sans aucun mouvement,
» Prends-moi deux brocs d'un fin jus de sarment
» Puis lis comment on le met en pratique.

» Prends-en deux doigts, & bien chaud les applique
» Deſſus l'externe où la douleur te pique;
» Et tu boiras le reſte promptement
    » Pour te guérir.
» Sur cet advis ne ſois point hérétique;
» Car je te fais un ſerment autentique,
» Que ſi tu crains ce doux médicament,
» Ton médecin, pour ton ſoulagement,
» Fera l'eſſai de ce qu'il communique
    » Pour te guérir.

ABEILLE (Gaſpard), né à Rietz en Provence en 1648, embraſſa d'abord l'état eccléſiaſtique. Son humeur agréable & la facilité à faire des vers, le firent aimer de M. le Prince de Conty, du Duc de Vendôme, & du Maréchal de Luxembourg, qui lui faciliterent les moyens de faire fortune. Il devint Secrétaire général de la Province de Normandie, fut reçu de l'Académie Françaiſe en 1704, & obtint des bénéfices.

Abeille fit pluſieurs tragédies & poéſies galantes aſſez agréables. Il mourut à Paris en 1718.

ALBARET (d'), Cenſeur royal, a fait la tragédie de *Glaucus & Sylla*, Muſique de le Clair.

ALIBRAY (Charles Vion d'), né à Paris, fils d'un Auditeur des comptes, & frere de l'illuſtre Madame de Saintot, ſi célébrée par Voiture, fit pluſieurs ouvrages de poéſie qui lui donnerent quelque réputation.

On connaît cette épigramme contre Montmaur.

» Montmaur étant à table avec certains pédans
» Qui criaient & prêchaient trop haut ſur la vendange.
» Lui qui ne ſonge alors qu'à ce que font ſes dents,
» Paix là, paix là, dit-il, on ne ſait ce qu'on mange.

Il mourut en 1655.

CHANSON.

« Tu l'as dit tout publiquement,
» Que tu m'acceptais pour Amant,
» Adorable & belle Uranie;
» Mais je n'y puis ajouter foi:
» Et tu crois, auſſi bien que moi,
» Que qui le dit ainſi, le nie.

» Quel qu'innocent que foit l'Amour,
» C'eft un enfant qui hait le jour,
» Et qui veut toujours qu'on le cache :
» Il eft timide & honteux;
» Et ce qu'il communique à deux,
» Il faut qu'un troifieme le fache.

» Qu'il faffe pour punition
» D'une fi fauffe affection,
» Qu'une vraie à mes feux réponde ;
» Et comme c'eft un Dieu difcret,
» Que tu m'ofes dire en fecret
» Ce que tu dis à tout le monde.

D'Alibray avait fait pour le théatre *Amynte , la Pompe funèbre , le Torrifmond* & *Soliman.*

AMAND (Marc-Antoine-Gerard-François de Saint), né à Rouen en 1593, fils d'un chef d'efcadre, fervit quelque tems dans la marine, la quitta pour la littérature, & fut reçu de l'Académie Françaife en 1634. La lecture d'un poëme fur la Lune, qu'il fit à Louis XIV, & qui ne plut pas à ce Prince, lui caufa la mort. Il mourut de chagrin en 1661.

AMFREVILLE (Abbé d'). Ses ancêtres étaient parens du Cardinal du Péron, Grand-Aumônier de France fous Charles IX. Il mourut vers le milieu de ce fiecle, & a fait des chanfons charmantes. Peu de gens ont eu un caractere auffi liant, une converfation plus agréable & plus de talent pour conter.

C H A N S O N.

« Pour écarter l'indifférence,
» Il eft tant de fecrets charmans ;
» Faut-il que contre l'inconftance
» L'Amour n'ait point de Talifmans ».

On dit que Mademoifelle le Couvreur, morte en 1730, fut enterrée dans le jardin de l'Abbé d'Amfréville, qui l'avait beaucoup aimée.

ANSEAUME, né à Paris, a fait de très-jolis opéra comiques, tels que le *Peintre amoureux de son modele*, *les Chasseurs & la Laitiere*, *Mazet*, *la Clochette* & autres. Ils sont trop connus pour en parler ».

ARNAUD (François-Thomas-Marie Baculard d'), né à Paris, d'une famille noble & ancienne, originaire du comtat Vénaissin, étudia chez les Jésuites avec succès, & faisait des vers dès l'âge de neuf ans. Ses premiers essais en ce genre furent une tragédie de *Didon*. Il fut de très-bonne heure lié avec *Voltaire*, *Crébillon* le Pere, *Piron*, &c. De telles sociétés ne pouvaient que l'enflammer pour la littérature, exclusivement à tout autre objet. Aussi dirigea-t-il toutes ses vues de ce côté. A quinze ans, il avait fait la tragédie de *Coligny*, qui est imprimée & qui annonçait un talent tragique. Il avait aussi composé une Comédie en cinq actes & en vers, intitulée le *mauvais Riche*, qui n'a point encore paru imprimée, & qui fut jouée en 1750 sur un théâtre particulier : le célebre Lekain y jouait le premier rôle.

Cette piece eut plusieurs représentations si brillantes, que la Police engagea l'auteur à les suspendre. Ce fut à l'une de ces représentations, où assistait M. de Voltaire, que ce grand homme découvrit le talent supérieur de Lekain, & pria M. d'Arnaud de le mener chez lui.

Ce jeune Poëte s'était fait connaître encore par des poésies légeres qui attirerent l'attention du Roi de Prusse. Ce monarque lui donna le titre de son correspondant littéraire, & deux ans après l'appella auprès de lui à Berlin. Il lui donna même le glorieux surnom de son *Ovide*, & lui adressa des vers, dont tant d'autres à sa place se feraient glorifiés avec raison : cependant nous ne voyons pas que M. d'Arnaud les ait insérés dans aucun de ses ouvrages.

Jusqu'à ce moment M. d'Arnaud avait éprouvé de la part de M. de Voltaire les distinctions les plus flatteuses ; il existe une lettre de lui, dans laquelle il prétend que jamais Poëte n'a commencé plus brillamment que le jeune d'Arnaud. Peut-être ces vers du Roi de Prusse, peut-être la méchanceté de quelques jaloux de M. d'Arnaud exciterent-ils la division qui régna depuis entre le maître & l'éleve, & dont celui-ci fut la victime.

Trop sensible pour avoir la faiblesse d'un courtisan, il demanda & obtint son congé, & vint à la Cour de Dresde, où il fut élevé à la dignité de *Conseiller de légation*, titre que les premiers gentilshommes.

Allemands s'honorent de porter. Le defir de revoir fa patrie, & la tendre amitié du *Comte de Frife*, neveu du Maréchal de Saxe, le déterminerent à revenir en France.

Il y vécut quelques années dans la plus brillante fociété; mais bientôt il s'en retira pour fe livrer entiérement à l'étude.

C'eft de cette retraite, où il paffe fa vie, que font fortis les ouvrages qu'il nous donne depuis quelques années.

Jean-Jacques Roufleau a dit de M. d'Arnaud. *La plupart de nos gens de lettres écrivent avec leurs têtes & leurs mains, M. d'Arnaud écrit avec fon cœur.*

On va donner une édition de fes pieces légeres, celle qui exifte en trois volumes étant défavouée par l'Auteur.

C H A N S O N.

« C'eft l'Amour qui me fait écrire,
» C'eft l'Amour qui me fait parler :
» Il eft jufte que qui m'infpire,
» De fes dons aime à me combler.

» L'autre jour cet aimable enfant,
» Avec un fourire charmant,
» Me dit : je voudrais reconnaître
» Ton zèle & ton attachement.

» Choifis, de mon aîle volage,
» Ou de mon flambeau radieux ;
» Que mon carquois foit ton partage,
» Ou mets mon bandeau fur tes yeux.

» Garde, Amour, ton aîle légere :
» Ah, loin de vouloir voltiger,
» Qu'un nouveau nœud, à ma Glycere,
» S'il fe peut vienne m'engager.

» Ton flambeau me ferait contraire,
» Doit-on éclairer le plaifir ?
» Vu de trop près, il fait moins plaire,
» Et fatisfait moins le defir.

» De ton carquois ferois-je ufage !
» Eh ! quels traits aurais-je à lancer ?
» Glycere accepte mon hommage,
» Je n'ai plus de cœur à bleffer.

» Mais fi l'erreur eft néceffaire,
» S'il faut écarter le flambeau,
» Mon choix eft fait, Dieu de Cythere,
» Daigne me donner ton bandeau.

ARTAUD (Jean-Baptifte), né à Montpellier le 26 Décembre 1732 ,
Cenfeur royal, a compofé la comédie de *la Centenaire*, ainfi que plufieurs
autres prêtes à voir le jour, & defirées depuis long-temps. Il s'eft chargé
depuis quelques années de rédiger le courier d'Avignon ; ce qui l'oblige
à réfidence. Nous connaiffons de lui un fort joli opéra comique.

ASSOUCY (Charles Coipeau d'), né à Paris en 1604, était Poëte &
Muficien. Il voyagea long-tems, fut mis à Rome à l'inquifition pour des
fatyres, & à fon retour penfa être brûlé pour un vice infâme dont on
l'accufait. Il mourut en 1679.

AUBERT (L'Abbé Jean-Louis), né à Paris en 1731, fils du Surintendant
de la Mufique de M. le Duc.
Nous avons de lui plufieurs livres de fables, dont plufieurs font jolies,
& fe font lire avec plaifir.
Il a mis auffi en vers le joli roman de Pfyché fait par la Fontaine.

AULAIRE (Jean-François-Jofeph de Beaupoil, Marquis de Saint). Il
commença à faire des vers à foixante ans, & à quatre-vingt-quinze il
compofa ceux fi connus, qu'il adreffa à Madame la Ducheffe du Maine.

    « La Divinité qui s'amufe
    » A me demander mon fecret,
   » Si j'étais Apollon ne ferait point ma Mufe,
   » Elle ferait Thétis, & le jour finirait.

Il eft mort en 1742.

C H A N S O N.

« Bergere détachons-nous
» De Newton, de Defcartes :
» Ces deux efpeces de Fous
» N'ont jamais vu le deffous
» Des cartes, des cartes, des cartes

Autre faite à quatre-vingt-dix ans.

« Bacchus & Silvie,
» Ont partagé ma vie;
» Bacchus & Silvie
» M'occupaient tour à tour.
  » Mais à mon âge,
  » On devient fage,
  » Et fans partage
  » Mon dernier jour
» Doit fe confacrer à l'Amour.

Autreau (Jacques), né Philofophe, ou plutôt Mifantrope, faifait peu de cas de l'eftime de tout le monde, & ne s'eftimait gueres plus lui-même. Il a fui le monde par goût, & la médiocrité de fa fortune n'a pas été capable de l'en rapprocher. Sa philofophie renfermait plus d'humeur que d'amour-propre; mais elle tenait auffi plus du tempérament que de la raifon.

Il était Poëte par goût & fe fit Peintre par néceffité. Son tableau le plus eftimé eft celui qui appartenait à M. de la Faye, dans lequel on voyait Fontenelle, la Motte & Danchet, difputant fur un ouvrage dont on leur faifait la lecture. Son dernier ouvrage en peinture eft peut-être la plus belle allégorie qui ait été trouvée. Elle repréfente Diogène près de fon tonneau, ayant trouvé l'homme qu'il cherchait depuis fi long-tems, & cet homme eft le Cardinal de Fleury, dont il tient le portrait.

Il fit plufieurs pieces au théâtre Italien, qui ont eu beaucoup de fuccès. La Magie de l'Amour, & les Amans ignorans, prouvent un grand talent pour la comédie. Sa profe eft élégante & correcte, fes vers font agréables & bien tournés.

H

Il naquit en 1656, & ne donna sa premiere comédie qu'en 1718. Sa mort arriva en 1745 à l'hôpital des Incurables.

CHANSON.

« D'où vient, disait Lucas, qu'on voit entre les Rois
» Toujours maille à partir, toujours queuque anicroche?
  » Morguiene à Pantin, sans reproche,
» Je vivons mieux d'accord, nous autres villageois,
  » En voici la raison, me semble,
  » Lui répondit Grégoire en esprit fort:
  » Le moyen qu'ils soient d'accord?
  » Ils ne buvont jamais ensemble ».

AUTRE.

« L'épouse la plus belle
» Dégoûte & fatigue à la fin;
» Mais plus on boit de son vin,
» Et plus il nous rappelle.
» Eh! mes amis, croyez-moi,
» Femme en ville & vin chez soi ».

AUTRE.

« Une femme est un embarras,
» N'est-il pas vrai compere Blaise!
» Humons le piot tout à notre aise,
» Nargue de l'amoureux tracas.
» Au cabaret lorsque je suis à table,
» Je ne bois qu'à ma soif, & quand le cœur m'en dit;
» Mais quand Margot me tient au lit,
  » Tout ci, tout ça,
  » Par-ci, par-là,
  » Mon pauvre Colas,
  » Est-tu déja las?
» Alle est insupportable ».

AUTRE.

« Baise-moi donc, me disait Blaise;
» Nannin, nannin, je ne suis pas si niaise,

» Ma mere me le défend bien.

» Mais voyez ce grand Nicodeme;

» La fienne ne lui défend rien:

» Que ne me baife-t-il lui-même ? »

P A R O D I E.

« Loin des fots & des critiques,

» Des fâcheux & des mélancoliques,

» Cinq ou fix amis, gens pacifiques,

» En certain lieu, près de Paris,

» Sous des Lambris ruftiques

» Trouvent le Paradis,

» Que Mahom crut jadis.

» A fon apétit

» Chacun vit.

» On rit, on chante, on fait grand chere,

» On mene fa bergere

» Sur le fainfoin:

» Le refte eft un myftere

» Qu'on ne révele point.

» Cabinets, lits de verdure,

» Oinemens de la nature

» Pure;

» Parterres gais, allée obfcure,

» Salon bien frais,

» Dont les murs font difcrets,

» Peu chargés de dorure,

» Mais la cuifine auprès,

» Voilà notre palais.

» Nous vivons en Dieux

» Dans ces beaux lieux.

» Tout flatte notre fantaifie;

» Tout nous eft ambroifie:

» Point de fouci;

» Puiffions-nous tous mourir ici,

» Reffufciter auffi.

On trouve dans fes ouvrages l'opéra de Platée, augmenté & changé par feu M. Balot, & mis en mufique par Rameau. On le donna pour la premiere fois en 1747.

BAIF (Jean-Antoine de), originaire d'Anjou, né à Venise en 1531. Il était fils naturel de l'Abbé Baïf, Maître des requêtes & Ambassadeur à Venise. Son pere l'ayant fait légitimer, lui fit faire de bonnes études, & mourut avant que son fils les eut entiérement achevées. Ronsard, son camarade de classe, l'aimait beaucoup & en faisait grand cas.

Ce qui le distingua davantage, fut un académie de Musique qu'il établit dans une petite maison qu'il avait dans un des fauxbourgs de Paris. Il y donnait souvent des concerts qui lui attiraient les visites de toute la Cour. Charles IX & Henri III les honorerent souvent de leur présence.

Baïf était aussi bon Musicien que bon Poëte. On a de lui plusieurs livres de chansons à quatre parties imprimées en 1578. Les paroles & la musique de douze chansons spirituelles à quatre parties, en 1562.

Une instruction pour toute Musique des huit divers tons en tablature de luth ; & une instruction pour apprendre la tablature, & à jouer de la guiterne (guitare).

Il mourut en 1591.

CHANSON.

« Si ce n'est pas amour, que sent donques mon cœur?
» Si c'est amour aussi, pour Dieu quelle chose est-ce?
» S'elle est bonne, comment nous met-elle en détresse,
» Si mauvaise, qui fait si douce sa rigueur? »

BAINVILLE (Charles), Provençal, & parent de Boileau, était Peintre, mais aimait encore mieux faire des vers. Il mourut en 1754.

CHANSON.

« L'autre jour l'enfant de Cythere;
» Sous une treille à demi-gris,
» Disait, en parlant à sa mere,
» Je bois à toi, ma chere Iris.
» Vénus le regarde en colere:
» Maman, calmez votre courroux,
» Si je vous prends pour ma bergere;
J'ai pris cent fois Iris pour vous.

A U T R E.

« L'Amour caché dans un buisson ;
» Vit Colin & Nanette;
» Tout aussi-tôt ce Dieu fripon,
» Jouant de l'arbalête,
» Perça la fille & le garçon,
» Tous les deux fur l'herbette.

» Fier de ce coup, il s'aprocha
» Du couple qui se pâme ;
» Mais ce spectacle le toucha,
» Et par un trait de flâme,
» Qu'avec roideur il décocha,
» Ce Dieu leur rendit l'âme.

» Colin le premier s'éveillant,
» Joyeux de l'aventure,
» Dit à Nanette, en l'embrassant,
» Comment va ta blessure ?
» Elle répond en rougissant,
» Ta santé me rassure.

BALOT DE SOVOT, frere du sieur Balot, Notaire, a raccommodé les paroles de l'acte de *Pygmalion*, de la Motte, de la maniere dont on le donne à présent. Il a aussi refondu le poëme de *Platée*, opéra d'*Autreau*, mis en musique par Rameau. Balot a composé le poëme d'*Aglaure*, tragédie qui allait être mise en musique, lorsqu'il mourut vers 1760.

BANZI (de) a composé les paroles du ballet de *Villeneuve-Saint-Georges*, mis en musique par Collasse, exécuté devant Monseigneur, le 1 Septembre 1691, & à l'opéra en 1732.

BARTAS (Guillaume de Salusse du), fils d'un Tréforier de France, naquit à Monfort en Armagnac vers 1544, & fut gentilhomme ordinaire de la chambre d'Henri IV, alors Roi de Navarre.
Il se distingua comme Capitaine, comme Négociateur & comme Poëte. Il a fait un poëme sur la création, intitulé *la Semaine*, qui eut un grand

fuccès. On a de lui plufieurs autres ouvrages qui lui donnerent une grande réputation.

Du Barras mourut en Juillet 1590, âgé de quarante-fix ans, ayant été trop exalté pendant fa vie & trop rabaiffé après fa mort. On a de lui quelque poéfie lyrique, mais affez médiocre.

BAUGÉ (Daniel-Paul Chapufeau de), né à Lyon, fils d'un miniftre Calvinifte, abjura, devint Abbé, puis Financier, & fe maria. Il mourut vers 1739.

Il donna en 1691, à l'opéra, *Coronis* en cinq actes, mufique de Théobalde.

BAURANS, né à Touloufe vers 1712, fut d'abord deftiné au Barreau & revêtu d'une charge de fubftitut du Procureur-Général au Parlement de cette ville; mais fon peu de fortune l'obligea de quitter cet état, & de fe charger de l'éducation du fils d'un de fes amis. Ce fut dans ce tems que Rouffeau de Genève commença à faire connaître fa grande facilité pour les paradoxes, dans fa fameufe Lettre fur la Mufique. Baurans, indigné des fauffes affertions dont cette Lettre eft remplie, & de l'affurance avec laquelle cet écrivain ofait dire aux Français que leur langue ne pouvait fe prêter à la Mufique, prétendit prouver que non-feulement notre langue était propre à notre Mufique, mais encore à la Mufique Italienne, & choifit *la Serva Padrona*, le plus fameux intermede des Italiens, pour en parodier tous les morceaux de Mufique, en les traduifant littéralement. Son fuccès fut complet, le public y courut en foule, & cent repréfentations de fuite ne diminuerent pas les applaudiffemens. Il réuffit auffi bien dans le *Maître de Mufique*; & depuis ce tems, une foule d'opéra-comiques charmans ont prouvé que Rouffeau avait tort. Au milieu de ces fuccès, & tandis qu'il s'en préparait de nouveaux, Baurans fut frappé d'apoplexie, en revint un peu, fe fit porter dans fa patrie, où il languit environ deux ans, & mourut au commencement d'Avril 1766, âgé d'environ cinquante-quatre ans, eftimé de tous ceux qui l'avaient connu.

CHANSON.

« Sous un ombrage épais,
» Fait exprès,
« Lifette dormait en paix;
Mais

» Le fin Licas,

» Qui ne dormait pas,

» La voit, s'approche à petit

Bruit,

» Tout doucement

» Il prend un baifer charmant.

» Puis fur fon fein,

» Il veut promener fa main;

» Quand la Belle à propos s'éveilla,

» Pour arrêter ce jeu-là,

Là.

» Fit-elle bien?

» Je n'en dirai rien:

» Eft-on d'accord fur ce point?

» Point.

» Tout bas le cœur

» Dément fa rigueur:

» Celle qui dit autrement

Ment.

» On fe défend

» A fi grand peine en veillant.

» Faut-il auffi

» Dormir avec ce fouci?

» Si quelqu'amant

» Saifit le moment,

» Peut-on avoir quand on dort

» Tort ».

BEAULIEU (Euftache de). On le croit né avant 1500; car il était Organifte de Leictoure en 1522. Il était Poëte, ainfi que Muficien. Nous avons de lui des chanfons à plufieurs parties qui ne valent pas grand chofe.

Il quitta la Religion Catholique, & devint Miniftre à Genève, après avoir été Prêtre en Gafcogne.

BELLAY (Joachim du), Seigneur de Liré près de Nantes, fut en 1555 Chanoine de Notre-Dame, & nommé à l'Archevêché de Bordeaux, fur la démiffion du Cardinal du Bellay fon oncle.

Il mourut d'apoplexie le 1 de Janvier 1560, dans fa trente-feptieme année. On l'avait furnommé l'Ovide Français.

Paquier nous apprend que ce fut du Bellay qui introduifit l'ufage des fonnets en France.

Il y a dans fes poéfies de la douceur & de la naïveté.

Il eft enterré à Notre-Dame dans la chapelle Saint-Crefpin.

A VÉNUS.

« Ayant après long defir
» Pris de ma douce ennemie
» Quelques arres du plaifir,
» Que fa rigueur me dénie,
» Je t'offre ces beaux œillets,
» Vénus, je t'offre ces rofes,
» Dont les boutons vermeillets
» Imitent les lévres clofes
» Que j'ai baifé par trois fois,
» Marchant tout beau deffous l'ombre
» De ce buiffon que tu vois.
» Et n'ai fçeu paffer ce nombre,
» Pour ce que la mere était
» Auprès delà, ce me femble,
» Laquelle nous aguettait :
» De peur encore j'en tremble.
» Or, je te donne des fleurs :
» Mais fi tu fais ma rebelle
» Autant piteufe à mes pleurs,
» Comme à mes yeux elle eft belle,
» Un myrthe je dédierai
» Deffus les rives de Loyre,
» Et fur l'écorce écrirai
» Ces quatre vers à ta gloire :

» Mifis fur ce bord ici
» A Vénus confacre & donne
» Ce myrthe, & lui donne auffi
» Ses troupeaux & fa perfonne ».

BELLEAU (Remy), né à Nogent-le-Rotrou en 1520, fuivit en 1557 en Italie René de Lorraine, Général des galeres; & ce Prince fut fi content de fon efprit, qu'il l'engagea à fe charger de l'éducation de Charles de Lorraine fon fils, qui fut premier Duc d'Elbeuf & Grand-Ecuyer de France.

On trouva fingulier que le plus frugal & le plus fobre de tous les Poëtes eût pris plaifir à traduire Anacréon, le plus voluptueux de tous les Grecs. Il mourut le 6 Mars 1577, & fut enterré aux Auguftins, où l'on voit fon tombeau & fon épitaphe compofée par Ronfard (a).

Sainte Marthe a dit de lui : « que quand il fallait exprimer naïvement » les chofes, il le faifait de fi bonne grace & avec tant d'adreffe, qu'il » femblait être une vivante peinture des chofes qu'il voulait écrire ».

C H A N S O N.

« Avril, l'honneur & des bois
» Et des mois,
» Avril, la douce efpérance
» Des fruits, qui fous le coton
» Du bouton
» Nourriffent leur jeune enfance.

» Avril, l'honneur des prés verds,
» Jaunes pers;
» Qui d'une humeur bigarée,
» Emaillent de mille fleurs
» De couleurs,
» Leur parure diaprée.

» Avril, l'honneur des foupirs;
» Des Zéphirs,
» Qui fous le vent de leur aîle,
» Dreffent encore ès forêts
» De doux rets
» Pour ravir Flore la belle.

» Avril, c'eft ta douce main,
» Qui du fein
» De la nature defferre
» Une moiffon de fenteurs
» Et de fleurs,
» Embaumant l'air & la terre.

(a) *Épitaphe de Belleau.*

« Ne taillés, mains induftrieufes,
» Des pierres pour couvrir Belleau.
» Lui-même a bâti fon tombeau
» Dedans fes *pierres précieufes* »

Avril

» Avril, l'honneur verdiffant,
  » Floriffant
» Sur les treffes blondelettes
» De ma Dame & de fon fein ;
  » Toujours plein
» De mille & mille fleurettes.

» Avec la grace & les ris
  » De Cypris,
» Le flair & la douce haleine;
» Avril, le parfum des Dieux,
  » Qui des cieux
» Sentent l'odeur de la plaine.

» C'eft toi, courtois & gentil ;
  » Qui d'exil
» Retire ces paffageres,
» Ces arondelles qui vont
  » Et qui font
» Des beaux jours les meffageres.

» L'aubépine, l'églantin
  » Et le thym,
» L'œillet, le lys & les rofes ;
» En cette belle faifon
  » A foifon
» Montrent leurs robes éclofes.

» Le gentil roffignolet
  » Doucelet,
» Découpe deffous l'ombrage
» Mille frédons gazouillans
  » Et brillans
» Au doux chant de fon ramage.

» C'eft à ton heureux retour
  » Que l'amour
» Souffle à doucettes haleines
» Un feu difcret & couvert
  » Que l'hyver
» Receloit dedans nos veines;

» Viens, amour, donne ta voix
» A ce mois,
» Qui prend le furnom de celle
» Qui de l'écumeufe mer
» Vit former
» Sa beauté toujours nouvelle ».

BELLOCQ (Pierre), né à Paris en 1645, était ami intime de Moliere &
de Racine. Il a fait plufieurs poéfies eftimées; entr'autres, la fatyre des
Petits Maîtres, celle des Nouvelliftes, & fon poëme fur l'Hôtel-des-Invalides.
Il mourut le 4 Octobre 1704.

BELLONE (Etienne), Tourangeau, a fait plufieurs livres de chanfons
intitulés : *Livres des Chanfons folâtres, & Prologues tant fuperlifiques que
drolatiques,* &c. en 1612. Nous n'y avons rien trouvé qui nous ait paru
digne d'être rapporté.

BELLOY (Pierre-Laurent Burette de), neveu d'un Avocat de Paris,
naquit à Saint-Flour le 17 Novembre 1727, & fit de longs voyages dans
les Cours du Nord. A fon retour, il voulut s'effayer dans l'art dramatique,
& n'eut pas de fuccès dans fa *Clémence de Titus.* On fait la plaifanterie
qui fut faite alors.

« Titus perdit un jour : un jour perdit Titus ».

Mais il fut bien dédommagé de cet échec par le fuccès de *Zelmire* &
celui du *Siege de Calais,* qui n'avait jamais eu d'exemple ; *Gafton* &
Bayard, & *Gabrielle de Vergy* ont auffi beaucoup réuffi. La ville de Calais
lui envoya des lettres de bourgeoifie; & en 1770, l'Académie Françaife
le reçut parmi fes membres. Il était dans la plus grande indigence, lorfqu'il
tomba malade de fa derniere maladie; & le feu Roi, en apprenant fon
trifte état, chargea M. le Maréchal de Duras de lui donner tous les fecours
dont il aurait befoin. Il mourut le 5 Mars 1775, emportant l'eftime de
tous fes amis.

On vient de donner une édition de fes œuvres en fix volumes, dans lef-
on trouve quelques morceaux de poéfies lyriques.

BENSERADE (Ifaac de), né à Lions en Normandie en 1612, était plutôt un Poëte de société qu'un Auteur académique. Il avait de la facilité, de la grace, & quelquefois des tours heureux. A l'âge de huit ans, lorsqu'il reçut la confirmation, l'Evêque lui demanda s'il ne voulait pas quitter son nom de Juif pour en prendre un Chrétien. *Je ne demande pas mieux*, répondit l'enfant, *pourvu que l'on me donne du retour.*

Le Cardinal de Richelieu, à qui il plut, lui donna une pension de six cent livres qu'il perdit avec lui, ces vers le prouvent :

« Ci gît, oui gît, par la morbleu,
» Le Cardinal de Richelieu ;
» Et ce qui cause mon ennui,
» Ma pension avec lui.

Le Cardinal de Mazarin lui en rendit une de deux mille livres, sur un bénéfice, & lui fit d'autres graces.

Il fit pendant quarante ans les amusemens de la Cour. Ses vers les plus fameux font ceux qu'il adreffa aü Roi, repréfentant le foleil dans un de fes fpectacles :

« Je doute qu'on le prenne avec vous fur le ton
» De Daphné ni de Phaëton :
» Lui trop ambitieux, elle trop inhumaine :
» Il n'eft point là de piege où vous puiffiez donner ;
»   Le moyen de s'imaginer
» Qu'une femme vous fuye, & qu'un homme vous mene.

Benferade fut protégé par Madame de la Valiere, qui s'était fervi de lui plufieurs fois pour répondre aux lettres de Louis XIV.

Sa réputation était au comble, lorfqu'il s'avifa de vouloir mettre en rondeaux les métamorphofes d'Ovide, & ce fut l'écueil de fa gloire. Quoique Poëte, il n'était pas favant ; & fur-tout en Mythologie. Madame lui ayant demandé quelle différence il y avait entre une Driade & une Hamadryade, Benferade qui l'ignorait, & qui ne voulait pas refter court, lui répondit : la même qu'entre un Evêque & un Archevêque.

Vers la fin de fa vie il fe retira à Gentilly, & embellit fa retraite de plufieurs infcriptions qui méritaient d'être recueillies. Nous en citerons une :

» Adieu fortune, honneur; adieu vous & les vôtres,
» Je viens ici vous oublier.
» Adieu toi-même, amour, bien plus que tous les autres
» Difficile à congédier ».

C 2

Il avait été reçu de l'Académie Françaife en 1674 à la place de Chapelain; & mourut en 1691, âgé foixante-dix-neuf ans.

Vers de Senecé pour mettre au bas du portrait de Benferade.

» Ce bel efprit eut trois talents divers
» Qui trouveront l'avenir peu crédule ;
» De plaifanter les Grands ne fe fit point fcrupule,
» Sans qu'ils le priffent de travers ;
» Il fut vieux & galand, fans être ridicule ,
» Et s'enrichit à compofer des vers ».

BERNARD (Mademoifelle Catherine), née à Rouen, remporta plufieurs fois le prix de l'Académie Françaife, & fut reçue de celle de Padoue. Elle compofa deux tragédies (*Brutus* & *Laodamie*) qui n'eurent point de fuccès, quoiqu'on prétende que M. de Fontenelle y eut travaillé. Depuis, Madame de Ponchartrain, femme du Chancelier, l'engagea à ne plus travailler pour le théâtre. Elle mourut à Paris en 1712. Ses plus jolis romans font le *Comte d'Amboife* & *Inès de Cordoue.*

C H A N S O N.

« Quand le fage Damon dit que, d'un trait mortel
» L'Amour bleffe les cœurs, fans qu'ils ofent fe plaindre,
» Que c'eft un Dieu traître & cruel :
» L'Amour, pour moi, n'eft point à craindre ;
» Mais quand le jeune Athis me vient dire à fon tour :
» Ce Dieu n'eft qu'un enfant, doux, careffant, aimable,
» Plus beau mille fois que le jour,
» Que je le trouve redoutable ! »

BERNARD, né d'une famille honnête du Dauphiné, fut toute fa vie attaché à la maifon de Coigny, qui lui donna la place de Sécrétaire général des Dragons, & celle de Bibliothécaire du Roi à Choify.

Bernard fut bon parent, bon ami, bon citoyen, & l'homme le plus fûr dans la fociété. Il ne livra jamais fes ouvrages à l'impreffion, & fe contentait de lire fes poéfies dans quelques cercles.

Bernard eut le malheur de fe furvivre à lui-même, dans les deux dernieres années de fa vie. Ses organes fatigués par le travail, & peut-être par l'abus des plaifirs, l'avaient laiffé dans une efpece d'enfance. Il mourut à Paris regretté de fes amis, & ce qui eft plus rare, des gens de lettres eux-mêmes.

M. Paliffot a dit qu'aucun de nos Poëtes n'a plus approché que lui de la maniere d'Ovide, & qu'il en avait les beautés, ainfi que les défauts.

Bernard a donné à l'Opéra en 1737 *Caftor & Pollux*, mufique de Rameau.

En 1757, *les furprifes de l'Amour*, compofées des actes de *l'enlevement d'Adonis, Linus & Anacréon*, mufique de Rameau.

CHANSON.

» Tendre fruits des pleurs de l'aurore,
» Objet des baifers du Zéphir,
» Reine de l'empire de Flore,
» Hâte-toi de t'épanouir.
» Que dis-je, hélas! crains de paraître,
» Differe un moment de t'ouvrir;
» L'inftant qui doit te faire naître,
» Eft celui qui doit te flétrir.

» Va, meurs fur le fein de Thémire,
» Qu'il foit ton thrône & ton tombeau :
» Jaloux de ton fort, je n'afpire
» Qu'au bonheur d'un trépas fi beau.
» Si quelque main a l'imprudence
» De venir troubler ton repos,
» Emporte avec toi ta défenfe,
» Garde une épine à mes rivaux.

» L'amour aura foin de t'inftruire
» De quel côté tu dois pencher;
» Eclate à mes yeux fans me nuire,
» Pare fon fein fans le cacher.
» Qu'enfin elle rende les armes
» Au Dieu qui forma mes liens,
» Et qu'en voyant périr tes charmes,
» Elle apprenne à jouir des fiens ».

ESSAI

AUTRE.

« L'amant frivole & volage
» Chante par-tout ses plaisirs ;
» Le berger discret & sage
» Cache jusqu'à ses desirs.
» Telle est mon ardeur extrême :
» Mon cœur soumis à ta loi,
» Te dit sans cesse qu'il aime,
» Pour ne le dire qu'à toi.

» Sur une écorce légere,
» Amans, tracez votre ardeur ;
» Le beau nom de ma bergere
» N'est gravé que dans mon cœur.
» Je n'ose occuper ma lyre
» A chanter un nom si doux,
» Echo pourroit le redire,
» Et j'aurois trop de jaloux.

» Vous qu'un fol amour inspire,
» Connoissez mieux le plaisir ;
» Vous n'aimez que pour le dire,
» Nous n'aimons que pour jouir.
» Églé, que notre mystere
» Dure autant que nos amours ;
» L'amant content doit se taire,
» Fais moi taire pour toujours.

Vers de M. de Voltaire à Bernard.

« Dans ce pays trois Bernard sont connus.
» L'un est ce saint, ambitieux reclus,
» Prêcheur adroit, fabricateur d'oracles ;
» L'autre Bernard est l'enfant de Plutus,
» Bien plus grand saint, faisant plus de miracles ;
» Et le troisieme est l'enfant de Phœbus,
» Gentil Bernard, dont la muse féconde
» Doit faire encor les délices du monde,
» Quand des premiers on ne parlera plus.

Billet de M. Voltaire à Bernard, pour l'inviter à fouper chez Madame la Ducheffe de Luxembourg.

» Genti Bernard eft averti
» Au nom du Pinde & de Cythere,
» Que *l'art d'aimer* doit famedi
» Venir fouper chez l'art de plaire ».

CHANSON.

« Soufflez les amours fur vos traces;
» Mufes, fouvenez-vous toujours
» Que l'efprit eft fans les amours
» Ce qu'eft la beauté fans les grâces.
» C'eft à l'amour qu'il faut céder;
» Quel autre charme nous arrête.
» L'efprit peut faire une conquête;
» Mais c'eft au cœur à la garder.

B. (M. le C. François-Joachim de), né en 1715 à Saint-Marcel de l'Ardeche, réunit les avantages de tous les efprits. C'eft à regret que nous bornons nos éloges à fes talens poétiques. L'épître que l'on va lire, eft un des plus beaux morceaux de la Poéfie françaife.

Epître à Fontenelle.

« On vit long-tems quand on eft fage;
» C'eft du fein des tranquilles nuits
» Que naiffent les jours fans nuage;
» En moiffonnant trop tôt les rofes du bel âge,
» On n'en recueille point les fruits.
» Ce foleil brillant dès l'aurore
» Qui confume les fleurs de la belle faifon,
» Qu'un aftre bienfaifant qui féconde & colore,
» Et qui d'un voile d'or embellit l'horifon;
» Remede pour le fage, il devient un poifon
» Pour les cœurs que fon feu dévore.
» Tes jours comblés d'honneurs & tiffus de plaifirs,
» Tes beaux jours, fage Fontenelle,
» Semés d'heureux travaux & de brillans loifirs,
» Dont au gré de nos vœux le fil fe renouvelle,
» Confacrent à jamais la raifon éternelle

» Qui dirigea tes pas & régla tes defirs.

     » On vit un célefte génie

» T'apporter tour à tour le compas d'Uranie,

» La plume de Clio, la lyre des Amours,

» La gloire répandit fes rayons fur ta vie;

» Mais la feule raifon en étendit le cours.

» Les martyrs de l'orgueil prodiguent fans réferve

      » Leurs jours pour faifir des momens :

» La gloire fur fes pas fait périr fes amans,

      » Et la fageffe les conferve,

» Sans jouir du prefent vivre pour l'avenir,

      »S'immoler aux races futures ,

» D'un travail épineux endurer les tortures,

» Laiffer, quand on n'eft plus, un foible fouvenir ;

» O chimere d'orgueil ! ô méprifable idole !

» En s'éclairant foi-même éclairer l'univers,

» Mériter un grand nom, fentir qu'il eft frivole;

» Enlever fans effort ces lauriers toujours verds,

» Qu'emporte loin de nous la gloire qui s'envole ;

» Defirer d'être grand, fans ceffer d'être heureux,

» Enrichir fon efprit en prolongeant fa vie,

» Méprifer la faveur & confoler l'envie,

» Défarmer fes rivaux, régner fur fes neveux,

» Tel eft l'objet du fage, & telle eft ton hiftoire,

      » Il faut, pour être mon héros,

» S'approcher lentement du temple de mémoire,

» Travailler fans relâche en faveur du repos ;

» Excercer, conferver les refforts de fon ame;

» Plus la vie eft tranquille, & plus fa foible trame

      » Echappe au cifeau d'Atropos.

      » Nos paffions font nos furies :

» Elles veillent fans ceffe, & leurs cris renaiffans

» Viennent rompre le cours des douces rêveries ,

      » Et l'équilibre de nos fens.

» Qui fçait les maîtrifer, eft le Dieu d'Épidaure.

» Oui, la fageffe aimable eft fœur de la fanté ;

» Elle feule connaît ce fecret qu'on ignore

      » D'affurer l'immortalité.

      » Qu'un autre exalte le courage

      » D'Achille mort dans fon printems;

» Il faut plus de vertus pour vivre plus long-tems ;

» Et le Neftor des Grecs fut encor le plus fage ».

                                      CHANSON.

CHANSON.

« Le connais-tu, ma chere Eléonore,
» Ce tendre enfant qui te suit en tout lieu;
» Ce faible enfant qui serait tel encore,
» Si tes regards n'en avaient fait un Dieu.

» C'est par ta voix qu'il étend son empire :
» Je ne le sens qu'en voyant tes appas;
» Il est dans l'air que ta bouche respire,
» Et sur les fleurs qui naissent sous tes pas.

» Qui te connaît, connaîtra la tendresse;
» Qui voit tes yeux, en boira le poison :
» Tu donnerais des sens à la sagesse
» Et des desirs à la froide raison.

AUTRE.

» Iris, Thémire & Danaé
» Ont envain reçu mon hommage;
» N'en doutez point, belle Aglaé,
» Jamais mon cœur ne fut volage.

» Iris parle si tendrement,
» Mon cœur est si faible & si tendre.
» Que je croyais, même en l'aimant,
» Vous voir, vous parler, vous entendre.

» Un sourire engageant & doux
» M'enflamma bientôt pour Thémire :
» J'ignorais qu'une autre que vous
» Pût aussi finement sourire.

» Danaé s'offrit dans le bain;
» Qu'on est aveugle quand on aime!
» Aux lys répandus sur son sein,
» Je ne crus voir qu'Aglaé même.

» Ainsi dans les plus doux plaisirs,
» Je cédais à vos seules armes.
» Mon cœur ne formait de desirs
» Que par l'image de vos charmes.

Autre à Madame de Pompadour.

« Qu'est-ce qu'amour ? c'est un enfant mon maître.
» Il l'est aussi du Berger & du Roi.
» Il est fait comme vous, il pense comme moi,
   » Mais il est plus hardi peut-être ».

BERQUIN (Arnaud) a donné au Public deux recueils d'Idylles. Deux de Romances. Choix de tableaux tirés de diverses galeries anglaises. *Pygmalion*, scène lyrique de Rousseau, mise en vers, &c.

Plaintes d'une femme abandonnée par son Amant.

« Dors mon enfant, clos ta paupiere,
» Tes cris me déchirent le cœur :
» Dois mon enfant, ta pauvre mere
» A bien assez de sa douleur.

» Lorsque, par des douces tendresses,
» Ton pere sçut gagner ma foi,
» Il me semblait dans ses caresses
» Naïf, innocent comme toi ;
» Je le crus. Où sont ses promesses ?
» Il oublie & son fils & moi.
» Dors, &c.

» Qu'à ton réveil, un doux sourire
» Me soulage dans mon tourment.
» De ton pere, pour me séduire,
» Tel fut l'aimable enchantement :
» Qu'il connaissait bien son empire,
» Et qu'il en use méchamment!
» Dors, &c.

» Le cruel, hélas ! il me quitte ;
» Il me laisse sans nul appui.
» Je l'aimai tant avant sa fuite !
» Oh ! je l'aime encore aujourd'hui :
» Dans quelque séjour qu'il habite,
» Mon cœur est toujours avec lui.
» Dois, &c.

» Oui, le voilà ! c'eſt ſon image
» Que tu retraces à mes yeux ;
» Ta bouche aura ſon doux langage ;
» Ton front, ſon air vif & joyeux ;
» Ne prends point ſon humeur volage :
» Mais garde ſes traits gracieux.
» Dors, &c.

» Tu ne peux concevoir encore
» Ce qui m'arrache ces ſanglots.
» Que le chagrin qui me dévore,
» N'attaque jamais ton repos !
» Se plaindre de ceux qu'on adore,
» C'eſt le plus grand de tous les maux,
» Dors, &c.

» Sur la terre, il n'eſt plus perſonne
» Qui ſe plaiſe à nou ſecourir ;
» Lorſque ton pere m'abandonne,
» A qui pourrais-je recourir ?
» Ah ! tous les chagrins qu'il me donne ;
» Toi ſeul, tu peux les adoucir.
» Dors, &c.

» Mêlons nos triſtes deſtinées,
» Et vivons enſemble toujours :
» Deux victimes infortunées
» Se doivent de tendres ſecours.
» J'ai ſoin de tes jeunes années,
» Tu prendras ſoin de mes vieux jours.
» Dors, &c. »

BERTAUD (Jean) naquit à Caen en 1552, & fut Aumônier de Catherine de Médicis, Abbé d'Aunay en 1594, évêque de Séez en 1606 & Secrétaire du cabinet de Henri III. Henri IV le fit conſeiller d'état. Un de ſes ancêtres, nommé Jean Bertaud, fut Secrétaire intime de Charles VI. Ses meilleurs amis étaient Ronſard & Deſportes ; il cultiva avec eux la poéſie, & ne fut jamais jaloux de leurs ſuccès.

Les perſonnes élévées aux plus hautes dignités s'occupaient alors de la poéſie.

On trouvera dans notre quatrieme livre cette chanfon charmante de Berthaud.

« Au bord d'une Fontaine , &c. »

MM. de Port-Royal , dans leur commentaire fur Job , la citent comme une des meilleures qu'on ait faites.

Il mourut le 8 Juin 1611 , & fut un prélat d'un grand mérite , & d'une rare probité.

C H A N S O N.

« Tous les foucis humains ne font que vanité ;
» D'ignorance & d'erreur toute la terre abonde :
» Mais aimer-conftamment une rare beauté ,
» C'eft la plus douce erreur des vanités du monde,
» Non, non, ne tuons point un fi plaifant fouci,
» Rien n'eft doux fans amour dans cette vie humaine;
» Ceux qui ceffent d'aimer, ceffent de vivre auffi,
» Ou vivent fans plaifir comme ils vivent fans peine »;

A U T R E.

» Hélas ! que me fert-il d'aimer fi l'on ne m'aime ;
» Et d'aiguifer le fer dont je fuis entamé ?
» Je reffemble au flambeau fur la table allumé,
» Qui pour fervir autrui fe confume foi-même.

» Le feu dont la chimere était jadis à craindre ,
» S'éteignait par la terre , & s'alumait par l'eau ;
» Le mien en eft ainfi : la terre du tombeau
» Seule éteindre le peut, fi rien le peut éteindre,
» Hélas ! &c. »

BIRAGUE (Flaminio de), Gentilhomme ordinaire du Roi, parent & contemporain du Cardinal de ce nom, qui fut auffi Chancelier, vivait en 1580, & donna vers ce tems-là un Recueil de Poéfies, où l'on trouve des pieces agréables.

C H A N S O N.

« Vous , qui repus d'une poifon amere ,
» Courez après le trompeur hameçon

» D'une beauté qui, d'une aîle légere
» S'enfuit de vous fans payer la rançon :
» Prenez la fuite hors des féminins lieux :
» A ce transport ne donnez foi aucune :
» Trois chofes font inconteftables aux yeux ;
» Le vent, la femme & l'aveugle fortune ».

Bissy (Le Comte de Thiard de), Lieutenant-Général des armées du Roi, & de la Province de Languedoc, l'un des quarante de l'Académie Françaife, a fait l'ingénieufe hiftoire d'Ema, & plufieurs autres ouvrages agréables.

Parmi plufieurs morceaux de poéfie qu'on a de lui, on diftingue cette chanfon finguliere.

L'Ombre d'Églé.

« Sous les voiles du repos
» La nuit berçait l'efpérance ;
» La douleur fous des pavots
» Se calmait dans le filence,
» Quand des gouffres du néant ;
» La mort, cet enfant du crime,
» Au lit d'un parjure amant
» Guide une faible victime.

» Cibaris ouvre les yeux,
» Il voit une ombre éplorée ;
» Du fouvenir de fes feux
» Cette amante eft dévorée ;
» C'eft Eglé, dans le tombeau
» Cibaris voit fon amante ;
» L'amour, armé d'un flambeau,
» Lui montre Eglé palpitante.

» Arrête, lui dit Eglé,
» Ne détourne point la vue,
» Quoi ! ton efprit eft troublé
» De mon image imprévue !
» Cibaris eft abattu
» Et craint d'entendre ma plainte ;
» Mais il outragea fans crainte
» Et l'amour & la vertu.

ESSAI

» Dans l'innocence & la paix
» Mes jours coulaient sans alarmes ;
» Tu me vantas mes attraits,
» J'ignorais encor mes charmes :
» Tu régnas seul sur mon cœur,
» Et ma jeunesse imprudente,
» A la foi de son vainqueur,
» Confia sa fleur naissante.

» Je t'aimai, tu me trahis,
» Je souffris ton inconstance,
» Et préférai tes mépris
» A l'horreur de ton absence ;
» Je me nourrissais de pleurs,
» Et n'avais pas le courage
» De fuir un amant volage
» Pour soulager mes douleurs.

» Enfin de mon triste sort
» La parque rompit la trame ;
» Trop heureuse si la mort
» Eût anéanti mon ame . . . .
» Mais dans l'éternelle nuit
» Toujours tendre, je succombe.
» L'amour, l'amour me poursuit
» Jusques au fond de ma tombe.

» N'es-tu pas épouvanté
» De cette affreuse existence,
» De la triste éternité
» Que hâta ton inconstance ?
» Considere ce linceuil,
» Vois la longue solitude
» Qui régne autour du cercueil
» Qu'ouvrit ton ingratitude.

» Mais le jour blesse mes yeux :
» J'entends la mort qui m'appelle,
» Je vais rentrer dans ces lieux
» Couverts d'une ombre éternelle :
» Reçois mes tristes adieux,
» Et souviens-toi, cœur barbare.

» Que l'instant qui nous sépare,
» Est pour moi le plus affreux ».

Cette chanson a donné lieu à la chanson suivante.

L'Ombre d'Hylas.

« La nuit poursuivant la lumiere,
» A peine obscurcissait les airs ;
» Déja son voile funéraire
» Rendait le calme à l'univers :
» Eglé, par Morphée assoupie,
» Allait céder à ses pavots,
» Et de la nature engourdie
» Partager le profond repos.

» Un spectre sanglant & livide
» Dans ce moment s'offre à ses yeux :
» Ecoute-moi, dit-il, perfide,
» Je te dois ces tristes adieux :
» C'est du plus profond des abîmes
» Que je m'élance dans les airs,
» Pour te reprocher tous tes crimes
» Et te dévouer aux enfers.

» Je t'adorai, je sçus te plaire ;
» Tu te rendis à mes sermens ;
» Et le voile épais du mystere
» Couvrit bientôt d'heureux momens.
» Même en jouissant de tes charmes,
» Je brûlais d'un nouveau desir ;
» Et si mes yeux s'ouvraient aux larmes
» C'était à celles du plaisir.

» Plaisir trompeur & peu durable !
» Eclat passager d'un beau jour !
» Ton cœur, hélas ! bientôt coupable,
» Trahit ton amant & l'amour.
» Insensé, je crus que l'absence
» Pourrait éteindre enfin mes feux ;
» Mais j'éprouvai que la constance
» Est la vertu des malheureux.

» A ta barbare tyrannie,
» La mort feule a pu m'arracher;
» Sans frémir j'ai quitté la vie,
» Frémis de te le reprocher.
» Tu trembles, tu pâlis, cruelle,
» Rougirais-tu de tes forfaits ?
» C'eft envain . . . la nuit éternelle
» Nous a féparés pour jamais.

» Souffre, gémis, verfe des larmes,
» Meurs chaque jour de mille morts,
» De regret en perdant tes charmes,
» Et de douleur par tes remords.
» Que tes jours foient des jours funebres,
» Que l'effroi glace ton fommeil :
» Entends ma voix dans les ténebres,
» Et tremble encore à ton réveil.

» Pour détourner ces vœux funeftes
» Et te fouftraire à tant de maux,
» Viens découvrir mes triftes reftes,
» Suis-moi dans la nuit des tombeaux.
» Prends le poignard qui de ma vie
» A feul pu terminer l'horreur,
» Ingrate, imite ma furie,
» Frappe, plonge-le dans ton cœur.

» Mais dans mon cercueil je retombe.
» La mort, l'impitoyable mort
» Me retire au fond de ma tombe;
» Il faut céder à fon effort.
» Tu gémis. .. ferais-tu fenfible
» A ton parjure, à mon tourment?
» Ah! que ma mort ferait horrible,
» Si tu regrettais ton amant!

BLIN DE SAINMORE (Adrien-Michel-Hyacinthe), né à Paris, a donné au Public les ouvrages fuivans :

Héroides; *Biblis à Caunus, fon frere; Sapho à Phaon; Gabrielle d'Eftrées à Henri IV; Jean Calas à fa femme & à fes enfans; la Ducheffe de la Valiere à Louis XIV*; une Épitre à Racine & d'autres pieces fugitives
                                                                    dans

dans le même volume ; *Orphanis*, tragédie ; *Joachim*, drame ; Requête des filles de Salency à la Reine, &c.

Dans toutes ces pieces on trouve des vers agréables & du sentiment ; elles ne peuvent que faire le plus grand honneur à M. Blin de Sainmore.

C H A N S O N.

« Belle Rosine, & vous, belle Cécile,
» Egalement vous savez nous charmer :
» Entre vous deux, le choix est difficile ;
» En vous voyant, il faut pourtant aimer.

» Je ne sais pas qui de vous doit mieux plaire ;
» Ou par l'esprit, ou bien par le minois :
» Amis peut-on mieux décider l'affaire
» Qu'en les aimant toutes deux à la fois ?

» Je demandais jadis aux Dieux propices,
» Après ma mort, d'aller aux lieux charmans,
» Où la beauté, d'un torrent de délices,
» Doit ennyvrer les heureux Musulmans.

» Mais, près de vous, je ne desire guere
» Le paradis qu'inventa Mahomet,
» Je reste ici, puisque j'ai sur la terre
» Tous les plaisirs qu'au ciel il nous promet.

A U T R E.

» Lubin dit à Clotis un jour :
    » Qu'on souffre quand on aime !
» Je crains dès qu'on vous fait la cour ;
    » Votre inconstance extrême :
» Je sais, reprit-elle, à tes maux
    » Un remede suprême,
» Veux-tu n'avoir point de rivaux ?
    » Il faut t'aimer toi-même.

*Autre à Madame la P. de F***.*

« Le Dieu du Pinde & le Dieu de Cithere
» Sur vos attraits se disputaient un jour ;
» C'est sa beauté qu'on aime, dit l'Amour.
» C'est son esprit, dit l'autre, qui fait plaire.

» Hélas ! comme eux, dans un débat semblable,
» Qui ne serait embarrassé du choix ?
» En vous voyant, on adore à la fois
» La beauté sage & la sagesse aimable.

» Belle F...., on ne peut se souftraire
» Au sentiment par vous-même inspiré.
» On n'en dit rien ; mais au moins sachez gré
» Des longs efforts qu'on se fait pour le taire.

» A le dompter on ne saurait prétendre,
» Il nous faudrait, soit dit sans vous fâcher ;
» Votre vertu pour pouvoir le cacher,
» Ou vos accens, pour vous le faire entendre.

BODERIE (Guy Lefevre de la), né en basse Normandie en Août 1541 ; fut un savant distingué, chargé de coopérer à la fameuse Bible Royale, appellée la *Polyglote du Roi d'Espagne.*

Le Pape Pie IV lui fit proposer de venir à Rome, & lui promit (dit-on) de l'élever au cardinalat ; mais la Boderie ne voulut jamais y consentir. Il se contenta du titre de Secrétaire du Duc d'Alençon, & mourut le 10 Juin 1584.

Il nous reste de lui plusieurs poëmes couronnés qui ne valent pas grand chose. Ses poésies chrétiennes lyriques ne valent pas la peine d'être lues.

BOILEAU (Nicolas Despreaux) (*a*), naquit à Crosne, à quatre lieues de Paris, en 1636, dans la maison de campagne de son pere, Greffier du Parlement.

Quoique né avec un esprit caustique & naturellement porté à la satyre, il était humain, doux & généreux ; & Madame de Sévigné, disait qu'il n'était cruel qu'en vers. On prétend que ses satyres ont plus de sel que d'enjouement, & de vivacité que de délicatesse. Un Poëte célebre a dit :

« Jamais un vers n'est parti de son cœur ».

Son pere ne prévit guères ce qu'il deviendrait un jour ; car il disait assez souvent, *pour Colin, ce sera un bon diable qui ne dira mal de personne.*

_____

(*a*) N'est compris dans cette notice que parcequ'il a fait quelques chansons ; car la lyrique n'était pas son genre.

Il effaya du Barreau & de la Sorbonne, mais il fe dégoûta bien vîte de tous les deux, & fe livra tout entier à la fatyre. Louis XIV lui témoigna toujours beaucoup d'eftime, & lui dit un jour : « Souvenez-vous, Boileau, » que j'ai toujours une heure par femaine à vous donner, quand vous » voudrez venir ».

Comme fes Œuvres font dans les mains de tout le monde, on fe difpenfera d'en parler ici. Nous nous contenterons de rapporter un trait de fa vie qui lui fait le plus grand honneur.

Patru, célebre Avocat, étant affez pauvre pour être obligé de vendre fa bibliotheque à bas prix; Boileau qui le fut, alla lui en offrir un tiers de plus que ce qu'on lui en donnait, & mit pour condition qu'il la garderait pendant toute fa vie.

Louis XIV lui ayant demandé quel était le génie qui avait le plus illuftré fon regne. « C'eft Moliere, dit-il, fans balancer : » Modeftie rare dans un Poëte.

Il fut reçu à l'Académie Françaife en 1684, & mourut à Paris le 11 Mars 1711.

Dans fa derniere maladie, un de fes amis lui demandant comment il fe trouvait, il répondit par ce vers de Malherbe :

« Je fuis vaincu du tems, je cede à fes outrages,

Et un moment après lui ferrant la main : *Bonjour,* dit-il, *& adieu; l'adieu fera bien long.* Il mourut d'une hydropifie de poitrine, & laiffa prefque tout fon bien aux pauvres.

Jamais Poëte n'a plus refpecté que lui les mœurs, dans fa conduite & dans fes écrits.

C H A N S O N.

« Voici les lieux charmans où mon ame ravie
  » Paffait à contempler Silvie,
» Ces tranquilles momens fi doucement perdus;
» Que je l'aimais alors! que je la trouvais belle!
» Mon cœur vous foupirez au nom de l'infidelle,
» Avez-vous oublié que vous ne l'aimez plus?

» C'eft ici que fouvent errant dans les prairies,
  » Ma main des fleurs les plus chéries,

» Lui faifait des préfens fi tendrement reçus ;
» Que je l'aimais alors ! que je la trouvais belle !
» Mon cœur, &c. »

BOISROBERT (François Metel de), né à Rouen, fut Chanoine de cette ville, Abbé de Châtillon-fur-Seine, Confeiller d'Etat, de l'Académie Française, & favori du Cardinal de Richelieu.

On lui doit l'établiffement de l'Académie, & les gens de lettres lui furent redevables d'une foule de graces qu'ils obtinrent par fon crédit.

Sa converfation était fi agréable, que le premier medecin du Cardinal lui dit un jour : « Monfeigneur, toutes nos drogues feront inutiles pour » vous guérir, fi vous ne mêlez une drachme de *Boisrobert* ». Il mourut en 1662, regretté de tous ceux qui l'avaient connu. Furetiere l'appellait le premier chanfonnier de France ; ce qui pouvait être alors.

CHANSON.

« Eh quoi ! dans un âge fi tendre
» On ne peut déja vous entendre,
» Ni voir vos beaux yeux fans mourir !
» Ah ! vous êtes pour nous ou trop jeune ou trop belle ;
» Attendez petite cruelle,
» Attendez à bleffer que vous puiffiez guérir ».

Malleville fit contre lui ce rondeau fatyrique :

     « Coëffé d'un froc bien rafiné,
     » Et revêtu d'un Doyenné
     » Qui lui rapporte de quoi frire,
     » Frere René devient Meffire,
     » Et vit comme un déterminé.
     » Un Prélat riche & fortuné,
     » Sous un bonnet enluminé
     » En eft, s'il le faut ainfi dire,
         » Coëffé.
     » Ce n'eft pas que frere René
     » D'aucun mérite foit orné,
     » Qu'il foit docte, qu'il fache écrire,
     » Ni qu'il dife le mot pour rire ;
     » Mais c'eft feulement qu'il eft né
         » Coëffé ».

Vers de Boisrobert à Balzac, sur l'Académie Française.

« Pour dire tout enfin dans cette épître,
» L'Académie eft comme un vrai chapitre,
» Chacun à part promet d'y faire bien,
» Mais tous enfemble ils ne tiennent plus rien :
» Mais tous enfemble ils ne font rien qui vaille.
» Depuis fix ans deffus l'F on travaille,
» Et le deftin m'aurait fort obligé,
» S'il m'avait dit : tu vivras jufqu'au G.

BOISSY (Louis de), né à Vic en Auvergne en 1694, a fait un grand nombre de pieces pour les Comédiens Français & Italiens, dont plufieurs font eftimées. Il a fair auffi plufieurs opéra-comiques dont on ne parle plus. Il fut reçu à l'Académie Françaife en 1754, eut le privilege du Mercure en 1755, & mourut en 1758.

BOMBARDE (M. de), né vers la fin du dernier fiecle, d'un père fort riche qui lui avait donné l'éducation la plus foignée. Répandu dans les meilleures fociétés, particuliérement dans celles de Mefdames *d'Aiguillon,* *de Surgeres,* &c. & tenant une excellente maifon, où il raffemblait les artiftes du premier ordre, il n'eut d'autre foin que celui de paffer doucement fa vie en éprouvant fans ceffe les charmes de l'amitié, des arts & des talens.

Ainfi que le Comte de *Caylus,* fon ami, il aida les gens de lettres de fes confeils & de fa bourfe, & nous pourrions en citer plufieurs qui lui furent redevables de leur fortune.

La Mufique fut fon goût le plus décidé, la poéfie, la littérature ancienne; les romans l'occuperent enfuite; enfin la peinture, l'hiftoire naturelle & la botanique leur fuccéderent, & il s'y livrait entiérement, lorfque M. *de la Place* (de qui nous tenons cette anecdote) lui témoignant de l'inquiétude fur ce qu'il pourrait devenir quand ce dernier genre d'occupation & d'amufement n'aurait plus rien de piquant pour lui..... « Oh! mon » ami, lui répondit-il, tranquillifez-vous là-deffus : j'ai bientôt foixante » ans, il me refte, grace au ciel, encore cinq à fix goûts en réferve; & » c'eft plus qu'il n'en faut pour achever agréablement ma carriere ».

Cet homme aimable & refpectable mourut vers 1760, regretté de tous fes amis, & fur-tout de Mefdames de *Montefquiou* & de *Voifenon*, fes nieces. M. de Bombarde de Beaulieu, Confeiller au grand confeil, était fon frere.

On affure que la Mufique du cinquieme acte de Pyrame & Thisbé eft en partie de M. de Bombarde. Il a fait auffi des chanfons charmantes. Nous en citerons deux :

R O M A N C E.

« Ce n'eft plus un myftere,
» J'ai fait voir ma douleur ;
» Tu fais qu'une bergere
» Ne connaît qu'un malheur.
» L'ingrat que je préfere,
» Tircis que j'aime tant,
» A qui je fus fi chere,
» Tircis eft inconftant.

» J'avais fu me défendre
» Pendant près de deux ans.
» On croit pouvoir fe rendre
» Après mille fermens.
» Son art fut de féduire,
» De plaire & d'enflammer ;
» Il feint ce qu'il infpire,
» Mon art fut de l'aimer.

» Un jour, c'était ma fête,
» Il vint de grand matin ;
» De fleurs ornant ma tête,
» Il plaignit fon deftin :
» Difant : veux-tu, cruelle,
» Jouir de mes tourmens ?
» Je dis, fois-moi fidèle,
» Et laiffe faire au tems.

» Tircis charmé m'embraffe,
» J'en montrai du dépit.
» Mais il demanda grace,
» Et mon cœur la lui fit.

» Bientôt plus téméraire,
» Ce fut nouveau tranſport,
» J'en fus toute en colere
» Et m'appaiſai d'abord.

» De peur de lui déplaire,
» Je n'oſai le gronder ;
» Un charme involontaire
» Me força de céder :
» Je crus ſon feu ſincere ;
» Il courut au plaiſir ;
» Hélas, qu'avais-je à faire ?
» Me taire & puis rougir.

CHANSON.

» Iris, dans un bois ſolitaire,
» Dormait un jour tranquillement.
» Un ſonge éveilla la Bergere,
» Ce ſonge lui parut charmant.
  » Filles
   » Gentilles,
  » Un ſonge flatteur
  » Souvent vous réveille,
  » La puce à l'oreille,
  » L'amour au cœur.

» De cet agréable menſonge,
» Son cœur eſt ſurpris & flatté,
» Mais ſon amour n'était qu'un ſonge,
  » Son plaiſir une vérité.
   » Filles, &c. »

BONNEVAL (Michel de), Intendant des menus, homme de beaucoup d'eſprit, eſt mort en 1766.

CHANSON.

» Je n'entends plus deſſous l'ormeau
  » Le Berger que j'adore ;
» Il n'enfle plus ſon chalumeau
  » Au lever de l'aurore.

» Je le préférais à ses rivaux ;
» Il ne cessait de me faire
  » Pour me plaire
 » De petits airs nouveaux.

» C'est le Berger le plus parfait
 » Qui soit dans le village,
» Tout ce qu'il dit, tout ce qu'il fait ;
 » Sans qu'on y pense, engage :
» Je le préférais, &c.

» Que j'ai de regret à son cœur !
 » Un autre objet l'engage.
» Il était fait à mon humeur,
 » J'aimais son badinage ;
» Je le préférais, &c.

» Mon jardinet il arrosait
 » Trois fois la matinée ;
 » Trois fois le soir recommençait
 » Pour finir la journée :
» Je le préférais, &c. »

Il a donné à l'Opéra, en 1736, *Les Romans*, musique de Niel, remis en musique en 1776 par M. Cambini ; en 1737, *Les Amours du Printems*, musique de Blamont ; en 1745, *Jupiter, vainqueur de Titans*, musique de Blamont & de M. de Bury.

BOUFFLERS (Chevalier de). Quoique ses charmantes pieces de vers soient connues de tout le monde, nous ne pouvons nous dispenser d'en rapporter ici quelques-unes.

On connaît aussi de lui *Les Cœurs*, poëme érotique, & une Lettre à Madame sa mere sur son voyage en Suisse. Son Conte de la Reine de Golconde a donné lieu à l'opéra de M. Sedaine.

*Vers à Madame ***, en lui envoyant les Fables de la Fontaine.*

« Voilà le bon-homme qui fit
» Cent prodiges qui nous enchantent,
» Des fables qui jamais ne mentent,
» Et des bêtes pleines d'esprit.

La

» La morale a befoin, pour être bien reçue,
» Du mafque, de la fable & du charme des vers :
» La vérité plaît moins quand elle eft toute nue ;
» Et c'eft la feule vierge en ce vafte univers,
 » Qu'on aime à voir un peu vêtue.
 » Si Minerve même, ici bas,
 » Venait enfeigner la fageffe,
 » Il faudrait bien que la Déeffe
» A fon profond favoir joignît quelques appas.
» Le genre humain eft fourd, quand on ne lui plaît pas;
» Pour nous éclairer tous, fans offenfer perfonne,
» La favante Minerve a pris vos traits charmans;
 » En vous voyant, je le foupçonne ;
 » J'en fuis fûr quand je vous entends ».

Chanfon à une Femme qui le menaçait de le rendre heureux.

« O ciel ! je fuis perdu ! quoi ! déja des faveurs !
 » Quand j'ai promis d'être fidele,
» Quand je vous ai juré les plus tendres ardeurs ;
» Je m'étais attendu que vous feriez cruelle ;
» Je m'étais arrangé pour trouver des rigueurs.
» Ah ! fi je vous fuis cher, foyez plus inhumaine;
» Laiffez à mon amour le charme des defirs ;
» Pour le faire durer, faites durer fa peine :
» Je ne vous réponds pas qu'il furvive aux plaifirs »

Son Épitaphe par lui-même.

» Ci gît un Chevalier qui fans ceffe courut ;
» Qui fur les grands chemins naquit, vécut, mourut,
 » Pour prouver ce qu'a dit le fage,
 » Que notre vie eft un voyage ».

A M. le Prince de B.

« Venez ici paffer des jours fereins ;
 » Ne dédaignez pas un afyzle
» Que l'amitié para de fes modeftes mains;
» L'intrigue de la cour, le fracas de la ville
» Font pour vous enchaîner des efforts furperflus :
» Des goûts plus innocens, un bonheur plus tranquille;
 » Conviennent mieux à vos vertus.

» Les fleurs & les moutons qu'on trouve en nos retraites
   » Valent vos Dames, vos Seigneurs :
   » Bien de ces Meffieurs font des bêtes ;
   » Peu de ces Dames font des fleurs ».

C H A N S O N.

« Le premier jour que je la vis,
» J'apperçus fa beauté : mais je n'apperçus qu'elle ;
   » Et le jour que je l'entendis,
   » Je la trouvai bien plus que belle.
» J'admirai fon efprit, je louai fes attraits,
» Sans penfer que mon ame en ferait enflammée.
» Si j'avais fu d'abord combien je l'aimerais,
   » Je ne l'aurais jamais aimée ».

BOULAY (Michel du), Secrétaire de M. de Vendôme, né à Paris, & mort au commencement du fiecle, a fait en 1688 les paroles de *Zéphire & Flore*, ballet mis en mufique par Louis & Jean Lully, fils du grand Lully ; en 1690, *Orphée*, mufique de Louis Lully.

BOURSAULT (Edme), né à Muffy-l'Evêque en Bourgogne en 1638, a été un Poëte agréable, mais peu favant. Ses deux comédies d'*Efope à la Cour & du Mercure galant* feront long-rems eftimées. On a de lui de jolies pieces fugitives, madrigaux, chanfons, &c. Il mourut en 1701.

BOUTELIER. Il a donné à l'Opéra, en 1776, *Euthyme & Lycoris*, en un acte, mufique de Deformery ; en 1777, *Alain & Rofette*, en un acte, mufique de Pouzau.

BOYER (Claude), né en 1618, fit un grand nombre de pieces qui n'eurent qu'un médiocre fuccès. Furetiere fit à ce fujet l'épigramme fuivante :

« Quand les pieces repréfentées
» De Boyer, font peu fréquentées,
» Chagrin qu'il eft d'y voir peu d'affiftans,
   » Voici comme il tourne la chofe :
   » Vendredi la pluie en eft caufe,
   » Et le Dimanche le beau tems.

Pour éprouver si la chûte de ses ouvrages ne devait pas être imputée à la mauvaise humeur du Public, il fit afficher sous le nom de *Pader d'Asseran*, jeune Gascon, sa tragédie d'*Agamemnon*. Elle fut généralement applaudie. Racine lui-même, le fléau de Boyer, se déclara ouvertement le protecteur de Pader. Boyer, enchanté de son succès, ne put feindre davantage, & cria en plein parterre : « Elle est pourtant de Boyer en dépit de Racine ». Ce mot lui coûta cher ; car sa piece fut sifflée le lendemain.

Il fit en 1697 les paroles de *Méduse*, musique de Gervais, & mourut le 22 Juillet 1698.

BRACH (Pierre de), de Bordeaux, né vers le milieu du seizieme siecle, vivait encore en 1600, était ami de du Bartas, & comme lui, a fait un Recueil de poésies, où l'on trouve des sonnets, des *chansons*, &c. Il a aussi traduit l'*Aminte* & une partie de la *Jérusalem délivrée*. Il disait de ses vers, qu'ils n'offraient que *la même note d'une chanson souvent rechantée*.

Chanson à l'Amour.

» Cher enfant, qui dans les cieux
» Fis sous ton obéissance
» D'une invincible puissance
» Courber le plus grand des Dieux ;
» Changeant sa forme divine
» Pour abuser nos beautés
» Sous les masques empruntés
» De taureau, d'or, & de cigne !

» Toi duquel le Dieu boîteux.
» Plus chaude a trouvé la braise ;
» Que celle qu'en sa fournaise
» Soufflent ses soufflets venteux ;
» Qui aux hommes sur la terre ;
» Qui parmi l'air aux oiseaux,
» Qui aux poissons sur les eaux,
» Maître de tout, fais la guerre.

» Reçois, enfant immortel,
» Les offrandes amoureuses
» Que nos mains dévotieuses
» Appendent sur ton autel.

» T'offrant pour fléchir nos Dames;
» Sous un amour *contre-aimé*,
» Au lieu d'un cierge allumé,
» Nos cœurs brûlant de tes flâmes

» Nos vœux font petits & bas,
» Indignes de ton mérite;
» Mais à l'offrande petite
» Les Dieux ne regardent pas.
» Cérès fur les bleds commande;
» Bacchus eft le Dieu des vins;
» Mais deux épis, deux raifins
» Ils reçoivent pour offrande »

BRÉBEUF, d'une bonne maifon de Rouen, eut une fievre maligne qui lui dura vingt ans, & pendant laquelle il traduifit en vers la Pharfale de Lucain, & fit une infinité d'autres ouvrages; c'eft dans ce poëme que l'on trouve ces quatre vers fi connus :

« C'eft de là que nous vient cet art ingénieux
» De peindre la parole & de parler aux yeux ;
» Et par des traits divers de figures tracées,
» Donner de la couleur & du corps aux penfées »

Il naquit en 1621 & mourut en 1663.

C H A N S O N.

« Vous demandez pourquoi je vous vois rarement ;
» Vous que de mille appas la nature a pourvue ?
» Et moi je vous demande un peu plus juftement,
» Hélas ! pourquoi vous ai-je vue ?
» Pourquoi donc avez-vous une ame forte & faine ;
» Dont tous les mouvemens font fi bien compofés,
» Que la peine que vous caufez,
» Ne vous caufe jamais de peine?

Son Lucain travefti eft fon meilleur ouvrage.

BRET (Antoine), né à Dijon en 1717, homme de beaucoup d'efprit & de goût, eft du très-petit nombre de gens de mérite qui ont eu le bonheur de ne jamais avoir d'ennemis. La pureté de ſes mœurs & la douceur de ſon caractere, lui ont procuré cet avantage. Il a donné au Théâtre Français pluſieurs pieces, dont quelques-unes ſont reſtées: *La double extravagance* ſera toujours jouée avec le même ſuccès. Depuis quelques années, il eſt chargé de la gazette de France, ouvrage ingrat, mais plus difficile à faire qu'on ne le croit, par toutes les conſidérations qu'il faut allier à la vérité qui doit être la baſe de cette gazette.

M. Bret a donné une ſuperbe édition de Moliere avec des commentaires eſtimés. On a auſſi de lui un poëme des Saiſons.

Chanſon ſur la Santé.

« Mettez tous les biens en un tas,
» Perles, rubis, terres, contrats,
» Maiſon ſuperbe & bonne table,
» Honneurs à foiſon, dignité,
» Si je n'y vois point la ſanté,
» Je donnerais le tas au diable.
» La ſanté ! pauvre miſérable,
» Il m'en ſouvient, hélas ! il fut un jour
» Où j'euſſe dit : ſi je n'y vois l'amour ».

AUTRE.

« D'un ruiſſeau qui coupait la plaine,
» Mes pas ſuivaient chaque détour,
» Et bientôt ſa courſe m'entraîne
» Près d'un bois où dormait l'amour.

» Ses traits, ſur un tapis de mouſſe
» Sont répandus à ſes côtés ;
» Qu'un autre que moi les émouſſe :
» J'aime juſqu'à leurs cruautés.

» Mais voyant leur plume légere
» Différer en tout à mes yeux,
» Je m'occupe de ce myſtere
» Dont mon eſprit eſt curieux.

» L'amour s'éveille, je friſſonne :
» Ami, dit-il avec bonté,
» De ce prodige qui t'étonne,
» Tu vas percer l'obſcurité,

» Ai-je à frapper l'ame inquiete,
» De quelqu'Amant sombre & jaloux ;
» Je choisis alors la sagette
» Où sont les plumes de hiboux.

» Pour le disciple d'Epicure,
» Le sentiment est sans attraits :
» Quand je lui fais une blessure,
» Les moineaux ont paré mes traits.

» L'aiglon est pour le téméraire :
» Le serin pour les beaux conteurs ;
» Pour le fat, toujours sûr de plaire,
» Du paon j'emprunte les couleurs.

» Veux-je blesser un cœur fidele,
» Fait pour aimer bien constamment ;
» La plume de la tourterelle
» A ma fléche sert d'ornement.

» Regarde-la, vois qu'elle est belle ;
» Sur tous mes traits elle a le prix...
» Ah ! m'écriai-je, Amour, c'est celle
» Dont tu m'as blessé pour Iris ».

A U T R E.

» Plus enfant que sa poupée,
» Iris au bord d'un ruisseau,
» Disposait pour sa pipée
» Ses lacets & son réseau ;
» De surprise, elle est frappée.
» Dieux ! dit-elle, quel oiseau !

» C'est la beauté, la jeunesse ;
» Mais il vole, il fend les airs.
» Ah ! dit-elle avec ivresse,
» S'il se prenait dans mes fers,
» Je le baiserais sans cesse :
» Que ses jours me seraient chers !

» Elle suit l'enfant qui vole
» Et qui rit de ses desirs :
» La jeune Iris se désole

» Et croit voir fuir fes plaifirs.
» Un vieillard qui la confole,
» Arrête ainfi fes foupirs.

» Belle, tremblez de l'atteindre;
» C'eft un dangereux vautour ;
» Vous en avez tout à craindre;
» Apprenez que c'eft l'amour :
» Hélas ! il faudra vous plaindre;
» S'il fe laiffe prendre un jour.

BRUERE (Charles le Clerc de la), né à Crépi-en-Valois en 1714, & Secrétaire d'ambaffade de M. le Duc de Nivernois à Rome, eut le privilege du Mercure depuis 1744 jufqu'en 1754, qu'il mourut âgé de trente-neuf ans.

Il raffembla un jour plufieurs de fes amis, pour leur lire fon opéra de *Dardanus* qu'il deftinait au grand Rameau. Peut-être la maniere dont il fit cette lecture, ne prévint-elle pas en faveur de l'ouvrage; peut-être auffi avait-on bu un peu plus qu'il ne fallait au dîné qui avait précédé la féance. L'ouvrage fut jugé fi mauvais, qu'il fut condamné au feu, & la fentence exécutée fur le champ. Heureufement pour nous que Crébillon le fils, l'un des convives plus de fang froid que les autres, fauva des flammes ce beau poëme qui tient le premier rang après ceux de Quinault.

Il donna au théâtre :

En 1734, *Les Mécontents*, comédie en un acte; en 1736, *les Voyages de l'Amour*, mufique de Boifmortier; en 1739, *Dardanus*, mufique de Rameau; en 1748, *Erigone*, en un acte, mufique de Mondonville; en 1760, *le Prince de Noify*, donné dix ans avant fur le théâtre des petits appartemens, mufique de Rebel & Francœur.

Il avait fait auffi un opéra de *Linus* qui a été mis en mufique par Trial le Berton & d'Auvergne.

C H A N S O N.

« Je l'aimais d'un amour fi tendre,
» Celle qui caufe mes tourmens !
» Elle a condamné, fans l'entendre,
» Le plus fidele des amans.

» Grands Dieux ! que je la trouvais belle,
» Quand ſes regards m'ouvraient les cieux !
» Qui l'eût cru, que de ſi beaux yeux
» Deviendraient ceux d'une cruelle ?

» Loin de ſa préſence chérie,
» Je ne vis que pour mon amour ;
» Ma raiſon, mon ame, ma vie,
» Tout eſt au lieu de ſon féjour.
» Mon ſeul plaiſir, ma ſeule affaire,
» Eſt d'y ſonger à tout moment ;
» Prononce-t-on ce nom charmant,
» Tout étranger devient mon frere.

» Sans eſpoir que ma voix l'attire,
» Ma voix l'appelle triſtement,
» Je regarde, & mon cœur ſoupire
» D'avoir appellé vainement.
» Son nom dans ce ſéjour ſauvage
» Eſt gravé ſur tous les ormeaux ;
» Il va croître avec leurs rameaux :
» Mon amour croîtra davantage ».

BRUNET (Pierre-Nicolas), né en 1733, ſe fit connaître pour la premiere fois en 1756, par un poëme intitulé *Minorque conquiſe*. Il fit enſuite quelques pieces pour les Comédiens Français & Italiens, & mourut le 4 Novembre 1771.

Il a donné à l'Opéra : Le *Rival favorable*, ajouté aux Fêtes d'Euterpe, muſique de Dauvergne ; *Hypomène & Athalante*, muſique de Vachon ; *Apollon & Daphné*, en un acte, muſique de . . . . .

BUSSY-D'AMBOISE, né vers 1540. Ce célebre gentilhomme du Duc d'Alençon était le plus brave homme de ſon ſiecle. La Reine Marguerite, premiere femme de Henri IV, l'aimait beaucoup, & dit de lui dans ſes mémoires : « Il » eſt la terreur de ſes ennemis, la gloire de ſon maître & l'eſpérance de » ſes amis. C'était l'homme le plus galant de la cour, le plus modeſte dans ſes habits & le plus faſtueux dans ceux de ſa livrée. On lui fit un crime d'avoir été trop aimé de Marguerite. Il aima auſſi la Dame de Monſoreau ; & ſon mari l'ayant forcée de donner un rendez-vous au brave
Buſſy

Buffy dans fa maison de campagne, l'affassina lâchement, n'osant se battre avec lui. Il mourut en 1579.

CHANSON.

« Oh! qu'heureuse est ma fortune!
» Oh! combien est grand mon heur;
» D'être seul retenu d'une (a).
» Pour fidele serviteur,
» Par sus toutes elle est vue
» Pleine de grace & beauté,
» Et suis sûr qu'elle est pourvue
. » Beaucoup plus de loyauté.

» O vous qui ne l'avez vue,
» Voyez la pour votre bien;
» Puis jugez, l'ayant connue
» L'heur que ce m'est d'être sien,
» Mais la voyant si parfaite,
» Gardez-vous bien un chacun;
» Car pour blesser elle est faite,
» Et de tous n'en guérir qu'un.

Bussi Rabutin (Roger, Comte), Meftre-de-camp de la cavalerie légere de France, Lieutenant-Général & Conseiller d'Etat, naquit à Epiry en Nivernois, le 3 Avril 1618, d'une de plus anciennes maisons de Bourgogne.

En 1665, il fut reçu de l'Académie Françaife, & fit paraître enfuite fon Histoire amoureufe des Gaules, dans laquelle il couvre de honte Mefdames d'Olonne & de Châtillon. Le Roi l'envoya à la Baftille, & enfuite l'exila dans fes terres, où il refta feize ans, n'étant revenu à la cour qu'en 1681. Jamais il ne put regagner les bontés du Roi, & le chagrin le fit encore retourner dans fes terres. Il mourut à Autun le 9 Avril 1693. Nous avons de lui plufieurs ouvrages de poéfie.

Cahusac (Louis de), né d'une famille noble de Montauban, Secrétaire des commandemens de Monfeigneur le Comte de Clermont, né au commencement de ce fiecle, mourut à Paris en 1759, d'une maladie qui l'avait d'abord conduit à Charenton.

(a) On prétend que cette chanson fut faite fur la Reine Marguerite; cependant elle en guériffait plufieurs.

Il eft auteur de *Grigri*, joli roman; de l'hiftoire de la Danfe ancienne & moderne, ouvrage eftimé; des tragédies de *Pharamond* & du *Comte de Warwick*; de la comédie de *l'Algérien*. Un Journalifte ayant loué fon opéra de *Zoroaftre*, Cahufac lui dit en l'embraffant : « Vous êtes le » feul homme en France qui ait eu le courage de dire du bien de moi ».

Il donna à l'opéra : En 1747, les *Fêtes de Polymnie* en trois actes & prologue, mufique de Rameau; en 1747, les *Fêtes de l'Hymen & de l'Amour*, mufique de Rameau; en 1748, *Zais*, en quatre actes, mufique de Rameau; en 1749, *Nais*, en trois actes, mufique de Rameau; *idem*, *Zoroaftre*, en cinq actes, mufique de Rameau; en 1750, *la Naiffance d'Ofiris*, & *Anacréon*, mufique de Rameau; en 1754, *la Fête de Famille*, en un acte, mufique de Rameau; en 1755, *les Amours de Tempé*, en quatre actes, mufique de Dauvergne.

CAILHAVA (Jean-François), né à Touloufe, l'un des meilleurs Poëtes comiques de ce fiecle, a donné d'excellentes comédies, & a traduit & parodié *la bonne Fille*, charmant opéra comique de M. Piccini.

Son livre fur *l'Art de la Comédie* eft eftimé, & mérite de l'être par les excellens principes dont il eft rempli.

CAILLY (Le Chevalier Jacques de), né à Orléans, prit le nom d'Acsilly, qui eft l'anagrame de fon nom, fit beaucoup d'épigrammes, & mourut Chevalier de Saint-Michel en 1674.

Son ftyle eft fimple & naïf, & fes penfées fines & délicates.

Epitaphe du Sieur Etienne.

« Il eft au bout de fes travaux,
» Il eft paffé le Sieur Etienne :
» En ce monde il eut tant de maux,
» Qu'on ne croit pas qu'il y revienne ».

C H A N S O N.

« Battre ta femme de la forte,
» Sous tes pieds la laiffer pour morte,
» Et d'un bruit fcandaleux les voifins alarmer,
» Tu vas paffer pour un infâme.
» Compere, l'on fait bien qu'il faut battre fa femme,
» Mais il ne faut pas l'affommer,

PRIERE.

« O mort! quand tu feras ta ronde,
» Epargne le Sieur de Torci :
» Chez lui tout rit & tout abonde ;
» Il n'a ni peine ni souci :
» Qu'a-t-il à faire en l'autre monde !
» Il est si bien dans celui-ci ! »

On connaît de lui ce quatrain sur l'étimologie du mot *Alphana.*

« *Alphana* vient d'*Equs sans doute ;*
» Mais il faut avouer aussi
» Qu'en venant de là jusqu'ici,
» Il a bien changé sur la route ».

CAMPISTRON (Jean Galbert de), né à Toulouse en 1656, fut éleve de Racine. Il fut Secrétaire du Duc de Vendôme, qui fit sa fortune, & il dut au Comédien Baron la plus grande partie de sa réputation.

Campistron était bon gentilhomme & le meilleur homme du monde. Ses pieces sont assez touchantes. Il travaillait facilement & peut-être avec trop de facilité ; mais il avouait aisément ses fautes.

A la bataille de Steinkerke, où le Duc de Vendôme faisait des prodiges de valeur, Campistron ne quitta pas ses côtés. Le Duc lui demandant ce qu'il faisait là : « Monseigneur, lui répondit-il froidement, j'attends » que vous veuilliez vous en aller ».

Il fut reçu de l'Académie en 1701, & mourut d'apoplexie à Toulouse le 11 Mai 1723. Il avait épousé Mademoiselle de Maniban, sœur de l'Archevêque de Bordeaux. Il donna en 1686, la pastorale d'*Acis & de Galatée*, musique de Lully ; en 1668, (a) *Achille & Polixene*, musique

---

» (a) Cet opéra tomba & donna lieu à l'épigramme suivante.

« Entre Campistron & Colasse,
» Grand débat au Parnasse,
» Sur ce que l'opéra n'a pas un sort heureux.
» De son mauvais succès nul ne se croit coupable.
» L'un dit que la Musique est plate & misérable,
» L'autre, que la conduite & les vers sont affreux :
» Mais le grand Apollon, toujours juge équitable,
» Trouve qu'ils ont raison tous deux ».

de Colaffe; en 1693, *Alcide* (a), tragédie, mufique de Louis Lully & de Marais.

Dégoûté du théâtre lyrique, il fit quelques tragédies qui eurent du fuccès, & une comédie intitulée, le *Jaloux défabufé*.

CASSAGNE (L'Abbé), né à Nifmes en 1633, fut reçu de l'Académie Françaife en 1660, fur une ode qu'il avait faite à fa louange.

Il prêcha, fit des vers & devint garde de la bibliothèque du Roi. Boileau ne l'a pas bien traité. Sa tête fe dérangea, & il fut mis à Saint-Lazare, où il mourut le 19 Mai 1679.

CHANSON.

« Que chantez-vous, petits oifeaux ?
» Je vous regarde & vous écoute :
» C'eft Dieu qui vous a faits fi beaux,
   » Vous le chantez fans doute.

» Son nom vous anime en ce bois,
» Vous n'en célébrez jamais d'autre !
» Faut-il que mon ingrate voix
   » N'imite pas la vôtre.

» Vos airs fi tendres & fi doux
» Lui rendent tous les jours hommage :
» Je le bénis bien moins que vous,
   » Et lui dois davantage ».

CHABANON (M. de), Américain, né en 1729, & de l'Académie des infcriptions & belles-lettres depuis près de vingt ans, eft né avec des difpofitions pour prefque tous les talens. Excellent Muficien, il joue parfaitement du violon, & a compofé les paroles & la mufique de *Semelé*, qui ayant été reçue à l'opéra, n'a pas été repréfentée, nous ne favons pourquoi. Il

---

(a) Cette piece n'eut pas un plus heureux fuccès, à en juger par cette épigramme.

   « A force de forger, on devient forgeron :
   » Il n'en eft pas ainfi du pauvre Campiftron,
    » Au lieu d'avancer, il recule,
    » Voyez Hercule.

a fait enfuite plufieurs tragédies auffi reçues, & dont une a été repréfentée ; a donné en 1773 l'opéra de *Sabinus*, mufique de Goffec, & a fait paraître une traduction des odes pythiques de Pindare, & une des Idiles de Théocrite, dont plufieurs font en vers bien faits & harmonieux. Ces différens ouvrages lui font le plus grand honneur, & le mettent au rang des premiers Littérateurs Français.

Vers à M. de Voltaire.

« J'ai volé pour vous voir, des rives de la Seine ;
» Et l'eftime & le goût de vous m'ont rapproché ;
» Faible & timide Aiglon, fous vos aîles caché,
» J'attends que votre vol me dirige & m'entraîne ;
» Redevenez vous-même, & prenez votre effor :
   » Faut-il que je vous voie encor,
   » Pour des fonges métaphifiques,
» Quitter l'illufion de nos jeux poétiques ?
» Tous vos doutes heureux valent-ils un tranfport ?
» L'homme eft un livre obfcur & difficile à lire ;
   » On n'en connaît que la moitié.
» Qu'eft-ce que notre efprit ? nul ne peut me le dire :
   » Mais tel qu'il eft, il fait pitié ;
   » Il eft petit, faible & pufillanime,
   » Chez tant de fots dignes de nos mépris.
» J'aime à l'étudier dans vos charmans écrits ;
» Il s'y peint éclatant, immortel & fublime ».

A M. de Lorry, fur fon traité de la mélancolie.

« C'en eft trop peu pour votre zèle
» De ces innombrables travaux,
» De cette fatigue éternelle
» Qui confument votre repos ;
» C'eft peu que vous alliez fans ceffe
» Courir la ville & les fauxbourgs,
» Porter à l'humaine faibleffe
» Votre affiftance & vos fecours ;
» Et dans l'alcove folitaire
» De plus d'un malade attrifté,
» Répandre la douce lumiere
» De l'efpoir & de la fanté.

» En vérité, je vous admire :
» En vous feul vous réuniffez
» Tous les dons du Dieu de la lyre,
» Comme Apollon vous guériffez :
» Comme lui vous favez écrire ;
» Avec tant d'efprit & tant d'art,
» Je vous plains d'être né trop tard.
» Jadis la Grèce dans fes temples,
» Parmi fes Dieux vous eût placé ?
» Hélas ! ce beau fiecle eft paffé :
» On ne voit plus de tels exemples ;
» Le Français, né vif & brillant,
» Livre fon goût aux bagatelles ;
» Il aime à foutire au talent :
» Mais l'encens n'eft que pour les belles ;
» Ce peuple aimable cependant
» Sert à l'Europe de modèle,
» Et vous-même vous lui devez
» Cet air d'aifance naturelle,
» Ce ton charmant que vous avez.
» Ailleurs un fage n'eft qu'un fage :
» Ici fous un dehors plus doux,
» Il a les graces en partage ;
» Alors il eft femblable à vous,
» Vous donc du beau monde l'idole
» Et la lumiere des Docteurs,
» Vous qui des bancs de votre école
» Sortez le front paré de fleurs,
» Contre le mal mélancolique,
» Dont vous avez fi bien traité,
» Votre aimable fociété
» Sera mon antidote unique ;
» Ce mal qu'on ne peut définir,
» Naît de l'ennui qui vous poffede ;
» Le plaifir en eft le remede :
» Qui vous voit, eft fûr d'en guérir.

CHABANON DE MAUGRYS, frere cadet du précédent, né en 1735, fut d'abord bon Géometre, mais un féjour forcé de plufieurs années à Saint-Domingue, ne lui laiffa pas le tems de cultiver une fcience qui oblige à des travaux fuivis. Son goût pour la poéfie l'en dédommage en partie, il a entrepris de traduire en vers les odes d'Horace, celui de tous les Poëtes qui exige le plus d'être traduit de cette maniere. M. de Maugrys a donné au Public fa traduction du troifieme livre des odes, & annonce modeftement dans fa préface, que ce n'eft qu'un effai qui doit lui faire connaître s'il eft digne de traduire Horace. Nous croyons pouvoir l'inviter à achever cet ouvrage intéreffant, & à fe moins défier de fes forces. Il eft difficile de mieux traduire la belle ode *Juftum & tenacem*, &c.

« Le fage eft immuable en fes juftes projets,
» Un peuple mutiné lui prefcrit des forfaits,
» D'un tyran furieux l'œil ardent le menace;
» Il réfifte à la force, il réprime l'audace.
» Que les vents conjurés b uleverfent les mers;
» Que la foudre fillonne & déchire les airs,
» Le choc des élémens n'aura rien qui l'étonne :
» Tranquille fous le bras de Jupiter qui tonne,
» Il verrait l'univers s'écrouler fous fes pas,
» Frappé de fes débris, il ne tremblerait pas.

M. de Maugrys a donné à l'opéra : En 1775, *Alexis & Daphné*, & *Baucis & Philémon*, mufique de Goffec.

CHANSON.

» Jamais à mon cœur innocent
» L'Amour n'avait donné de maître,
» Par toi pour être plus puiffant,
» Cher Iphis, il fe fit connaître;
» En toi feul de tous les objets
» Il découvrit fa reffemblance,
» Fallait-il, ayant tous fes traits,
» Avoir auffi fon inconftance!

» Ingrat, hélas! le même jour
» Qui vit dans ton cœur infidele
» S'allumer le feu de l'amour,
» En vit la derniere étincelle :
» Ce jour, Iphis, que ton ardeur
» Rendait le plus beau de ma vie,
» Devint temoin de mon malheur
» Par ton extrême perfidie.

ESSAI

» Mais je fatigue les Zéphirs
» Du triste sujet de ma peine ;
» Le vain tribut de mes soupirs
» Est dissipé par leur haleine.
» C'en est fait : je n'ai plus d'amant,
» Pour qui faut-il que je m'engage ?
» Au cœur hélas ! le plus constant,
» Le mien préfere Iphis volage.

» Mais, quoi ! ne puis-je ranimer
» Et finir ton indifférence ?
» De tout ce qui sut te charmer,
» Je n'ai de moins que l'innocence :
» Si seule elle eût pu t'arrêter
» Et fixer ton âme légere,
» Cher ingrat, devais-tu m'ôter
» Le moyen de toujours te plaire !

AUTRE.

« Depuis que le cruel amour
» M'a captivé sous son empire,
» Ismene me fuit chaque jour,
» Et moi chaque jour je soupire.
» Bientôt, pour plaindre mes malheurs,
» Je n'aurai plus assez de larmes,
» De mon sang au défaut de pleurs,
» Amour, j'arroserai tes armes.

» C'en est fait, si mon triste sort
» Ne peut toucher mon inhumaine,
» Je vais terminer, par la mort,
» Mon amour, ma vie & ma peine :
» Hélas ! de ma fidélité
» Un cyprès, gage déplorable
» De son injuste cruauté,
» Sera le monument durable.

» Sur le tombeau qui de mon corps
» A jamais contiendra les restes,
» Que du tems malgré les efforts,
» On puisse voir ces mots funestes :

» Des

Des rigueurs d'Ifméne & d'amour
» *Hylas mourut à fon aurore ;*
» *Hylas, s'il revoyait le jour,*
» *Adorerait Ifméne encore* ».

CHAMFORT, né en Auvergne, Secrétaire des commandemens de S. A. S. Monfeigneur le Prince de Condé, s'eft fait connaître en remportant le prix de poéfie à l'Académie Françaife en 1765. Son éloge de Moliere a eu auffi le prix, & eft un des meilleurs ouvrages qui aient été faits en ce genre. Celui de la Fontaine a été couronné à Marfeille. Ses deux comédies de la *Jeune Indienne* & du *Marchand de Smyrne* font reftées au théâtre, & le méritaient. Sa tragédie de *Muftapha & Zéangir* a eu le plus grand fuccès à la cour, même à Paris, malgré la violence & l'in-juftice des cabales. Peu de pieces font remplies d'auffi beaux vers & font écrites auffi purement.

Nous ne rapporterons de lui que trois odes, il en exifte peu d'auffi belles. Deux de ces odes ont été couronnées à l'Académie des Jeux floraux.

O D E.

La grandeur de l'homme.

« Quand Dieu du haut du ciel a promené fa vue
» Sur ces mondes divers femés dans l'étendue,
» Sur ces nombreux foleils brillans de fa fplendeur,
» Il arrête fes yeux fur le globe où nous fommes,
     » Il contemple les hommes,
» Et dans notre ame enfin, va chercher fa grandeur.

» Apprends de lui, Mortel, à refpecter ton être;
» Cet orgueil généreux n'offenfe point ton maître,
» Sentir ta dignité, c'eft bénir fes faveurs,
» Tu dois ce jufte hommage à fa bonté fuprême;
     » C'eft l'oubli de toi-même,
» Qui, du fein des forfaits, fit naître les malheurs.

» Mon ame fe tranfporte aux premiers jours du monde;
» Eft-ce là cette terre aujourd'hui fi féconde?
» Qu'ai-je vu? des déferts, des rochers, des forêts:
» Ta faim demande au chêne une vile pâture:
     » Une caverne obfcure,
» Du Roi de l'univers, eft le premier palais.

» Tout naît, tout s'embellit fous ta main fortunée :
» Ces déferts ne font plus, & la terre étonnée,
» Voit fon fertile fein ombragé de moiffons.
» Dans ces vaftes cités, quel pouvoir invincible,
        ∞ Dans un calme paifible,
» Des humains réunis endort les paffions ?

» Le commerce t'appelle au bout de l'hémifphere :
» L'Océan, fous tes pas, abaiffe fa barriere.
» L'aiman, fidele au nord, te conduit fur fes eaux ;
» Tu fais l'art d'enchaîner l'aquilon dans tes voiles ;
        » Tu lis fur les étoiles
» Les routes que le ciel prefcrit à tes vaiffeaux.

» Séparés par les mers, deux continens s'uniffent ;
» L'un de l'autre étonnés, l'un de l'autre ils jouiffent.
» Tu forces la nature à trahir fes fecrets :
» De la terre au foleil tu marques la diftance,
        » Et des feux qu'il te lance,
» Le prifme audacieux a divifé les traits.

» Tes yeux ont mefuré ce ciel qui te couronne.
» Ta main pefe les airs qu'un long tube emprifonne :
» La foudre menaçante obéit à tes loix ;
» Un charme impérieux (a), une force inconnue
        » Arrache de la nue
» Le tonnerre indigné de defcendre à ta voix.

» O prodige plus grand ! ô vertu que j'adore !
» C'eft par toi que nos cœurs s'ennobliffent encore.
» Quoi ! ma voix chante l'homme, & j'ai pu t'oublier !
» Je célebre avant toi.... pardonne beauté pure,
        », Pardonne cette injure ;
» Infpire-moi des fons dignes de l'expier.

» Mes vœux font entendus : ta main m'ouvre ton temple,
» Je tombe à vos genoux, Héros que je contemple,
» Peres, époux, amis, citoyens vertueux :
» Votre exemple, vos noms, ornemens de l'hiftoire,
        » Confacrés par la gloire,
» Elevent jufqu'à vous les mortels généreux.

_____

(a) L'électricité.

» Là, tranquille au milieu d'une foule abattue,
» Tu me fais, ô Socrate, envier ta cigue.
» Là, c'est ce fier Romain, plus grand que son vainqueur,
» C'est Caton sans courroux déchirant sa blessure :
   » Son ame libre & pure
» S'enfuit, loin des tyrans, au sein de son auteur.

» Quelle femme descend sous cette voûte obscure ?
» Son pere, dans les fers, languit sans nourriture.
» Elle approche : ô tendresse ! amour ingénieux !
» De son lait .... se peut-il ? oui de son propre pere
   » Elle devient la mere :
» La nature trompée applaudit à tous deux.

» Une autre femme, hélas ! près d'un lit de tristesse,
» Pleure un fils expirant, soutien de sa vieillesse.
» Il legue à son ami le droit de la nourrir :
» L'ami tombe à ses pieds : &, fier de son partage,
   » Bénit son héritage,
» Et rend grace à la main qui vient de l'enrichir.

» Et si je célébrais d'une voix éloquente
» La vertu couronnée & la vertu mourante,
» Et du monde attendri les bienfaiteurs fameux ;
» Et Titus, qu'à genoux tout un peuple environne,
   » Pleurant aux pieds du trône
» Le jour qu'il a perdu, sans faire des heureux !

» Oui, j'ose le penser, ces mortels magnanimes
» Sont honorés, grand Dieu, de tes regards sublimes.
» Tu ne négliges pas leurs illustres destins :
» Tu daignes t'applaudir d'avoir formé leur être,
   » Et ta bonté, peut-être,
» Pardonne, en leur faveur, au reste des humains.

AUTRE.

Les Volcans.

« Eclaire, échauffe mon génie,
» Muse de la terre & des cieux.
» Conduis-moi, sublime Uranie,
» Vers ces abîmes pleins de feux,

H 2

» De l'enfer foupiraux horribles,
» Arfénaux profonds & terribles,
» Où dans un cahos éternel,
» Des élémens la fourde guerre
» Forme, alume, lance un tonnere
» Plus affreux que celui du ciel.

» Quels torrens épais de fumée ?
» La terre, ouverte fous mes pas,
» Vomit une cendre enflâmée;
» L'antre mugit…Dieux! quels éclats!
» Des roches dans l'air élancées
» Retombent, roulent difperfées.
» Je m'arrête glacé d'effroi :
» Un fleuve de feux, de bitume,
» Couvre d'une bouillante écume
» Leurs débris pouffés jufqu'à moi.

» Monts altiers, voifins des orages,
» Qui recelez dans votre fein
» Les fleuves enfans des nuages,
» Et les rendez au genre humain;
» C'eft dans vos cavernes profondes,
» Que du feu, de l'air, & des ondes
» Fermente la fédition.
» Au fond de cet abîme immenfe,
» Je vois la nature en filence
» Méditer fa deftruction.

» L'efclave qui brife la pierre
» Et qui cherche l'or dans vos flancs,
» Sent les fondemens de la terre
» S'ébranler fous fes pas tremblans.
» Il palpite, écoute, friffonne :
» Mais le trépas en vain l'étonne,
» La rage ranime fes fens.
» Il pardonne au fléau terrible
» Qui va, fous un débris horrible,
» Ecrafer fes cruels tyrans.

» Dieu! quel avarice intrépide!
» L'antre pouffe un refte de feux;
» Une foule imprulente, avide,
» Accourt d'un pas impétueux.

» Voyez-les d'une main tremblante,
» Sous une lave encor fumante,
» Chercher ces métaux détestés,
» Et sur le falpêtre & le souffre,
» Des ruines mêmes du gouffre,
», Bâtir de superbes cités.

» Mortel qui du fort en colere
» Gémis d'épuifer tous les coups,
» Sans doute le ciel moins févere
» Pouvait te voir d'un œil plus doux:
» Mais de la nature en furie
» Tu furpaffes la barbarie ;
» De tes maux déplorable auteur ;
» C'eft ta rage qui les confomme ;
» Et l'homme eft à jamais pour l'homme
» Le fléau le plus deftructeur.

» Quand ce globe a craint fa ruine,
» Quand des feux voifins des enfers,
» Grondaient de Lisbonne à la Chine,
» Et foulevaient le fein des mers,
» Les affaffinats de la guerre
» Défolaient, faccageaient la terre ;
» Vous enfanglantiez des volcans
» Et vous égorgiez vos victimes
» Sur les bords fumans des abîmes
» Qui vous engloutiffaient vivans,

» Eh, quoi ! tandis que je friffonne
» Vous allumez pour les combats
» Ces volcans effroi de Bellone,
» Ces foudres cachés fous fes pas,
» Contre la terre confternée,
» Quand la nature eft déchaînée ;
» Vous l'imitez dans fes horreurs ;
» Et le plus affreux phénomène,
» Dont frémiffe la race humaine,
» Sert de modèle à vos fureurs.

» Que ne puis-je, arbitre des ombres,
» Forçant les portes du trépas,
» Evoquer des Royaumes fombres
» Tous les morts de tous les climats ?

» A chacun d'eux fi j'ofais dire :
» Un Dieu t'ordonne de m'inftruire
» Qui t'a conduit au noir féjour ;
» Prefque tous, homme impitoyable !
» Ils répondraient, c'eft mon femblable,
» Dont la main m'a privé du jour.

» Ah ! jettez ces coupables armes ;
» De vous-même prenez pitié ;
» Connaiffez, éprouvez les charmes
» De l'amour & de l'amitié.
» Que la force, que la puiffance,
» Nobles foutiens de l'innocence,
» Ne fervent plus à l'opprimer ;
» Ecartez la guerre inhumaine,
» Et ne vouez plus à la haine
» Le moment de vivre & d'aimer.

A U T R E.

A la Vérité.

« Defcens de ta fphere éternelle,
» O vérité, foutiens ma voix !
» Defcens ; viens venger ta querelle ;
» Reclame tes auguftes droits.
» Le pervers t'outrage & t'abhorre,
» Le fage trop fouvent t'ignore ;
» Et l'obfcur amas des mortels,
» Même en t'implorant par faibleffe,
» Craint d'envifager la Déeffe
» Dont il embraffe les autels.

» Faut-il que loin de notre vue
» Ton trône éclatant foit placé !
» Ah ! que du moins, perçant la nue,
» Un rayon vers nous foit lancé.
» Vois le foleil dans fa carriere :
» Son intariffable lumiere
» Dans nos yeux entre avec douceur.
» Que ne peut ta vive influence,
» En imitant fa bienfaifance,
» Pénétrer ainfi notre cœur !

» L'univers à jamais paisible
» Ne connaîtrait aucun fléau,
» Thémis, pour être incorruptible,
» N'aurait plus besoin de bandeau ;
» Et le fanatisme barbare,
» Odieux enfant du Ténare
» Qui se dit le vengeur des cieux,
» Enchaîné par ta main puissante,
» Au fond de sa prison brûlante
» Etoufferait ses cris affreux.

» Le mensonge, la perfidie,
» Loin des Cours eût fui pour jamais,
» Du Sage la voix plus hardie
» Eût dit aux Rois dans leurs palais :
» Oui, je vous dois l'obéissance,
» Je m'arme pour votre défense.
» Mais, quand je combats pour mes Rois,
» On me doit des jours sans alarmes,
» Et le droit d'essuyer nos larmes
» Est le plus noble de vos droits.

» Rougissez de votre génie ;
» Vous, politiques imposteurs,
» Complices de la tyrannie
» Dont vous consacrez les fureurs.
» J'entends leur troupe mercénaire
» Crier aux maîtres de la terre,
» Vos peuples sont formés pour vous,
» Aucun devoir ne vous engage,
» Ramper, gémir est leur partage,
» Heureux de vivre à vos genoux.

» Qu'un Courtisan noirci de crimes
» Habile dans l'art de ramper,
» Empoisonne de ces maximes
» Le Monarque qu'il veut tromper ;
» Il entrevoit sa récompense,
» Il va dérober la substance
» De tout un peuple gémissant.
» Je hais un flatteur exécrable,
» Je plains un tyran méprisable,
» Et je me tais en frémissant.

» Mais vous dont la voix libre & sage
» Aux mortels doit la vérité,
» Avez-vous cru lui rendre hommage
» En dégradant l'humanité ?
» Ne pesez plus ma destinée,
» Pourquoi d'une main forcenée
» Me jetter sous un joug d'airain ?
» Et pourquoi d'un sceptre paisible
» Faites-vous un glaive terrible
» Prêt à se plonger dans mon sein ?

» Fuis loin de moi mortel profane,
» Qui par le mensonge inspiré,
» As, de Clio qui te condamne,
» Avili le burin sacré.
» Je te l'arrache avec colère,
» Je veux que sur l'airain sevère ;
» Il grave ta honte à jamais,
» Tu brises la digue impuissante ;
» Que d'un Dieu la main bienfaisante
» Opposait aux heureux forfaits.

» O douleur ! un tyran féroce
» Dans le sang se sera plongé,
» Il rend en paix son ame atroce,
» Et l'univers n'est point vengé !
» Si dans nos cœurs il pouvait lire
» Le mépris, l'horreur qu'il inspire....
» Mais d'encens il meurt enniîvré.
» Ah ! que l'histoire inexorable
» Flétrisse au moins ce nom coupable,
» Immortel pour être abhorré.

» Vérité confons l'artifice,
» Punis les fourbes, les flatteurs,
» Et toi, prospérité propice,
» Dispense avec choix tes faveurs.
» N'offre aux respects de tous les âges
» Que les vrais héros, les vrais sages ;
» Et que ta prudente équité
» N'ouvre le temple de mémoire
» Qu'à ceux qui marchent vers la gloire
» Sur les pas de la vérité ».

CHAPELAIN

CHAPELAIN (Jean), né en 1595 à Paris, eut beaucoup de réputation sous le Cardinal de Richelieu, & fut de l'Académie Française. On attendit vingt ans son poëme de la Pucelle; & dès qu'il parut, sa réputation devint à rien. Le Maître des requêtes Montmor fit contre ce poëme une épigramme latine, dont voici la traduction par *Liniere*.

« Nous attendions de Chapelain
» Une Pucelle,
» Jeune & belle ;
» Vingt ans à la former, il perdit son latin,
» Et de sa main
» Il sort enfin
» Une vieille sempiternelle ».

Chapelain mourut à Paris, le 22 Février 1674.

CHAPELLE (Claude-Emanuel Luillier), ainsi nommé, parcequ'il était né au village de la Chapelle sur le bord du chemin de Saint-Denis en 1621, était fils de François Luillier, Maître des comptes. Le célebre Gassendi lui enseigna la philosophie, ainsi qu'à Moliere; & delà vint la tendre amitié que les deux éleves eurent l'un pour l'autre. Le voyage en Provence qu'il fit avec Bachaumont, eut le plus grand succès, & plaira toujours. Son pere voulut lui donner une charge; mais Chapelle aima mieux sa liberté, & fut toujours recherché par les gens les plus aimables & de la meilleure compagnie.

Voltaire dit qu'il était plus débauché que délicat, & plus naturel que poli.

Chapelle était de ce fameux souper chez Moliere à Auteuil, où le vin ayant jetté tous les convives dans la morale la plus sérieuse, ils convinrent que le premier bonheur est de ne point naître, & le second, de mourir promptement. Aussi-tôt ils prirent la résolution d'aller se jetter dans la riviere. Moliere qui avait conservé plus de sang froid, leur représenta qu'une si belle action ne devait pas être ensevelie dans les ténebres de la nuit, & qu'elle méritait d'être exécutée en plein jour. Ils en convinrent, & attendirent au lendemain; mais le lendemain ils trouverent à propos de supporter encore les miseres de la vie. Boileau était de cette partie, & avait la bonne foi d'en convenir.

Tome IV.   I

Chapelle mourut à Paris, en Septembre 1686, âgé de soixante-cinq ans. Il a été un de ceux qui ont su le mieux faire usage de cette espece de poésie, que l'on a depuis appellée *rimes redoublées.*

· C H A N S O N.

» Sous ce berceau, qu'Amour exprès
» Fit pour toucher quelqu'inhumaine ;
» L'un de nous deux un jour au frais,
» Assis près de cette fontaine,
» Le cœur percé de mille traits,
» D'une main qu'il portait à peine,
» Grava ces vers sur un cyprès :
» Hélas ! que l'on serait heureux
» Dans ce beau lieu digne d'envie,
» Si toujours aimé de Sylvie,
» L'on pouvait, toujours amoureux,
» Avec elle passer la vie.

CHARLES IX, Roi de France, naquit à Saint-Germain-en-Laye le 27 Juin 1550. Sans le considérer ici comme monarque, nous dirons que Charles aimait les lettres & se plaisait dans la compagnie des savans. Il ne donnait aux Poëtes que des récompenses modiques, disant « les Poëtes » ressemblent aux chevaux : ils deviennent lâches, & perdent leur vivacité » dans la trop grande abondance : il faut les nourrir, mais il ne faut pas » les engraisser ».

Charles mourut au milieu des douleurs les plus aigues & baigné dans son sang, en 1574.

Dans cet affreux état la Saint-Barthelemi était sans cesse présente à sa mémoire. Il marqua par ses cris & par ses larmes le regret qu'il en ressentait.

Amiot, son grand Aumônier, cherchant à le distraire des images noires & chagrinantes qui le consumaient, lui demanda un jour pourquoi il s'abandonnait ainsi à la tristesse. *Hélas, mon maître,* (a) lui répondit-il, *n'en ai-je pas raison ?*

_____

(a) Amiot avait été son Précepteur.

Arnaud de Sorbin qui le confessa, rapporte que le 30 Mai, jour de la Pentecôte, étant entré avec Amiot, à huit heures du matin, dans la chambre du Roi, ils le trouverent dans son lit, baigné de larmes. Consolé par leur présence & par leurs discours, il dit à Sorbin de s'asseoir au chevet de son lit, & ayant fait signe qu'on sortît, il se confessa, & reçut le viatique quelques momens après. Amiot le trouvant extrêmement abattu, lui demanda s'il ne desirait pas de recevoir l'extrême-onction. *Oui*, répondit le Prince ; *mais hâtez-vous, mon maître.* La mort prévint la diligence du Prélat : Charles était expiré quand il revint ; ses dernieres paroles qu'on entendit à peine, furent : *mon Dieu, mettez-moi au nombre de vos élus.*

Nous voyons dans les Mémoires de la Reine Marguerite, que Charles IX *eut beaucoup de peine à consentir au massacre de la S. Barthelemi ; & si on ne lui avait fait entendre qu'il y allait de sa vie & de son État, il ne l'eût jamais fait.*

C'est-à-dire, (comme le pense M. l'Abbé *Oroux*, dans son Histoire Ecclésiastique de la cour de France) qu'on abusa de sa jeunesse, & qu'on se servit des moyens les plus capables d'enflammer son tempérament naturellement colere, pour le déterminer à une action, dont on savait bien qu'il aurait horreur de sang-froid.

Une preuve presque convaincante que ce Prince n'était pas aussi cruel qu'on nous le peint, c'est qu'il aimait les lettres, & les cultivait avec succès. Nous avons encore de ses vers assez bien faits, de ses lettres intéressantes & bien écrites, & un ouvrage de recherches touchant la nature des cerfs, qui a été rendu public à Paris, en 1625, sous le titre de *Chasse Royale.* De plus, il était passionné pour la Musique, & protégeait ouvertement ceux qui faisaient profession de cet art, entr'autres le célebre *Orlande Lassus.* La cruauté ne trouve point de place dans un cœur occupé par tant de goûts innocens. Les cruels qui l'entouraient, surent profiter de sa vivacité & de sa faiblesse ; nous croyons que voilà les seuls reproches à faire à l'infortuné Charles IX, & qu'on doit plus le plaindre que détester sa mémoire. Les remords dont il fut dévoré pendant les deux dernieres années de sa vie, prouvent assez l'horreur qu'il avait de son crime.

I 4

CHANSON.

« Toucher, aimer (*a*) : c'eſt ma deviſe,
» De celle-là que plus je priſe,
» Rien qu'un regard d'elle à mon cœur
» Darde plus de traits & de flâme,
» Que de tous l'archerot vainqueur
» N'en ſaurait onque appointer dans mon âme »,

CHARLEVAL (Jean-Louis Faucon de Ris, Seigneur de), neveu, frere & oncle de premiers Préſidens du Parlement de Rouen, naquit en Normandie en 1612. Sa famille, originaire d'Italie, était venue s'établir en France dès le regne de Charles VIII. Le village dont Jean-Louis porta le nom, s'appelait autrefois *Noyon-ſur-Audelle*. En 1572, Charles IX y fit bâtir un château : cet endroit lui paraiſſant à portée de la forêt de Lions, où il chaſſait ſouvent, & lui donna le nom de Charleval.

Meſſieurs de Ris en firent l'acquiſition peu de tems après.

Charleval était d'une complexion ſi faible qu'on ne croyait pas qu'il pût vivre ; cependant, à force de régime, il vécut plus de quatre-vingt ans.

Il était galant, ſans être tendre. La douceur de ſon caractere, la ſolidité de ſon eſprit, & la ſûreté de ſon commerce le rendoient extrêmement cher à tous ſes amis.

Quoique peu riche, il fut fort généreux, & ſouvent obligea les gens de lettres. On ſait que M. & Madame Dacier n'étant pas en état de demeurer à Paris, Charleval les força d'accepter dix mille livres. Il mourut en 1693. Voici quelques pieces de lui.

Épigramme contre une Coquette.

« Bien qu'Iris m'ait promis une amitié parfaite,
» A mille autres amans elle fait les doux yeux.

(*a*) *Aimer toucher, Marie Touchet :* Charles IX avait choiſi cette anagramme de ſon nom ; mais la véritable était, *je charme tout.* Elle était née à Orléans, fille du Lieutenant particulier du Bailliage, & avait autant de douceur que de charmes. Elle mourut le 18 Mars 1638, âgée de quatre-vingt-neuf ans, après avoir vu les regnes de ſix rois, & fut enterrée aux Minimes de la place royale. Elle eut de Charles IX un fils, qui fut Comte d'Auvergne & Duc d'Angoulême.

» Ah ! c'eſt être haï des Dieux,
» Que d'être aimé d'une Coquette ! »

JALOUSIE.

« Olimpe, je n'ai point de paix,
» Abſent de vos beautés parfaites ;
» Et je ne ſais ce que je fais,
» Quand je ne ſais ce que vous faites ».

MADRIGAL.

« Au doux bruit des ruiſſeaux, dans les bois je reſpire ;
» C'eſt-là que ſur les fleurs je viens me repoſer.
» Je ne quitterais pas ces lieux pour un empire,
» Mais je les quitterais, Iris, pour un baiſer ».

CHANSON.

« Modérons nos propres vœux,
» Tâchons à nous mieux connaître ;
» Deſire-tu d'être heureux ?
» Deſire un peu moins de l'être.

» Voici comment j'ai compté,
» Dès ma plus tendre jeuneſſe ;
» La vertu, puis la ſanté,
» Puis la gloire & la richeſſe ».

AUTRE.

« Liſe a beau faire la mignarde ;
» Chaque jour elle s'enlaidit :
» Ce n'eſt pas que je la regarde
» Mais tout le monde me le di- ».

AUTRE.

« Quoi ! ſans vous ſouvenir de moi ni de mes peines,
» Vous pouvez paſſer tout un jour ;
» Haïſſez-moi plutôt, Climène.
» L'indifférence eſt en amour
» Plus dangereuſe que la haine ».

A U T R E.

« Vous n'êtes pas heureuse
» Dans ce charmant séjour ;
» Etes-vous amoureuse ?
» Vous rêvez tout le jour,
» Ah ! l'on n'est pas rêveuse,
» Quand on n'a point d'amour ».

A U T R E.

» Que César autrefois ait subjugué la France
» Par sa sage conduite & sa rare vaillance,
» Je le crois bien ;
» Mais qu'il eût entrepris d'en faire la conquête,
» S'il eût trouvé Louis en tête,
» Je n'en crois rien ».

CHASTELLUX (Le Chevalier de Beauvoir de), Brigadier des armées du Roi, né en 1734, & reçu à l'Académie Française en 1775, est de la noble maison de Beauvoir, l'une des plus anciennes de Bourgogne, dont est sorti *Claude de Beauvoir de Chastellux*, Maréchal de France sous Charles VI & sous Charles VII, & qui mourut en 1453.

Son goût pour la poésie, pour les arts & pour les sciences s'est manifesté dès sa plus grande jeunesse. Les occupations de son état ne l'ont pas empêché de les cultiver avec succès ; & l'ouvrage qu'il nous a donné sur la *Félicité publique*, fait honneur à son esprit, ainsi qu'à son cœur. Plusieurs comédies charmantes, applaudies avec transport sur un théâtre de société, ont prouvé que M. le Chevalier de Chastellux aurait eu des succès sur la scene comique, s'il eût eu la confiance de s'y présenter. Mais satisfait des applaudissemens de ses amis, il a eu le bon esprit de n'en jamais desirer d'autres, & s'est contenté de les mériter.

Son essai sur l'union de la Poésie & de la Musique, est le fruit d'un voyage qu'il fit en Italie. Cet ouvrage est l'époque des réflexions que l'on a commencé à faire sur cet art, alors abandonné à des Professeurs peu en état de le raisonner, & qui ne suivaient que les élans de leur imagination, soumis à une vieille routine dont ils ne s'écartaient guères.

M. Le Chevalier de Chastellux remarque avec raison que les Musiciens ne connaiffent pas affez la Poéfie, que les Poëtes ne favent pas affez la Mufique, & que les uns & les autres ne font pas affez verfés dans la langue italienne. Il a entrepris de le leur prouver, & il y a réuffi tellement, que c'eft depuis fon ouvrage qu'on a commencé à tirer la Mufique de l'efpece de barbarie où elle était; ce que le génie de Rameau effayait envain depuis près de trente ans; car il n'avait encore pu parvenir qu'à créer le véritable genre des chœurs & des ballets; la plupart de fes fcenes étaient languiffantes, fes monologues froids, & on ne trouvait dans aucun de fes ouvrages ce que les Italiens appellent *aria*, ni ces beaux *récitatifs obligés* qui expriment fi bien les paffions & les fentimens.

Nous n'entreprendrons point de faire l'analyfe de fon ouvrage, qui eft entre les mains de tout le monde, nous ajouterons feulement que c'eft à l'Effai fur l'union de la Mufique & de la Poéfie que nous devons le traité du Melo-Drame, ouvrage rempli d'excellentes chofes, quoique nous en ayons trouvé quelquefois que nous n'adoptons point.

CHANSON.

« Après une longue abfence,
» Que le retour eft flatteur !
» L'amour enfin récompenfe
» Les tourmens d'un tendre cœur ;
» Ce n'eft plus à l'efpérance
» Qu'il devra tout fon bonheur.

» Ouvre les yeux, mon amante,
» Ouvre ton ame au plaifir !
» Que ta triftefse eft touchante !
» Et qu'il eft doux de jouir
» De cette langueur charmante,
» Au moment de la finir !

» O toi, qui prêtes des charmes
» A l'ardeur de nos defirs ;
» Toi, qui, fans caufer d'alarmes ;
» Obtiens de nous des foupirs,
» Volupté, reçois nos larmes,
» Et change-les en plaifirs.

» Mais déja je vois éclore
» Le prix de ma vive ardeur :
» Sur ces levres que j'adore,
» Par un sourire enchanteur
» L'amour fait briller l'aurore
» Du jour de notre bonheur.

» C'est ainsi qu'après l'orage
» Le jour a plus de beauté,
» Le soleil sur son passage
» Répand la sérénité,
» Et le plus affreux nuage
» S'embellit de sa clarté.

A U T R E.

Le Rendez-vous.

LA BERGERE.

» Que mon ame est interdite !
» Je n'ose faire un pas.
» A chaque instant mon cœur palpite,
» Que deviendrai-je, hélas !
» Quoi ! Silvandre dans tes bras,
» Dès ce soir tu me verras !
» De mon ardeur indiscrette
» Garde-toi d'abuser,
» Tu sais trop bien que ta Colette
» Ne peut te refuser,

LE BERGER.

» Non, je ne dois plus attendre ;
» Voici l'heureux instant,
» Où ma Colette va se rendre
» Aux vœux d'un tendre amant,
» Si c'est un crime à ses yeux
» D'oser se rendre heureux,
» L'obscurité favorable
» Saura le déguiser,
» Et je me rendrai si coupable,
» Qu'il faudra m'excuser,

LA

La Bergere.

» Mais quels sons viens-je d'entendre?
   » C'est lui, c'est mon berger.
 » Ah! que veut-il donc entreprendre?
   » Dieux quel est mon danger?
 » Hélas, je cede à tes vœux.
 » Mon cœur surpris de tes feux
 » N'a le tems de s'en défendre,
   » Ni de les condamner.
 » Tu ne m'en laisses plus, Silvandre,
   » Que pour te pardonner ».

Autre imitée d'Anacréon.

« Les Dieux, en peuplant la terre,
» Ont partagé leurs présens,
» Nous voyons tous la lumiere,
» Mais nos soins sont différens :
» L'aigle, dans son vol rapide,
» S'élance au plus haut des airs,
» Tandis qu'un peuple timide
» Fuit au sein des vastes mers.

» Le tigre eut pour appanage
» La force & la cruauté,
» Le cerf eut moins de courage,
» Et plus de légéreté.
» L'homme seul, quelle injustice!
» Est sans armes, sans secours ;
» Mais la nature propice
» Lui permit d'aimer toujours.

» Ce bienfait le dédommage
» Des biens qu'il n'a pas reçus ;
» Un cœur tendre est son partage,
» Que peut-il vouloir de plus?
» Une injuste destinée
» Prétend enfin l'accabler.
» En aimant toute l'année,
» Il saura se consoler,

E S S A I

» L'oifeau qui chante fa flâme,
» Par Zéphir eft ranimé.
» Un nouvel objet l'enflamme ;
» Il foupire, il eft aimé.
» Pour moi, celle que j'adore
» En tout tems eut mes defirs ;
» C'eft le même amour encore,
» Ce font de nouveaux plaifirs ».

A U T R E.

» Printems, reviens orner nos bois
» De la plus riante verdure.
» L'Amour te conduit ; à fa voix
» On voit s'éveiller la nature.
» Pour chanter de nouveaux plaifirs ;
» Les oifeaux préviennent l'aurore,
» Et c'eft au fouffle des zéphirs
» Qu'on doit la fleur qui vient d'éclore.

» Le roffignol cherche en ces lieux
» Les jours que le printems ramene,
» Lorfque l'amour offre à fes yeux
» L'objet qui pour jamais l'enchaîne.
» La nature alors n'a pour lui
» D'appas que ceux de fon amante.
» Loin d'elle, il ne trouve qu'ennui
» Sous la verdure renaiffante.

» Amour ! à de nouvelles loix
» Tout paraît inviter nos ames,
» Et le plaifir de faire un choix
» Semble encor redoubler tes flames ;
» Mais Daphnis n'eft pas moins heureux
» Par la douceur d'être fidele ;
» Il ferait bien moins amoureux,
» S'il brûlait d'une ardeur nouvelle ».

A U T R E.

Le Soir.

» Du fommet de ces montagnes
» J'apperçois dans nos campagnes

» Life, parmi fes compagnes,
» Qui s'approche du hameau.
» J'entends fa voix qui m'appelle ;
» Je voulois voler près d'elle,
» Mais mon devoir me r'appelle
» Et m'attache à mon troupeau.
» Du fommet, &c.

» Agneaux que ma main careffe,
» D'où vous vient cette pareffe ?
» Vainement mon chien vous preffe,
» Que vous marchez à pas lents !
» Dans cette fombre retraite,
» Quand vous jouez fur l'herbette
» Du loup cruel qui vous guette,
» C'eft moi feul qui vous défend.
» Agneaux, &c.

» Life eft l'objet qui m'enflâme,
» Life partage ma flâme,
» Life eft l'objet qui m'enflâme,
» Et je la quitte pour vous.
» Mais dès que la nuit obfcure
» Vous chaffe de la pâture,
» Mon cœur des maux qu'il endure,
» Reçoit le prix le plus doux.
» Life, &c.

» Retournez d'un pas agile,
» Retournez à votre afyle,
» Vous qui d'un fommeil tranquille
» Goûtez fi bien la douceur.
» Nuit charmante, je t'implore.
» Jufqu'au lever de l'aurore,
» Que ton voile couvre encore
» Et mes feux & mon bonheur.
» Retournez, &c.

CHATEAUBRUN (Jean-Baptifte Vivien de), né à Angoulême en 1686,
& Maître-d'hôtel de M. le Duc d'Orléans, a été reçu de l'Académie Françaife à foixante-douze ans en 1758, & eft mort en 1775.

Mahomet fecond fut fa premiere piece. Il la donna en 1714, & elle eut un fuccès qui fit naître l'efpérance de voir en lui un bon Poëte tragique; mais fon attachement pour un Prince religieux l'engagea à renoncer au théâtre; & ce ne fut qu'après la mort de ce Prince, arrivée environ quarante ans après, qu'il reparut fur la fcene. *Les Troyennes* eurent le plus grand fuccès en 1754, & *Philoctete* en 1755. Il donna l'année fuivante *Aſtianax*, dont les deux derniers actes ne réuſſirent pas. Loin de chercher à raccommoder fa piece, Chateaubrun la retira dès la premiere fois, & jugeant apparemment que fon talent était épuifé, ne fit plus rien paraître depuis ce jour, & acheva paiſiblement fa longue carriere, qu'il pouſſa jufqu'à quatre-vingt-neuf ans. Il mourut eſtimé & honoré de tous ceux qui le connaiſſaient.

CHAULIEU (Guillaume Anfrie de), Abbé d'Aumale & Prieur de Saint-George dans l'île d'Oleron, naquit au château de Fontenai dans le Vexin Normand en 1636, d'une ancienne & noble famille connue avant 1400.

Le Duc de Vendôme & le Grand-Prieur fon frere, l'honorerent de l'amitié la plus particuliere. Il fut recherché des gens d'efprit & des gens aimables de la cour & de la ville, & fut fur-tout l'ami du Marquis de la Fare, fi connu par fes vers, & de la fameufe Ninon, célebre par fon efprit, fes grâces & fes galanteries.

L'Abbé de Chaulieu conferva l'agrément de fon efprit & la mémoire la plus heureufe jufqu'à l'âge de quatre-vingt-quatre ans.

Il avait perdu la vue quatre ans avant fa mort, qui arriva le 27 Juin 1720. Le Grand-Prieur allait fouper prefque tous les jours chez lui.

Il était éleve de Chapelle, & fes poéfies repréfentent fidélement le génie & le caractere de fon maître. Voltaire l'appelle le premier des Poëtes négligés. Chaulieu en effet fe permettait beaucoup d'incorrection; mais l'abondance de fes images, la grace de fes expreſſions, la facilité de fes tours, & la philofophie douce & confolante qui regnent dans tous fes ouvrages, le rendront toujours un Poëte très diftingué. Nous croyons pouvoir avancer qu'aucun des nos Auteurs n'a eu autant que lui ce goût de philofophie qu'on n'avait point revu depuis Horace.

CHANSON.

« Mon Iris m'eſt toujours fidelle,
» Nous ſommes l'un de l'autre également contens ;
» Je n'ai lieu de me plaindre d'elle
» Que de l'aimer depuis ſix ans.
» Cependant cela ſeul fait toutes nos querelles.
» Hélas! faut-il donc voir ainſi
» S'échapper, malgré nous, nos ardeurs mutuelles ;
» N'était-ce point aſſez que le tems eût des aîles !
» Pourquoi, volage amour, en avez-vous auſſi ? »

AUTRE.

« Un aveugle au matin vous remit en mémoire,
» Qu'aujourd'hui de mon ſaint on célebre la gloire ;
» Et vous fait m'envoyer les préſens les plus doux ;
» Ah! mon bonheur ſerait extrême,
» Si cet aveugle était le même
» Qui jour & nuit me fait penſer à vous ».

Autre à M. de la Fare, pour le prier à ſouper avec une Dame.

» Ce ſoir, loiſque la nuit aux amans favorable,
» Sur les yeux des mortels répand l'avenglement,
» Dans mon petit appartement
» Les grâces & l'amour conduiront ma maîtreſſe :
» A cet objet de ma tendreſſe,
» De mon cœur partagé, rejoins l'autre moitié,
» Et donne-moi ce ſoir le plaiſir d'être à table
» Entre l'amour & l'amitié ».

AUTRE.

» Théone, tu voulais à la ſimple amitié
» Réduire les ardeurs de ma naiſſante flame,
» Et tu croyais avoir trop fait de la moitié,
» D'écouter, ſous ce nom, les tranſports de mon ame ;
» Enfin tu rends juſtice à mon amour extrême,
» Et le nom d'amant m' ſt permis.
» Ah! combien je ſens que je t'aime
» Depuis que j'ai ceſſé d'être de tes amis ».

A U T R E.

« Que de chagrins, de tourmens & d'alarmes ;
» Ingrate Iris, tes rigueurs m'ont coûté !
» Faut-il encor que je verfe des larmes
» Pour déplorer ton infidélité ?

» Tu me jurais une ardeur éternelle,
» Et cependant tu me manques de foi :
» Crois-tu trouver un amant plus fidele ?
» Il n'en eft point qui t'aime autant que moi.

» Ce beau berger, à qui tu voudrais plaire,
» Sent pour Philis & pour toi même ardeur :
» Quand tu m'aimais, la Reine de Cythere
» N'eût pas trouvé de place dans mon cœur.

» Tes faux fermens & tes trompeufes larmes
» N'ont pu ternir l'éclat de ta beauté :
» Reviens, Iris ; en faveur de tes charmes,
» Je ferai grace à ta légéreté ».

A U T R E.

» Le filence & la paix regnent dans ce bocage ;
» J'en trouble le repos par mes triftes foupirs,
» Et j'y répands des pleurs, tandis que le ramage
» Des oifeaux amoureux annonce leurs plaifirs.
» Uniques confidens de l'ardeur qui me preffe,
» Je ne puis, comme vous, exprimer par mes chants
        » L'excès de ma tendreffe,
» Mais j'ai feul plus d'amour que vous n'en avez tous ».

O D E

Sur la Goutte.

« Le deftructeur impitoyable
» Et des marbres & de l'airain,
» Le tems, ce tyran fouverain
» De la chofe la plus durable,

» Sappe fans bruit le fondement
» De notre fragile machine,
» Et je ne vis plus un moment
» Sans fentir quelque changement
» Qui m'avertit de fa ruine.

» Je touche aux derniers inftans
» De mes plus belles années ;
» Et deja de mon printems
» Toutes les fleurs font fanées.
» Je ne vois & n'envifage
» Pour mon arriere-faifon
» Que le malheur d'être fage,
» Et l'inutile avantage
» De connaître la raifon.

» Autrefois mon ignorance
» Me fourniffait des plaifirs ;
» Les erreurs de l'efpérance
» Faifaient naître mes defirs.
» A préfent l'expérience
» M'apprend que la jouiffance
» De nos biens les plus parfaits
» Ne vaut pas l'impatience
» Ni l'ardeur de nos fouhaits.

» La fortune à ma jeuneffe
» Offrit l'éclat des grandeurs :
» Comme un autre avec foupleffe
» J'aurais brigué fes faveurs ;
» Mais fur le peu de mérite
» De ceux qu'elle a bien traités ;
» J'eus honte de la pourfuite
» De fes aveugles bontés,
» Et paffai, quoiqu'elle donne
» Et la pourpre & la couronne ;
» Du mépris de la perfonne
» Au mépris des dignités.

» Aux ardeurs de mon bel âge
» L'amour joignit fon flambeau ;
» Le ans de ce Dieu volage
» M'ont arraché le bandeau,

» J'ai vu toutes mes faibleffes,
» Et connu qu'entre les bras
» Des plus fideles maîtreffes,
» Ennivré de leurs careffes,
» Je ne les poffédais pas.

» Mais quoi! ma goutte eft paffée,
» Mes chagrins font écartés.
» Pourquoi noircir ma penfée
» De ces triftes vérités ?
» Laiffons revenir en foule
» Menfonges, erreurs, paffions;
» Sur ce peu de tems qui coule,
» Faut-il des réflexions ?
» Que fage eft qui s'en défie!
» J'en connais la vanité :
» Bonne ou mauvaife fanté
» Fait notre philofophie ».

A M. le Marquis de la Fare.

« Plus j'approche du terme, & moins je le redoute ;
» Sur des principes fûrs mon efprit affermi,
» Content, perfuadé, ne connaît plus le doute :
» Je ne fuis libertin, ni dévot à demi.
» Exempt des préjugés, j'affronte l'impofture
　　　　» Des vaines fuperftitions,
　　　　» Et me ris des préventions
» De ces faibles efprits, dont la trifte cenfure
　　　　» Fait un crime à la créature
» De l'ufage des biens que lui fait fon auteur,
　　　　» Et dont la pieufe fureur
　　　　» Ofe traiter de chofe impure
　　　　» Le remede que la nature
　　　　» Offre à l'ardeur des paffions,
　　　　» Quand d'une amoureufe piqûre
　　　　» Nous fentons les émotions.
» D'un Dieu maître de tout j'adore la puiffance,
» La foudre eft en fes mains, la terre eft à fes pieds,
　　　　» Les élémens humiliés
» M'annoncent fa grandeur & fa magnificence.
　　　　» Mers vaftes vous fuyez;

　　　　　　　　　　　　　　　　　　　　　　　» Et

» Et toi, Jourdain, dans tes grottes profondes,
» Retournant fur tes pas, tu vas cacher tes ondes;
» Tu frémis à l'afpect, tu fuis devant les yeux
» D'un Dieu qui devant lui fait abaifler les cieux.
» Mais s'il eft aux Mortels un maître redoutable,
» Eft-il pour fes enfans de pere plus aimable?
» C'eft lui qui fe cachant fous cent noms différens,
» S'infinuant par-tout, anime la nature,
          » Et dont la bonté fans mefure
» Fait un cercle de biens de la courfe des ans.
          » Lui, de qui la féconde haleine,
» Sous le nom de zéphirs, rappelle le printems,
» Reffufcite nos fleurs, & dans nos bois ramene
» Le ramage & l'amour de cent oifeaux divers,
» Qui de chantres nouveaux repeuplent l'univers.
» De Mercure tantôt empruntant le fymbole,
          » Il dicte en fes inftructions
          » L'art d'entraîner les nations
          » Par le charme de la parole.
» Sous le nom d'Apollon il enfeigne les arts:
» Pour conferver nos biens & défendre nos villes,
» Il emprunte celui de Bellone & de Mais;
          » Et pour rendre nos champs fertiles
          » Et faire jaunir nos guérets,
» Il fe fert des préfens & du nom de Cerès.
» Après tant de bienfaits, quoi! j'aurai l'infolence,
» Dans une mer d'erreurs plongé dès mon enfance,
» Par l'imbécille amas des femmes, des dévots,
» A cet Être parfait d'imputer mes défauts;
» D'en faire un Dieu cruel, vindicatif, colere,
» Capable de fureur & même fanguinaire;
» Changeant de volonté, réprouvant aujourd'hui
» Ce peuple qui jadis par lui fut feul chéri !
» Je forme de cet Être une plus noble idée;
» Sur le front du foleil lui-même l'a gravée;
» Immenfe, tout puiffant, équitable, éternel,
» Maître de tout, a-t-il befoin de mon autel?
» S'il eft jufte, faut-il, pour le rendre propice,
          » Que j'aille teindre les ruiffeaux
          » Dans l'offrande d'un facrifice
          » Du fang innocent des taureaux?
» Dans le fond de mon cœur je lui bâtis un temple;

» Proſterné devant lui, j'adore ſa bonté,
       » Et ne vas point ſuivre l'exemple
» Des Mortels inſenſés, de qui la vanité
» Croit rendre aſſez d'honneur à la Divinité,
» Dans les grands monumens de ſa magnificence,
       » Témoins de leur extravagance,
       » Bien plus que de leur piété.
       » Un eſprit conſtant d'équité,
       » Bannit loin de moi l'injuſtice,
       » Et jamais ma noire malice
       » N'a fait pâlir la vérité,
       » Ni par quelqu'indigne artifice
» Rompu les doux liens de la ſociété.
» Ainſi, je ne crains point qu'un Dieu dans ſa colere
» Me demande les biens ou le ſang de mon frere ;
» Me reproche la veuve & l'orphelin pillé,
» Le pauvre, par ma main, de ſon champ dépouillé,
» Le viol du dépôt, ou l'amitié trahie,
» Ou par quelques forfaits la fortune envahie.
» Ainſi dans ce moment qui finira mes jours,
» Qu'il faudra te quitter, la Fare & mes amours,
» Mon ame n'ira point, flottante, épouvantée ;
       » Peu ſûre de ſa deſtinée,
» D'Arnaud ou d'Eſcobar implorer le ſecours ;
       » Mais plein d'une douce eſpérance,
       » Je mourrai dans la confiance
» De trouver, au ſortir de ce funeſte lieu,
» Un aſyle aſſuré dans le ſein de mon Dieu ».

CHAUSSÉE (Pierre-Claude Nivelle de la), né à Paris en 1692, & fut reçu de l'Académie Françaiſe en 1736.

Il nous a laiſſé pluſieurs pieces charmantes, & a été chez nous le reſtaurateur du genre appellé *le Larmoyant*, qui était connu des Romains, & fort en vogue chez eux.

La Chauſſée mourut en 1754, âgé de ſoixante-deux ans, & a laiſſé quelques poéſies lyriques.

CHENEVIERES (M. de), premier Commis du Bureau de la guerre, homme de beaucoup d'eſprit, a donné en 1756 *Célime*, opéra en un acte, muſique du Chevalier d'Herbain.

CHANSON.

« Pour mon trop long retardement,
  » Je vous demande grace;
» Je ne fais pas facilement
  » Des péchés au Parnaſſe :
» Si vous me demandiez de ceux
  » Qu'on permet à Cythere,
» Vous me verriez moins pareſſeux,
  » Belle Iris, à les faire ».

CLOS DE CHAUDERLO (M. de la), né à Amiens vers 1740, Officier dans le corps royal d'artillerie.

Nous connaiſſons de lui une épître ſur la mort, remplie de beaux vers & de belles images. Il a fait auſſi pluſieurs chanſons fort jolies.

CHANSON.

» Liſon revenait au village,
    » C'était le ſoir ;
» Elle crut voir ſur ſon paſſage,
    » Il faiſait noir ,
» Accourir le jeune Silvandre;
    » Liſon eut peur ;
» Elle ne voulait pas l'attendre ,
    » C'eſt un malheur.

» Que pouvait faire cette belle,
    » C'était le ſoir;
» Silvandre court plus vite qu'elle;
    » Il faiſait noir ;
» Bientôt il la joint & l'arrête,
    » Liſon eut peur ;
» La peur la fit choir ſur l'herbette,
    » C'eſt un malheur.

» Quand elle fut ainſi tombée ,
    » C'était le ſoir,
» Le Berger à la dérobée,
    » Il faiſait noir ,

L 2

» Voulut ravir certaine Rofe ;
    » Lifon eut peur ;
» La peur ne fert pas à grand chofe ,
    » C'eft un malheur.

» Perfonne n'était fur la route ,
    » C'était le foir ;
» Bientôt Lifon ne vit plus goutte ,
    » Il faifait noir.
» Sa taille devint moins légere ;
    » Lifon eut peur ;
» Neuf mois après elle fut mere ,
    » C'eft un malheur ».

COLARDEAU (Charles-Pierre), né à Yenville, ou Janville près d'Orléans, le 12 Octobre 1732, du receveur du grenier à fel de cette ville.

Privé à l'âge de 13 ans de fon pere & de fa mere, fon oncle maternel,
Curé de Pithiviers, eut la générofité de ne rien épargner pour fon éducation. Il l'envoya au college de Meun-fur-Loire ; & ce fut dans
cette patrie du célebre Clopinel, qu'il fe fentit le defir de fuivre fa
carriere.

Il vint s'établir tout-à-fait à Paris en 1755, préfenta fa tragédie
d'Aftarbé, qui fut reçue avec acclamations, & publia fa charmante traduction de l'Abailard & Héloïfe de Pope, qui a eu des imitateurs, mais
n'a jamais été égalée.

Il donna depuis la tragédie de *Califte*, & plufieurs autres ouvrages
remplis de ces vers charmans qui le font toujours reconnaître. Ce Poëte
auffi aimable qu'intéreffant, ne connaiffant ni l'ambition, ni l'intrigue,
ni la jaloufie, fouvent perfécuté par des douleurs aiguës qui le minaient
fourdement, paffa les plus belles années de fa vie prefqu'ignoré, & ignorant
prefque tout ce qu'il valait. Il fut cependant nommé à l'Académie Françaife à la place de M. le Duc de Saint-Aignan, & cette élection ne fut
due ni au manege ni à la brigue ; mais il ne jouit pas des honneurs de
la réception., & mourut quelques jours avant l'époque fixée pour fon
triomphe. Peu de perfonnes ònt été autant regrettées & ont mérité de
l'être autant que lui. M. Dorat, fon ami, a célébré fa mort par des vers.
remplis de fentiment.

CHANSON.

« Lise, entends-tu l'orage ?
» Il gronde, l'air gémit !
» Sauvons-nous au bocage :
» Lise doute & frémit.
» Qu'un cœur faible est à plaindre !
» Dans ce double danger,
» C'est trop d'avoir à craindre
» L'orage & le berger.

» Mais cependant la foudre
» Redouble ses éclats :
» Que faire & que résoudre ?
» Faut-il donc suivre Hylas ?
» De frayeur Lise atteinte,
» Va, vient, fuit tour-à-tour ;
» On fait un pas par crainte,
» Un autre par amour.

» Lise au bosquet s'arrête,
» Et n'ose y pénétrer :
» Un coup de la tempête
» Enfin l'y fait entrer.
» La foudre au loin s'égare,
» On évite ses traits,
» Mais ceux qu'amour prépare, .
» Ne nous manquent jamais.

» Ce Dieu pendant l'orage
» Profite des momens,
» Caché dans le nuage,
» Son œil suit les amans ;
» Lise de son asyle
» Sortit d'un air confus ;
» Le ciel devint tranquille,
» Son cœur ne l'était plus ».

CHANSON.

« Tu plains mes jours troublés par tant d'orages,
» Mes jours affreux, d'ombres environnés :
» Va, les douleurs m'ont mis au rang des sages,
» Et la raison fuit les infortunés.

» A tous les goûts d'une folle jeuneſſe
» J'abandonnai l'eſſor de mes deſirs :
» A peine, hélas ! j'en ai ſenti l'ivreſſe,
» Qu'un prompt réveil a détruit mes plaiſirs.

» Brûlant d'amour & des feux du bel âge,
» J'idolâtrai de trompeuſes beautés.
» J'aimais les fers d'un ſi doux eſclavage ;
» En les briſant, je les ai rejettés.

» J'offris alors aux filles de mémoire
» Un fugitif de ſa chaîne échappé :
» Mais je ne pus arracher à la gloire
» Qu'un vain laurier que la foudre a frappé.

» Enfin, j'ai vu de mes jeunes années
» L'aſtre pâlir au midi de ſon cours.
» Depuis long-tems la main des deſtinées
» Tourne à regret le fuſeau de mes jours.

» Gloire, plaiſirs, cet éclat de la vie,
» Bientôt pour moi tout s'eſt évanoui.
» Ce ſonge heureux, dont l'erreur m'eſt ravie,
» Fut trop rapide, & j'en ai peu joui.

» Mais l'amitié fait, par ſon éloquence,
» Calmer des maux qu'elle aime à partager,
» Et chaque jour ma pénible exiſtence
» Devient près d'elle un fardeau plus léger.

» Juſqu'au tombeau, ſi ſon appui me reſte,
» Il eſt encor des plaiſirs pour mon cœur,
» Et ce débris du naufrage funeſte
» Pourra lui ſeul me conduire au bonheur.

» Quand l'infortune ôte le droit de plaire,
» Intéreſſer eſt le bien le plus doux,
» Et l'amitié nous eſt encor plus chere,
» Lorſque l'amour s'envole loin de nous ».

Collé (Charles), né à Paris, Secrétaire ordinaire & Lecteur de M. le Duc d'Orléans, eſt un des plus aimables auteurs & des premiers chanſonniers de tous les ſiecles. Son théâtre de ſociété eſt rempli de ſcenes

du meilleur comique, & ſes charmantes pieces de Henri IV, & de
Dupuis & Deſronais auront toujours un grand ſuccès. M. Paliſſot a remarqué
ingénieuſement que M. Collé concilie dans ſon caractere deux choſes
qu'on voit rarement enſemble, la grande gaité & une ſenſibilité exquiſe.

M. Collé a donné à l'opéra, en 1753, *le Jaloux corrigé*, muſique de
Blavet; en 1758, *Vénus & Adonis* a été ajouté aux fêtes de Paphos,
muſique de Mondonville; *Daphnis & Églé*, repréſenté à Fontainebleau
en 1753; à la Comédie Italienne, en 1763, *l'Iſle ſonnante*, en trois actes,
muſique de M. de Monſigny.

CHANSONS.

« Chanſonniers, mes confreres,
» Le cœur, l'amour, ce ſont des chimeres;
 » Dans vos chanſors légeres,
 » Traitez de vieux abus,
  » De phœbus,
  » De rebus,
  » Ces vertus
  » Qu'on n'a plus.
 » Tâchez d'hiſtorier
» Quelque conte ordurier;
» Mais avec bienſéance,
» Des mots trop gros l'oreille s'offenſe;
» Tirez votre indécence
» Du fond de vos ſujets,
  » Et de faits
  » Faux ou vrais,
  » Scandaleux,
  » Mais joyeux.
 » Les Madrigaux ſont fades;
  » L'apprêt
  » Qu'on met
 » A ces vers mauſſades,
» Ne vaut pas les boutades
» D'un chanſonnier ſans art
  » Et ſans fard,
  » Mais Gaillard,
  » Indécent,
  » Mais plaiſant.

» Et puis tous ces nigaux

» Qui font des madrigaux,

» Suppofent à nos Dames

　　　» Des cœurs,

　　　» Des mœurs,

　» Des vertus, des ames,

» Et rempliffent de flames

» Et de beaux fentimens,

　　» Nos amans

　　» Prefqu'éteints,

　　» Ces pantins

　　» Libertins.

» L'amour eft mort en France,

　　» C'eft un

　　» Défunt,

　» Mort de trop d'aifance,

　» Et c'eft la jouiffance

　» Qui fuccede en ce lieu

　　» A ce Dieu

　　» Des Bourgeois,

　　» Des Gaulois

　　» D'autresfois :

» Chanfonniers de bon fens,

» Ne parlez donc qu'aux fens,

» Peignez-nous fans fcrupule,

　　» Chantez,

　　» Vantez

　» Les talens d'Hercule ;

» Tournez en ridicule

» Ceux qui n'avancent pas

　　» Plus d'un pas,

　　» Ou qui font

　　» Un affront

　　» Au fecond ».

A U T R E.

　» J'ai la marotte

　» D'aimer Marotte ;

　» Je la préfere à

» Nos fœurs de l'Opéra.

　　» C'eft une infante

　　» Moins triomphante

　　　　　　　　　　　　　　» Que

« Que ces belles Demoiselles-là.
 » C'est qu'elle est jolie,
 » C'est qu'elle est polie ;
» C'est qu'elle est d'une folie. ...
» Elle se rit toujours de quelqu'un ...
 » De l'esprit sans suite,
  » Sa conduite
 » N'a pas le sens commun.
  » J'ai la marotte
  » D'aimer Marotte :
 » Quoique trop ouverts,
 » Je préfere ses airs
  » Aux graves mines
  » De nos Robines,
» Dont l'orgueil est le moindre travers,
 » Cet hiver par accident,
 » La veuve d'un Président
 » M'avait pris en attendant,
  » Et ce printems,
  » J'eus quelque tems
 » La femme d'un Intendant,
 » Mais à mon corps défendant.
  » Combien je souffris !
  » Si c'est, mes amis,
 » Un malheur d'être pris
 » Par des Présidentes,
  » C'est encor pis
 » D'avoir des Intendantes.
  » J'ai la marotte
  » D'aimer Marotte ;
 » Habile en amour,
» Elle y fait plus d'un tour.
  » C'est une aisance,
  » Une indécence :
» On croit voir une femme de cour.
  » De ces fortunes-là,
  » J'en ai jusques-là :
  » Ces fortunes-là
» Ne sont pas de grandes trouvailles,
  » Et l'on en aura
  » Tant qu'on en voudra,
  » D'autant qu'à Versailles,

» C'eſt à qui s'en défera.

  » Mais ici déja,

  » L'on en veut à

  » Ma pauvre Marotte ;

  » Déja l'on complotte

  » De me l'accrocher.

    » On veut chercher

    » A s'aboucher ;

    » On offre cher

    » En viager :

  » Je l'ai fait déloger.

    » Un des meilleurs

    » Enchériſſeurs,

    » O tems ! ô mœurs !

  » C'eſt . . . . il faut que je nomme

      L'homme ;

 » C'eſt un riche Abbé, titré,

    » Mîtré,

    » Taré ;

    » Son nom, c'eſt . . . Non,

» Ne diſons pas tout haut ſon nom ;

» Mais ſi je ne le nomme pas,

    » Autre embarras.

» Le Clergé qu'on vient d'aſſembler,

    » Me fait trembler ;

    » Tous nos Prélats,

    » Gens délicats

    » Qui jeûneront,

    » D'abord prendront

    » Ce qu'ils pourront ;

    » Puis chercheront,

    » Deterreront

» Marotte, & me l'enleveront.

» Marotte eſt faite exprès pour eux :

    » Elle a des yeux

    » Tendres & bleus,

    » Bien ſcandaleux ;

» Quand elle lorgne, il eſt douteux

» Si Marotte ne fait pas mieux.

» Sur nos Pontifes indécens,

» Ces charmes-là ſont bien puiſſans,

» Et d'ailleurs Marotte à des ſens

» Récompenfans
» Les infolens
» Qui montrent des talens.
» J'ai la marotte
» D'aimer Marote,
» Tant que je pourrai,
» Je la conferverai.
» Mais s'il arrive
» Que l'on m'en prive,
» Je m'en.... ma foi, je m'en pafferai.

COLLETET (Guillaume), né à Paris le 12 Mars 1598, fut Avocat au Confeil, & l'un des quarante de l'Académie Françaife. Le Cardinal de Richelieu lui donna un jour fix cens livres pour fix vers qu'il lui avait adreffés. Colletet lui donna auffi-tôt ce diftique :

« Armand, qui pour fix vers me donne fix cens livres,
» Que ne puis-je à ce prix te vendre tous mes livres ? »

Il mourut le 10 Janvier 1659. On dit qu'il était un des cinq Auteurs qui travaillaient aux pieces du Cardinal. Les quatre autres étaient l'Etoile qui nous a laiffé des mémoires, Boisrobert, Rotrou & le grand Corneille.

CONDAMINE (Charles-Marie de la), né à Paris en 1701, de l'Académie Françaife en 1760, & de celle des Sciences en 1730, fut d'abord militaire, mais il quitta bientôt cet état pour fe livrer entiérement aux fciences les plus abftraites. Il fut nommé en 1735, pour aller avec plufieurs Académiciens de fes confreres, déterminer la figure de la terre. Son voyage dans l'Amérique méridionale dura dix ans, & il revint dans fa patrie achever fa carriere auprès de fes amis qui le chériffaient malgré fon extrême furdité qui le rendait à charge à la fociété. Il époufa fa niece quelques années avant fa mort, qui arriva le 4 Février 1774. Dans les dernieres années de fa vie, il s'amufait à faire des petites pieces de vers qui toutes font agréables, & dont nous n'avons pu recueillir que quelques-unes.

Chanfon à fa femme le lendemain de fes nôces.

« D'Aurore & de Titon, vous connaiffez l'hiftoire,
» Notre hymen en rappelle aujourd'hui la mémoire;

M 2

» Mais de mon fort Titon ferait jaloux :
» Que fes lieus font différens des nôtres !
» L'Aurore entre fes bras vit vieillir fon épour ;
   » Et je rajeunis dans les vôtres ».

A U T R E.

« J'ai lu que Daphné devint arbre ,
» Et que par un plus trifte fort ,
» Niobé fut changée en marbre :
» Je ne fuis l'un ni l'autre encor.

» Mais un pareil fort me menace :
» Apollon , je crois , ni fa fœur ,
» N'ont eu de part à ma difgrace :
» L'amour en ferait-il l'auteur ?

» Déja mes membres fe roidiffent :
» Je fens que mes pieds & mes mains
» Infenfiblement s'engourdiffent
» En dépit de l'art des Tronchins.

» D'un corps fain jadis & robufte ,
» Qui bravait faifons & climats ,
» Les vents brûlans & les frimats ,
» Il ne me refte que le bufte.

» Malgré mes nerfs demi-perclus ;
» (Deftin auquel je me réfigne)
» De la fanté que je n'ai plus ,
» Je conferve encore le figne.

» Mais las ! je le conferve envain :
» On me défend d'en faire ufage,
» Ma moitié vertueufe & fage ,
» Au lieu de s'en plaindre , me plaint.

» Ma fœur la Platonicienne
» Dit : quel eft donc votre regret ?
» N'avez-vous pas la tête faine ?
» Qu'eft-ce que le refte vous fait ?

» Madame , à cette trifte épreuve ,
» Si-tôt je ne m'attendais pas ,
» Ni que ma femme entre mes bras ,
» De mon vivant fe trouvât veuve ».

CONTE.

« Alain difait : ma femme, écoute moi ?
» Je t'avoûrai qu'avant que d'être à toi,
» Bien jeune encor, je fis une folie ;
» J'eus une fille ; elle eſt ma foi jolie ;
» Prends-la chez nous, faute de nourriçon ;
» Je veux de toi qu'elle prenne leçon ;
» Tu l'aimeras ; car elle te reſſemble.
» Et moi j'ai fait, dit-elle, un beau garçon ;
» Il nous faudra les marier enſemble ».

Corneille (Pierre), naquit à Rouen le 6 Juin 1606. Son pere, Maître des Eaux & Forêts fut anobli par Louis XIV.

Il compoſa par circonſtance ſa premiere piece, nommée *Melite*, qui eut un grand ſuccès, & l'engagea de ſe livrer au théâtre, où il effaça bientôt tous ſes prédéceſſeurs.

Il fut reçu de l'Académie Françaiſe en 1647, & mourut Doyen de cette compagnie en 1684. Il n'eſt pas aiſé de trouver un Poëte qui ait poſſédé, comme lui, tant de grands talens, la force, le jugement, l'eſprit, &c. Sa place était marquée au ſpectacle ; & toutes les fois qu'il y arrivait, ſi la comédie était commencée, on interrompait la piece, & on l'accablait d'applaudiſſemens pendant tout le tems qu'il employait à ſe placer. Le grand Turenne s'étant trouvé à une repréſentation de Sertorius, s'écria : « Où donc Corneille a-t-il appris l'art de la guerre » ?

En 1678, il fit, avec ſon frere, les paroles de la tragédie de Pſyché, dont Lully fit la muſique.

En 1679, *Bellerophon*, tragédie, idem en ſociété avec ſon frere.

Corneille (Thomas), né à Rouen le 20 Août 1625, frere du célebre Pierre, épouſa la ſœur de la femme de ſon frere, & ils ne firent qu'une même maiſon. Jamais il ne fut jaloux de la gloire de ſon frere, & trouva le moyen de cueillir quelques lauriers dans un champ où ſon aîné avait ſi abondament moiſſonné. Il lui ſuccéda à l'Académie Françaiſe en 1701, étant déja de celle des Belles-lettres. On a de lui quatorze comédies, dix-huit tragédies & trois opéra :.

Pſiché, muſique de Lully, en 1678 ; *Bellerophon, idem*, en 1679 ; *Medée*, muſique de Charpentier, en 1693.

Thomas mourut à Andely le 8 Décembre 1709.

COTIN (L'Abbé Charles), Aumônier du Roi, l'un des quarante de l'Académie Françaiſe, n'était pas ſans mérite, quoiqu'il ait été ſi maltraité par Boileau. Ses parens, pour le faire interdire, l'accuſerent de démence ; pour toute réponſe, Cotin invita ſes Juges à venir l'entendre prêcher. Ils y vinrent, & ſes parens furent condamnés aux dépens & à une amende.

Il était né à Paris, avait été fait Chanoine de Bayeux, & mourut en 1682. La chanſon ſuivante eſt de lui.

C H A N S O N.

« Iris s'eſt rendue à ma foi :
» Qu'eût-elle fait pour ſa défenſe ?
» Nous n'étions que nous trois, elle, l'amour & moi,
» Et l'amour fut d'intelligence ».

Autre ſur un Portrait.

« Ce grand Peintre, dont l'art ſurpaſſe la nature,
» A fait pour Silvanie un portrait ſi charmant,
» Qu'il faut ſouhaiter ſeulement
» Qu'elle reſſemble à ſa peinture ».

COULANGES (Philippe-Emmanuel de), Conſeiller au Parlement, puis Maître des requêtes, né en 1631, ſe diſtingua par un grand nombre de chanſons, dont le naturel eſt admirable. Il fit les plaiſirs de ſa ſociété & mourut à Paris en 1716, âgé de quatre-vingt-cinq ans.

C H A N S O N.

« D'Adam nous ſommes tous enfans,
» La preuve en eſt connue,
» Et que tous nos premiers parens
» Ont mené la charrue.
» Mais las de cultiver enfin
» Sa terre labourée,
» L'un a dételé le matin,
» Et l'autre, l'après-dînée ».

CRÉBILLON (Profper Joliot de), né à Dijon, le 15 Février 1674, d'un Greffier en chef de la Chambre des Comptes, dont la famille fut anoblie en 1442. Créateur d'un genre tragique, qui lui obtint de grands fuccès, même après Corneille & Racine.

L'Académie Françaife le reçut en 1731, & il fut le premier Académicien qui fit fon remercîment en vers.

Malgré le fombre qui régne dans fes ouvrages, il était gai & badin avec fes amis, mais il haïffait l'épigramme, & ne fe la permettait jamais.

Crébillon donna *Idoménée*, fa premiere piece, en 1705, & le *Triumvirat*, qui fut fa derniere, en 1754. Il mourut en 1762, & ne laiffa qu'un fils, connu par de charmans ouvrages, & par les agrémens qu'il répandait dans fes fociétés.

CHANSON.

« Ta beauté toujours nouvelle
» Rend mon feu toujours nouveau,
» J'aimerai jufqu'au tombeau
» Mon aimable tourterelle ;
» Et fi l'ame eft immortelle,
  » Nos amours
  » Dureront toujours ».

CRÉBILLON (Claude-Profper Joliot), fils, né à Paris, le 14 Février 1707, était fils du célebre Crébillon. Dès qu'il fut forti du college, fon goût dominant fut celui de la comédie ; & s'étant affocié avec *Romagnefi*, *Dominique* & *Ricoboni le fils*, ils travaillerent aux parodies des opéra nouveaux.

Il abandonna bientôt ce genre pour celui des romans. *Tanzaï* eut un grand fuccès, *les Egaremens du cœur & de l'efprit* & le *Sopha* augmenterent fa réputation : *la Nuit & le moment* y mit le comble.

L'efprit de Crébillon était naturellement porté à la gaité & à la fatyre plaifante. C'était le ton d'une fociété de gens de lettres, dont il était l'un des membres, & que l'on connaît encore fous le nom de *fociété du Caveau* (a).

(a) On peut voir dans la vie de Piron, par M. *Rigoley de Juvigny*, des détails intéreffans fur cette aimable fociété.

Cette fociété jugeait en dernier reffort toutes les nouveautés, & fouvent fes artèts fe rendaient en bons mots. La gaîté n'était pas le feul avantage de cette affociation, les gens de lettres qui travaillaient pour le théâtre, y trouvaient les reffources d'une critique franche, judicieufe & motivée. *La Noue* y refit entiérement le cinquieme acte de fon *Mahomet II. Bernard* y refondit *Caftor & Pollux.* Ce fut auffi dans une de ces affemblées que le poëme de *Dardanus* fut condamné au feu par un jugement porté à la fin d'un grand dîné, mais fauvé des flammes par Crébillon, qui, heureufement pour nous, ce jour-là, n'avait bu que de l'eau.

Son dernier ouvrage eft le roman des *Lettres Athéniennes.* L'Auteur du Nécrologe affure que Crébillon « n'a jamais penfé plus profondément que » dans cet ouvrage, mais qu'on n'y reconnaît plus le charme de fon ftyle ».

Il mourut le 12 Avril 1777, entre les bras de M. Collé fon ami, qu'il nomma fon exécuteur teftamentaire.

C H A N S O N.

« En paffant fur le pont-neuf,
» L'an fix cent quatre-ving-neuf;
» Je rencontris une femme
» Qui me faifant les yeux doux,
» Crut me déclarer fa flame,
» En me difant, *eft-ce vous?*

» Je lui répondis, non, non,
» *Eft-ce vous;* n'eft pas mon nom;
» Je m'appelle *la Ramée,*
» Soldat du régiment du Roi,
» J'ons des guinches à l'armée
» Qui valont bien mieux que toi ».

» Flle répond à l'inftant,
» Ce fot eft bien infolent;
» Pour me faire un tel outrage,
» Il faut être un malotru :
» S'il n'aime pas mon vifage;
» Je lui montrerai mon cu.

» A l'inftant je planti-là
» Cette fille d'opéra.

» Pour

» Pour en perdie la mémoire,
» Dans un cabaret voifin
» Je m'enfoncis pour y boire
» A la fanté de Catin.

» Après avoir bu mon faoul,
» Ne poffédant pas le fol,
» L'hôte m'apportit la carte,
» Difant : il eft minuit fonné ;
» Je lui flanquis fa pancarte
» Tout au beau milieu du né.

» L'hôteffe criant *au guet,*
» Je fus pris au trébuchet.
» La pouffe & le Commiffaire
» S'en vinrent pour me happer :
» Moi qui ne favais que faire,
» Je me mis à les frapper.

» Mais n'étant pas le plus fort ;
» Nous fûmes bientôt d'accord.
» On me mit au *Fort-l'Evêque,*
» J'en demandai la raifon :
» Ils me répondirent : *c'eft que*
» Vous méritez la prifon ».

A U T R E.

« Madame, je vois bien que
» Vous êtes encor fraîche ;
» Quant à moi, pour avoir de
» Ma race, il faut que je me
» Dépêche, dépêche, dépêche ».

CUBIERES de PALMESEAU (Le Chevalier de), Ecuyer de Madame la Comteffe d'Artois, & frere de M. le Marquis de Cubieres, Ecuyer, Cavalcadour du Roi, a prouvé depuis plufieurs années fa facilité à faire de jolis vers. Il eft né le 27 Septembre 1752, à Roquemaure près d'Avignon.

On a de lui plufieurs pieces de vers, & le *Dramomane,* comédie en trois actes, jouée à la Cour en 1776.

Tome IV.   N

E S S A I

C H A N S O N.

« L'autre jour j'allai dans les champs
» Avec la belle Léonore ;
» Déja les airs étaient brillans
» Des premiers rayons de l'aurore.

» Je ne vis point son char vermeil
» De perles semant sa carriere,
» Et ne pris pas garde au soleil,
» Déja montant sur l'hémisphere.

» Les bergeres à leurs agneaux
» Ouvraient déja les bergeries ;
» Je n'a perçus point les troupeaux,
» Errans dans les plaines fleuries.

» Savez-vous pourquoi ce jour-là,
» Par un charme qui dure encore,
» Je ne vis rien de tout cela ?
» C'est que je voyais Léonore ».

*A Madame la Comtesse de B***.*

« Maltraité par un Dieu vainqueur,
» Et las des rigueurs de Rosine,
» Un matin, pensif & rêveur,
» J'errais sur la double colline.

» Un temple s'offre à mes regards ;
» Des muses c'est l'auguste enceinte ;
» Je pénétre, rempli de crainte,
» Dans le palais du Dieu des Arts.

» Je vois les Arts qui se caressent
» Aux pieds du vainqueur de Pithon ;
» Virgile, Horace, Anacréon,
» Près de son trône m'apparaissent.

» Non loin de ces enfans du jour,
» Sapho, Deshouliere & Corine
» Tiraient de leur lyre argentine
» Des airs que répétait l'amour.

» Mais près du bufte de Julie,
» Dont l'art a confervé les traits
» Sous la couronne du génie,
» Je vois l'aimable Beauharnais,

» A fes genoux, un autre Ovide
» Modefte, quoique fans rivaux,
» Parcourait d'une main rapide
» Un luth qu'il vola dans Paphos.

» Cette jeune & brillante Fée
» S'embrâfait à fes doux tranfports,
» Et par d'ingénieux accords,
» Surpaffait le nouvel Orphée.

» J'écoutai long-tems leurs chanfons :
» Plein d'une illufion divine,
» Je croyais entendre les fons
» Des neuf filles de Mnémofine.

» Mais voilà foudain qu'un enfant
» Trouble le concert agréable !
» Il lance un trait en fouriant,
» Et bleffe le chanteur aimable.

» J'ai recueilli les derniers mots
» Qu'exhala ce mortel trop tendre,
» *Amis, pour éviter mes maux,*
» *Il ne faut la voir, ni l'entendre* ».

CURIS (de), Intendant des Menus, né en 1712, avait beaucoup d'efprit & de gaité. Il donna en 1749, fur le théâtre des petits appartemens, l'acte de *Zélie*, mis en mufique par M. Ferrand, alors Fermier-Général ; & qui eut beaucoup de fuccès.

Depuis il a retouché le poëme de *Canente*, remis en mufique par M. Dauvergne.

DANCHET (Antoine), né en 1671, à Riom en Auvergne, était un homme doux, fans fiel, & incapable de vengeance ; ce qui fit qu'il ne répondit jamais aux traits fatyriques qu'on lançait fur lui. Lifant un jour une tragédie aux Comédiens, l'un d'eux trouvant qu'il était impoffible de mieux déclamer, l'interrompit, en lui difant : « Ah ! Monfieur, que ne » vous faites-vous Comédien ». Danchet le regardant avec dédain , lui répondit par ces deux vers de Nicomede :

> « Le maître qui prit foin d'inftruire ma jeuneffe ;
> » Ne m'a jamais appris à faire une baffeffe ».

A l'âge de dix-ne .f ans il fut Profeffeur de Rhétorique , & vint quatre ans après s'établir à Paris , au college du Pleffis. Il fut de l'Académie Françaife en 1712 , étant déja de celle des infcriptions depuis 1706. Il mourut à Paris le 20 Février 1748 , eftimé de tous ceux qui le connaiffaient. On l'a inhumé à faint Jofeph.

Il donna à l'opéra : en 1700 , *Héfione* , mufique de Campra ; en 1701 , *Aréthufe, idem* ; en 1702 , *Tancrede , idem* ; en 1703 , *le Ballet des Mufes, idem* ; en 1704 , *Télémaque, idem* ; en 1705 , *Alcine , idem* ; en 1710 , *les Fêtes Vénitiennes , idem* ; en 1712 , *Iloménée , idem* ; *Les Amours de Mars & de Vénus , idem* ; en 1713 , *Télephe , idem* ; en 1717 , *Camille , idem* ; en 1735 , *Achille & Deidamie , idem* ; en 1750 , M. Dauvergne a remis en mufique *Aréthufe.*

Nous avons de lui une tragédie à mettre en mufique, intitulée *Hypomene & Atalante,* qui n'eft point connue.

On a oublié fes tragédies.

DARINEL DE TIREL , Poëte du feizieme fiecle , a donné en 1555 un ouvrage en profe & en vers , intitulé , *la Sphere des deux Mondes , com- pofée en France par Darinel , Pafteur des Amadis.*

PASTOURELLE.

> « Adieu, ville, vous command (a) :
> » Il n'eft plaifir que des champs.

> » L'autre hier trouvai Silvette ,
> » Son petit troupeau gardant ;
> » Quand je l'apperçus feulette ,
> » L'amour allait demandant.
> » Adieu , &c.

(a) Ville , je vous dis adieu.

» A quoi penſez-vous, Bergere,
» En cette fleur de quinze ans ?
» La beauté paſſe légère,
» Comme la fleur au printems,
    » Adieu, &c.

» Fille qui ne fait ami
» De tout ſon deſir content,
» On ne fait cas ne demi
» De ſon teint, de ſon corps gent.
    » Adieu, &c.

» Il vous donnera ceinture,
» Demi-ceint ferré d'argent,
» Rouge cotte, & la doubluxe
» Plus que l'herbe verdoyant.
    » Adieu, &c.

» Répond qu'elle eſt ſi jennette,
» Que n'entend mon préchement ;
» Mais qu'on dit qu'en amourette
» N'y a que peine & tourment.
    » Adieu, &c.

» Depuis l'épiai à paſſage
» Tant que l'a trouvai filant
» A l'orée (a) du bocage,
» Près de ſon troupeau bélant.
    » Adieu, &c.

» Dieu garde la filandiere
» Et celui qui la ſurprend.
» Elle regarde derriere,
» Et un doux ſalut me rend.
    » Adieu, &c.

» Belle, dis-je, à ce ſolage (b) ;
» Vous hâlés votre teint blanc :
» Vous ſeriés mieux à l'ombrage,
» De ce petit coudre (c) franc.
    » Adieu, &c.

(a) Au bord.
(b) Soleil.
(c) Coudrier.

» Voici un chapeau de paille,
» Un couvre-chef tavolant (*a*).
» Combien que ce don peu vaille,
» Le cœur est franc & vaillant.
    » Adieu , &c.

» Je l'affuble & lui déclaire
» Que de foif allois mourant :
» Me mene à la fource claire,
» Où lui dis le demourant (*b*).
    » Adieu , &c.

Daucourt (Godart), Fermier-Général, né à Langres, a donné plufieurs
opéra comiques fort agréables, des comédies & un poëme eftimé.

Desboulmiers. Comme il ne porta jamais le nom de fon pere, on a
toujours ignoré qui il était, ainfi que le lieu de fa naiffance.

Ayant d'abord fervi dans les troupes légeres, & ne pouvant y efpérer
une fortune fuffifante, il fe livra tout entier à la littérature. Plufieurs
Romans intéreffans le firent connaître avantageufement. Il donna enfuite
deux opéra comiques, dont l'un, *Toinon & Toinette*, eut affez de fuccès.
Ce qu'il a fait de mieux eft une hiftoire du Théâtre Italien & de la Foire,
en 9 volumes.

Il mourut en 1770, d'un abfcès à la poitrine, pour n'avoir pas voulu
fe faire faigner par un chirurgien de campagne.

Desforges Maillard (Paul), né au Croific en Bretagne, le 25 Avril
1699. Fâché de n'avoir pas été couronné à l'Académie, il fit des vers
contre les Académiciens, & ne put parvenir à les faire inférer dans le
Mercure. Il était alors à une petite maifon qu'il avait à Brederac près du
Croific, de laquelle dépend une vigne qu'on nomme Malcrais ; voulant
fe venger de la Roque, Auteur du Mercure, en fe moquant de lui , &
l'induifant en erreur, il prit le nom de Mademoifelle Malcrais de la Vigne,
& remplit le Mercure de fes vers, qui furent admirés, non-feulement

---

(*a*) De toile.
(*b*) Le refte.

par la Roque, mais par prefque tous les Poëtes de ce tems, qui, tous, même Voltaire, célébrerent fes louanges; on l'appella *dixieme Mufe*, *Sapho*, &c.

Quel fut l'étonnement de fes adorateurs, lorfque Desforges Maillard vint à Paris fe *démalcraifer*! Voltaire a écrit à Madame la Marquife d'Antremont :

« Vous n'êtes point la Desforges Maillard :
» De l'hélicon ce trifte hermaphrodite,
» Paffa pour femme, & ce fut fon feul art ;
» Dès qu'il fut homme, il perdit fon mérite ».

On trouve quelques bonnes pieces dans fes œuvres qui ont été imprimées, & ne méritaient pas de l'être. Il mourut aimé & eftimé de fes compatriotes.

Malgré fa médiocrité, on lui aura toujours obligation d'avoir donné lieu, par fon aventure, à la charmante comédie de la *Métromanie*.

DESHOULIERES (Antoinette du Ligier de la Garde), née à Paris en 1638, a été de toutes les Dames Françaifes qui ont cultivé la poéfie, celle qui a le plus réuffi. Elle uniffait les talens de l'efprit aux graces de la figure & un enjouement plein de vivacité à une douce mélancolie qui porte à la réflexion. Le genre paftoral était le fien, & elle aurait dû s'y renfermer. Ses tragédies de *Genferic* & de *Jules Antoine* ne font pas dignes d'elle ; mais rendent finon plus excufable, du moins plus vraifemblable, le motif qui lui dicta le fonnet fatyrique qu'elle fit contre l'admirable Phedre de Racine. Plufieurs de fes pieces fugitives méritent d'être confervées. Les Œuvres de Mademoifelle Deshoulieres fa fille, morte en 1718, n'approchent pas de celles de fa mere. Cependant fes premiers vers remporterent le prix de l'Académie Françaife, quoiqu'elle eût Fontenelle pour concurrent.

Madame Deshoulieres mourut en 1694.

« Il n'eft pas fi facile qu'on penfe
» D'être fort honnête homme & de jouer gros jeu,
» Le defir de gagner, qui nuit & jour occupe,
» Eft un dangereux aiguillon :
» Souvent quoique l'efprit, quoique le cœur foit bon,
» On commence par être dupe,
» On finit par être fripon. »

C H A N S O N.

« Que je fouffre un cruel martyre ;
» Quand jufqu'au fond des bois Tircis vient me chercher ;
» Il a cent chofes à me dire,
» Et j'en ai cent à lui cacher ».

DESMAHIS (Jofeph-Franço's-Edouard de Coffembleu), né à Sully-fur-Loire en 1722, donna, dès fa plus tendre jeuneffe, des preuves de la délicateffe de fon efprit & de fon goût.

Il donna au théâtre françaïs : *L'Impertinent*, piece en un acte, remplie de vers charmans & de portraits du meilleur ton.

Il mourut le 25 Février 1761. Son recueil de poéfies n'a paru qu'en 1775.

Vers de M. de Voltaire, en réponfe à une épître de Defmahis.

« Vos jeunes mains cueillent de fleurs
» Dont je n'ai plus que les epines ;
» Vous dormez deffous les courtines
» Et des graces & des neuf fœurs :
» Je leur fais encore quelques mines ;
» Mais vous poffédez leurs faveurs.
» Tout s'éteint, tout s'ufe, tout paffe ;
» Je m'affaibis, & vous croiffez ;
» Mais je defcendrai du parnaffe
» Content, fi vous m'y remplacez.
» Je jouis peu, mais j'aime encore :
» Je verrai du moins vos amours ;
» Le crépufcule de mes jours
» S'embellira de votre aurore.
» Je dirai, je fus comme vous :
» C'eft beaucoup me vanter peut-être ;
» Mais je n'en ferai point jaloux,
» Le plaifir permet-il de l'être ? »

DESMARÉTS DE SAINT-SORLIN (Jean), né à Paris en 1595, fut Contrôleur-général de l'Extraordinaire des guerres, Secrétaire général de la Marine, & de l'Académie Françaife dès fon inftitution : il travailla aux pieces que le Cardinal de Richelieu donnait fous fon nom ; fa comédie des *Vifionnaires*, paffait pour chef-d'œuvre avant que l'on connût Moliere. Il mourut le 25 Octobre 1676.

Chanfon à Mademoifelle de Rambouillet.

C'eft la Violette qui parle.

« Franche d'ambition, je me cache fous l'herbe,'
» Modefte en ma couleur, modefte en mon féjour ;
» Mais fi fur votre front je puis me voir un jour,
» La plus humble des fleurs fera la plus fuperbe ».

On a oublié fon poëme de Clovis.

DESPORTES (Philippe), né à Chartres en 1546, fut Chanoine de la fainte Chapelle, Abbé de Tyron, de Bonport, de Jofaphat, des Vaux de Cernay & d'Aurillac. La poéfie lui fit faire une fortune peu commune dans cette carriere. Charles IX qui l'aimait beaucoup, lui donna huit cent écus d'or pour fon poëme (a) de Rodomont, qui n'a pas huit cent vers ; & Henri III, dix mille écus pour l'engager à mettre au jour un très petit nombre de fonnets. Il accompagna ce Prince en Pologne. Il était né avec beaucoup de jugement & de goût, & contribua beaucoup aux progrès & à la pureté de la langue françaife. ·.

Defportes était oncle du Poëte Garnier. Après avoir vécu foixante ans fort agréablement, il mourut en 1606. Son épitaphe fe lit dans la place de faint Etienne-du-Mont à Paris. On voit ce Poëte repréfenté dans la barque de Caron ; des Anges aident aux manœuvres du vieux Nocher. L'épitaphe eft un mêlange de la fable & de citations de l'écriture.

CHANSON.

« Le mal qui me rend miférable
» Et qui me conduit au trépas,

(a)   « Et toutes fois Defportes
     » De Charles de Valois, étant bien jeune encore,
     » Eut pour fon Rodomont huit cent couronnes d'or ».
                              Claude Garnier.

Tome IV.   O

» Eſt ſi grand, qu'il eſt incroyable;
» Auſſi vous ne le croyez pas.

» Amour qui des yeux prend naiſſance,
» Court auſſitôt vers le deſir;
» Se conſerve avec l'eſpérance
» Et trouve repos au plaiſir.

» Mon amour eſt d'une autre ſorte,
» Le déſeſpoir la rend plus forte;
» Elle renaît de ſon trépas,
» Perdant, elle acquiert la victoire;
» C'eſt une choſe forte à croire,
» Auſſi vous ne la croyez pas.

» Tout ce que l'univers enſerre,
» Tend au bien, le cherche & le ſuit,
» Le feu, l'air, les eaux & la terre,
» Et tout ce qui d'eux eſt produit.

» Moi ſeul, de moi-même adverſaire,
» Je cours à ce qui m'eſt contraire,
» Et ne fuis rien tant que mon bien:
» Je rends ma douleur incurable;
» Mais pour ce qu'il n'eſt pas croyable,
» Madame vous n'en croyez rien.
» Le mal, &c. »

A U T R E.

« Que vous m'allez tourmentant
» De m'eſtimer infidele !
» Non, vous n'êtes point plus belle,
» Que je ſuis ferme & conſtant.

» Pour bien voir quelle eſt ma foi,
» Regardez-moi dans votre ame,
» C'eſt comme je fais Madame :
» Dans la mienne je vous vois.

» Si vous penſez me changer,
» Ce miroir me le rapporte;
» Voyez donc de même ſorte,
» En vous ſi je ſuis léger.

» Pour vous fans plus je fus né ,
» Mon cœur n'en peut aimer d'autre.
» Las ! fi je ne fuis plus vôtre ,
» A qui m'avez-vous donné ? »

A U T R E.

« Rofette , pour un peu d'abfence ,
» Votre cœur eft déja changé !
» J'ai reconnu votre inconftance ,
» Perfide, & je me fuis vengé.
» Non jamais beauté fi légere
» Dans fes liens ne me tiendra.
» Nous verrons, volage bergere ,
» Qui des deux s'en repentira.

» Tandis qu'en pleurs je me confume ,
» Maudiffant cet éloignement ,
» Vous qui n'aimez que par coutume ,
» Careffez un nouvel amant.
» Jamais girouette légere
» Au vent fitôt ne fe tourna.
» Nous verrons, &c.

» Où font ces promeffes fi faintes ?
» Tant de pleurs verfés en partant ?
» Se peut-il que ces trifles plaintes
» Sortiffent d'un cœur inconftant ?
» Ah ! beauté fourbe & menfongere ,
» Maudit foit qui plus vous croira !
» Nous verrons, &c.

» Celui qui poffede ma place ,
» Ne peut vous aimer tant que moi ;
» Et celle que j'aime vous paffe
» De beauté, d'amour & de foi.
» Confervez cette amour nouvelle ,
» Jamais mon cœur ne changera.
» Nous verrons, &c. »

A U T R E.

« Que de plaifir de voir deux colombelles
» Bec contre bec en tremouffant des aîles,

O 2

» Mille baifers fe donner tour à tour ;
» Puis tout ravi de leur grace naive ,
» Dormir au frais d'une fouice d'eau vive ,
» Dont le doux bruit femble parler d'amour ! »

Desbarreaux a pris de Defportes l'idée de fon fameux fonnet , & on voit qu'il l'a entiérement imité; car les mêmes rimes s'y trouvent dans plufieurs endroits : on fait que celui de Desbarreaux finiffait ainfi :

« Mais deffus quel endroit tombera ton tonnerre ,
» Qu'il ne foit tout couvert du fang de Jefus-Chrift ?

Voici la fin de celui de Defportes :

« Ne tournes pas les yeux fur mes actes pervers ;
» Ou , fi tu les veux voir , vois les teints & couverts
» Du beau fang de ton fils , ma grace & ma juftice ».

Destouches (Philippe Néricault) , né à Tours en 1680 , d'une bonne famille , prit d'abord le parti des armes , & penfa périr par l'effet d'une mine au fiege de Barcelonne. Il fut enfuite Comédien , puis s'étant appliqué aux négociations , il fut fait Secrétaire d'ambaffade en Suiffe. Ce fut à Soleure qu'il fit fa premiere piece , *le Curieux impertinent.* En 1717 , M. le Régent l'envoya à Londres , où il fut chargé des affaires de France jufqu'en 1724 , & il s'y maria avec une Anglaife. Depuis fon retour , il fe fixa dans une terre qu'il acheta près de Melun; & ce fut-là qu'il compofa prefque toutes fes pieces. Auffi-tôt qu'il en avait fait une , il l'apportait aux Comédiens , la leur faifait répéter , & repartait pour fa terre la veille de la premiere repréfentation. Il avait été reçu de l'Académie Françaife , à fon retour d'Angleterre; & il mourut en 1774 , bon citoyen , bon mari , bon pere & bon ami. Le *Philofophe marié* , le *Glorieux* & plufieurs autres pieces affurent à jamais fa réputation. On lui donne le poëme de *Ragonde* , mis en Mufique par Mouret; d'autres veulent qu'il foit de Malezieux , Chef du confeil de M. le Duc du Maine.

Dorat (Claude-Jofeph) , né à Paris , fut d'abord Moufquetaire de la premiere compagnie de la garde du Roi , mais il quitta le fervice pour fe livrer entiérement aux lettres. Il ferait difficile d'avoir plus d'efprit que lui, & ses ouvrages sont si connus, que nous nous contenterons de citer quelques-unes de ses jolies chansons.

CHANSON.

« Dans l'île de Cythere,
» Vénus à son pressoir,
» Que, jaloux de lui plaire,
» Les amours font mouvoir ;
» On y puise sans cesse
» Un nectar précieux.
» Que verse la jeunesse
» A la table des Dieux.

» Cuve où l'on est à l'aise,
» Plaît le mieux à Bacchus :
» Ce goût, ne lui déplaise,
» Irait mal à Vénus :
» Le plus petit espace
» Renferme mille appas ;
» Le vin tient de la place,
» Le plaisir n'en tient pas.

» Tout rempli d'alégresse,
» Comme on voit le glaneur
» Grapiller ce que laisse
» Le fer du vendangeur,
» Armé d'une faucille,
» Dans Cythere à son tour,
» Le pauvre hymen grapille
» Les restes de l'amour.

» Ennemi du mystere,
» Bacchus aime un séjour
» Que le soleil éclaire
» Et vendange le jour.
» Vénus aime le sombre
» Du plus secret réduit,
» Elle se plaît à l'ombre,
» Et vendange la nuit ».

A U T R E.

» Amour, commence le tableau!
» Qu'il fera beau, s'il eft fidele.
» Voilà les couleurs, le pinceau
» Et dans mon cœur eft le modele.

» L'ouvrage eft digne de ta main,
» C'eft à l'Amour à peindre Iménée.
» Sur l'albâtre d'un front ferein
» Trace deux jolis arcs d'ébene.

» Plus bas deffine un œil charmant;
» Cet œil trop rigoureux peut-être,
» Qui tour-à tour fier & touchant,
» Défend le defir qu'il fait naître.

» Peins le plus amoureux zéphir,
» Semant de fleurs fes levres clofes;
» Mais viennent-elles à s'ouvrir,
» Peins des perles parmi les rofes.

» Avec art fufpends fes cheveux
» Et treffes-les en diadême;
» Laiffes-les flotter, fi tu veux;
» Ce défordre lui fied de même.

» Pour m'offrir les brillans contours
» De fa taille fvelte & légere,
» Peins la plus agile bergere
» Qui cherche ou qui fuit les amours.

» De fon doux & tendre fourire
» Exprime le charme fecret :
» Peins ce qu'il dit, ce qu'il promet;
» Moi, je peindrai ce qu'il infpire.

» Acheve, arrondis ce beau fein
» Où tu ceffes d'être volage.,..
» Le pinceau tombe de ta main :
» Arrête & baife ton ouvrage ».

AUTRE.

« J'ai vu Thémire dans nos champs;
» Comme à la ville elle y fait plaire,
» Thémire écoutait mes accens,
» Amour, Thémire était bergere !
» Elle était belle fans apprêts;
» Les lieux où brillent fes attraits,
» Sont toujours ceux que je préfere.

» Sous un bosquet, fous des lambris;
» De triompher elle eft bien sûre,
» Les cheveux chargés de rubis,
» Le front couronné de verdure,
» Près d'elle tout paraît charmant;
» De tout elle fait l'ornement,
» Et rien ne lui fert de parure.

» Si l'art quelquefois l'a féduit
» Dans le féjour de l'impofture,
» Bientôt le fentiment l'inftruit
» Et la ramene à la nature;
» Oui, c'eft une onde que les vents
» Troublent pendant quelques momens;
» Mais dont la fource eft toujours pure ».

AUTRE.

« Serin je voudrais être
» Pour fêter dans mes chants
» Les beaux jours que font naître
» Thémire & le Printems,
» Pour la fuivre au bocage,
» Voler fur fon chemin,
» Ou, de peur de la cage,
» Me fauver dans fon fein.

» Là je lui fais deux rofes
» Que j'irais béqueter,
» Pour fes levres mi-clofes,
» Il faudrait les quitter :

» Ne fachant auprès d'elle
» Où fixer mon defir,
» Chaque vol infidele
» Me vaudrait un plaifir.

» Dans ces doux exercices
» Je pafferais le tems,
» Entoure de delices
» Sans prevoit les tourmens ;
» Puis le foir avec l'ombre,
» J'irais : ivre d'amour,
» Comer à la nuit fombre
» Tous les plaifirs du jour ».

A U T R E.

« L'autre jour j'apperçus Lifette
» Trifte & déja loin du hameau,
» Avec panetiere & houlette,
» Mais fans fon chien & fon troupeau.
» Je lui dis où vas tu, la belle,
» Avec l'air de te défoler ?
» Je fuis l'amour, me répond-elle ;
» Et fi loin qu'il n'y puiffe aller.

» Ton erreur, lui dis-je, eft extrême :
» Un vain dépit te fait la loi :
» Ton cœur te fuit ; fi ton cœur aime ;
» L'ennemi voyage avec toi.
» Reviens parmi nos paftourelles,
» Si tu n'as pas d'autres fecours :
» Le Dieu que tu fuis a des aîles,
» Il te rattraperait toujours ».

DREUILLET (Élifabeth), femme d'un Préfident aux enquêtes du Parlement de Touloufe, où elle était née, était de la cour de Madame la
Ducheffe du Maine ; & par la vivacité de fon efprit, elle en faifait un
des principaux agrémens. Elle mourut en 1730.

C H A N S O N.

α Impitoyable loi d'un fexe malheureux,
» Devoir cruel qui m'oblige au filence

» Que

» Que tu me fais fouffrir de tourmens rigoureux !
 » Tircis fe plaint de mon indifférence.
» Hélas que ce berger a peu d'expérience !
 » S'il favait lire dans mes yeux,
 » Il verrait bien qu'il eft plus heureux
  » Qu'il ne penfe ».

Vers de la Comteffe de Murat à Me Dreuillet, en lui envoyant du papier.

« Sur ce papier qu'on fabrique à Cythere,
» Amour le veut, tracés-y quelques traits
» De cet efprit qui fait briller & plaire,
» Qui nous furprend & ne tarit jamais.
» Le même Dieu m'ordonne auffi d'écrire ;
 » Mais il me l'ordonne autrement ;
» Il ne permet qu'à mon cœur feulement
» De dicter ce qu'il faut vous dire ».

Réponfe.

« L'amour ordonne mal (foit dit fans le fâcher) :
» Je ne me flatte point, & je fais me connaître :
» Mon efprit, devant vous, ne fe peut trop cacher ;
» Et ce que mon cœur fent, ne faurait trop paraître ».

DUCHÉ DE VANCY (Jofeph-François), naquit à Paris le 29 Octobre 1668. Son pere était Gentilhomme ordinaire & Secrétaire des Galeres, & devint Valet-de-chambre de Louis XIV. Il fut reçu à l'Académie des Belles-Lettres, & mourut le 14 Décembre 1704. On l'inhuma dans le cimetiere des Innocens.

On a de lui trois tragédies qu'on ne joue plus.

Il donna à l'Opéra : en 1694, *Céphale & Procris*, mufique de Mademoifelle Laguerre ; en 1695, *Théagene & Cariclée*, mufique de Defmarets ; *Les Amours de Momus, idem* ; en 1698, *les Fetes galantes, idem* ; en 1701, *Scylla*, mufique de Théobalde ; en 1704, *Iphigénie en Tauride*, achevée par Danchet, mufique de Defmarets, achevée par Campra.

DUCIS (Jean-François), Secrétaire ordinaire de MONSIEUR, l'un des Quarante de l'Académie Françaife, eft né à Verfailles dans le mois

Tome IV.   P

d'Août 1733, de parens honnêtes & connus par une probité irréprochable. Pierre Ducis, son pere, était né en Savoye ; & toute sa famille, du côté maternel, est également originaire de ce Duché. Il fit ses humanités à Versailles, & sa Philosophie à Paris, où il étudia aussi pour être Avocat. Après avoir été Secrétaire de M. le Maréchal de Belle-Isle, Ministre de la guerre, il accompagna en Allemagne, pendant toute la derniere Guerre, avec un traitement de Sa Majesté, M. le Comte de Montazet, Lieutenant général des armées du Roi, & son Ministre à l'armée de l'Impératrice - Reine. Il eut l'honneur d'avoir la confiance & l'amitié de cet Officier général, homme vraiment rare par son génie éminent pour la guerre & les négociations, plein de mœurs & de vertus, mort Grand'croix de l'ordre de S. Louis, Chevalier de l'ordre de l'Aigle-blanc de Pologne, & Gouverneur de Saint Malo. Après avoir perdu cet ami illustre, il en retrouva un autre dans Monsieur le Comte d'Angiviller, Directeur général des bâtimens du Roi, qui obtint de MONSIEUR de le décorer du titre de son Secrétaire. C'est à ses bienfaits qu'il doit tout ce qu'il posséde, c'est dans son ame profondément vertueuse & sensible qu'il puisa les consolations & les encouragemens. Il eut aussi le bonheur de s'acquérir l'amitié solide de Monsieur l'Evêque de Senlis, qui lui en a donné dans toutes les occasions les preuves les plus fortes & les plus touchantes, sous la condition expresse de n'en point parler.

Il ne céda que tard au penchant qui l'entraînait vers la carriere dramatique. Ses tragédies sont *Amélyse*, *Hamlet*, *Roméo & Juliette*, *Œdipe chez Admete*. On a de lui, dans un autre genre, le *Bouquet de l'Amitié*, en vers & en quatre chants ; un poëme au Roi de Sardaigne, sur le mariage de Madame Clotilde ; différentes épîtres adressées à sa mere sur sa convalescence, & à MM. de Leyre & Thomas ses amis ; quelques pieces fugitives, & son discours de réception à l'Académie Française.

DUCLOS (Charles Peneau), Historiographe de France, Censeur royal, Secrétaire perpétuel de l'Académie Française, membre de celle des Inscriptions & Belles-Lettres, de l'Académie de Berlin, & de la Société royale de Londres, naquit en 1705 à Dinant en Bretagne, & mourut à

Paris le 26 Mars 1772. Il est auteur de l'Histoire de Madame de Luz, des Confessions du Comte de ***, d'Acajou, des Considérations sur les mœurs, de la Grammaire de Port-Royal, de l'Histoire de Louis XI, &c.

L'Auteur de son éloge, dans le Nécrologe, le peint en peu de mots : « Sans être précisément dans la classe des Ecrivains de génie, il a mérité » l'estime de son siecle & de la postérité par des talens distingués, dont » il a fait usage en bon citoyen ».

Il a donné à l'Opéra, en 1743, les *Caracteres de la Folie*, musique de M. de Bury, Surintendant de la Musique du Roi.

DUMOURIER (Antoine-François du Perrier), né en 1707, fut Commissaire des guerres en 1732; & chargé de l'intendance de l'armée par M. le Maréchal de Broglio en 1759, il ne put se livrer au goût qu'il avait pour les Arts, & sur-tout pour la Poésie.

Ce ne fut qu'à la paix, quoiqu'alors il fut tourmenté des douleurs de la pierre, qu'il travailla au poëme de Richardet, qu'il traduisit de l'Italien de Fortiguerra. Ce Poëte voulut prouver qu'il était facile de composer dans le genre de l'Arioste, & paria, dit-on, de faire en trente jours un poëme en trente chants. Il gagna son pari, en nous donnant le *Ricciardeto*; mais cette histoire a bien l'air d'une fable. M. Dumourier a réduit cet ouvrage à douze chants, & l'a plutôt imité que traduit.

Cet Auteur estimable mourut en 1769, & a laissé un fils digne de lui.

DURANT (Gilles), sieur de la Bergerie, Avocat & Poëte célebre du seizieme siecle. C'est à tort que le *Dictionnaire historique* dit qu'il fut puni de mort le 23 Août 1590, pour avoir fait sa piece du *Trépas de l'Ane Ligueur*. On voit son nom sur la liste des Avocats, faite par l'Oisel en 1599; & certainement le badinage de l'Ane Ligueur ne méritait pas la mort.

Les œuvres de *Gilles Durant* contiennent deux livres d'amours, deux d'odes, plusieurs imitations de poésies latines de Bonnefons, & des mêlanges poétiques. Les éloges de ses contemporains prouvent qu'il a joui de la plus haute réputation.

C H A N S O N.

» L'amour vous joue un méchant tour ,
» Il entre en masque en votre ame inhumaine ;
» Vous croyez voir chez vous la haine ,
» Vous vous trompez , Lucrece , c'est l'amour ».

A U T R E.

« Quand on se défend , c'est en vain ,
» On ne saurait trop tôt se rendre ;
» Qui se rend aujourd'hui , sauve le lendemain ,
» Et met à bien le tems qu'on perd à se défendre ;
» Sachez , Lucrece , qu'en amour
» On perd trop quand on perd un jour ».

A U T R E.

« Sapho votre aînée , à votre âge ,
» Pouvait se contenter des faveurs d'Apollon ;
» Mais celles du jeune Phaon
» L'auraient contenté davantage.

» Que ne l'imitez-vous , ma Belle ?
» Pour être mûre vierge , a-t-on le chant plus doux ?
» Sapho fit des vers comme vous ,
» Faites l'amour comme elle ».

EVREMONT (Charles de S. Denys , Seigneur de S.), né à S. Denis-le-Gualt , près de Coutances , d'une famille noble & ancienne , le premier Avril 1613 , fut d'abord Capitaine d'Infanterie , & s'attacha à M. le Prince. Il servit en Catalogne , & fut fait Maréchal de camp. Une plaisanterie qu'il se permit sur le Cardinal Mazarin , le fit mettre pendant trois mois à la Bastille. Cette leçon ne le rendit pas plus sage ; & une lettre qu'il écrivit à M. le Maréchal de Crequy sur la paix des Pyrenées , l'obligea de se retirer en Angleterre. Il sollicita vainement plusieurs fois son rappel : le Roi fut inflexible.

Il fit les plaisirs de la cour de Charles II , & fut l'ami intime de la fameuse Duchesse de Mazarin & du Prince d'Orange. Il demeura à

Londres depuis 1665 jufqu'à fa mort arrivée le 20 Septembre 1703, à quatre-vingt-dix ans ; on l'enterra à Weftminfter.

S. Evremont nous a laiffé plufieurs ouvrages eftimés, & des vers fort agréables.

CHANSON.

« Qu'avez-vous fait de mon amour ;
» Bonheur fatal, funefte jouiffance ?
» Etait-ce pour le perdre ! ô trop malheureux jour,
» Que je vous attendais avec impatience ?
» Rendez, trompeur, rendez-moi mes defirs,
» Et je vous rendrai vos plaifirs ».

FARE (Charles-Augufte, Marquis de la), né au château de Valgorge dans le Vivarais, en 1644, Capitaine des Gardes de Monfieur & enfuite du Régent, fut célebre par fes talens pour la poéfie, qui ne fe déve-lopperent qu'à près de foixante ans. C'était un des hommes. les plus aimables du fiecle de Louis XIV, & l'ami intime de l'Abbé de Chau-lieu & de Ninon Lenclos. Il mourut deux ans avant fon ami, en 1718.

CHANSON.

« Envain je bois pour calmer mes alarmes
» Et pour chaffer l'amour qui m'a furpris :
» Ce font des armes
» Pour mon Iris.
» Le vin me fait oublier fes mépris
» Et m'entretient feulement de fes charmes ».

AUTRE.

« Quand je regarde ces prairies
» Et ces bocages renaiffans,
» J'y mêle aux plaifirs de mes fens
» Le charme de mes rêveries ;
» J'y laiffe couler mon efprit
» Comme cette onde gazouillante,
» Qui fuit le chemin de fa pente,
» Qu'aucune loi ne lui prefcrit.

» Je vois fur des côteaux fertiles
» Des troupeaux riches & nombreux ;
» Ceux qui les gardent, font heureux,
» Et ceux qui les ont, font tranquilles.]
» S'ils ont à redouter les loups,
» Et fi l'hiver vient les contraindre,
» Ce font là tous les maux à craindre :
» Il en eft d'autres parmi nous.

» Heureux habitans de ces plaines,
» Qui vous bornez dans vos defirs,
» Si vous ignorez nos plaifirs,
» Vous ne connaiffez pas nos peines.
» Vous goûtez un repos fi doux,
» Qu'il rappelle le temps d'Aftrée.
» Enchanté de cette contrée,
» Je reviendrai vivre avec vous ».

Ce fut pour la belle Mad. de Caylus qu'il fit fes premiers vers.

« M'abandonnant un jour à la triftefle,
» Sans efpérance & même fans defirs,
» Je regrettais les fenfibles plaifirs
» Dont la douceur enchanta ma jeuneffe.
» Sont-ils perdus, difais-je, fans retour ?
      » Et n'es-tu pas cruel, Amour !
      » Toi que j'ai fait, dès mon enfance,
      » Le maître de mes plus beaux jours,
      » D'en laiffer terminer le cours
      » A l'ennuyeufe indifférence ?
      » Alors j'apperçus dans les airs
      » L'enfant Maître de l'univers,
      » Qui, plein d'une joie inhumaine,
» Me dit en fouriant : Tircis, ne te plains plus ;
      » Et pour mettre fin à ta peine,
» Je te promets un regard de Caylus ».

A U T R E.

« Je porte un cœur fidele & tendre ;
» Mais à qui veut le poffëder,
» Il faut des charmes pour le prendre
» Et des faveurs pour le garder ».

Favart (Charles-Simon), naquit à Paris le 13 Septembre 1710. Il fit fes études au college des Jéfuites, & y annonça dès fes premieres claffes de grandes difpofitions pour la verfification françaife. A l'âge de vingt ans il fit un poëme pour l'académie des Jeux Floraux, & fut couronné. Plufieurs jolis couplets de lui s'étaient déja répandus dans la fociété. Sur fa réputation naiffante le fieur Ponteau, Directeur de l'opéra-comique, chercha à fe l'attacher pour fon fpectacle. La *Chercheufe d'efprit*, qui avait été précédée de plufieurs autres opéra-comiques accueillis avantageufement, décida fa réputation, & fut regardée comme un chef-d'œuvre dans ce genre. L'Académie Royale de Mufique réclama fes talens, & il y donna avec fuccès le ballet de Don Quichotte, mufique de Boismortier. En 1744, il époufa la fille d'un Muficien de la chapelle du Roi de Pologne, Marie-Benoite-Juftine du Roncerai, qui, par fes fuccès foutenus au théâtre, fes talens en différens genres & fes qualités eftimables, a juftifié le choix d'un Auteur auffi connu par la délicateffe de fon goût que par l'honnêteté de fes mœurs. Il fignala fon zèle dans toutes les époques intéreffantes pour la patrie, & fut chargé par la Cour de différentes fêtes, & honoré du titre de Compofiteur des Spectacles de la Cour, avec une penfion de mille livres. A la paix de 1762, il compofa par ordre du Gouvernement une piece en un acte, pour la Comédie Françaife ; & la célebre Mlle. d'Angeville qui avait quitté le théâtre, y rentra pour jouer le rôle principal. Le fuccès de cet ouvrage fut couronné par l'honneur qu'il eut d'être préfenté au Roi, qui le gratifia encore d'une penfion. Les gens de lettres reconnurent dans l'*Anglais à Bordeaux* l'agréable Auteur de *Nineite*, des *trois Sultanes*, & regretterent que des raifons de convenance l'euffent forcé de confacrer au fpectacle italien des talens faits pour briller fur la fcene françaife. Jamais les vrais connaiffeurs ne lui ont fait l'injuftice d'attribuer fes ouvrages à un autre, & avec d'autant plus de raifon qu'il a toujours eu la délicateffe la plus fcrupuleufe pour avertir le public de la part que pouvaient avoir à quelques-uns de fes ouvrages des amis de fa fociété intime. Ce fut lui qui, le premier, entreprit de faire connaître le charme de la mufique italienne, en y adaptant des paroles françaifes, & il y réuffit.

La pureté, l'élégance du ftyle, la gaieté & le fentiment font le caractere principal des productions de cet aimable Auteur.

Nous ne rapporterons ici que quelques-unes de ses chansons.

CHANSON.

Sur l'air du menuet d'Exaudet.

« Mars un jour
» Et l'Amour
» A Cithere,
» Prirent querelle tous deux ;
» L'Amour lui dit, je veux
» Te déclarer la guerre.
    » Le Dieu Mars
    » Prend ses dards,
    » Sa cuirasse,
» Et l'enfant tout désarmé,
» Sans en être alarmé,
    » Menace.
» Mars au combat l'appelle,
» Cupidon d'un coup d'aîle
    » Rend ses traits
    » Sans effets,
    » Et balance
    » Sa puissance !
» Dans le cœur du Dieu guerrier
» L'Amour d'un vol altier,
    » Lui-même tout entier
      » S'élance.
    » Mars en feu
    » Sent ce Dieu
    » Dans son ame.
» Si l'enfant audacieux
» A laissé dans ses yeux
» Et son charme & sa flame :
    » Mars soumis
    » En a pris
    » Plus d'empire,
» A présent tout cede à Mars,
» Qui soutient ses regards,
    » Soupire ».

AUTRE.

AUTRE.

Majeur.

« Un jour le fils de Vénus
» Vendangeait avec Bacchus ;
» Le petit Dieu de Cithere
» Voltigeait fur le raifin,
» En faifait jaillir le vin ;
» Et de fon aîle légere ,
» Careffait ce jus divin.

Mineur.

» De ce nectar enchanteur ,
» Il refpire la vapeur.
» Le parfum qui l'environne
» Bientôt lui monte au cerveau :
» Il chancelle , & dans la tonne
» Laiffe tomber fon flambeau.

Majeur.

» Le vin bouillonne à l'inftant ;
» Et s'éleve en pétillant.
» La gaité qui fe réveille ,
» Chante & rit, danfe à l'entour ;
» Et depuis cet heureux jour,
» Avec le jus de la treille ,
» On boit la flame d'amour ».

AUTRE.

Air : *Sous un ormeau.*

« Dans un détour ,
» Me promenant au bois un jour ,
» J'apperçus l'Amour
» Dormant aux pieds d'un tilleul ;
» Seul.

» A l'afpect du trompeur
» Je recule en tremblant de frayeur ;
» Mais il a l'air fi doux,
» Qu'ai-je à craindre : approchons… fauvons-nous.

ESSAI

» O fort heureux !
» Le traître dort, tout fert nos vœux ;
» Ses yeux dangereux
» Sont couverts d'un voile épais.
» Paix.

» Pour lui prendre fes traits,
» Dans ces lieux tenons-nous aux aguets.
» Effayons fi par là
» Je pourrai... Doucement... les voilà.
» Ne tardons pas,
» Pour l'enchaîuer formons des las ;
» Mais que fais-je hélas !
» Non, il dort
» Fort.

» Raffurons nos efprits,
» Serrons-le dans ces nœuds, il eft pris.
» Le cruel auffi-tôt
» Fait un cri, fe réveille en furfaut.
» Tyran des cœurs,
» Reçois le prix de tes rigueurs.
» Je ris de tes pleurs,
» Dans mes liens
» Je te tiens,
» Viens.

» Il répond à ces mots,
» Ecoutez mes foupirs, mes fanglots.
» Je fuivrai votre loi ;
» Je vous jure un refpect... croyez-moi.
» Tu me promets
» De ne troubler jamais, jamais
» La tranquille paix
« Dont jufqu'ici j'ai joui.
» Oui.

» Pourquoi faire captif
» Un enfant qui paraît fi naïf,
» Je le fais trop fouffrir.
» Délions.... Je me laiffe attendrir.
» Tu m'as lâché,
» Me dit l'Amour d'un air touché,

» Et d'un trait caché,
» L'ingrat, hélas! me perça,
» Ah!

» Tout mon sang se troubla,
» Le perfide en riant s'envola :
» Je me sens pénétré
» D'une ardeur.... Je ne puis respirer.
» Voilà comment
» L'Amour content tient son serment,
» Depuis ce moment,
» Ainsi que lui, tout amant
» Ment ».

FAYE (Jean-François de Leriget de la), né en Dauphiné en 1674, & reçu à l'Académie Française en 1730, nous a laissé un recueil de Poésies fort agréables. Son frere était Capitaine aux Gardes, & se distingua aux batailles de Ramillies & d'Oudenarde. Ses talens pour les Mathématiques le firent recevoir de l'Académie des Sciences en 1716; il mourut en 1718, âgé de quarante-sept ans. La Faye mourut en 1731.

« Il a réuni le mérite
» Et d'Horace & de Pollion :
» Tantôt protégeant Apollon,
» Et tantôt chantant à sa suite.
» Il reçut deux présens des cieux,
» Les plus charmans qu'ils puissent faire :
» L'un était le talent de plaire,
» L'autre le secret d'être heureux ».
            Volt. Temple du goût.

CHANSON.

» Etes-vous de Psyché l'amant
» Ou bien la Déesse sa mere?
» Sous cet équivoque ornement
» Vous rassemblez tout l'art de plaire ;
» Et je m'engage également,
» Ou pour Florence ou pour Cythere ».

Épitaphe de la Faye par Piron.

« Sur les bords ténébreux, la Faye est descendu :
» Le goût, l'urbanité, la raison délicate,

Q 2

» Tout ce qui diſtingua le Romain du Sarmate;
» Contre le trait fatal, rien ne l'a défendu :
» Muſes qu'il chériſſait, & qui l'avez perdu,
» Du culte qu'on vous rend, ſi la douceur vous flatte;
» Qu'en éloges plaintifs tout le Parnaſſe éclate,
» A qui vous en comblait ce tribut eſt bien dû.
» Mais ne l'exigez point de ma douleur trop tendre ;
» Que ne ferais-je pas pour honorer ſa cendre !
» Sur ſon tombeau ſouvent je veux jetter des fleurs !]
» Pour ma triſte amitié, flatteuſe & vaine amorce !
» De les cueillir, hélas ! elle n'a pas la force,
» Et mon pouvoir ne va qu'à lui donner des pleurs »

V E R S.

« Le petit peuple important
» Paraît avoir peur de rire ;
» S'il méritait moins la ſatyre,
» Il ne la craindrait pas tant »

C H A N S O N.

« Projet flatteur de ſéduire une Belle ,
» Soins concertés de lui faire la cour ,
» Tendres écrits, ſermens d'être fidele,
» Airs empreſſés, vous n'êtes point l'amour.
» Mais ſe donner, ſans eſpoir de retour ;
» Par ſon déſordre annoncer que l'on aime ;
» Reſpect timide avec ardeur extrême ;
» Perſévérance au comble du malheur ;
» Dans ſa Philis, n'aimer que Philis même :
» Voilà l'amour, il n'eſt que dans mon cœur »

FÉNELON (François de la Motte Salignac de), Précepteur des Enfans
de France, & Archevêque de Cambray, né à Fénelon en Querci le 6 Août
1651, compoſa le roman de Télémaque, chef-d'œuvre de ſtyle, de ſageſſe,
d'éloquence & de raiſon. Il fut exilé en 1697 pour des tracaſſeries de religion.

On agitait devant la Reine de Pologne , épouſe du Roi Staniſlas, qui
de Boſſuet ou de Fénelon avait rendu de plus grands ſervices à la religion. « L'un la prouve, dit cette Princeſſe, mais l'autre la fait aimer »

Cet aimable Prélat ne dédaigna pas de faire quelques chanfons, dont nous n'avons pu recueillir que deux.

CHANSON.

« Jeune, j'étais trop fage,
» Et voulais trop favoir;
» Je ne veux en partage
  » Que badinage,
» Et touche au dernier âge
  » Sans rien prévoir ».

AUTRE.

« Iris, vous connaîtrez un jour
» Quel eft le danger où vous êtes;
» Le mépris fuit de près l'amour,
» Que favent donner les coquettes.
» Cherchez à vous faire eftimer,
» Bien plus qu'à vous montrer aimable;
» Le faux honneur de tout charmer
» Détruit fouvent le véritable.

» Mille trompeurs, par leurs difcours
» Remplis d'une perfide adreffe,
» Chez vous s'efforcent tous les jours
» De prouver leur feinte tendreffe.
» Fuyez leur charme féducteur,
» Tôt ou tard il devient funefte;
» L'oreille eft le chemin du cœur,
» Et toujours le cœur l'eft du refte.

» (a) Reffentez donc pour votre Amant
» Ce qu'il reffent pour fon Amante;
» Comme il fera toujours conftant,
» Soyez auffi toujours conftante.
» Mais pour ceffer de m'allarmer,
» Jurons de l'ardeur la plus vive,
» Moi, de vivre pour vous aimer,
» Vous de m'aimer pour que je vive ».

(a) Ce dernier couplet n'eft pas de Fénelon.

FENOUILLOT DE FALBAIRE, de Franche-Comté, a donné avec M. Grétry, *les deux Avares*, opéra-comique qui a eu un grand succès, & *Mé-
lide* avec M. Philidor. Il est aussi auteur de *l'honnête Criminel*, du *Fa-
briquant de Londres*, & de plusieurs autres pieces, où l'on trouve toujours
de l'esprit & du sentiment.

FERMELHUIS (de), fils d'un Médecin de Paris, donna en 1730, les
paroles de Pyrrhus, musique de Royer. Son pere avait donné en 1712 l'é-
loge funebre de Mlle. Cheron, femme de M. de la Haye, de l'Académie Royale de Peinture.

FERRAND (Antoine), né à Paris en 1677, & Conseiller de la cour
des Aydes, fit des chansons charmantes & pleines de graces. Il mourut
en 1719, âgé de quarante-deux ans.

C H A N S O N.

a D'amour & de mélancolie
» Celembus enfin consumé,
» En fontaine fut transformé ;
» Et qui boit de ses eaux oublie
» Jusqu'au nom de l'objet aimé.
» Pour mieux oublier Égérie,
» J'y courus hier vainement ;
» A force de changer d'Amant
» L'infidele l'avait tarie ».

A U T R E.

« Il n'en est plus, Thémire, de ces cœurs
» Tendres, constans, incapables de feindre,
» Qui d'une ingrate éprouvant les rigueurs,
» Vivaient contens & mouraient sans se plaindre.
» Les feux d'amour étaient alors à craindre :
» Mais aujourd'hui les feux les plus constans
» Sont ceux qu'un jour voit naître & voit éteindre ;
» Hélas ! pourquoi suis-je encor du vieux tems » !

A U T R E.

« Le jeune Colin l'autre jour,
» Assis auprès de Lisette,

» L'entretenait de son amour
    » Au doux son de sa musette;
» Et l'Amour malin qui les voyait,
    » De leur innocence riait.

    » Le berger sentait des plaisirs
        » Dont il ignorait l'usage;
    » Lisette formait des desirs,
        » N'en sachant pas davantage.
            » Et, &c.

    » Quelquefois un rouge ingénu
        » Couvrait le teint de la belle;
    » Saisi d'un transport inconnu,
        » Colin rougissait comme elle;
» Et l'Amour malin qui les voyait,
    » De ce trouble innocent riait.

    » L'amant plus hardi, sur son sein
        » Porta sa main téméraire,
    » Lisette prévit son dessein,
        » Sourit & le laissa faire,
» Et l'Amour malin qui les voyait,
    » De ce badinage riait.

    » Bientôt de ses transports secrets
        » Colin connut le mystere,
    » Et déja ses yeux indiscrets
        » En parlaient à sa bergere :
» Et l'Amour malin qui les voyait,
    » De leurs prochains plaisirs riait ».

A U T R E.

« Etre l'Amour, quelquefois je desire,
» Non pour régner sur la terre & les cieux,
» Mais pour régner sur le cœur de Thémire;
» Seule elle vaut les mortels & les Dieux :
» Non pour avoir son bandeau sur les yeux,
» Car de tous points Thémire m'est fidelle;
» Non pour jouir d'une gloire immortelle,

» Car à fes jours furvivre je ne veux ;
» Mais feulement pour épuifer fur elle
» Du Dieu d'Amour & les traits & les feux » ;

A U T R E.

« Il eft un Dieu maître de l'univers ;
» Dont tous les Dieux reconnaiffent l'empire ;
» C'eft un enfant : mais chargé de fes fers ,
» Quand il lui plaît, le plus fage foupire.
» Il change tout ; le Prince qu'il infpire
» Devient Berger , le Berger devient Roi :
» Ce Dieu pourtant ne peut rien fur Thémire ;
» Et ne pourrait, fans elle, rien fur moi ».

LEFEVRE DE S. MARC (Charles Hugues), né à Paris en 1698 , paffa de l'état militaire à l'état eccléfiaftique, & finit par reprendre l'habit de laïc : il a commenté les œuvres de plufieurs Poëtes, dont il a donné des éditions. En 1743 , il donna à l'opéra le *Pouvoir de l'Amour* , ballet héroïque , mufique de Royer , & mourut à Paris le 21 Novembre 1769.

FLEURY (Jacques), Avocat au Parlement, a fait plufieurs opéra-comiques , entr'autres *le Roffignol* ; & a donné à l'Opéra, en 1732, *Biblis* , mufique de la Cofte ; & en 1736 , *les Génies* , mufique de Mlle. Duval.

FOIX (Germain Poullain de S.), né à Rennes le 25 Février 1703 , a fait plufieurs pieces charmantes , & d'autres ouvrages qui lui ont acquis de la réputation. Ses Effais fur Paris , ainfi que fon Hiftoire de l'Ordre du S. Efprit, raffemblent des anecdotes très-curieufes. Il mourut le 26 Août 1776 , & donna à l'Opéra, en 1755 , *Deucalion & Pyrrha* , en un acte , mufique de Berton & Giraud.

FONT (Jofeph de la), né à Paris en 1686, fit plufieurs comédies ; dont une feule (les trois Freres rivaux) eut du fuccès. Son amour pour le jeu nuifit à fon talent , à fa fortune , à fa réputation & à fa fanté. Il mourut à Paffy le 20 Mars 1725.

Lafont

Lafont donna à l'opéra, en 1714, *les Fêtes de Thalie*, musique de Mouret; en 1716, *Hypermnestre*, musique de Gervais, &, dit-on, de M. le Régent; en 1720, *les Amours de Protée*, musique de Gervais.

Un autre Lafont mort vers 1692, était un agréable débauché qui avait le talent de parodier les airs les plus en vogue. Voici une de ses chansons:

« Quand Iris prend plaisir à boire,
» Bachus croit que c'est pour sa gloire;
» Mais l'Amour en a tout l'honneur;
» Car, en buvant, le vin la rend si belle,
» Que le plus altéré buveur
» S'enivre moins de sa liqueur
» Que de l'amour qu'il prend pour elle »:

FONTAINE (Jean de la), fils d'un Maître des eaux & forêts, & né à Château-Thierry en 1621, fut le plus simple, quoique le plus admirable des hommes dans son genre. Malgré son mérite, il n'eut aucune part aux bienfaits de Louis XIV, & mourut chez M. d'Ervard, le 13 Mars 1695.

Dans sa derniere maladie, comme on l'exhortait à se repentir de ses fautes, « Ah! s'il en a fait, s'écria sa Garde, c'est par bêtise, plutôt que » par malice; car il est simple comme un enfant ».

Un jour qu'il soupait chez Moliere avec Racine & Despréaux, ces deux fameux Poëtes le voyant plus rêveur qu'à l'ordinaire, tenterent de le réveiller par des traits vifs & piquans. Moliere tirant à part Descoteaux, fameux Joueur de flûte, qui était aussi du souper, lui dit d'abondance de cœur: « nos beaux esprits ont beau faire, ils n'effaceront » pas le bon homme ».

Il avait été reçu de l'Académie Française en 1684, & à l'âge de dixneuf ans était entré dans la maison de l'Oratoire où il resta dix-huit mois. Le goût de la Poésie lui vint pendant ce tems-là en lisant les œuvres de Malherbe. Il donna en 1691, l'Opéra d'Astrée, dont Colasse fit la Musique. Il fit aussi Acis & Galathée, non joué. Nous avons de lui sept comédies, dont le Florentin & la Coupe enchantée sont restées au théâtre.

La Fontaine avait épousé *Marie Hericart*, fille d'un Lieutenant au

Bailliage Royal de la Ferté-Milon. Il en eut un fils dont la poſtérité ſub-
ſiſte encore aujourd'hui.

C H A N S O N.

« Paule, vous faites joliment
 » Lettres & chanſonnettes ;
» Quelque grain d'amour ſeulement ;
 » Elles ſeraient parfaites.
» Quand ſes ſoins au cœur ſont connus,
 » Une Muſe ſait plaire ?
» Jeune Paule, trois ans de plus
 » Font beaucoup à l'affaire.

» Vous parlez quelquefois d'amour ;
 » Paule, ſans le connaître :
» Mais j'eſpere vous voir un jour
 » Ce petit Dieu pour maître.
» Le doux langage des ſoupirs
 » Eſt pour vous lettre cloſe :
» Paule, trois retours de zéphirs
 » Font beaucoup à la choſe.

» Si cet enfant, dans vos chanſons,
 » A des graces naïves,
» Que ſera-ce quand ſes leçons
 » Seront un peu plus vives ?
» Pour aider l'eſprit en ces vers,
 » Le cœur eſt néceſſaire :
» Trois printems ſur autant d'hivers
 » Font beaucoup à l'affaire ».

A U T R E.

L'Amour captif.

« L'autre jour deux belles
» Tout haut ſe vantaient,
» Que malgré mes aîles,
» Elles me reprendraient :
» Gageant que non, je perdis ;
» Car l'une m'eut bientôt pris.

» Silvie a la gloire
» De m'avoir dompté,
» Et cette victoire
» A fort peu coûté.
» La belle n'eut seulement
» Qu'à se montrer un moment.

» Autour de ses charmes
» Me voyant voler,
» Vénus tout en larmes
» Eut beau m'appeller;
» Celui qui brûle les Dieux,
» Se brûle à de si beaux yeux.

» Leur éclat suprême
» A su m'enflammer;
» Le sort veut que j'aime;
» Moi qui fais aimer:
» On m'entend plaindre à mon tour,
» Et l'Amour a de l'amour ».

A U T R E.

» Homme qui femme prend, se met en un état
» Que de tous, à bon droit, on doit nommer le pire,
» Fol était le second qui fit un tel contrat;
» A l'égard du premier, je n'ai rien à lui dire ».

FONTAINES (des), né à Caen, Secrétaire ordinaire de MONSIEUR, a donné aux Français *le Philosophe prétendu* & *la Bergere des Alpes*; aux Italiens, *l'Aveugle de Palmire*, *la Réduction de Paris*, drame en trois actes & en prose, reçu & non joué encore: *la Chasse*, opéra-comique en trois actes & en prose, &c.

On a de lui aussi les lettres de *Sophie*, & d'autres ouvrages remplis d'esprit & de facilité. Il est un des Auteurs de l'histoire générale des théâtres.

Il a donné à l'opéra, en 1771, *la Cinquantaine*, en trois actes; en 1773, *Ismenor*, tragédie donnée à Versailles, pour le mariage de M. le Comte d'Arrois, musique de *Rodolphe*; en 1778, *la Fête de village*, en un acte, musique de *Gossec*.

R 2

FONTENELLE (Bernard le Bovier de) , né à Rouen , le 11 Février 1657 , d'un Avocat au Parlement de cette ville , & de la sœur du grand Corneille. Sa poitrine fut toujours si délicate, qu'il vécut presque toujours avec le plus grand régime. Il vint à Paris à dix-sept ans , & n'en avait que vingt quand il travailla aux opéra de Psyché & de Bellérophon , qui furent donnés sous le nom de Pierre & Thomas Corneille, ses oncles. Il fit ensuite des comédies & la tragédie d'Aspar, qui tomba en 1680.

L'Académie Française l'admit le cinq Mai 1691 ; il fut Secrétaire perpétuel de l'Académie des Sciences en 1699 , & associé à l'Académie des Inscriptions en 1701. Quoique né sans biens , il mourut riche par les bienfaits de M. le Régent & par sa sage économie.

Fontenelle doit passer pour un de nos plus ingénieux & de nos plus agréables Écrivains ; mais il parle rarement au cœur. Il mourut à Paris le neuf Janvier 1757 , à cent ans moins un mois & deux jours. Nulle maladie ne précéda sa mort : quelques jours auparavant il sentit diminuer ses forces, & dit à ses Médecins qui l'interrogeaient sur ce qu'il sentait : « Je ne sens autre chose qu'une difficulté d'être ».

A la reprise de son opéra de Thétis & Pelée , le vingt-neuf Novembre 1750 , il se trouva dans la loge où il avait été soixante ans auparavant , quand on le donna pour la première fois (a) , & il dîna avec deux amis qui avaient dîné avec lui le jour de cette première représentation.

Il donna à l'opéra, en 1689, *Thetis & Pelée*, dont Colasse fit la Musique ; en 1691 , *Enée & Lavinie*, idem ; en 1731 , *Endymion* , Musique de *Colin de Blamont*.

CHANSON.

« C'est ici Madame du Tord ;
» Qui la voit sans l'aimer a tort :
» Qui l'entend & qui ne l'adore,
» A mille fois plus tort encore :
» Pour celui qui fit ces vers-ci,
» Il n'eût aucun tort, Dieu merci ».

(a) Le 11 Janvier 1689.

A U T R E.

« Si l'or prolongeait la vie,
» Je n'aurais point d'autre envie
» Que d'amaffer bien de l'or.
» La mort me rendant vifite,
» Je la renverrais bien vîte,
» En lui donnant mon tréfor.
» Mais fi la Parque févere
» Ne le permet pas ainfi,
» L'or ne m'eft plus néceffaire ;
» L'amour & la bonne chere
» Partageront mon fouci ».

Sur un Portrait.

« Abfent de la beauté que j'aime,
» Seul il peut calmer mon ennui :
» Il eft plus beau que l'amour même ;
» Mais elle eft plus belle que lui ».

C H A N S O N.

« Je veux chanter en vers la beauté qui m'engage ;
» J'y penfe, j'y repenfe, & le tout fans effet.
» Mon cœur s'occupe du fujet ;
» Et l'efprit laiffe là l'ouvrage ».

FRAMERY (Nicolas-Etienne), né à Rouen, en 1745, a donné au théâtre Italien plufieurs opéra-comiques qui ont eu du fuccès. Nous lui devons *la Colonie*, un des plus jolis ouvrages en ce genre, & qui attire toujours l'affluence des fpectateurs, quoiqu'il ait été repréfenté peut-être deux cent fois. MM. Favart, Baurans, Framery & Cailhava, ont enrichi notre théâtre de cinq chefs-d'œuvre que nous connaîtrions à peine fans eux (a).

(a) La Bohémienne; la Servante Maîtreffe; le Maître de Mufique; la Colonie ; la Bonne Fille.

ESSAI

CHANSON.

« Toute la nuit en sommeillant ;
 » J'ai ma bergere en tête ;
 » Tous les matins en m'éveillant ;
 » Je me dis, c'est sa fête,
 » C'était hier, c'est ajourd'hui,
 » C'est demain tout de même ;
 » Chaque jour est pour moi celui
 » De fêter ce que j'aime.

 » Je lui destine pour bouquet
 » Celui qu'elle demande.
 » Mon cœur est tout ce qui lui plaît ;
 » Mon cœur est mon offrande.
 » En scellant l'amour éternel
 » Qui pour elle me touche,
 » Je prends deux baisers sur l'autel
 » Et l'autel est sa bouche.

 » Elle est l'objet de mes chansons ;
 » L'objet de ma pensée.
 » Ma musette à former des sons ,
 » Pour elle, est empressée.
 » Si j'accordais mon flageolet
 » Pour une autre bergere,
 » Sans y songer, il chanterait
 » Celle qui sait me plaire »

AUTRE.

« Colin faisait son bonheur
 » De posséder sa Colette.
 » Le méchant trahit l'ardeur
 » D'une flamme si parfaite,
 » Hélas ! ce n'est pas mon cœur ;
 » C'est le sien que je regrette.

 » Menant paître son troupeau ,
 » Son agneau dans l'eau se jette ;
 » Je lui donnai mon plus beau

» Qui portait une clochette.
» Ah! ce n'eſt pas mon agneau,
» C'eſt ſon cœur que je regrette.

» L'autre jour en folâtrant,
» J'avais perdu ſur l'herbette
» Le beau nœud que j'aimais tant,
» Colin le prit en cachette.
» Ah! ce n'eſt pas ce ruban,
» C'eſt ſon cœur que je regrette.

» Pour calmer mon tendre feu,
» Me dit-il, chere Colette,
» Promets de m'aimer un peu...
» Son ardeur fut ſatisfaite,
» Ah! ce n'eſt pas cet aveu,
» C'eſt ſon cœur que je regrette.

» Je voulais lui refuſer
» Ma corbeille & ma houlette.
» Ma bouche prête à l'oſer,
» Sous la ſienne fut muette.
» Ah! ce n'eſt pas mon baiſer,
» C'eſt ſon cœur que je regrette.

» Je ne m'attendais à rien,
» Il me prit ſous la coudrette;
» Mon anneau.... défend-on bien
» Ce qu'un tendre amant ſouhaite?
» Ah! qu'il prenne tout mon bien;
» C'eſt ſon cœur que je regrette ».

FRANÇOIS I. Perſonne n'ignore les événemens de ſa vie. Nous ne par-lerons que du goût qu'il avait pour les lettres.

Il en fut le reſtaurateur, & les tira de la barbarie où elles étaient retombées.

Charlemagne avait commencé ce grand ouvrage; mais les regnes des Rois fainéans les avaient replongées dans les ténebres. Philippe-Auguſte fit un nouvel eſſai.

Les Lettres ſe ſoutinrent alors pendant quelque tems: les Trouba-dours y contribuerent par leurs ouvrages; mais les guerres civiles dont la France fut déchirée pendant pluſieurs ſiecles, ramenerent ceux de l'ignorance. Enfin François I les fixa pour jamais dans ses Etats, & commença ce que le beau siecle de Louis XIV a si complettement achevé.

François aimait beaucoup la poésie, & nous a laissé plusieurs ouvrages, dont les bons Poëtes même s'honoreraient.

Il était né à Cognac le douze Septembre 1494, & mourut au château de Rambouillet, le trente & un Mars 1547.

CHANSON.

« Est-il bien vrai, ou si je l'ai songé;
» Qu'il m'est besoin m'esloigner ou distraire
» De votre amour & en prendre congé ?
» Las ! je le veux, & je ne le puis faire.
» Que dis-je, veux ! non, c'est tout le contraire;
» Faire le puis, & ne puis le vouloir,
» Car vous avez là rangé mon vouloir,
» Que plus taschés à liberté me rendre;
» Plus empêchés que ne la puisse avoir,
» Et commandez ce que voulez défendre ».

AUTRE.

« Celle qui fut de beauté si louable;
» Que pour sa garde elle avait une armée;
» A autre plus qu'à vous ne fut semblable,
» Ni de Pâris, son ami mieux aimée;
» Que de chascun vous êtes estimée.
» Mais il y a différence d'un point;
» Car à bon droit, elle a esté blasmée
» De trop aimer, & vous de n'aimer point »

AUTRE.

« Si ung œuvre parfait doit chacun contenter,
» Il ne faut qu'un seul jour voir ma mie, l'hanter.
» Car qui la verrait moins, perdrait un trop grand bien;
» Et qui la verrait plus, mourrait pour être sien.

» Donc comme vivre puis voulant toujours la veoir,
» Mon cueur où gist la vie, a tel mal sçust pourveoir;
» Car délaissant mon corps en tel lieu faict demeure,
» Que le gardant pour lui, gardera qu'il ne meurre.

» Aussi

» Auffi mourant à moi & à aultruy vivant,
» Mon cueur eft mieu logé qu'en moi n'eftait d'avant;
» Car pour vivre en tel lieu plus doulx eft le mourir,
» Que de pouvoir fans elle & vie & foi nourrir ».

AUTRE.

« Ores que l'ai fous ma loi,
» Plus je regne aymant que Roy.
» C'eft fortune qui guerdonne
» De fceptre, empire ou couronne :
» Mais le cueur d'elle eft le trône
» Où veult s'affeoir mon amour.
» Adieu, vifages de cour,
» Pour cueurs faux font les faux biens;
» En elle font tous les miens.
» Ores que l'ai fous ma loy,
» Plus je regne aymant que Roy ».

François I étant au château de Chambors, dans un moment de mélancolie, écrivit fur un des carreaux de vitre avec fon diamant :

« Souvent femme varie,
» Bien fol eft qui s'y fie ».

Epitaphe d'Agnès Sorel.

« Ici deffous, des belles gift l'eflire;
» Car de louanges fa beauté plus mérite.
» La caufe étant de France recouvrer,
» Que tout cela qu'en cloiftre peut ouvrer
» Clofe nonain, ni en défert hermite ».

Epitaphe de Laure.

« En petit lieu compris, vous pouvez voir
» Ce qui comprend beaucoup par renommée,
» Plume, labeur, la langue & le favoir
» Furent vaincus de l'amant de l'aimée;
» O gentille ame! étant tant eftimée,
» Qui te pourra louer qu'en fe taifant ?
» Car la parole eft toujours réprimée,
» Quand le fujet furmonte le difant ».

François de Neufchateau, né à Neufchâteau en Lorraine, en 1752, a développé dès l'enfance ses talens pour la poésie. Les Journaux ont souvent célébré ses prémices. Nous ne citerons de lui que quelques chansons.

C H A N S O N.

« L'esprit & les talens font bien ,
» Mais sans les graces ce n'est rien.

» Sous le beau nom d'Anaximandre ,
» Chez les Grecs un sage vivait.
» Chacun accourait pour l'entendre ;
» Athènes en foule le suivait.
» La profondeur & la justesse
» Se rencontraient dans ses discours ;
» Mais pour plaire aux yeux des amours,
» Il faut de la délicatesse.
  » L'esprit , &c.

» Le Philosophe Anaximandre
» Aux belles offrit son encens :
» Car les Savans ont le cœur tendre ,
» Et tout Philosophe a des sens.
» Mais les Athéniens volages
» Rejettèrent ses tendres vœux ;
» Et de frivoles amoureux
» Virent préférer leurs hommages.
  » L'esprit , &c.

» Piqué de les trouver rebelles ,
» Il fut s'en plaindre chez Platon.
» Platon était l'ami des belles ,
» Et même des Rois, nous dit-on ;
» Il humanisait son génie ,
» Il brillait à souper le soir ;
» Et malgré son profond savoir ,
» Il était bonne compagnie.
» L'esprit , &c.

» Apprenez-moi , mon cher confrere ;
» Dit le sage disgracié ,
» Comment chez vous à l'art de plaire

» Le génie est associé.
» Je veux me former sur vos traces.
» Votre conseil sera ma loi;
» Eh bien ! dit Platon, croyez-moi,
» Mon cher, sacrifiez aux graces :
    » L'esprit, &c.

» Dans une chapelle voisine
» Anaximandre s'en alla;
» Aglaé, Thalie, Euphrosine
» Sourirent en le voyant là.
» Il fut initié par elles
» Dans leurs mysteres enchanteurs :
» Il revint couronné de fleurs,
» Et ne trouva plus de cruelles.
    » L'esp.it, &c.

» La métamorphose soudaine
» Du sage fit l'homme du jour :
» Les bonnes fortunes d'Athènes
» Vinrent l'accueillir tour-à-tour.
» Et quand il trouvait sur ses traces
» Quelque pédant de mauvais ton,
» Il lui disait, croyez Platon,
» Mon cher, sacrifiez aux graces.
    » L'esprit, &c. »

Couplet à une Dame qui voulait qu'il fît un couplet sur ses genoux.

« Sur vos genoux, ô ma belle Eugenie !
» A des couplets je songerais envain :
» Le sentiment vient troubler le génie,
» Et le pupitre égare l'écrivain ».

AUTRE.

Les Souvenirs.

« O Dieu d'amour ! ô que cette retraite,
» Que ces jardins ont de charmes pour moi !
» Ma chere Eglé, ma tendre bergerette,
» Est peinte ici dans tout ce que je vois.
» O Dieu, &c.

» Voilà les bords de la claire fontaine
» Où je la vis, où je lui dis mes feux ;
» C'était ici qu'à l'ombre d'un vieux chêne
» Elle fourit à mes premiers aveux.
    » O Dieu d'amour, &c.

» Sous berceau de fleurs & de verdure,
» Elle me dit : je t'adore à mon tour ;
» Dans les détours de cette grotte obscure,
» Je l'égarai sous les pas de l'amour.
    » O Dieu d'amour, &c.

» Je dépouillai tous ces rofiers pour elle,
» Et fur son front, j'inclinai ces rameaux
» Au clair de lune, avec moi cette belle
» D'un pas léger danfait fous ces ormeaux.

» Ici fouvent, à l'heure convenue,
» Je m'élançais au-devant de ses pas,
» Quand à travers cette fombre avenue
» Elle accourait en me tendant les bras.
    » O Dieu d'amour, &c.

» Là, j'entendis fa voix douce & chérie
» Qui fe mêlait au concert des oifeaux ;
» Pour l'écouter, la Naïade attendrie
» Levait son front couronné de rofeaux.
    » O Dieu d'amour, &c.

» C'était ainfi qu'occupé de ma flamme,
» Je m'ennivrais d'un tendre fouvenir ;
» Ces doux penfers avaient remplis mon ame,
» Célefte Eglé, quand je vous vis venir.

» O Dieu d'amour ! ô que cette retraite,
» Criai-je alors, a de charmes pour moi !
» Mes fouvenirs n'ont rien que je regrette,
» Mon Eglé feule eft l'objet que je voi ».

FRESNY (Charles Riviere du), né à Paris, en 1648, paffait pour être un petit-fils d'Henri IV & d'une-Jardiniere d'Anet : il lui reffemblait beaucoup. Son pere avait été valet de garde-robbe de Louis XIII : il fut valet-de-chambre de Louis XIV , & Contrôleur de ses bâtimens. Ce Monarque le combla de biens , sans pouvoir l'empêcher de mourir pauvre ; aussi disait-il que c'était le seul homme de son royaume qu'il ne pouvait enrichir. Il avait des talens naturels pour la musique , le dessein , la peinture , la sculpture , l'architecture & tous les beaux-arts. Il eut le privilege du Mercure galant depuis 1710 jusqu'en 1713 ; mais il le vendit , ainsi que toutes les graces qu'il avait obtenues , même une pension viagere.

Plusieurs de ses pieces sont fort jolies : on trouvera dans notre quatrieme livre sa charmante chanson : *Philis plus avare* , &c.

C H A N S O N.

« Réveillez-vous, belle dormeuse,
» Si ce baiser vous fait plaisir ;
» Ou si vous êtes scrupuleuse ,
» Dormez , ou feignez de dormir.

» Craignez que je ne vous éveille ;
» Favorisez ma trahison.
» Vous soupirez : votre cœur veille ,
» Laissez dormir votre raison.

» Souvent quand la raison sommeille ;
» On aime sans y consentir ;
» Pourvu qu'amour ne nous éveille
» Qu'autant qu'il faut pour le sentir.

» Si je vous apparais en songe ,
» Jouissez d'une douce erreur.
» Goûtez les plaisirs du mensonge ,
» Si la vérité vous fait peur ».

A U T R E.

» A mille soins jaloux Tircis abandonné ,
» Rend moi, disait il à Lisette ,
» Le ruban que je t'ai donné.
» Rend-moi mon chien & ma houlette.
» La bergere, pour l'appaiser ,
• Tu m'a donné, dit-elle d'un air tendre ,
» Sur ce gazon plu d'un baiser ,
» Viens, Berger, je te vais tout rendre ».

A U T R E.

« Pauvre Hermite, je veux t'en croire,
» C'est un grand bien
» De n'avoir rien, de ne defirer rien ;
» Mais defirer du vin, d'en avoir & d'en boire,
» C'est, ce me femble, un plus grand bien ».

Fuzelier (Louis), né à Paris, en 1671, travailla de bonne heure pour les Comédiens Français & Italiens & pour l'Opéra. En 1744, il obtint le privilege du Mercure, conjointement avec la Bruere, & mourut le dix-neuf Septembre 1752, après avoir paffé fa vie dans les fociétés les plus agréables.

Il donna à l'opéra, en 1713, *les Amours déguifés*, mufique de *Bourgeois* ; en 1714, *Arion*, mufique de *Matho* ; en 1718, *le Ballet des Ages*, mufique de *Campra* ; en 1723, *les Fêtes Greques & Romaines*, mufique de *Blamont* ; en 1725, *la Reine des Peris*, mufique d'*Aubert* ; en 1727, *les Amours des Dieux*, mufique de *Mouret* ; en 1729, *les Amours des Déeffes*, mufique de *Quinaut* ; en 1735, *les Indes galantes*, mufique de *Rameau* ; en 1744, *l'Ecole des Amans*, mufique de *Niel* ; en 1749, *le Carnaval du Parnaffe*, mufique de *Mondonville* ; en 1759, *Phaétufe*, en un acte, mufique d'*Ifo*. En 1773, M. Cardonne a remis en Mufique l'acte d'*Ovide* & de *Julie*.

C H A N S O N.

« Demain eft un jour qui fuit
» Lorfque vous croyez qu'il s'avance ;
» Au milieu de chaque nuit,
» Il perd fon nom dans fa naiffance.
» Lorfqu'on croit fe faifir de lui,
» On trouve que c'eft aujourd'hui :
» Jufqu'à ce jour aucun humain
» N'a pu voir arriver dém in ».

Vers à Madame la Princeffe de Talmont.

« Sur les bords où vous prîtes naiffance,
» Les jours du tendre Ovide étaient enfevelis,

» Dans les langueurs, dans les maux de l'absence,
  » Ces lieux n'étaient pas embellis
  » Du charme de votre présence :
  » Ah ! pour lui quelle différence !
 » S'il les eût vus parés d'un attrait si charmant,
    » Auguste eût manqué sa vengeance ;
  » Et l'aimable Julie eût perdu son amant ».

GALLET, né à Paris, était marchand Epicier, avait fait de bonnes études, & était né avec beaucoup de talent pour la poésie. On a de lui de très jolis vaudevilles, un peu trop libres.

Personne n'a parodié mieux que lui, & n'a plus fait de couplets.

Etant au moment de mourir d'une hydropisie pour laquelle il avait déja souffert sept ou huit fois la ponction, il fit ce couplet qui peut lui servir d'épitaphe.

  « Rimeur complétant coupletier,
  » De couplets j'ai fait mon métier.
  » Quoique la mort soit à ma porte,
  » Je rime, je couplete encor.
  » Si le Diable à la fin m'emporte,
  » Il faut que ce soit Couplegor ».

Il a donné plusieurs opéra-comiques ; il avait de la gaité, de l'enjouement, & faisait les délices des sociétés qu'il fréquentait : il mourut en 1757.

CHANSON.

  « Dans un bois, je vis l'autre jour
   » Villageoise jolie,
  » Et qui me parut en amour
   » N'être pas aguerrie.
  » En l'abordant, sur sa beauté
  » Je vantai fort la jouvencelle :
 » Ah ! me dit-elle, Monsieur, en vérité,
  » Vous avez bien de la bonté.

  » Tes yeux, lui dis-je, mon enfant,
   » Ont pénétré mon ame ;
  » Je mourrai, si dans cet instant
   » Tu n'appaises ma flamme,

ESSAI

» De l'un & de l'autre côté
» J'applique un baiser à la belle.
» Ah, me dit-elle, &c.

» A ces mots, la reconnaissant
» Simple autant que charmante,
» Je devins plus entreprenant,
» Elle plus complaisante.
» Certes, m'écriai-je enchanté,
» Cette gorge est d'une pucelle.
» Ah! me dit-elle, &c.

» Ma main, au gré de mes desirs,
» Et constante & volage,
» Sur un sein fait pour les plaisirs,
» Termine son voyage :
» Que d'appas, dis-je, transporté,
» Ton joli coullon recelle !
» Ah ! me dit-elle, &c.

» Asséyons-nous sur ce gazon,
» Lui dis-je, mon aimable.
» Fort bien, prends à présent leçon
» D'un jeu tout agréable.
» Poussant à bout la liberté,
» Je ne la trouvai point rebelle.
» Ah! me dit-elle, &c.

» Tous les deux dans l'étroit séjour
» Qu'habite le délice,
» Nous préparions au Dieu d'amour
» Un ardent sacrifice,
» Quand son petit cœur agité,
» Fit tourner sa vive prunelle.
» Ah! me dit-elle, &c.

» Contens trois fois, nous nous quittons;
» La belle s'en afflige.
» Souvent je viens en ces cantons;
» Console-toi, lui dis-je;
» Demain, dans ce bois écarté,
» Je te promets leçon nouvelle.
» Ah! me dit-elle, &c. »

AUTRE.

AUTRE.

« La trop innocente Colette,
» Et le trop simple Colinet,
» Sans penser à mal, sur l'herbette
» Folâtraient dans un verd bosquet.
» Appercevant de la brunette
» Par hazard le sein rondelet :
» Eh ! qu'est ce que ceci, Colette ?
» Dit bien étonné Colinet ;
» Comm'v'là qu'est fait, comm'v'la qu'est fait !

» Voulant se défendre, Colette
» Fit découvrir à Colinet
» D'une cuisse ferme & doucette
» L'échantillon blanc comme lait.
» Portant une main indiscrete
» Plus haut que ce nouvel objet.....
» Eh ! qu'est-ce que ceci, Colette ?
» Dit émerveillé Colinet ;
» Comm'v'là qu'est fait ! (*bis*).

» Effet d'une vertu secrete !
» Il s'arrête, tout stupéfait,
» Au lieu, d'où l'amour en cachette
» Contre lui lance un malin trait ;
» Ce trait pénétrant sa pochette,
» En fait sortir son flageolet :
» Eh ! dit bien surprise Colette,
» Qu'est-ce que ceci, Colinet ?
» Comm'v'là qu'est fait ! (*bis*).

» Nature ne fut pas muette,
» Et mit Colin d'abord au fait ;
» Trois fois la belle satisfaite,
» Le rend, plus qu'elle, satisfait.
» Touchant d'une main inquiette
» Le charme qu'elle méconnaît,
» Eh ! dit en soupirant Colette,
» Qu'est-ce que cela Colinet ?
» Comm'v'là qu'est fait ! (*bis*) ».

A U T R E.

« Autrefois fur mon flageolet
» Joyeux faifeur de chanfonnettes,
» De Colin & de Colinet
» J'ai célébré les amourettes :
» Chantons encor ces amours là ;
» Pour voir un peu comment ça f'ra.

» Il était favant en amour,
» Elle était affez aguerrie ;
» Son berger la rencontre un jour
» Sous une aubépine endormie :
» Parbleu, dit-il, embraffons-la ,
» Pour voir un peu comment ça f'ra.

» Il la baife cinq ou fix fois ;
» Sans que la belle fe réveille ;
» Voyant qu'un linge difcourtois
» Lui cache une double merveille :
» Otons, dit-il, ce fichu-là ,
» Pour voir un peu comment ça f'ra.

» Sans fuccès il y met la main.
» Faifons , lui dit-il, autre chofe :
» Ufons pour l'éveiller enfin ,
» D'un moyen qu'amour nous propofe ;
» De cette épine piquons-la ,
» Pour voir un peu comment ça f'ra.

» Comme elle dort ! qui le croirait !
» Rien ne l'éveille , eft-il poffible ?
» Mais je connais certain endroit,
» Par où la bergere eft fenfible.
» Il faut toucher cet endroit là ,
» Pour voir un peu comment ça f'ra.

» Encor qu'elle ronflât bien haut ,
» La finette riait fous cape.
» Il croit fans doute, le nigaud,
» Se difait-elle, qu'il m'attrappe :
» Dormons toujours fur ce ton-là ,
» Pour voir un peu comment il f'ra.

» Pudeur chez les belles souvent

» Sait recourir au stratagême,

» Et sous un sommeil apparent,

» Veut qu'on les attrape de même.

» Amans, brufquez ces momens-là.

» Pour voir un peu comment ça f'ra ».

GARDE (Philippe Bridart de la), né à Paris en 1710, était fils d'un homme attaché au Grand-Prieur de Vendôme. Il fut élevé au Temple avec l'Abbé Mangenot, si connu par ses charmantes idilles; & cet aimable Poëte lui infpira le goût de la poésie, qu'il conferva toute sa vie.

C'eft à lui que l'on doit l'établissement des coftumes sur nos théâtres; il les propofa en 1754 pour celui de la cour, & depuis ce tems ils ont été adoptés par les autres.

Il avait d'abord commencé par être Abbé; mais ses liaisons avec la célebre Mlle. le Maure, le firent bientôt renoncer à cet état, & on lui dut le retour de cette inimitable actrice, qui, à ses sollicitations, remonta sur le théâtre.

La Garde ayant trouvé le moyen d'être préfenté à Mad. de Pompadour, fut chargé du détail des fêtes que l'on donnait aux petits appartemens, sous les ordres de M. le Duc de la Valiere. Il fut nommé ensuite Bibliothécaire de Mad. de Pompadour, qui le combla de biens. La mort de sa bienfaitrice, arrivée le 15 Avril 1764, le jetta dans une langueur qu'il ne put vaincre, & qui termina sa vie le 3 Octobre 1767, sans qu'il témoignât ni crainte ni foiblesse. Il a fait les lettres de Thérèfe, roman estimé, la Rofe, opéra-comique, a travaillé en société avec M. Favart au bal de Strasbourg, aux Amours grivois & aux fêtes de Paris.

Il a fait encore plufieurs autres ouvrages, & a rédigé pendant longtems l'article des spectacles dans le Mercure.

La fameufe chanfon, *Malgré la bataille*, eft en partie de lui, & le refte eft de l'Abbé Mangenot; d'autres difent de son frere: elle a été longtems attribuée à M. de Voltaire.

T 2

C H A N S O N.

« Qu'importe à mes tendres defirs,
» Qu'Iris foit coquette ou fincere ? ·
» Tout ee qui m'offre des plaifirs,
» N'eft-il pas en droit de me plaire.

» Pourquoi dans nos amufemens
» Chercher tant délicateffe ?
» L'erreur nourrit nos fentimens ;
» Souvent la vérité les bleffe.

» L'amour n'eft qu'une fiction,
» Une fable aimable & légere.
» Heureux qui, fans réflexion,
» Peut fe prêter à fa chimere !

» Une belle eft comme une fleur
» Dont on chérit la découverte :
» Si-tôt qu'elle ouvre trop fon cœur,
» Elle nous annonce fa perte.

» De l'art féduifant de charmer,
» On ne m'entendra pas me plaindre.
» Qu'importe qu'on fache m'aimer ?
» Pourvu que l'on fache bien feindre ».

A U T R E.

« A peine ai-je quitté l'enfance,
» Que nos bergers me font la cour ;
» Maman envain me fait défenfe
» D'écouter un feul mot d'amour :
» Souvent fur cela je fripponne,
» Si quelqu'un s'y prend galamment ;
» Je gronde d'abord hautement,
» Mais tout bas mon cœur lui pardonne.

» Tous les matins dans nos prairies,
» L'amour fait moiffonner des fleurs ;
» Aux bergeres les plus jolies
» On en fait des marques d'honneurs.

» Toutes les fois que l'on m'en donne,
» Par un air froid & nonchalant
» Je déconcerte le galant, ·
» Mais tout bas mon cœur lui pardonne.

» Il pousse si loin l'aventure,
» Qu'il m'oblige, par ses efforts,
» A sacrifier ma parure
» Pour me soustraire à ses transports.
» A grands cris j'appelle ma bonne,
» Ce chiffonnage me fait peur;
» Colin pousse à bout ma pudeur,
» Mais tout bas mon cœur lui pardonne.

» Dans l'ardeur d'un feu téméraire,
» Par lui mon lacet est coupé,
» Je m'efforce d'être en colere,
» Et de mon busc il est frappé:
» Mais, malgré les coups que je donne
» Il n'en devient pas plus discret;
» Je crois qu'un démon en secret,
» Lui dit que mon cœur lui pardonne ».

GAULTIER GARGUILLE, Auteur d'un volume de chansons plaisantes, mais dont la plupart passeraient aujourd'hui pour très indécentes, se nommait *Hugues Gueru*; il prit le nom de *Flechelles*, lorsqu'il se fit Comédien. Il débuta en 1598, ou, suivant d'autres, en 1584, dans la troupe du Marais, sur le théâtre de laquelle il chantait lui-même ses chansons dans un costume bisarre & comique. Il portait dans la farce le nom de *Gaultier Garguille*, qui lui est resté, & auquel son originalité a imprimé une espece de célébrité. Il avait pour camarades & amis deux autres farceurs, dont le nom a été dans leur tems aussi célebre que le sien: ils se nommaient *Gros-Guillaume* & *Turlupin*. Ayant quitté la troupe du Marais, Gaultier Garguille entra dans celle de l'hôtel de Bourgogne, où sa réputation ne fit que s'accroître. Son talent ne se bornait pas à la farce & aux chansons polissonnes; il représentait dans les drames réguliers. C'était un excellent comique; quoique né en Normandie, il contrefaisait cependant fort bien le Gascon; il jouait même dans l'occasion les Rois dans le tragique, & alors il ne s'appellait plus *Gaultier Garguille*, mais *Fle-*

chelles. Indépendamment du volume de chanſons dont nous venons de parler, Gaultier Garguille a fait imprimer des prologues dans le goût de ceux de Bruſcambille. Nous en connaiſſons un ſur le menſonge, rapporté par M. Parfait dans ſon Hiſtoire du Théâtre Français qui eſt aſſez plaiſant. Il avait épouſé la fille de Tabarin, ancien farceur, de qui les œuvres poliſſonnes ſont imprimées. Gaultier Garguille eſt mort âgé de ſoixante ans, & a été enterré à S. Sauveur; ſa veuve épouſa, dit-on, en ſecondes nôces un Gentilhomme de Normandie. Ses chanſons ont été imprimées trois fois; la premiere en 1631, & la derniere en 1636 : c'eſt la meilleure édition. On lit dans le privilege qui eſt à la tête, qu'il n'a été accordé que dans la crainte qu'on ne contrefît la premiere édition, & qu'on n'y ajoutât quelques chanſons plus diſſolues que celles de Gaultier Garguille; mais il était difficile qu'un tel accident pût arriver.

Voici quatre de ces chanſons qui nous ont paru les plus agréables du recueil. M. le M. de P. qui a eu la bonté de nous les communiquer, n'y a changé que quelques vieux mots, qu'on aurait de la peine à entendre aujourd'hui, & quelques expreſſions qui pourraient choquer ou déplaire.

Chanſons de Gaultier Garguille.

α (a) Vous pouvez faire la belle,
» Mais de paſſer pour pucelle,
» Cela vous eſt interdit;
» Car vous n'êtes pas plus neuve
» Qu'une femme ou qu'une veuve;
» Mon petit doigt me l'a dit.

» J'ai vu votre main blanchette
» Toucher gaîment l'épinette
» Dont le ſon nous réjouit;
» Mais votre cœur vous propoſe
» De toucher quelqu'autre choſe;
» Mon petit doigt me l'a dit.

_____

(a) Il y a toute apparence que les grimaces & les geſtes du farceur chanſonnier ajoutaient beaucoup au mérite du fond de la chanſon & de la poéſie, qui de nos jours, & peut-être dès-lors, peuvent être aſſez plates, étant dénuées de ces agrémens.

» L'autre jour dans un bocage,
» Un garçon du voisinage
» Sur l'herbette vous étendit;
» Il était vif, téméraire,
» Et vous le laissâtes faire;
» Mon petit doigt me l'a dit.

» Alix, cette chaste Dame,
» A quelque chose dans l'ame
» Qui la tourmente un petit;
» Mais qu'elle n'ait point de honte,
» Je sais bien que c'est un conte;
» Mon petit doigt me l'a dit ».

A U T R E.

« Que l'amour est rigoureux !
» Qu'il assortit mal ses flames !
» Quand j'étais jeune, amoureux,
» Il me fit haïr des Dames;
» Ore il m'offre des fillettes
» Quand j'ai passé soixante ans;
» Mais c'est donner des noisettes
» A ceux qui n'ont plus de dents.

» Quand j'étais vaillant soldat,
» Chacun fuyait ma rencontre;
» Ore on me livre combat,
» Mais je fais mauvaise montre;
» Car de parler d'amourettes
» A qui passe soixante ans,
» C'est présenter des noisettes
» A ceux qui n'ont plus de dents.

» Etant garçon à louer,
» Je brûlais auprès des filles,
» Qui ne voulaient point jouer
» Aux boules non plus qu'aux quilles;
» Et maintenant les fillettes
» M'offrent des baisers charmans,
» Mais c'est donner des noisettes
» A ceux qui n'ont plus de dents.

» Si l'on m'eût fait autrefois
» Travailler à la journée,
» J'euffe bien fendu du bois
» Sans émouffer la coignée ;
» Mais de parler d'amourettes
» A qui paffe foixante ans,
» C'eft préfenter des noifettes
» A ceux qui n'ont plus de dents.

» Elles détournaient leur feau
» Quand ma fource était remplie,
» Et toutes viennent à l'eau,
» Quand la fontaine eft tarie ;
» Retournez-vous-en fillettes,
» Vous prenez mal votre tems ;
» C'eft préfenter des noifettes
» A ceux qui n'ont plus de dents ».

A U T R E.

« Quelqu'un m'a dit en fecret,
» Que ma femme eft par trop gaillarde,
» Et que fi je n'y prends garde,
» Un jour j'en aurai regret ;
» Mais je penfe qu'il eft plus doux
» D'être cocu que jaloux.

» Je fais bien que chaque jour
» Elle fait cent coquetteries,
» Que le cours & les tuileries
» Sont fes écoles d'amour ;
» Mais je penfe qu'il eft plus doux
» D'être cocu que jaloux.

» Je fais bien que tous les jours,
» Feignant d'aller voir fa coufine,
» Ou vifiter fa voifine,
» Elle va voir fes amours ;
» Mais je penfe qu'il eft plus doux
» D'être cocu que jaloux.

» Tout le plus grand reconfort ;
» Qu'en ce mal je me promette,

» Eft

» Eſt de rendre ce qu'on me prête,
» Sans m'en affliger ſi fort,
» Et de croire qu'il eſt plus doux
» D'être cocu que jaloux ».

AUTRE.

(a) « Tout eſt perdu, ma voiſine,
» Je me brûle à petit feu,
» Mon époux a bonne mine ;
» Mais le traître a mauvais jeu,
» Et puis, il faut vous le dire,
» Il n'a pas le mot pour rire.

» Ah ! j'étais bien endormie ;
» Quand je fis ce faux marché ;
» Oui, ma commere, ma mie,
» J'ai commis un grand péché ;
» Car, puiſqu'il faut vous le dire,
» Il n'a pas le mot pour rire.

» Je le pince & je le pique,
» Pour l'amener à mon point ;
» Mais il eſt ſi pacifique,
» Qu'il ne ſe revanche point ;
» J'ai beau lui faire & lui dire,
» Il n'a pas le mot pour rire.

» Ah ! tout ce qui me conſole,
» C'eſt que, ſans lui rien dire,
» Je ferai bientôt la folle,
» S'il fait plus long-tems le ſot ;
» J'en fais un qui pourra dire
» Avec moi le mot pour rire ».

On prétend qu'en 1634 ſon camarade *Guérin,* dit *la Fleur,* s'étant aviſé de contrefaire un homme de robe qui avait une grimace d'habitude

---

(a) Selon toute apparence Gaultier Garguille chantait cette chanſon habillé en femme, déguiſement qu'il adoptait ſouvent à la farce, & ſur lequel ſa figure devait répandre un grand vernis de bouffonnerie. Peut-être portait-il le nom de Gaultier étant vêtu en homme, & celui de Garguille en femme : on peut le ſuppoſer, ce dernier nom étant féminin, & le premier maſculin.

Tome IV. V

fort ridicule, le Magiſtrat le fit mettre au cachot ; que *Guérin* mourut de ſaiſiſſement, & que huit jours après ſes camarades *Turlupin* & *Gautier-Garguille* en moururent de chagrin.

GENEST (Charles-Claude), Abbé de Vilmer, Aumônier de Mad. la Dauphine, né à Paris, en 1635, était fils d'une Sage-femme, & eſſaya dans ſa grande jeuneſſe d'aller faire fortune aux Indes ; mais ayant été pris par les Anglais, il ſe fit Maître de langue françaiſe à Londres. De retour en France, il devint Précepteur de Mlle. de Blois, depuis Du-cheſſe d'Orléans, Secrétaire des commandemens de M. le Duc du Maine & de l'Académie Françaiſe. Il mourut à Paris le 19 Novembre 1719.

Sa Tragédie de Pénélope eſt fort eſtimée, & eut un grand ſuccès. Ge-neſt fit pluſieurs divertiſſemens qui furent mis en muſique pour les fêtes de Sceaux. Son Epître à M. de la Baſtide pour l'engager à abjurer le cal-viniſme, mérite d'être conſervée.

GILBERT (Gabriel), né à Paris, fut Secrétaire des commandemens de la Reine Chriſtine, & eut quelque réputation.

Il fit pluſieurs opéra : *les Amours d'Ovide*, en cinq actes; *Endymion*, idem ; *les Peines & les Plaiſirs de l'Amour*, mis en muſique par *Lam-bert*, & repréſentés en 1672.

Il devint ſi pauvre que M. d'Hervard, Amateur des lettres & des arts, le retira dans ſon hôtel, & il y mourut en 1680. La Fontaine que M. d'Hervard avait auſſi retiré chez lui, y mourut en 1695.

L'hôtel d'Hervard devint depuis l'hôtel d'Armenonville, & eſt aujour-d'hui celui des Poſtes.

CHANSON

Sur l'art d'aimer d'Ovide.

« Cette lecture eſt ſans égale,
» Ce livre eſt un petit dédale
» Où l'eſprit prend plaiſir d'errer.
» Philis, ſuivez les pas d'Ovide,
» C'eſt le plus agréable guide
» Qu'on peut choiſir pour s'égarer ».

AUTRE.

Sur Apollon.

« Durant mes jeunes ans, mes ardeurs insensées
» Ont chanté les amours de Vénus & de Mars;
» Mais je veux désormais occuper mes pensées
» A célébrer le Dieu des saisons & des arts.
 » C'est le pere des belles choses
» Qui fait naître le jour, les femmes & les roses.
» Sa voix qui retentit dans le sacré vallon,
» Aux successeurs d'Orphée enseigne l'harmonie,
 » Et le plus excellent génie,
» N'est qu'un luth bien d'accord dans les mains d'Apollon ».

GODEAU (Antoine), Poëte, Orateur & Historien. On sait que pour le *Benedicite* mis en vers, le Cardinal de Richelieu lui donna l'Evêché de Grasse. Il naquit à Dreux en 1605, vint de bonne heure à Paris, où il logeait chez Conrart, son parent; & ce fut pour entendre la lecture de ses poésies que Conrart rassembla, pour la premiere fois, ces gens de lettres, dont les conférences, bientôt après, donnerent naissance à l'Académie Française, dont Godeau fut un des premiers membres. Sa muse s'occupa pendant quelque tems de poésies galantes & lyriques; mais il la consacra bientôt tout à fait à la religion, & fut l'exemple & l'ornement du Clergé. Il tomba en apoplexie le jour de Pâques 1672, & mourut quatre jours après, le deux d'Avril.

GOHORRY (Jacques), né à Paris; Philosophe, Mathématicien, Poëte & grand Chymiste, mourut à Paris, le Jeudi 15 Mars 1576. Il était originaire de Florence.

CHANSON (a).

« La jeune Vierge est semblable à la rose,
» Au beau jardin, sur l'épine naïve,
» Tandis que sûre & seulette repose,

(a) Cette chanson est une traduction d'une strophe du premier livre de l'Arioste : *La Virginella è simile à la rosa*, &c.

» Sans que troupeau ni berger n'y arrive ;
» L'air doux l'échauffe, & l'aurore l'arrose,
» La terre, l'eau, par sa faveur l'avive ;
» Mais, jeunes gens & dames amoureuses,
» De la cueillir ont les mains envieuses.
» La terre & l'air, qui la soulaient nourrir,
» La quittent lors, & la laissent fléttir ».

AUTRE.

« O combien est heureux
» Celui qui se contente
» Des biens si planteureux
» Que nature présente :
» Autres biens que ceux-ci
» Sont mêlés de soucis.

» J'ai toute suffisance
» Que la vie requiert :
» Qui abonde en chevance,
» Pour autrui en acquiert :
» Trésors des plus qu'assez,
» En vain sont amassés.

» Qui se fonde en l'honneur
» A fortune se joue,
» Qui, du haut du bonheur,
» Jette au bas de sa roue,
» La foudre va toujours
» Frapper les hautes tours ».

GOMBAUD (Jean Ogier de), Gentilhomme Calviniste, naquit en Saintonge, à S. Just de Lussac, près de Bronages, & fut un des premiers de l'Académie Française. On sait peu de détails de sa vie, mais seulement qu'il mourut en 1666, âgé d'environ cent ans.

CHANSON.

« Vous avez dit, belle indiscrete,
» La faveur que vous m'avez faite,
» Qui n'était qu'un doux entretien ;
» Mais je renonce à votre empire,
» Où vous m'accorderez un bien
» Que vous n'oserez jamais dire ».

A U T R E.

« Pour fujet de mes vers, en la fleur de mon âge ;
» J'ai cherché quelque nymphe, illuftre, belle & fage,
» Et qui put m'infpirer cent ouvrages divers,
» Telle & plus merveilleufe, Olympe eft arrivée ;
» Mais le ciel m'a trop tard fes tréfors découverts,
» Je ne cherchais plus rien, lorfque je l'ai trouvée ».

GOUDOULI ou GOUDOULIN, célebre Poëte Gafcon, né à Touloufe, en 1579, était fils d'un Chirurgien. Il fit des chanfons qui lui acquirent beaucoup de réputation. Il était fi pauvre que fes concitoyens lui firent une penfion viagère. Il mourut à Touloufe, le 10 Septembre 1549.

Son poëme fur la mort d'Henri IV eft fort eftimé.

C H A N S O N.

Jantis Paftourelets, que deffous les ombrettes
Sentés abafima tout calimas del jour,
Entre que tous aufels per faluda l'Amour,
Enflors le gargaillot de mille canfonnettes.

Traduction.

« Bergers aimables, qui fous les ombrages
» Sentez appaifer la chaleur du jour,
» Tandis que les oifeaux, pour faluer l'Amour,
» Enflent leur gofier par mille chanfonnettes ».

GRANGE CHANCEL (Jofeph de la), Gentilhomme, né au château d'Antoniac en Perigord, le premier Janvier 1676, avec un penchant invincible pour la fatyre, était cependant bon mari, bon pere, bon ami & bon citoyen.

Il ofa faire paraître fes Philippiques contre le Duc d'Orléans, Régent ; qui fe contenta de le faire enfermer aux îles Ste. Marguerite, d'où il fe fauva. Après la mort de ce Prince, il revint finir tranquillement fes jours dans le fein de fa famille. On a de lui huit Tragédies.

Il donna à l'Opéra, en 1702, *Médus,* mufique de *Bouvart;* en 1706,

Caſſandre, idem ; en 1717 , en ſociété avec *Roy* , *Ariane* , muſique de *Mouret*.

GRÉCOURT (Jean-Baptiſte-Joſeph , Abbé de) , né à Tours, en 1683 , & Chanoine de S. Martin , fit le fameux poëme de Philotanus , des fables , des contes , des épîtres , des épigrammes & de jolies chanſons. Il mourut à Tours le deux Avril 1743.

M. Paliſſot dit qu'il eſt à la Fontaine , ce qu'un Satyre eſt à une Grace.

CHANSON.

« Près d'un bal, un fiacre habile
» S'alla placer à propos.
» L'Amour trouvant cet aſyle ,
» Propre à cacher ſes travaux ,
» Ouvrit ſa bourſe,
» Et lui paya ſon repos
» Plus que ſa courſe ».

GRESSET (Jean-Baptiſte-Louis) , né à Amiens , en 1709 , d'un Eche-vin de cette ville , ſe fit Jéſuite à ſeize ans ; mais encouragé par les ſuc-cès mérités du Vert-Vert , il quitta bientôt cet état , pour ſe livrer en-tiérement à la poéſie ; il fit enſuite les *Ombres* & la *Chartreuſe* , rem-plis de détails intéreſſans, malgré la ſéchereſſe du fond.

L'Epître au pere Bougeant eſt peut-être le morceau le plus parfait d'une morale ſaine & pure ; & la Lettre ſur la convaleſcence de ſa ſœur eſt un chef-d'œuvre de ſentiment. Greſſet ne fut pas ſi heureux dans le genre tra-gique : auſſi ſe rendit-il juſtice ; & après avoir donné la tragédie d'E-douard , il renonça à ce genre. *Sidney* qui parut peu de tems après , n'eut qu'un ſuccès médiocre , quoique plein de vers charmans.

En 1747 , il donna *le Méchant* , qui eut un ſuccès prodigieux , & il fut reçu peu de tems après à l'Académie Françaiſe à la place de *Danchet*.

Il ſe retira bientôt à Amiens , & y établit une ſociété littéraire , dont le Roi le nomma Préſident perpétuel ; mais il n'en fit qu'une ſeule fois les fonctions , & ſe borna au titre d'Académicien honoraire.

On lui donna le cordon de S. Michel ; il fut Hiſtoriographe de l'ordre de S. Lazare en 1777 , & mourut le ſeize Juin de la même année.

GUICHARD (Henri), Contrôleur des bâtimens du Roi, en 1703, donna la tragédie d'*Ulyſſe*, muſique de *Rebel* le pere. Il eut un procès célebre contre *Lully*, qui l'accuſa d'avoir voulu l'empoiſonner dans du tabac. Il y eut pluſieurs factums répandus des deux côtés. Le Roi aſſoupit cette affaire, & leur ordonna de paſſer une tranſaction pour la terminer entiérement.

Guichard alla quelque tems après établir un ſpectacle en Eſpagne.

GUICHARD (Mlle. Louiſe-Adélaïde-Eléonore), née à Evreux le 28 Février 1719, morte à Paris le 23 Juillet 1751, ſans avoir été mariée.

Elle était fille de Jacques Guichard, Ecuyer, intéreſſé dans les fermes du Roi, & de Marie-Françoiſe de la Biche, ſa femme.

Elle eſt auteur de pluſieurs chanſons & de diverſes poéſies lyriques, dont le recueil n'a point été imprimé. On ſait auſſi que le roman intitulé : *Mémoires de Cécile*, eſt d'elle. M. de la Place en a été l'éditeur. Ils ont été imprimés en 1751.

On a d'elle une grande quantité de lettres charmantes, qui prouvent de l'eſprit, de la facilité, & ſur-tout beaucoup de ſentiment.

CHANSON.

« D'Apollon l'aimable artifice,
» M'effraye, quand je veux rimer ;
» Dans l'art des vers je ſuis novice,
» Cher Miſis, je ne ſais qu'aimer.

» Souvent en faveur de la rime,
» Que devient la ſincérité ?
» En t'offrant une tendre eſtime,
» Mes vers diſent la vérité.

» Berger, pour me dire je t'aime,
» Tu n'invoques point d'Apollon ;
» Ton cœur s'exprime de lui-même,
» Et vaut pour moi tout l'hélicon.

» D'un amour vertueux, ſincere,
» Je te dois le timide aveu :
» Ah ! pourquoi voudrais-je le taire !
» Puis-je rougir d'un ſi beau feu ?

» De tous les amans de notre âge,
» Toi seul as mérité mon cœur ;
» Non tu ne feras point volage,
» J'en crois ton innocente ardeur.

» On dit que l'amour eſt un crime ;
» Ce Dieu, fans doute eſt peu connu :
» Quant il eſt le fils de l'eſtime,
» Il n'inſpire que la vertu ».

A U T R E.

» Vous m'aimez, dites-vous ? ah ! votre cœur volage
» N'eſt point ſenſible à mes ſoins empreſſés,
     » Vous pouvez m'aimer davantage,
     » Vous ne m'aimez donc pas aſſez ».

Vers au Docteur Boyer qui lui avait envoyé du papier.

     « Mon cher Docteur, à quel uſage
     » Deſtine-tu le don que tu me fais ?
» Si c'eſt pour l'employer en galant badinage ;
     » En billets doux, tendres poulets,
» Ce ſera bien perdu, franchement c'eſt dommage :
     » Mais ce n'eſt pas non plus, je gage,
     » Pour enregiſtrer tes bienfaits ;
     » Car il en fallait davantage.
. . . .
     » Toi, qui des jours d'*Adélaïde*,
» Par ton art tout divin, as conſervé le cours,
     » Le deſtin ordonne & décide
» Que, docile à ta voix, ſenſible à tes ſecours,
     » Son jeune cœur qui prit toujours
     » La reconnaiſſance pour guide
» D'un ſentiment ſi pur, marquera tous ſes jours ».

GUICHARD (Jean-François), a fait beaucoup de petites pieces fugitives & des chanſons fort agréables.

Il a donné à la Comédie Italienne le *Bucheron*, muſique de M. *Philidor*. Cette piece a eu beaucoup de ſuccès ; & le méritait,

HABER

HABERT (Philippe), né à Paris, en 1605, & frere de l'Abbé Habert de Cerify, qui fit *les yeux d'Iris changés en aftres*, & qui, ayant été l'un des premiers Académiciens Français, mourut en 1655, était Commiffaire d'artillerie, lorfqu'il fut tué, en 1537, au fiege d'Emery, entre Mons & Valenciennes. Un baril de poudre qui fauta, fit tomber une muraille qui l'accabla fous fes ruines. Sa meilleure piece eft le *Temple de la Mort*, qu'il avait faite pour le trépas de Mlle. d'Effiat, premiere femme de M. de Meilleraie.

En voici le début :

« Sous ces climats glacés, où le flambeau du monde
» Epand avec regret fa lumiere féconde,
» Dans une ifle déferte, eft un vallon affreux
» Qui n'eut jamais du ciel un regard amoureux,
» Là, fur de vieux cyprès dépouillés de verdure,
» Nichent tous les oifeaux de malheureux augure.
» La terre n'eft que cendre, & l'herbe, que poifons,
» Et l'hiver y tient lien de toutes les faifons.
» Tous les champs d'alentour ne font que cimetieres,
» Mille fources de fang y font mille rivieres,
» Qui traînant des corps morts & de vieux offemens,
» Au lieu de murmurer, font des gémiffemens) ».

Il fut auffi de l'Académie Françaife.

CHANSON.

« Enfin, adorable Silvie,
» J'ai triomphé de mes malheurs :
» Le ſfommeil a féché mes pleurs :
» Le frere de la mort m'a redonné la vie ;
» J'ai vu dans un moment un cœur impérieux
» Quitter avec plaifir cette humeur fi farouche,
» Et j'ai vengé fur votre bouche
» Le mal que m'avaient fait vos yeux ».

HAGUENIER (Jean), né en Bourgogne, en 1678, a fait des chanfons charmantes, & qui ont eu beaucoup de réputation : les meilleures font trop libres. Il mourut en 1738.

Tome IV. X

C H A N S O N.

« Je n'ai pour toute maison
» Qu'une pauvre & fimple chaumiere,
» Que dans le pays gafcon
» On nommerait gentilhommiere :
» Là, loin du bruit & du fiacas,
» Sans chagrin & fans embarras,
» Dans une heureufe obfcurité
» Je jouis de la liberté.

» J'ai dans le même canton
» Une vigne pour héritage ;
» Je prens foin de la façon,
» Les Dieux béniffent mon ouvrage.
» De ce bien j'ufe de mon mieux,
» Je ne garde point de vin vieux,
» La fin de mon dernier tonneau
» M'annonce toujours le nouveau.

» Que la fortune à fon gré
» En impofe à ceux qu'elle joue ;
» Affis au dernier degré,
» Je vois de loin tourner fa roue.
» La Déeffe, d'un vain éclat
» Souvent revêtit un pied-plat :
» Je ris de toutes fes erreurs,
» Et je renonce à fes faveurs.

» Trop penfer eft un abus :
» Qui veut prévoir eft miférable ;
» Le paffé ne revient plus,
» L'avenir eft impénétrable,
» Le préfent feul eft le vrai bien :
» C'eft à lui que je dois le mien ;
» Que du plaifir qui va paffant,
» Un autre renaiffe à l'inftant ».

Autre attribuée à M. le Régent.

« L'auftere philofophie,
» En contraignant nos defirs,

» Prétend que dans cette vie,
» Il n'eſt point de vrais plaiſirs.
» Je renonce à ce ſyſtême :
» Dieux ! n'en ſoyez point jaloux !
» Dans les bras de ce que j'aime,
» Suis-je moins heureux que vous ?

» Eh quoi ! m'avez-vous fait naître
» Avec des ſens ſuperflus ?
» Pour avoir le plaiſir d'être,
» Faut-il que je ne ſois plus ?
» Je renonce à ce ſyſtème :
» Dieux ! n'en ſoyez point jaloux !
» Dans les bras de ce que j'aime,
» Suis-je moins heureux que vous ?

» D'un bonheur imaginaire
» Je ne repais point mon cœur,
» Lorſque le préſent peut faire
» Mon unique & vrai bonheur.
» Voilà quel eſt mon ſyſtême,
» Dieux ! devenez-en jaloux !
» Dans les bras de ce que j'aime,
» Je ſuis plus heureux que vous ».

HAMILTON (Antoine Comte d'), né à Caen, en 1646, & de l'illuſtre maiſon d'Hamilton en Ecoſſe, fit quelques jolies poéſies & des romans charmans, mêlés de proſe & de vers. Le Comte de Gramont avait
épouſé ſa ſœur. Il mourut le vingt & un Avril 1720.

CHANSON.

« Pourquoi vous offrir à nos yeux
    » Si brillante & ſi belle ?
» L'éclat qui vous ſuit en tous lieux
    » N'eſt pas d'une mortelle :
» L'amour emprunte vos attraits,
    » Pour faire des conquêtes ;
» Et laiſſe repoſer ſes traits
    » Dans les lieux où vous êtes ».

X 2

A U T R E.

« C'eft cet objet pour qui Phébus m'infpire ;
» C'eft elle enfin pour qui mon cœur foupire.
    » Mais
    » Amour, c'eft à vous à dire
    » Le refte de mes fecrets.

» Chantez oifeaux dès la naiffante aurore ;
» Chantez fon nom toute la nuit encore :
        » Mais
        » Dites-lui que je l'adore ;
        » Ou bien ne chantez jamais.

» Doux roffignols, hôtes de ce bocage,
» Dans vos concerts rendez-lui votre hommage ;
        » Mais
        » Mêlez à votre ramage,
        » Mêlez ces nouveaux couplets ».

HARPE (Jean-François de la), né à Paris le vingt Novembre 1739. Il donna *le Comte de Varwick*, en 1763 : *Mélanie* parut en 1770. En dernier lieu, il vient d'imprimer *Barnevelt*, drame en cinq actes & en vers, imité de l'Anglais, & de donner au Théâtre français la tragédie des *Barmécides*, qui a eu onze repréfentations. Ses autres pieces de théâtre n'ont pas été imprimées, foit que l'auteur les ait condamnées, foit qu'il veuille les retoucher.

Parmi fes tragédies reçues, portées fur le répertoire des Comédiens, on compte celle de Menzicof, jouée en 1775, fur le théâtre de Fontainebleau.

M. de la Harpe a remporté huit prix à l'Académie Françaife, quatre d'éloquence & quatre de poéfie. Nul homme de lettres n'en a obtenu autant ; & ce qui n'eft auffi arrivé qu'à lui, c'eft d'avoir été couronné à la fois en profe & en vers, en 1771 & en 1775.

Les ouvrages de profe qui ont été honorés de la palme académique, font : l'*Eloge de Charles V*, celui de *Fénelon*, celui de *Catinat*, & un difcours fur *les Malheurs de la guerre*. Ceux de poéfie font : l'*Ode fur la Navigation*, le *Poëte*, les *Talens*, & les *Confeils à un jeune Poëte*. On trouve dans l'édition en fix volumes des œuvres de M. de la Harpe, qui se vend chez *Piſſot*, d'autres ouvrages en proſe & en vers, qu'il ſerait ſuperflu de détailler ici, entr'autres deux chants d'une traduction en vers de la Pharſale de Lucain, que l'Auteur promet d'achever. Il a donné la traduction en proſe de Suétone & du Camoëns, qui ne ſont point dans le recueil de ſes œuvres, & qui ſe vendent ſéparément.

M. de la Harpe a été reçu à l'Académie Françaiſe en Juin 1776. Quelque tems auparavant, Sa Majeſté lui avait accordé une penſion ſur les Menus-plaiſirs, vacante par la mort de M. de Belloi. Son Alteſſe Impériale le Grand-Duc de Ruſſie & Sa Majeſté le Roi de Suéde lui ont fait l'honneur de le choiſir pour leur correſpondant littéraire.

ROMANCE.

« D'une amante abandonnée ;
» Pourquoi crains-tu la fureur ?
» Maître de ma deſtinée,
» Tu prononces mon malheur ;
» A cette nouvelle affreuſe,
» Je fus prête d'expirer :
» Mais je ſuis moins malheureuſe ;
» A préſent je puis pleurer.

» Je t'ai fait trop voir, peut-être ;
» Ton pouvoir & mon ardeur.
» En me laiſſant moins connaître,
» J'aurais mieux fixé ton cœur.
» Mais j'ai cru, loin de rien taire ;
» N'en pas aſſez exprimer ;
» D'autres ont l'orgueil de plaire,
» Je n'ai que celui d'aimer.

» Eh bien ! ce monde volage
» T'offre-t-il de vrais plaiſirs ?
» Et l'objet de ton hommage
» Va-t-il fixer tes deſirs ?
» Que ta maîtreſſe nouvelle
» Doit être chere à tes vœux !
» Serais-tu donc infidele
» Sans devenir plus heureux ?

» Tu t'es mal connu toi-même,
» Tu sentiras ton erreur.
» Tu mets ta gloire suprême
» A conquérir plus d'un cœur,
» Mais la nature invincible
» Te prescrit une autre loi.
» Elle t'a formé sensible ;
» Elle t'a formé pour moi.

» Lorsqu'à des beautés trompeuses
» Tu seras las d'obéir,
» De tes victoires honteuses
» Lorsque tu sauras rougir,
» Viens retrouver ton Amante,
» Viens lui confier ton sort ;
» Tu la reverras constante,
» Elle n'attend qu'un remord.

» Ne crains point que ma vengeance
» Abuse d'un tel moment.
» Je mettrai ma jouissance
» A conserver mon amant.
» Va, ma tendresse est si pure ;
» Que je croirai, malgré toi,
» En oubliant ton parjure,
» Ne rien faire que pour moi ».

A U T R E.

» O ma tendre musette !
» Musette des amours !
» Toi qui chantais Lisette ;
» Lisette & les beaux jours !
» D'une vaine espérance
» Tu m'avais trop flatté ;
» Chantes son inconstance
» Et ma fidélité.

» C'est l'amour , c'est sa flame
» Qui brille dans ses yeux ;
» Je croyais que son ame
» Brûlait des mêmes feux.
» Lisette à son aurore

» Refpirait le plaifir ;
» Hélas ! fi jeune encore,
» Sait-on déja trahir ?

» Sa voix pour me féduire,
» Avait plus de douceur ;
» Jufques à fon fourire,
» Tout en elle eft trompeur ;
» Tout en elle intéreffe,
» Et je voudrais, hélas !
» Qu'elle eût plus de tendreffe,
» Ou qu'elle eût moins d'appas.

» O ma chere Mufette,
». Confole ma douleur !
» Parles-moi de Lifette,
» Ce nom fait mon bonheur.
» Je la revois plus belle,
» Plus belle tous les jours ;
» Je me plains toujours d'elle ;
» Et je l'aime toujours ».

Couplets à Madame *** qui danfait au bal.

» Oui, la Mufe pleine d'appas
     » Qui préfide à la danfe ,
» A dû former les premiers pas
     » Qu'effaya ton enfance.
» Oui, la Déeffe du Printems
     » Te donnant fa parure ,
» T'apprit à courir dans nos champs
     » Sans fouler la verdure.

» Telle Flore au foir d'un beau jour
     » Fuit devant le Zéphire ,
» S'arrête, & d'un œil plein d'amour
     » Vient encor lui fourire.
» Mais, fi de tes regards charmans
     » Flore avait le langage,
» Zéphir, des volages amans
     » Ne ferait plus l'image.

» Ah ! Dieu ! que de légéreté ,
     » De grace & de foupleffe ?

» C'eft l'abandon , c'eft la gaité
  » De l'amour qui careffe.
» Amis , répandons fur fes pas
  » Les fleurs de nos prairies ;
» Les fleurs fous fes pieds délicats
  » Ne feront point flétries.

» Le cœur le moins fait pour aimer
  » Te ferait-il rebelle ?
» De tant d'attraits faits pour charmer ,
  » Le moins eft d'être belle.
» Ta fille feule avec le tems
  » Peut 'être ton égale ;
» Jufqu'au jour qu'elle aura quinze ans
  » Ne crains point de rivale ».

HELE (M. d') né en Angleterre , a donné aux Italiens , en 1778 , le *Jugement de Midas* , mufique de M. *Grétry*. Cette piece a eu un grand fuccès & le méritait. Il a donné en 1779 , *l'Amant Jaloux* , mufique de M. *Grétry* , qui a eu le même fuccès.

HELVETIUS (Claude-Adrien) , Maître-d'hôtel ordinaire de la Reine , & Fermier général , né à Paris , en 1716 , abandonna une place , d'un revenu immenfe dans ce tems-là , pour fe livrer entiérement aux Mufes.

Il prouva que la véritable philofophie fait borner fes defirs , & n'ufa de fa fortune que pour le bonheur de fa famille & de fes amis , qu'il regardait comme en faifant partie. Les fervices qu'il a rendus , font innombrables , & ont le double· mérite de n'avoir été connus dans le tems que de ceux à qui il les rendait.

On connaît le fort de fon fameux livre *de l'Efprit*. M. Helvetius n'eut de chagrins dans fa vie que ceux qu'il dut à la célébrité de cet ouvrage. Epoux fortuné , excellent pere , bon ami , que lui reftait-il à defirer ? Le repos , qu'il perdit au moment où fon livre parut , qu'il s'efforça de retrouver par le fecours de la philofophie , mais qu'il ne put entiérement recouvrer , & dont la perte le conduifit infenfiblement au tombeau dans l'année 1771. Il avait époufé Mlle. de Ligniville , d'une des plus anciennes maifons de Lorraine , femme auffi eftimable par le courage de fon efprit que par la fenfibilité de fon cœur.

Depuis

Depuis la mort de M. Helvetius, on a donné plusieurs de ses ouvrages en vers, & , entr'autres, un poëme sur le Bonheur.

Son Epitaphe , par M. Dorat.

« Bienfaiteur délicat, riche sans étalage,
    » Pere tendre, ami généreux,
» Au sein de l'opulence, il eut les mœurs d'un sage,
» Et son or lui servit à faire des heureux.
    » Mais vers le déclin de son âge,
» Des vices de son tems, la désolante image
    » Vint le blesser d'un trait si douloureux,
     » Qu'au-delà des rivages sombres,
   » Entre Platon & Lucrece attendu,
    » Doucement il est descendu
    » Chercher des vertus chez les ombres ».

HÉNAUT (Charles-Jean-François), né à Paris, en 1685, fut Président honoraire au Parlement de Paris, & Surintendant de la maison de Madame la Dauphine.

Son abrégé chronologique de l'Histoire de France qui parut en 1744, a fait sa réputation. Il fut reçu de l'Académie Française en 1723, & a fait quelques pieces de théâtre imprimées & non jouées.

Marié en 1714 avec Mlle. le Bas de Montargis, il n'a point laissé d'enfans, & mourut le vingt-quatre Novembre 1770.

Vers en envoyant à une Dame un cachet antique.

    « Sous ce cachet,
» Tu peux m'écrire sans scrupule,
    » Sous ce cachet,
» L'Amour le fit pour le secret;
» Il le grava du tems de Jule;
» Lesbie écrivait à Catulle
    » Sous ce cachet ».

CHANSON.

« Il faut, quand on aime une fois,
    » Aimer toute sa vie :
» Le bonheur dépend d'un bon choix;
    » Et j'ai choisi Silvie,

» Vénus, fléchiſſez ſa rigueur,
   » Son empire eſt le vôtre ;
» Ses regards font plus ſur un cœur
   » Que les faveurs d'une autre.

» Un cœur qui s'en laiſſe charmer,
   » Goûte un bonheur ſuprème ;
» Le plaiſir qu'on ſen à l'aimer,
   » Ajoute à l'amour même.

» Tout ce qu'on voit en ces beaux lieux,
   » Nous vante ſa conſtance ;
» Les amours même les plus vieux
   » Ont l'air de l'eſpérance.

» Le même rameau tous les ans
   » Revoit ſes tourterelles :
» Le bonheur de vivre conſta s
   » N'eſt-il fait que pour elles ?

» Pour Céphale, on a vu couler
   » Les larmes de l'Aurore ;
» Le tems n'a pu la conſoler,
   » Elle en répand encore».

A U T R E.

» Quoi ! vous partez, ſans que rien vous arrête ;
» Vous allez plaire en de nouveaux climats.
» Pourquoi voler de conquête en conquête ?
» Nos cœurs ſoumis ne ſuffiſaient-ils pas ?
   » Quoi ! &c.

» Pere du jour, éclairez ſon voyage ;
» Parez les cieux des plus vives couleurs.
» Ne la voyez qu'à travers un nuage,
» Sur ſon chemin faites naître des fleurs.
   » Pere du jour, &c.

» Peuples heureux qui verrez tant de charmes,
» Vous ignorez le ſort qui vous attend ;
» Le Dieu qui cauſe aujourd'hui nos alarmes,
» Vous vendra cher le plaiſir d'un inſtant ;
   » Peuples heureux, &c.

Autre fur la maladie de l'Abbé de Chaulieu.

« J'ai couru chez le pauvre Abbé,
   » Il eft fur la litiere,
» Martyr du fils de Semelé
   » Et du Dieu de Cythere.

» Les Amours auprès étendus,
   » Qu'avec lui l'on vit naître,
» Difent : nous ne fervirons plus,
   » C'eft notre dernier maître.

» L'un lit, pour charmer fon repos,
   » Les annales facrées,
» Où les myfteres de Paphos
   » Et fes loix font gravées.

» Ils chantent cet art féducteur
   » Si cher à fa mémoire,
» A qui Chaulieu doit fon bonheur ;
   » Et qui lui doit fa gloire ».

A U T R E.

« N'était-ce pas affez qu'Ifmene fut volage ?
» Pour me mieux accabler, elle me rend fon cœur ;
» Mais la mort à mes yeux cauferait moins d'horreur
   » Qu'un cœur capable de partage.
   » Amour, quelle eft la rigueur de tes loix ?
» Je meurs de mes regrets & de ma réfiftance.
   » Faut-il que je fouffre à la fois
» Par fon retour & par fon inconftance ? »

HENRI IV. Ce grand Roi adoré de fes fujets, & qui vit encore dans le cœur des Français, ne dédaignait pas de faire quelques chanfons.

C H A N S O N.

« Charmante Gabrielle ;
» Percé de mille dards ;
» Quand la gloire m'appelle
« Sous les drapeaux de Mars,

Y 2

» Cruelle départie !
    » Malheureux jour !
» Que ne fuis-je fans vie
    » Ou fans amour !

» Bel aftre que je quitte,
» Ah ! cruel fouvenir !
» Ma douleur s'en irrite,
» Vous revoir ou mourir,
    » Cruelle, &c.

» Partagez ma couronne,
» Le prix de ma valeur,
» Je la tiens de Bellone,
» Tenez-la de mon cœur :
    » Cruelle, &c.

» Je veux que mes trompettes,
» Mes fiffres, les échos
» A tous momens répétent
» Ces doux & triftes mots :
    » Cruelle, &c. »

AUTRE.

« Viens Aurore,
    » Je t'implore ;
» Je fuis gai quand je te voi,
    » La bergere
    » Qui m'eft chere,
» Eft vermeille comme toi,

    » De rofée
    » Arrofée,
» La rofe a moins de fraicheur.
    » Une hermine
    » Eft moins fine,
» Le lait a moins de blancheur.

    » Pour entendre
    » Sa voix tendre,
» On déferte le hameau,
    » Et Tytire
    » Qui foupire,
» Fait taire fon chalumeau.

» Elle eſt blonde
» Sans ſeconde,
» Elle a la taille à la main ;
» Sa prunelle
» Etincelle
» Comme l'aſtre du matin.

» D'Ambroiſie
» Bien choiſie,
» Hébé la nourrit à part :
» Et ſa bouche,
» Quand j'y touche ,
» Me parfume de nectar ».

HEROET (Antoine), né à Paris , fut parent du Chancelier Olivier , & Evêque de Digne.

On ne ſait rien de ſa naiſſance ; mais il floriſſait ſous François I , & mourut à la fin de Décembre 1568.

Il eſt auteur d'un poëme intitulé : *la parfaite Amie* (ou la Vertu) & de quelques autres ouvrages.

Pourtrait de l'Amour.

» J'ai vu l'Amour pourtrait en divers lieux ;
» L'un le peint vieil, cruel & furieux ;
» L'autre, plus doux , enfant, aveugle, nu,
» Chacun le tient pour tel qu'il l'a connu
» Par ſes bienfaits ou par ſa forfaiture.
» Pour mieux au vrai définir ſa nature,
» C'eſt que chacun varie en ſon cerveau
» Un Dieu d'amour, pour lui propre & nouveau ;
» Et qu'il y a , ſi le dire eſt permis ,
» D'aimer autant de ſortes que d'amis ».

JEAN (Saint), fit en 1696 les paroles d'*Ariadne* & *Bacchus* , tragédie , muſique de *Murais*.

JODELLE (Etienne), né à Paris , en 1532 , d'une famille noble, était Seigneur de Lymodin , & fort aimé de Henri II & de Charles IX. Il vécut cependant dans la pauvreté, & fut un de nos premiers Poëtes tragiques.

Ce fut dans Arcueil qu'on lui facrifia un bouc fuivant l'ufage des Anciens. Cette plaifanterie prit mal, & penfa lui être funefte ainfi qu'à Ronfard. Il mourut au mois de Juillet 1573.

JOLIVEAU (M.), ancien Directeur de l'Opéra, a donné en 1763, fur ce théâtre, la tragédie de *Polixene*, mife en mufique par M. *d'Auvergne*, Surintendant de la Mufique du Roi... En 1771, *le Prix de la Valeur*, mufique du même Auteur.

La *Tour enchantée*, ballet en un acte, repréfenté fur le théâtre de Verfailles en 1770.

Plufieurs autres ouvrages qui n'ont pas paru, & toutes les coupures & les changemens néceffaires aux anciens opéra, à mefure qu'on les donnait, pendant dix-huit ans qu'il a été attaché à l'Opéra.

JOLLY (François-Antoine), Cenfeur Royal, né à Paris en 1671, s'eft fait connaître par plufieurs éditions qu'il a données de Racine, de Moliere, de Montfleury, &c. Il a laiffé à la bibliothéque du Roi les matériaux d'un cérémonial français.

On a de lui plufieurs pieces de théâtre.

Il donna en 1709 *Méléagre*, mufique de *Jean Stuck* dit *Batiftin*.

Il mourut en 1753.

JUVIGNY (Jean-Antoine Rigoley de), Confeiller honoraire du Parlement de Metz, de l'Académie des Sciences & Belles-Lettres de Dijon, né à Paris, commença par fuivre le Barreau, & s'y diftingua par plufieurs mémoires écrits purement & d'un ftyle agréable, dans des affaires fingulieres & piquantes. Il était alors fort difficile de fe faire une réputation dans ce genre de mémoires, M. de Gênes réuniffant tous les fuffrages, par la légéreté & l'agrément de fon ftyle.

M. de Juvigny étant devenu honoraire, fuivait le goût qui l'entraînait vers les lettres, & fe confacra tout entier à cette douce étude.

Il nous a donné une édition des œuvres de M. de la Monnoye, précédées d'une vie de cet homme illuftre, qui fait le plus grand honneur à tous les deux. Son édition de *la Croix du Maine* & de *du Verdier* est remplie de notes savantes & d'heureuses corrections. Enfin l'amitié qu'il avait pour le célebre Piron, a engagé M. de Juvigny à nous donner une édition complette de ses œuvres, qu'il a ornées d'une vie très bien faite & fort intéressante de ce Poëte si estimé. Les recueils de pieces fugitives renferment presque tous des vers très agréables de M. de Juvigny. Il serait à desirer qu'il les rassemblât un jour, & qu'il y joignît ceux que sa négligence & sa modestie condamnent depuis longtems à rester dans son porte-feuille, & qu'il fît pour ses œuvres ce qu'il a su si bien faire pour celles des autres.

Nous donnerons ici quelques-unes de ses chansons.

Chanson tirée de l'élégie de Catulle, Lugete, ô veneres.

» Pleurez, Graces, pleurez Amours ;
» Le Moineau chéri de Lesbie
» Vient de finir ses heureux jours :
» Les Dieux lui portaient trop d'envie.

» Elle l'aimait plus que ses yeux :
» Il était si beau, si fidele !
» Mille baisers délicieux
» L'enchaînaient toujours auprès d'elle.

» Si quelquefois il voltigeait,
» Un signe, la moindre caresse ;
» Tout aussi-tôt le ramenait
» Sur le beau sein de sa maîtresse.

» Mais hélas ! cet aimable oiseau
» Descend sur le sombre rivage :
» Parque inhumaine, ton ciseau
» De l'amour a détruit l'ouvrage.

» Inflexible divinité,
» Rien n'amollit ton cœur barbare ;
» Sous tes coups tombe la beauté
» Dans l'affreuse nuit du Tartare.
» O toi qui faisais les plaisirs

» De ma chere & tendre Lesbie,
» Quoi! tu meurs! ses pleurs, ses soupirs
» Ne peuvent te rendre à la vie!

» Oiseau digne d'un meilleur sort,
» Objet de l'amour le plus tendre,
» Vois quels regrets cause ta mort
» Par les pleurs que tu fais répandre »,

Dialogue imité de l'Ode d'Horace , Donec gratus eram.

H O R A C E.

« Tant que tu m'as aimé, lorsque j'avais ta foi ,
» Que je possédais seul & ton cœur & tes charmes ;
» Mes jours s'écoulaient sans alarmes,
» Le bonheur était fait pour moi.

L Y D I E.

» Tant que je fus fidele à ta chere Lydie,
» Que Chloé n'avait point encor soumis ton cœur,
» J'étais au comble du bonheur ,
» Et les Dieux me portaient envie.

H O R A C E.

» Par son luth, par sa voix, Chloé sait m'attendrir ;
» Elle seule à présent tient mon ame asservie ;
» Pour elle, s'il fallait ma vie ,
» Je ne craindrais pas de mourir,

L Y D I E.

» J'adore Calaïs ; & Calaïs m'adore ;
» Je mourrais mille fois pour mon cher Calaïs ;
» Si les Dieux voulaient à ce prix
» Joindre à ses jours les miens encore.

H O R A C E.

» Mais si des plus beaux feux, le sincere retour ;
» De la tendre Lydie allait finir les peines !
» Si de Chloé brisant les chaînes,
» Je te rendais tout mon amour ?

LYDIE.

LYDIE.

» Le charmant Calaïs envain a su me plaire :
» Malgré ton inconstance, il est plus doux pour moi
  » De vivre & mourir avec toi,
  » Et c'est le sort que je préfere ».

Imitation de l'Ode de Catulle : Passer, deliciæ.

« Fortuné Passereau, ton sort est trop heureux !
» Tu fais tous les plaisirs de ma jeune maîtresse ;
» Elle-même t'excite à becqueter sans cesse
» Ou ses doigts délicats, ou son sein amoureux.

» Ce jeu devient pour elle une douce habitude ;
» Du feu qui la consume, il appaise l'ardeur ;
» Il ramene à propos le calme dans son cœur,
» Et bannit pour un tems sa tendre inquiétude.

» Ah ! s'il m'était permis, dans mes ennuis pressans,
» De jouer avec toi comme fait cette belle ;
» Ou bien si, comme toi, folàtrant avec elle,
» Je pouvais soulager les maux que je ressens ?

» Que j'oublirais bientôt le tourment que j'endure !
» J'aurais plus de plaisir qu'Athalante autrefois
» N'en eut au doux moment où, réduite aux abois,
» Pour son heureux vainqueur, elle ôta sa ceinture ».

LAINÈS (Alexandre), né à Chimay dans le Hainaut, en 1650, a fait quelques jolies chansons. Il voyagea dans la Grèce, dans l'Archipel, l'E-gypte, la Palestine, la Sicile, &c. & revint ensuite dans son pays où l'Abbé Faultrier, Intendant de Hainaut, le connut, le logea chez lui & lui donna sa confiance.

Bientôt Lainès le quitta pour voyager encore, & il alla en Angleterre & en Hollande. Jamais on ne put savoir où il demeurait à Paris, parceque, de quelqu'endroit qu'on le ramenât, il se faisait toujours descendre au Pont-Neuf. Il mourut à Paris le 18 Avril 1710, & fut enterré à S. Roch. Il nous reste de lui quelques jolies chansons.

Tome IV.   Z

ESSAI

CHANSON.

A Madame de Martel.

« Le tendre Apelle, un jour, dans les jeux ſi vantés,
» Qu'Athénes ſur ſes bords conſacrait à Neptune,
» Vit au ſortir de l'onde éclater cent beautés ;
  » En prenant un trait de chacune
» Il fit de ſa Vénus le portrait immortel.
  » S'il avait vu l'adorable Martel,
   » Il n'en aurait employé qu'une ».

A U T R E.

  « La fable, entre mille plaiſirs
» Et mille flots badins conduits par des zéphirs,
» Fit naître une Vénus de l'écume de l'onde :
» Que la Grece murmure ou que la fable gronde,
  » La Champagne le verre en main,
» A l'aſpect des preſſoirs que ſa liqueur inonde,
» L'a fait naître aujourd'hui de la mouſſe du vin ».

A U T R E.

  « L'aurore à peine ouvrait les cieux,
» Qu'à la faveur d'un ſonge officieux,
» J'ai cru vous voir moins inhumaine.
» Quels plaiſirs ! quels ardens tranſports !
» Que je ſerais heureux, Climene,
» Si je veillais comme je dors ».

A U T R E.

« Un ruiſſeau m'endormait, en tombant dans la Seine ;
» Mille oiſeaux m'éveillaient & ranimaient ma veine ;
» Une aurore naiſſante éclairait un chemin,
» D'où le Zéphir & Flore, avec leur douce haleine,
» Faiſaient neiger ſur moi la roſe & le jaſmin.
» J'apperçus tout-à-coup la beauté que j'adore.
  » J'oubliai les ruiſſeaux,
  » Je ne vis plus d'oiſeaux,
  » Je ne vis plus de Flore,
» De roſes, de jaſmins, de zéphirs, ni d'aurore ».

La Lane (Pierre de), fils d'un Garde des rôles du Conseil privé, tirait son origine de Bordeaux, où sa famille occupait un rang distingué dans le Parlement. Il était proche parent de l'Abbé de la Lane, Chanoine de Notre-Dame, qui fut envoyé à Rome dans le dernier siecle pour y défendre la doctrine de S. Augustin. On croit qu'il fut attaché au Duc de Retz, & on sait qu'il alla avec lui en Bretagne en 1639.

Il se maria cette même année avec *Marie Gastelle des Roches*, fille de condition, qu'il aimait passionnément, & dont il était aimé de même ; mais il eut le malheur de la perdre la cinquieme année de son mariage : elle mourut en 1644, lui laissant un fils.

La douleur de la Lane fut égale à son amour, & lui fit produire les meilleures de ses pieces. Cette douleur fut cause de son voyage en Italie, où il demeura longtems ; mais depuis cette époque, la seule chose que l'on sache de lui, c'est qu'il mourut en 1561.

Fontenelle assure que *ses poésies marquent un bel esprit, un bon naturel & un cœur tendre* ; il ne composa guères de vers, que pour célébrer les perfections de sa femme, le bonheur qu'il eut de la posséder, & sa douleur de l'avoir perdue.

Il ne fit jamais imprimer que trois de ses pieces ; on en a rassemblé huit ou neuf autres depuis sa mort.

Sonnet à ses Amis sur la mort de sa Femme.

« Cessez de rappeller mon ame fugitive ;
» La mort, que vous croyez le plus grand des malheurs,
» Se dépouille aujourd'hui de ses noires couleurs,
» Et paraît à mon cœur trop lente & trop tardive.
» Êtes-vous envieux du bonheur qui m'arrive,
» Jusqu'à me desirer au séjour des douleurs !
» N'êtes-vous point lassés de voir couler mes pleurs,
» Et d'entendre ma voix gémissante & plaintive.
» Quoi ! ne savez-vous pas, vous qui plaignez mon sort,
» Qu'Amarante a subi le pouvoir de la mort,
» Et que l'amour devait m'obliger à la suivre ?
» Tous vos conseils en vain me veulent secourir ;
» S'ils n'ont pas le pouvoir de la faire revivre,
» Ils ne peuvent aussi m'empêcher de mourir ».

LAMBERT (M. de S.), né à Nancy, en 1717, a servi longtems dans l'Infanterie, puis dans les Etats-Majors de différentes armées. Il devint ensuite Grand-Maître de la garde-robbe du Roi de Pologne Stanislas, qui, jusqu'à sa mort, le traita comme son ami.

Tous ceux qui aiment les lettres, connaissent ses charmantes pieces fugitives & son poëme des *Saisons*. Nous ne rapporterons ici que quelques-unes de ses chansons prises au hazard : il en est peu de plus jolies.

C H A N S O N.

« Sans dépit, sans légéreté,
» Je quitte une amante volage,
» Et je reprens ma liberté,
» Sans regretter mon esclavage.

» Ce matin j'ai cueilli des fleurs,
» Sans faire un bouquet pour Lisette,
» J'ai déja quitté ses couleurs,
» Je vais lui rendre sa houlette.

» Sans rougir j'ai vu sous l'ormeau
» Silvandre aux pieds de l'infidelle;
» J'ai joué sur mon chalumeau
» L'air que Silvandre a fait pour elle.

» Je ne fais plus dans nos vallons
» Retentir le nom de Lisette,
» Je veux lui dire les chansons,
» Que je ferai pour Timarette.

» Si quelquefois dans le sommeil
» Ses faveurs me sont retracées,
» Elle n'est plus à mon reveil
» La premiere de mes pensées.

» Je ne viendrai plus en ces lieux
» Respirer l'air qu'elle respire,
» Je ne cherche plus dans ses yeux
» Ce que je dois penser & dire.

» Lisette a perdu plus que moi, .
» J'étais tendre, elle était coquette:
» Lisette a perdu plus que moi;
» Non, non, je n'aime plus Lisette ».

A U T R E.

« Elle a d'Hébé la fraîcheur immortelle,
» Le souris fin, les graces de l'Amour,
      » Ce Dieu près d'elle
      » Fixe sa cour;
» Et mille cœurs, enchaînés chaque jour,
» La font jouir du plaisir d'être belle.

» Deviens, Amour, son vainqueur & son maître;
» D'un cœur soumis qu'elle accepte les vœux.
      » Mais qui doit être
      » L'amant heureux?
» Charmant Amour, c'est le plus amoureux;
» Tu le connais, ah! fais-le lui connaître ».

A U T R E.

« Dans le sein des faveurs de la beauté que j'aime,
» Je déteste le trait dont l'Amour m'a frappé;
» Mon rival plus heureux goûte un bonheur suprême:
» On nous trompe tous deux; mais il est mieux trompé ».

A U T R E.

La Capricieuse.

« Mon destin auprès de Climene,
» Varie à chaque instant du jour;
» Un caprice inspire sa haine,
» Un autre lui rend son amour.

» Elle m'a dit : Lindor, je t'aime;
» Ton cœur a mérité ma foi;
» Elle m'a dit à l'instant même,
» Lindor, je me moquais de toi.

» Au moment où sa voix m'appelle
» Climène songe à m'éviter.
» Je ne vais chercher auprès d'elle
» Que le regret de la quitter.

» Elle est triste dans mon absence,
» Et méprise alors mes rivaux :
» Elle les vante en ma présence ,
» Et leur parle de mes défauts.

» Mes tourmens pour elle ont des charmes;
» Elle cherche à les irriter,
» Et je la vois verser des larmes,
» Lorsque je viens les lui conter.

» Je lui portais les fleurs qu'elle aime ;
» Elle les prit avec dédain ;
» Elle me donna le soir même,
» La rose qui paraît son sein.

» Un jour Climene moins cruelle
» Avait pris soin de me calmer ,
» Et je m'ennivrais auprès d'elle
» Du bonheur de plaire & d'aimer.

» Dans la plus profonde tristesse,
» Je la vis bientôt se plonger ;
» Je l'offensais par mon ivresse :
» Mes plaisirs semblaient l'affliger.

» Elle est simple, sans artifices;
» Nul amant n'a tenté sa foi ,
» Et fidelle dans ses caprices ,
» Elle n'aime & ne hait que moi.

» Beauté si douce & si terrible,
» Souvent aimé , jamais heureux,
» Que tu sois cruelle ou sensible,
» Je n'en suis pas moins amoureux.

» Par tes rigueurs ou ton abfence
» Ceffe de déchirer mon cœur.
» Je t'aimerais fans inconftance,
» Quand tu m'aimerais fans humeur ».

LATTAIGNANT (Gabriel-Charles de), Chanoine de Reims, né à Paris vers 1701, & mort dans cette ville le dix Janvier 1779. De fon recueil en quatre volumes remplis de jolies chanfons, nous ne rapporterons que les fuivantes.

CHANSON

Sur M. le Maréchal de Richelieu & Mad. de la Martelliere.

« Lifette eft faite pour Colin,
  » Et Colin pour Lifette.
» Il eft volage, il eft badin,
  « Elle eft vive & coquette.
» Colin tolere fes rivaux,
  » Lifette fes rivales.
» Il prime parmi fes égaux,
  » Elle, entre fes égales.

» Lifette amufe mille Amans,
  » Colin toutes les Belles.
» Tous deux en amour font conftans,
  » Et tous deux infideles.
» Il eft le plus beau du hameau,
  » Comme elle eft la plus belle.
» Colin reffemble au franc moineau,
  » Lifette à l'hirondelle.

» Sans foupirer & fans languir,
  « Ils amufent l'abfence
» Par les plaifirs du fouvenir
  » Et ceux de l'efpérance.
» Où s'ils diffipent leur chagrin
  » Par quelqu'autre amourette,
» Lifette revient à Colin,
  » Et Colin à Lifette.

» S'il naît quelque difpute entr'eux,
  » C'eft un leger orage,

» Qui bien loin de brifer leurs nœuds,
   » Les ferre davantage.
» Quels torts pourraient-ils fe donner,
   » Egalement coupables?
» Ah! pour ne pas fe pardonner,
   » Tous deux font trop aimables.

» Les foupçons jaloux, les foupirs
   » Ne troublent point leurs chaînes;
» D'Amour ils goûtent les plaifirs,
   » Sans en fentir les peines.
» Amans, qui voulez vivre heureux,
   » Prenez-les pour modele;
» Et n'imitez plus dans vos feux
   » La fotte tourterelle ».

A U T R E.

« Je ne forme point de defirs
» Qu'autant qu'exigent les plaifirs;
   » Et pour goûter la vie,
» De ce que j'ai, je fais jouir;
» Ce que je ne puis obtenir
   » Me caufe peu d'envie.

» Tous les jours je rends grace aux Dieux
» Des bienfaits que j'ai reçus d'eux,
   » Et ne fais nulle plainte:
» Soumis aux ordres du deftin,
» Tranquillement j'attends ma fin,
   » Sans defir & fans crainte.

» Le paffé ne peut revenir,
» On ne peut prévoir l'avenir,
   » Du préfent on eft maître;
» J'en jouis fans l'aprofondir.
» Les Dieux m'ont formé pour jouir,
   » Et non pas pour connaître.

» Je m'amufe fans m'occuper:
» L'étude a fu me détromper
   » Du profit qu'on en tire.

                                     » Que

» Que fert de lire & méditer !
» Hélas ! l'on n'apprend qu'à douter
   » En cherchant à s'inftruire.

» Raifon, que fert ton vain flambeau,
» Qui doit, dit-on, jufqu'au tombeau
   » Eclairer l'homme fage ?
» Dans notre enfance à peine il luit,
» Dans la jeuneffe il éblouit ;
   » Il s'éteint avec l'âge.

» Que l'homme eft grand ! qu'il eft petit !
» Qu'il eft borné ! qu'il a d'efprit !
   » Prodigieux emblême !
» Des aftres il connaît le cours,
» Celui des faifons & des jours,
   » Et s'ignore lui-même ».

A U T R E.

« Comme un chien dans un jeu de quille,
» On reçoit une pauvre fille,
» A l'inftant qu'elle vient au jour :
» A quinze ans, quand elle eft gentille,
» Elle nous reçoit, à fon tour,
» Comme un chien dans un jeu de quille ».

A U T R E.

« Jeune Iris, fouffrez fans courroux
   » De paffer pour coquette :
» Pourquoi vous offenferiez-vous
   » D'une telle épithete ?
» Quelque grain de légéreté
   » Et de coquetterie
» Ajoute encore à la beauté,
   » Le titre de jolie.

» Pourquoi vouloir mal-à-propos
   » Vous piquer de confiance !
» Cette trifte vertu des fots
   » N'eft plus de mode en France.

» Laiffez aux belles du commun
   » L'honneur d'être conftante.
» Vaut-il mieux n'en rendre heureux qu'un,
   » Que d'en amufer trente.

» Les belles dont l'antiquité
   » Confacre la mémoire
» Avec plus de fidélité,
   » Auraient eu moins de gloire:
» Et fans le nombre des Amans
   » Qui les ont adorées,
» Que de Déeffes de ce tems
   » Qui feraient ignorées!

» Imitez toujours nos guerriers,
   » Si jaloux de la gloire;
» Ils ne veulent que des lauriers
   » Pour prix de leur victoire.
» A peine un cœur eft-il dompté,
   » Attaquez-en un autre,
» Triomphez de leur liberté,
   » Jouiffez de la vôtre ».

LAUJON (Pierre de), Poëte agréable, ingénieux & délicat, né à Paris, en 1728, de l'Académie des Sciences & Arts de Châlons, Commiffaire des guerres , & Secrétaire des commandemens de M. le Duc de Bourbon, commença fa carriere littéraire en fortant des Jéfuites, par quelques parodies qu'il fit en fociété avec M. Favart, & qui furent données à la Comédie Italienne & à l'Opéra-comique. Encouragé par quelque fuccès, il effaya de voler de fes propres aîles, & donna en 1747 l'opéra de *Daphnis & Chloé*, dont Boifmortier avait fait la mufique. Cet ouvrage rempli de jolis vers & de jolis chants, eut beaucoup de fuccès.

Fufelier & la Bruere qui faifaïent alors le Mercure, appliquerent à M. de Laujon ce vers de Virgile :

   Paftores, hederâ crefcentem ornate Poëtam.

Il eft vrai que le ftyle de ce ballet eft plein de fentiment & de naïveté, & la poéfie facile & pleine de graces. Pour deux faifeurs d'*opéra*, ce n'était pas mal traiter leur jeune confrere. Vers ce tems-là, M. le

Comte de Clermont confia à M. de Laujon la place de Secrétaire de ses commandemens, quoiqu'il eût à peine dix-neuf ans, & il a conservé pour lui, jusqu'à sa mort, les mêmes bontés & la même confiance.

Dans l'espace de cinq ou six ans, M. de Laujon fit pour les petits appartemens les opéra de *Léandre* & de *Hero*; *la Toilette de Vénus*; *Eglé*, dont le succès est si connu; *Silvie*, d'abord mis en musique par M. *de la Garde*, ensuite par MM. *Berton* & *Trial*; *Ismène* & *Ismenias*, représenté sur le théâtre de Choisy le treize Juin 1763, puis sur celui de Paris en 1770: opéra dans lequel on a vu le ballet de *Médée* & de *Jason*, le premier de ce genre qu'on ait vu en France, & dont l'idée appartient entièrement à M. de Laujon, puisque le programme en était fait ainsi que la musique, lorsque ce ballet parut sur les théâtres de Stugard & de Vienne.

Le tems que M. de Laujon employait à travailler pour les théâtres, ne l'empêcha pas de trouver des momens à consacrer à l'amusement des sociétés brillantes où il était desiré & admis. Les fêtes de ce genre qu'il a composées, sont innombrables, & remplies d'esprit & de gaieté; mais sans qu'il se soit jamais permis de s'égayer aux dépens des autres : on ne connaît pas de lui une seule épigramme, & jamais on ne l'a entendu mal parler des ouvrages de ceux qui l'avaient le moins ménagé.

On peut juger de la quantité de vers agréables qu'il a faits pour la société, par son recueil en trois volumes intitulé : *les A-propos de société*, imprimé avec soin chez *Barbou*, & orné d'estampes, vignettes, &c. par *Moreau* le jeune. On les trouve à Paris, chez la veuve *Duchesne*, rue S. Jacques.

Pour mettre le Lecteur à portée d'en juger, nous en extrairons quelques chansons dans différens genres.

M. de Laujon a donné aux Français *l'Inconséquent* ou *les Soubrettes*.

Aux Italiens, avec MM. Favart & Parvy, la parodie *des Fêtes de Thalie*; avec M. Favart, la parodie de *Zélindor*; & seul, la parodie d'*Armide*, en 1762; *l'Amoureux de quinze ans*, en 1771; *le Fermier cru sourd* ou *les Méfiances*; *Matroco*, drame burlesque en 1777.

A l'Opéra-comique, avec MM. Favart & Parvy, la parodie de *Thésée*.

C H A N S O N

Pour une jeune Dame qui avait exigé de l'Auteur une épigramme
sur ses boutons.

« Pour un rien, pour quelque rougeur,
　　» Dans votre inquiétude,
» Vous taxez le ciel de rigueur :
　　» Ah ! quelle ingratitude !
» Un don de moins vous déplaît fort;
　　» Tant d'autres le remplacent,
» Qu'il sied mal de sentir un tort
　　» Que les bienfaits remplacent.

» Le grand Peintre du genre humain,
　　» L'auteur de la nature,
» Selon moi, ne fit rien en vain
　　» Pour chaque créature.
» S'il prouve que chaque tableau
　　» Veut des clairs & des sombres,
» Voyons en vous si son pinceau
　　» A trop chargé les ombres.

» Vos yeux, où tout, à votre gré,
　　» Et se peint & s'exprime,
» Empruntent leur vivacité
　　» Du feu qui les anime;
» Bouton (qui sans doute rougit
　　» D'affliger ce qu'on aime)
» Vous vaut encor le bon esprit
　　» D'en plaisanter vous-même.

» Sur ces riens consulter Tissot ! (a)
　　» Quelle erreur est la vôtre !
» Contentez-vous de votre lot,
　　» Il en vaut bien un autre ;
» A la nature abandonnons
　　» Les effets & les causes :
» Elle fit naître les boutons
　　» Pour nous donner les roses ».

(a) Fameux Médecin de Lausane.

La petite Diſeuſe de bonne aventure.

» Mon œil n'entrevit jamais
  » De ſiniſtre augure ;
» Je veux que ſur mes ſecrets,
  » Ma gaîté raſſure ;
» Je ne fus jamais bleſſer ;
» Mon plaiſir eſt d'annoncer
  » La bonne aventure
    » Au gai,
  » La bonne aventure.

» Trop jeune encor pour flatter,
  » Je fuis l'impoſture ;
» Je me borne à préſenter
  » La vérité pure ;
» Et je vois, ſans trop chercher,
» Les yeux où va ſe nicher
  » La bonne aventure,
    » Au gai,
  » La bonne aventur

» L'horoſcope eſt quelquefois
  » Peint ſur la figure ;
» Avec lui joli-minois
  » Porte ſon augure ;
» Je ne fais que l'annoncer ;
» C'eſt à l'amour à fixer
  » La bonne aventure,
    » Au gai,
  » La bonne aventure.

» Beautés (a) que de ſes bienfaits
  » Combla la nature,
» Cherchez-vous quelque ſuccès,
  » Que l'amour n'aſſure !
» Et des cœurs faits pour jouir,
» Fondent-ils ſur l'avenir
  » La bonne aventure,
    » Au gai,
  » La bonne aventure.

(a) Aux Dames.

» Jadis chez nos bons Gaulois,
    » (Gens pleins de droiture)
» L'amour exerçait ses droits
    » Sans mésaventure ;
» Leur prêchant l'art d'oublier,
» Plutôt que de publier
    » La bonne aventure,
        » Au gai,
    » La bonne aventure.

» Nos Messieurs à sentiment,
    » Par qui tout s'épure,
» Bien mieux, de ce Dieu charmant
    » Tracent la peinture,
» Car ils ont l'air d'afficher,
» Qu'on ne fait plus qu'ébaucher
    » La bonne aventure,
        » Au gai,
    » La bonne aventure ».

La Naiſſance de l'Amour (a).

α L'homme ignorait le bonheur d'être (*b*)
    » Avant le jour
» Où la bienfaisance fit naître
    » Le tendre Amour :
» Les Dieux étaient dans leur partage
    » Privés d'autels
» Et de leurs plus doux avantages
    » Sur les mortels.

» Le cœur que tenait l'ignorance
    » Dans le cahos,
» Ne connaissait que l'innocence
    » Et le repos (*c*) ;
» L'Amour naît, & par sa présence

(*a*) Cette chanson fut faite pour une fête dans laquelle M. C.... chanta la naiſſance de Bacchus
  (*b*) Etat du monde avant la naiſſance de l'Amour.
  (*c*) Naiſſance de l'Amour.

» Un jour nouveau
» Luit au cœur, qui de fon enfance
» Eft le berceau.

» Cœurs animés, bornez à plaire
» Tous vos defirs,
» Leur dit l'enfant qui les éclaire
» Sur les plaifirs;
» La beauté, des Dieux eft l'image;
» Tient fes biens d'eux;
» En l'adorant, trouvez l'hommage (a)
» Qu'on doit aux Dieux.

» Le feu que cet enfant fait naître,
» Charme le cœur,
» Aux Dieux même (b) apprend à connaître
» Tout leur bonheur.
» S'il eft des inftans où notre ame
» S'approche d'eux,
» Mortels ! ce font ceux où fa flame
» Brille à nos yeux.

» Déja Zéphir carreffe l'onde
» Soir & matin;
» (c) La terre, au Dieu qui la féconde,
» Ouvre fon fein;
» Le ruiffeau preffe la verdure
» Plus tendrement.
» Le ciel embraffe la nature,
» Tout eft amant.

» Quels chants nouveaux l'oifeau fiédonne
» Sur ce rofier (d),
» A fa moitié qui lui pardonne
» De l'éveiller !
» Les arts font nés (e), chacun veut plaire,
» Chacun s'inftruit;
» Le feu qui luit au cœur, éclaire
» Bientôt l'efprit.

(a) Origine des hommages offerts à la Divinité.
(b) Le pouvoir de l'Amour fur les Dieux & les hommes.
(c) Sur les élémens.
(d) Le rofier eft confacré à l'Amour.
(e) Origine des arts.

» Voyez bondir dans la campagne
    » Moutons (*a*), chevreaux ;
» Le cerf, pour chercher fa compagne,
    » Franchit les eaux....
» Et fur les merveilles qu'opere
    » L'amour naiffant,
» Jugez de tout ce qu'il peut faire
    » En grandiffant.

» Vous en connaiffez la puiffance
    » Et les progrès ;
» Dans ces lieux je peins fa naiffance,
    » (*e*) Vous, fes fuccès ;
» Et fi ma mufe renouvelle
    » Ce jour fi doux,
» C'eft que chaque inftant le rappelle
    » Auprès de vous ».

Bouquet à Madeleine.

» Elle fut plaire à tous les yeux,
    » Votre aimable Patrone ;
» A Paphos, comme dans les cieux,
    » Elle obtint la couronne ;
» Auffi dans l'une & dans l'autre cour,
    » Pour chanter fes louanges,
» On vit difputer tour-à-tour
    » Les Amours & les Anges.

» Sa morale eut trop de rigueur !
    » Eh ! peut-elle être utile,
» Quand, pour vouloir fauver un cœur,
    » On en fait damner mille !
» L'Amour offrait à fes defirs
    » Tout ce qu'il offre aux vôtres ;
» Laiffez-la pleurer fes plaifirs ;
    » Riez toujours aux nôtres.

» Que de cœurs fouffriraient à voir
    » La beauté dans les larmes !

(*a*) Pouvoir de l'Amour fur les animaux.
(*b*) Aux Dames.

» Eh !

» Eh ! peut-on se faire un devoir
 » De l'oubli de ses charmes !
» Fixez toujours, comme en ces lieux,
 » Les heureux que vous faites ;
» Et croyez qu'on trouve les cieux
 » Au séjour où vous êtes ».

Histoire morale des Amours, de M. Pierre & de Mlle. du Rosier, *la fille d'un Marchand de plumes, ouc' l'on verra la morale que la fortune va & vient sans qu'on s'en doute, & qu'elle est ben près quand on la croit ben loin* (a).

« J'aimais Man'sell' du Rosier,
» La fille d'un Plumassier ;
» Mon per' qu'est un p'tit Fermier,
» S'en vint le prier de nous marier ;
» La d'mand plut, on m'agréa :
» V'la qui va ben jusques-là ;
» V'la qui va ben jusques-là :

(*Comme quoi la fortune change le monde* (b).)

» Sur sa porte était écrit
» A l'enseig' du gagn'petit,
» Je l'vallions ben dans c'tems-là ;
 » A deux mois d'ilà,
 » Ce n'est plus cela ;
» Plus riche, il tourne à tout vent,
» Comme les plumes qu'il vend. (*bis*).

(*Tristesse & doléance de M. Pierre, en apprenant que ses espérances étaient sans espoir*).

» Qui m'avait dit oui, m'dit non ;
» V'là 'mon amour beau garçon !
» Sa fille & moi, tout le jour
» J'pleurions ; quand l'amour

(a) L'Auteur, dans cette chanson, a eu pour but d'imiter le genre des histoires qui se trouvent dans ces sortes de recueils. Aussi faut-il y rendre le caractere de chacun des interlocuteurs qui y sont en action & en récit.

(b) Tous les titres de chaque couplet se parlent, & l'on montre avec la baguette de chansonnier le tableau qui a rapport au couplet.

Tome IV.   B b

» M'avifit d'un tour ;
» Car un cœur ben amoureux ;
» A toujours de l'efprit pour deux (*bis*).

(*Comme il eſt bon quelquefois de pleurer devant ſon cher pere.*)

» J'vas cheux nous ; tout en entrant,
» J'parle à mon ch'pere en pleurant ;
» Ça l'afflige, & j'dis ſus ça :
» Quand i'vous plaira, (*en pleurant*)
» Ça s'arrangera.
» I m'dit : Parle, & dans l'moment
» Tu verras qu't'es mon enfant (*bis*). (*En pleurant plus fort, en imitant l'attendriffement du ſexe*)

(*Tartagem de M.* Pierre).

» I m' permet d' faire de ſon bien
» Tout comm' je ferois du mien. (*Avec joie*).
» Cheux les Fermiers de nos cantons,
» J' mene ſes moutons,
» Ses veaux, ſes dindons,
» Je les troque & je les vends
» Pour des coqs & pour des paons. (*bis*).

(*Comme l'efprit i fait ouvrir les yeux à tout le monde*).

» Quand la fille au per' l'apprit,
» I' fut furpris d' mon efprit ;
» Ça l' fit r'venir tout d'un coup ;
» I' dit : V'là du goût ! (*Avec le ton important*).
» C'eſt toujours beaucoup,
» Qu'à ſon âge on ait l'bon fens,
» De s'accommoder au tems (*bis*). (*C'était dans le moment où les bonnets en plumes étaient le plus à la mode,*)

(*Dénoûment agriable des amours des deux Amoureux à la ſatisfaction des deux chers peres*).

» Vite i' m'rappelle ; & tant y a,
» Qu' tous deux i'nous maria ; (*Avec joie*).
» Quand la fill' a m' vit choifir !

» Jugez du plaisir ! (*Comme si la joie lui coupait la respiration.*)

» Ça vint nous saisir.

» Ça prouve que l' plaisir dépend

» Des pleum' de coq & de paon ».

L'OISELEUSE.

Parodie.

« Point de bruit !

» Ce réduit

» Solitaire

» Est propre à tendre mes rêts ;

» Guettons dans ces forêts

» Les oiseaux de Cithere !

» J'en aurai,

» Je saurai

» Leur cachette....:

» Mes filets sont sous des fleurs....:

» Un des oiseaux voleurs

» S'y jette,

» Je saute sur ma prise ;

» En cage elle est bientôt mise ;..:

» Quel oiseau !

» Qu'il est beau !

» Quel ramage !

» Quel plumage !

» Je le siffle, il vient chanter ;

» Je l'entends répéter

» Qu'il ne veut plus quitter

» Sa cage.

» Il me dit,

» Qu'il chérit

» L'esclavage ;

» Mon prisonnier me fait peur ;

» C'est l'Amour ! le trompeur

» Me dit en son langage :

» Oui, Lison,

» Qu'en prison

L'on me tienne !

» Je ne veux ma liberté

» Qu'après t'avoir ôté

» La tienne »:

Bb 2

LAURÈS (Antoine Chevalier de), né à Gignac près de Montpellier, & fils du Doyen des Conseillers de la Cour des Aydes de cette ville, a remporté plusieurs prix (*a*) académiques, & les méritait.

Sa traduction en vers du poëme de la Pharsale n'est pas aussi connue qu'elle devrait l'être. La modestie de l'Auteur l'a empêché de faire les démarches qui procurent souvent des succès momentanés ; mais cet ouvrage sera toujours estimé, ainsi que son auteur.

Nous ne connaissons de M. le Chevalier de Laurès que *Thomiris*, tragédie non représentée ; *la fausse Statue*, comédie en un acte, jouée aux Italiens ; *la Fête de Cythere*, opéra-comique en un acte, musique de *Blavet*, représentée à Bernis chez Mgr le Comte de Clermont ; & *Zémide*, opéra en un acte, mis en musique par *Iso*, & donné en 1759. On dit qu'il a fait un acte intitulé : *Narcisse*, que M. *Desaugiers* vient de mettre en musique. M. le Chevalier de Laurès est mort cette année 1779.

O D E.

« Tel qu'un cygne aux bords du Méandre
» Quand la mort va fermer ses yeux,
» Des derniers chants qu'il fait entendre
» Charme les hommes & les Dieux ;
» Tel, prêt à quitter la lumiere,
» Dieu du Pinde, dans ta carriere,
» Je vais étonner mes rivaux ;
» A tes sons j'accorde ma lyre,
» Et nouveau Sophocle, j'aspire
» A tes triomphes les plus beaux.

» O mortel, dont le cœur avide
» Vole après un bien qui te fuit,
» Ma voix de l'erreur qui te guide,
» Vient dissiper l'épaisse nuit ;
» Abandonne un espoir frivole,
» Et contre le tems qui s'envole,

(*a*) Il avait été couronné quatre fois aux Jeux floraux, & quatre fois à l'Académie Française.

» Ingrat, rougis de murmurer :
» Libre du joug de la jeuneffe,
» C'eft dans les bras de la vieilleffe
» Que tu vas bientôt refpirer.

» Tu difparais, obfcur nuage,
» Fantôme qui m'a trop féduit ;
» Le calme fuccede à l'orage,
» Le jour le plus ferein me luit ;
» Ma vie à cet inftant commence ;
» La raifon & l'expérience
» Eclairent, raffurent mes pas :
» Je cueille, même après l'automne,
» Des fruits mûrs que la vertu donne,
» Et que le tems ne détruit pas.

» Lance tes traits, amour perfide,
» Fais briller tes charmes trompeurs ;
» La vieilleffe me fert d'égide,
» Je ris de tes vaines fureurs ;
» Jadis aux Bacchantes fidele,
» Sur leurs traces, fils de Semele,
» J'honorais ta divinité :
» Mon culte eft enfin raifonnable
» Et ton nectar coule à ma table
» Des mains de la fobriété.

» Le regne paffager de Flore
» N'offrent que de vaines couleurs ;
» Telle eft, ô beauté ! votre aurore,
» Ceffez d'idolâtrer fes fleurs ;
» Si les rides font fuir les Graces,
» Le tems amene fur leurs traces
» Des biens plus vrais & plus conftans :
» Ifaure à fon dixieme luftre
» Brillait déja d'un plus beau luftre
» Qu'aux premiers jours de fon printems.

» Arrête, téméraire Icare,
» Suis ton pere au milieu des airs ;
» Mais que vois-je ? hélas ! il s'égare,
» Dédale feul franchit les mers ;

» Ainfi périra la jeuneffe,
» Qui fur la voix de la vieilleffe
» Ne réglera point fon effor ;
» Jamais le jeune Télémaque
» N'aurait revu les murs d'Itaque,
» S'il n'eût eu pour guide Mentor.

» Dieux ! fous mes pas la terre s'ouvre !
» Quels objets ! quel abîme affreux !
» Mon œil effrayé vous découvre,
» Noir Tartare, terribles feux :
» Que de Pâris, que de Narciffes,
» En proie aux plus cruels fupplices,
» Gémiffent fur ces triftes bords !
» Mais dans les champs de l'Elifée,
» Si j'y vois un fils de Théfée.
» Que j'y puis compter de Neftors !

» Le fang, la flame, le ravage
» Annoncent de jeunes héros :
» Infatiables de carnage,
» Ils laffent la main d'Atropos.
» Octave au printems de fa vie,
» Eft un tigre, dont la furie
» Immole Rome à fes projets ;
» Mais mûri par l'âge, il eft homme ;
» Octave enfin, l'amour de Rome,
» Eft le pere de fes fujets.

» Que les limites d'un empire
» Changent au gré d'un conquérant ;
» Le vieillard, que Minerve infpire,
» Par les loix qu'il dicte, eft plus grand.
» Accourez des demeures fombres,
» Venez l'attefter, fieres ombres,
» Et de Lycurgue & de Minos ;
» Où vais-je chercher des exemples ?
» France, dans *Fleury* tu contemples
» Un fage qui fait les héros.

» O tems, que ta fuite eft utile !
» Mon ame en fent l'heureux effet ;

» Hâtes-toi, foumets cette argile
» Qu'anima le fils de Japhet ;
» En affaiblissant nos entraves,
» Tes coups foulagent des efclaves
» Courbés vers les terreftres lieux ;
» Plus ta main frappe la matiere,
» Plus mon efprit rompt la barriere
» Qui fépare l'homme des Dieux ».

L'AUTEL (de), Auteur de plufieurs opéra-comiques & de parodies qui ont eu du fuccès.

LE BLANC (Jean-Bernard Abbé), Hiftoriographe des bâtimens du Roi, des Académies *della Crufca*, des *Arcades de Rome*, de l'*Inftitut de Bologne*, &c. né à Dijon 3 Décembre 1707, a fait plufieurs ouvrages qui lui ont acquis de la réputation. On a de lui un poëme fur l'hiftoire des gens de lettres de Bourgogne, des élégies, la tragédie d'Abenfaïd, repréfentée en 1736, &c. Voici une chanfon de M. l'Abbé le Blanc.

« Je rencontrai l'autre jour
» Cupidon, ce petit traître ;
» D'abord pour le Dieu d'amour,
» J'eus peine à le reconnaître.

» Il n'avait arc, ni carquois,
» Ni traits pour lancer aux belles ;
» Et pour la premiere fois
» S'était fait couper les aîles.

» Ses yeux étaient fans bandeau ;
» La tête de fleurs ornée ;
» Il n'avait que le flambeau
» Qui fert au Dieu d'Hymenée.

» Amour ainfi déguifé,
» Avait tout l'air de fon frere :
» Le fourbe ! qu'il eft rufé !
» Il ne fait rien fans myftere.

» Belles, il veut vous tromper ;
» Telle a toujours été fage,
» Qui fe laiffe enfin duper
» Par l'efpoir du mariage ».

LEGIER a donné aux Italiens, en 1763, *le Rendez-vous*, muſique de Duny. Il a fait auſſi les *Mariages Samnites*, qui n'ont pas été repré- ſentés, & une Tragédie à mettre en muſique, intitulée *Edouard IV*, où il y a de très belles choſes. On a de lui un recueil de jolis vers.

LÉONARD (M.) Nous connaiſſons de lui une Epître à un *jeune homme*: la *Religion* établie *ſur les ruines de l'idolâtrie*; la nouvelle *Clémentine* & le *Temple de Gnide* imité de Monteſquieu, ainſi que pluſieurs pieces de poé- ſies légeres remplies de jolis vers.

C H A N S O N.

« Un beau berger ſur ſa muſette
　　» Chantait toujours :
» Il n'eſt point de douceur parfaite
　　» Sans les amours ;
» De vos amans, jeunes bergeres,
　　» N'ayez point peur ;
» Ils ont, quoiqu'en diſent vos meres,
　　» Ils ont un cœur.

» Souvent Iſmene allait ſe rendre
　　» Près du berger ,
» Et prenait plaiſir à l'entendre
　　» Sans y ſonger.
» Elle apprit bientôt, la pauvrette ;
　　» Pour ſon malheur,
» Qu'on peut, pour une chanſonnette,
　　» Donner ſon cœur.

» Aujourd'hui la plaintive Iſmene
　　» N'a plus d'amant,
» Et tout le long de la ſemaine,
　　» Va répétant :
» Défiez-vous de la voix tendre
　　» D'un ſéducteur ,
» Hélas ! ſans celle de Silvandre,
　　» J'aurais mon cœur ».

AUTRE.

A U T R E.

« Je dis un jour à mon amie :
» Avant que Doris fut à moi,
» Avant le bonheur de ma vie,
» Quelqu'autre avait-il eu fa foi ?

» Je vois ma bergere qui compte
» Gravement avec fes dix doigts ;
» Le rouge au vifage me monte ;
» Je friſonnais à chaque fois.

» Ton calcul a de quoi confondre,
» As-tu formé tant de liens ?
» Paix, dit-elle, avant de répondre,
» Je m'amufe à compter les tiens ».

LEYRE (M. de), eſt né vers 1725 dans la Guyenne, au village de *Portes*, à un quart de lieue du château de la *Bnede*, que le nom de Montefquieu a rendu fi célebre.

Son pere qui était d'une famille très honnète, le fit élever au college des Jéfuites à Bordeaux. Son goût pour les lettres & fes fuccès dans les premieres études, le firent entrer dans cet ordre : il en fortit longtems avant fa deſtruction.

Le premier ouvrage par lequel il s'eſt fait connaître dans la littérature, eſt l'analyfe de la philofophie du Chancelier Bacon. Pour donner une idée du mérite de cet ouvrage, il fuffit peut-être de rappeller que les ennemis de la philofophie l'attribuerent dans le tems aux deux Editeurs du Dictionnaire Encyclopédique ; on vient d'en faire une nouvelle édition.

A peu-près dans le même-tems, il donna deux articles à l'Encyclopédie : les articles *Fanatifme* & *Epingle*. On y remarqua deux mérites bien différens. Le premier eſt plein de mouvemens, de verve & de chaleur : il attaqua le fanatifme avec l'enthoufiafme qu'il infpire ; dans le fecond, il détaille & décrit avec l'attention la plus tranquille & la plus laborieufe les innombrables procédés d'un art qui pourrait impatienter par la petiteffe même de fon objet.

Tome IV.   C c

M. de Leyre fit imprimer enfuite *l'Efprit de S. Evremont* & *le Génie de Montefquieu*. Il réunit dans un très petit volume tout ce qu'on a intérêt de connaître dans la nombreufe collection des œuvres de S. Evremont ; & le génie de Montefquieu raffemble auffi dans un volume les vues les plus neuves & les plus importantes de ce grand homme.

M. de Leyre commença à travailler au Journal Etranger vers la fin de l'année 1756, & le fit toute l'année fuivante.

Il alla enfuite à Parme, où il concourut avec M. l'Abbé de Condillac à l'éducation de l'Infant Duc de Parme. Pendant fon féjour dans cette ville, il envoya à la *Gazette de Littérature* quelques articles qui furent diftingués.

A fon retour de l'Italie, il fut chargé de la continuation de l'hiftoire générale des Voyages. Il en a donné un volume *in-4°*, qui contient les voyages chez les peuples du Nord. Tous ceux qui ont lu cette immenfe collection, conviennent que ce volume eft le meilleur de tous. Cette juftice lui a été rendue par un Journalifte même qui avait fait le volume précédent.

M. de Leyre n'a fait paraître depuis qu'un éloge de M. Roux, Médecin célebre, fon compatriote & fon ami, & une lettre à M. Ducis fur Roméo & Juliette, qui a été imprimée à la tête d'une nouvelle édition de cette tragédie. Dans ces deux hommages qu'il a rendus aux talens & à l'amitié, on reconnaît un homme éclairé & fenfible qui fait apprécier & honorer également la raifon d'un philofophe, & le génie d'un auteur tragique.

Le célebre Jean-Jacques Rouffeau, dans les dernieres années de fa vie, fe plaifait à faire de la mufique fur des paroles de M. de Leyre. Le public a déja quelques romances qu'ils ont faites enfemble, & il y en a un bien plus grand nombre dans les ouvrages de mufique de Rouffeau pour lefquels on a ouvert une foufcription.

M. de Leyre travaille depuis longtems à une traduction en vers français du poëme de Lucrece, & il a dans fon porte-feuille des ouvrages en profe qui ajouteraient fans doute beaucoup à fa réputation comme Ecrivain & comme Philofophe. Il eft connu, chéri & eftimé des hommes de lettres, dont la nation s'honore le plus aujourd'hui.

CHANSON.

« Je l'ai planté, je l'ai vu naître
» Ce beau rofier, où les oifeaux,
» Tous les matins fous ma fenêtre,
» Viennent chanter fur fes rameaux.

» Petits oifeaux, troupe amoureufe,
» Ah! par pitié, ne chantez pas :
» L'amant qui me rendait heureufe,
» Eft parti pour d'autres climats.

» Pour les tréfors du nouveau-monde,
» Il fait l'amour, brave la mort;
» Hélas ! pourquoi chercher fur l'onde
» Le bonheur qu'il trouvait au port ?

» Vous, paffageres hirondelles,
» Qui ramenez chaque printems
» Oifeaux voyageurs, mais fidelles,
» Ramenez-le moi tous les ans ».

LILLE (l'Abbé Jacques de), reçu à l'Académie Françaife en 1774 ,
connu par fon excellente traduction des Georgiques de Virgile, a fait
plufieurs charmantes pieces de vers, & doit être mis au rang des meilleurs Poëtes de notre fiecle.

A Mademoifelle de B***, âgée de huit jours.

« Toi, dont j'ai vu couler les premiers pleurs
» Et naître le premier fourire,
» Je vais fur ton berceau répandre quelques fleurs.
» Pour prix du zele qui m'infpire,
» Que dans ces vers un jour Papa t'apprenne à lire,
» Et c'eft trop m'en récompenfer ;
» Je fais qu'en un âge auffi tendre
» Tu ne peux encor les comprendre :
» Mais moi j'ai du plaifir à te les adreffer ;
» Même avant de fentir, tu fais intéreffer.
» Mes vers au moins n'ont rien dont je rougiffe,
» Que d'autres, célébrant des mortels corrompus,

Cc 2

» Encensent dans de vieux Crésus
» La décrépitude du vice :
» Je célebre dans toi l'enfance des vertus,
» L'enfance est si touchante ! eh ! quelle ame si dure
» N'éprouve en sa faveur le plus tendre intérêt ?
» Tous les êtres naissans ont un charme secret :
    » Telle est la loi de la nature.
» Ces ormeaux orgueilleux, leur verte chevelure,
» M'intéressent bien moins que ces jeunes boutons,
    » Dont je vois peindre la verdure,
    » Ou que les tendres rejettons
» Qui doivent du bocage être un jour la parure,
    » Le doux éclat de ce soleil naissant
» Flatte bien plus mes yeux que ces flots de lumiere,
    » Qu'au plus haut point de sa carriere
    » Verse son char éblouissant.
    » L'été si fier de ses richesses,
» L'automne qui nous fait de si riches présens,
    » Me plaisent moins que le printems,
    » Qui ne nous fait que des promesses.
    » Ciel, retranche aux jours nébuleux
    » De la lente vieillesse ;
    » Abrege les jours orageux
    » De l'impétueuse jeunesse :
    » Mais prolonge les jours heureux
» Et des ris innocens & des folâtres jeux !
    » Le vrai plaisir semble fait pour cet âge ;
» L'épanouissement d'un cœur encor nouveau,
    » Du sentiment le doux apprentissage,
» L'univers, par degrés déployant son tableau,
    » Ce sang si pur qui coule dans les veines,
    » Des plaisirs vifs & de légeres peines,
» L'esprit sans préjugés, le cœur sans passions,
    » De l'avenir l'heureuse insouciance,
    » Pour tous palais des châteaux de cartons
    » Et pour richesses des bonbons,
    » Voilà le destin de l'enfance :
    » Ah ! la saison de l'innocence
    » Est la plus belle des saisons ».

O D E

A la Bienfaisance.

« Déesse, idole du vulgaire,
» Toi, qui, reine de l'univers,
» Toujours redoutable & légere,
» Donnes des sceptres ou des fers ;
» Le peuple ébloui des richesses,
» Envie à ceux que tu caresses
» Des biens trop souvent dangereux ;
» A tous ces grands le cœur du sage
» Envie un plus noble avantage,
» Ils peuvent faire des heureux.

» Bienfaisance, ô vertu sacrée !
» Noble attribut des immortels ;
» Pour toi l'homme aux beaux jours d'Astrée,
» Eleva les premiers autels :
» Dans ce soleil, dont l'influence,
» De nos fruits mûrit la semence,
» C'est toi que l'homme révérait ;
» Dans tous ces globes de lumiere,
» Qui suivent pour nous leur carriere,
» C'est toi seule qu'il adorait.

» De ce Dieu, dont la main puissante
» Soutient notre fragilité,
» La voix ineffable & touchante
» M'annonce la divinité.
» S'il ne se montrait à la terre
» Qu'au bruit affreux de son tonnerre,
» Armé de ses fléches de feu,
» A ces traits, je pourrais connaître
» L'arbitre du monde & mon maître ;
» Je chercherais encor un Dieu.

» La nature prudente & sage,
» Unit tous les hommes entr'eux ;
» Ta main, confirmant son ouvrage,
» Resserre ces utiles nœuds ;

» C'eft toi dont le charme nous lie
» A nos maîtres, à la patrie,
» Aux auteurs mêmes de nos jours ;
» C'eft toi dont la vertu féconde
» Réunit l'un & l'autre monde
» Par un commerce de fecours.

» Des fortunes, à ta préfence
» Difparaît l'inégalité ;
» Par toi, les biens de l'opulence
» Sont les biens de la pauvreté ;
» Sans toi, la puiffance fuprême,
» Et la pourpre & le diadême
» Brillent d'un éclat odieux ;
» Sans toi, fur ce globe où nous fommes ;
» Les Rois font les tyrans des hommes,
» Ils font pour toi rivaux des Dieux.

» A ce Monarque, ton image,
» Qui nous dicte tes fages loix,
» Sur nos refpects & nos hommages
» Tu donnes d'invincibles droits :
» C'eft toi, divine Bienfaifance,
» Qui regles la jufte puiffance
» Que le ciel remit dans fes mains.
» Il fait qu'un pouvoir légitime
» Eft le privilege fublime
» D'être bienfaiteur des humains.

» Que pour des ames généreufes,
» Un droit fi noble eft précieux !
» O vous , familles malheureufes,
» Que la honte cache à nos yeux,
» Mortels, mes femblables, mes freres,
» Dans quels afyles folitaires
» Allez-vous cacher vos douleurs ?
» Heureux qui finit vos alarmes !
» La gloire d'effuyer vos larmes
» Vaut tous les lauriers des vainqueurs.

» Ah ! malgré vous, mon cœur avide
» Va trouver votre affreux réduit ;

» J'y vole, la pitié me guide,
» Son flambeau sacré me conduit,
» Je perce ces tristes ténebres,
» Je découvre ces lieux funebres....
» O Grands ! brillez dans vos palais,
» Asserviffez la terre entiere
» Sur le pauvre, dans fa chaumiere
» Je vais régner par mes bienfaits.

» Viens je t'offre un bras fecourable ;
» Viens, malgré tes deftins jaloux,
» Revis, famille déplorable....
» Quoi ! tu tombes à mes genoux.
» Tes yeux éteints par la triftesse
» Verfent des larmes de tendresse
» Sur la main qui finit tes maux :
» Tu crois voir un Dieu tutélaire ;
» Non, je fuis homme ; à leur misere
» Je viens arracher mes égaux.

» Ne crains pas que mon ame altiere,
» S'armant d'un fafte impérieux,
» Offense ta pauvreté fiere,
» Et fouille mes dons à tes yeux.
» Malheur au Bienfaiteur fauvage
» Qui veut forcer le libre hommage
» Des cœurs que fes dons ont foumis ;
» Dont les bienfaits font des entraves,
» Qui veut acheter des efclaves
» Et non s'attacher des amis.

» Oui, je hais la pitié farouche
» D'un Grand fuperbe & dédaigneux ;
» Oui, le blafpheme eft dans ma bouche,
» Lorfque l'orgueil eft dans fes yeux.
» Enflé d'une vaine arrogance,
» Même en exerçant fa clémence,
» Il aime à me faire trembler.
» Et lorfqu'il foutient ma faibleffe,
» Son orgueil veut que je connaiffe
« Que fon bras pouvait m'accabler.

» Ainfi nous voyons fur nos têtes
» Ces nuages noirs & biûlans,
» Qui portent les feux, les tempêtes
» Et les orages dans leurs flancs :
» Tandis que fur nos champs arides,
» Ils verfent ces torrens rapides
» Qui vont au loin les arrofer ;
» Armés des éclairs, du tonnerre,
» Même en fertilifant la terre,
» Ils menacent de l'embrâfer ».

LINANT (de), né à Rouen, en 1702, fut Gouverneur des fils de M. Hebert, Introducteur des Ambaffadeurs, remporta trois fois le prix de l'Académie Françaife, & fit deux tragédies qui ont eu peu de fuccès. On trouve quelques jolies odes dans fes pieces fugitives. Il mourut le onze Décembre 1749.

LINGENDES (Jean de), né à Moulins, proche parent de l'Evêque de Mâcon & du Pere Lingendes, Jéfuite, célebre Prédicateur. On le fait Inventeur des ftances. Il mourut en 1616.

C H A N S O N.

« Si c'eft un crime de l'aimer,
» On n'en doit juftement blâmer
» Que les beautés qui font en elle.
     » La faute en eft aux Dieux,
     » Qui la firent fi belle,
     » Et non pas à mes yeux ».

LINIERE (François Pajot de), Poëte ingénieux, né à Senlis en 1628, & appellé *l'Athée de Senlis*, a laiffé quelques pieces charmantes. Il mourut en 1704.

On dit qu'il reçut des coups de bâton d'un Confeiller à la Cour des Aydes, nommé *S. Michel*, & à cette occafion on fit ce couplet :

« Liniere, homme exécrable,
» Eft déja réprouvé du Ciel :
» La preuve en eft, que Saint Michel
» L'a battu comme un Diable ».

LOUVENCOURT

LOUVENCOURT (Mlle de), née à Paris, en 1680, jolie, aimable & spirituelle ; elle était amie de Mlle de Scudery, & mourut en 1712. M. Titon du Tillet en parle dans son Parnasse Français. Elle a fait les paroles de plusieurs des cantates de Clérambaut.

LUSSAN (Mlle de). On croit qu'elle était fille d'une courtisanne & du Prince *Thomas de Savoye*, Comte de Soissons, frere du fameux *Prince Eugène*. Ce Prince, dit-on, la fit élever avec soin, le tendre attachement qu'il avait pour sa mere, la lui rendant extrêmement chere.

Son goût pour les romans se manifesta dès sa grande jeunesse. Elle n'avait pas vingt-cinq ans lorsqu'elle donna le premier qu'elle fit, *l'Histoire de la Comtesse de Gondès*, dans lequel elle peignit son ami *Laserre*, Auteur de *Pirame & Thisbé*, & de plusieurs autres opéra. On y retrouve sous le nom de *Calemane*, le portrait fidele de cet Auteur, né avec vingt-cinq mille livres de rentes, mais qui avait tout perdu au jeu. Laserre fut son ami toute sa vie, & ne lui fut pas inutile pour rédiger les plans de ses ouvrages. Les bontés dont les Princes de Savoye la combierent, jointes à son mérite personnel, ouvrit à Mlle de Lussan l'entrée des plus grandes maisons. Sa figure ne lui était pas d'un grand secours ; car elle était louche & brune à l'excès. Quiconque l'eût entendue sans la voir, l'eût prise pour un homme ; & quiconque l'eût vue sans qu'elle parlât, l'eût encore prise pour un homme. Cependant elle était sensible, compatissante, pleine d'humanité, généreuse, sujette à la colere, mais jamais à la haine. Sa gourmandise causa sa mort, un Chirurgien l'ayant saignée dans une indigestion qu'elle eut le 31 Mai 1758, jour de sa mort. Elle était âgé de soixante-quinze ans & quelques mois. Mad. de Pompadour l'aima beaucoup, & la mit en état, par ses bienfaits, de passer une vieillesse heureuse.

Nous avons de Mlle de Lussan, 1°. ses Romans : *la Comtesse de Gondès* ; *les Veillées de Thessalie* ; *l'Histoire de Marie d'Angleterre* ; *les Anecdotes de la cour de Philippe Auguste* ; *les Anecdotes de la cour de François I* ; *les Annales galantes de la cour d'Henri II* ; *Mourat & Turquio* ; 2°. ses ouvrages historiques : *l'Histoire de Charles VI* ; *celle de Louis XI* ; *la derniere Révolution de Naples*, & *la Vie du brave Crillon*.

Elle a aussi composé plusieurs petites pieces lyriques & des vers assez

Tome IV.   D d

agréables. Son divertissement de la *Nymphe de la Seine*, fait à l'occasion du retour de la premiere campagne de Louis XV, fut exécuté sur le théâtre de Versailles.

MAILLHOL (Gabriel de), né à Carcassone, a donné plusieurs pieces agréables, & il aurait pu se dispenser de mettre en vers l'*Avare* de Moliere.

MAINARD (François), Président d'Aurillac, né à Toulouse en 1578, fut un de ceux qui annoncerent le beau siecle de Louis XIV.

Il était fort jeune quand il vint à la cour ; ce qui n'empêcha pas la Reine Marguerite de le choisir pour son Secrétaire. Il alla à Rome avec M. de Noailles, alors Ambassadeur en cette cour, & se fit aimer d'Urbain VIII & du Cardinal Bentivoglio.

Il fut reçu de l'Académie Française, mais n'obtint jamais aucune grace du Cardinal de Richelieu ; & lorsqu'il lui adressa ces beaux vers :

> « Armand l'âge affaiblit mes yeux,
> » Et toute ma chaleur me quitte :
> » Je verrai bientôt mes aïeux
> » Sur le rivage du Cocyte,
> » C'est où je serai des suivans,
> » De ce bon monarque de France,
> » Qui fut le pere des savans
> » En un siecle d'ignorance.
> » Dès que j'approcherai de lui,
> » Il voudra que je lui raconte,
> » Tout ce que tu fais aujourd'hui,
> » Pour combler l Espagne de honte.
> » Je contenterai son desir
> » Par le beau récit de ta vie ;
> » Et charmerai le déplaisir
> » Qui lui fait maudir sa vie.
> » Mais s'il demande à quel emploi,
> » Tu m'as occupé dans le monde,
> » Et quels biens j'ai reçu de toi,
> » Que veux-tu que je lui réponde ? »

Le Cardinal eut la cruauté d'écrire au bas : *Rien.*

Mainard, pour fe venger de cette réponfe, fit le fameux fonnet qu'on a appliqué depuis à d'autres Miniftres.

« Par vos humeurs le monde eft gouverné ;
» Vos volontés font le calme & l'orage ;
» Et vous riez de me voir confiné,
» Loin de la cour, dans mon petit village.
» Cléomedon, mes defirs font contens,
» Je trouve beau le défert où j'habite,
» Et connais bien qu'il faut céder au tems,
» Fuir l'éclat, & devenir hermite ;
» Je fuis heureux de vieillir fans emploi,
» De me cacher, de vivre tout à moi,
» D'avoir dompté la crainte & l'efpérance ;
» Et fi le ciel qui me traite fi bien,
» Avait pitié de vous & de la France,
» Votre bonheur ferait égal au mien ».

Après la mort du Cardinal, il fit un voyage à la cour, mais ne fut pas plus heureux, & fe retira chez lui, où il mourut âgé de 68 ans, le vingt-huit Décembre 1646.

Il avait écrit cette infcription fur la porte de fon cabinet :

« Las d'efpérer & de me plaindre
» Des mufes, des grands & du fort,
» C'eft ici que j'attends la mort,
» Sans la defirer ni la craindre ».

Les deux derniers vers font une traduction de ce vers latin.

Summum nec metuas diem nec optes.

Homme d'honneur & bon ami, il était bon convive & prefque toujours gai, quoique rien ne lui réufsît.

Il fit des vers jufqu'à fa mort, comme il paraît par ceux-ci qu'il compofa, lorfqu'on le reçut à l'Académie.

« En cheveux blancs, il me faut donc aller
» Comme un enfant tous les jours à l'école ;
» Que je fuis fou d'apprendre à bien parler,
» Lorfque la mort va m'ôter la parole ! »

D d 2

V E R S.

Sur la mort de sa Fille.

« Je suis frappé d'un malheur sans remede.
» La Parque avare a volé tout mon bien,
» Ma fille est morte, & l'Elise possede
» L'aimable esprit qui possédait le mien,
» Celle qui fut tout l'espoir de ma vie
» Est à cette heure à la merci des vers !
» Le fort, rempli de malice & d'envie,
» L'a feulement montrée à l'univers.
» Que l'éloquence avecque tous ses charmes,
» A mon secours ne vienne pas s'offrir ;
» Je n'aime rien que mes cris & mes larmes ;
» Et si je vis, ce n'est que pour souffrir.
» Pourquoi faut-il que la parque differe
» A m'affranchir de ce mortel lien ?
» Sur mon tombeau ma fille devrait faire
» Ce que je fais aujourd'hui sur le sien ».

C H A N S O N.

« Dès que la nuit reprend son cours,
» Je me glisse dans la taverne,
» Et n'en sors jamais que le jour
» Ne fasse pâlir ma lanterne ;
» C'est le seul parti que j'ai pris
» Pour me venger de mon Iris ».

MALESIEU (Nicolas de), né à Paris, en 1650, Chef du conseil de M. le Duc du Maine & Chancelier de Dombes, habile Géometre, fut reçu de l'Académie Française en 1701, & l'avait déja été de l'Académie des Sciences en 1699. Il était l'ame des fêtes qui se donnaient à Sceaux chez Mad. la Duchesse du Maine. Il mourut en 1727.

On prétend que les amours de Ragonde font de lui.

C H A N S O N.

α Grand Prieur vuidons tes celliers,
» J'en veux donner l'exemple :

» Buvons comme des Templiers,
    » Nous voici dans le temple.
» De ſes antiques fondateurs
    » Rappellons la mémoire,
» Non par le déſordre des mœurs
    » Mais à force de boire ».

AUTRE.

« Treve aux chanſons, ne vous déplaiſe :
» Je ne ſaurais boire à mon aiſe,
» Quand il faut arranger des mots.
» Gardons, ſuivant l'antique uſage,
» Parmi les verres & les pots,
» La liberté juſqu'au langage.

» Evitons toute ſervitude,
» Et fuyons la pénible étude
» De rimailler hors de ſaiſon.
» C'eſt une plaiſante maxime,
» Quand il faut perdre la raiſon,
» De vouloir conſerver la rime ».

MALFILATRE, né à Caen, en 1733, eut à lutter toute ſa vie contre l'indigence, la plus cruelle ennemie des talens. On peut juger par ces vers de ſa maniere de les faire.

« Je te ſalue, ame du monde,
» Sacré ſoleil, aſtre de feu,
» De tous les biens ſource féconde,
» Soleil, image de mon Dieu !
» Aux globes qui, dans leur carriere,
» Rendent hommage à ta lumiere,
» Annonce Dieu par ta ſplendeur ;
» Regne à jamais ſur ſes ouvrages ;
» Triomphe, entretiens tous les âges
» De ſon éternelle grandeur ».

Il était occupé à terminer pluſieurs poëmes qu'il avait entrepris, & dont nous avons beaucoup d'excellens fragmens, lorſque la mort le ſurprit en 1768. Il a été auſſi regretté pour ſes mœurs que pour ſes talens.

Il a dû la tranquillité de fés dernieres années à la bienfaisance de M.
le Comte de Lauraguais qui a le double mérite d'avoir rendu une foule de
fervices, à condition qu'ils ne feraient connus que de ceux qui les
éprouvaient.

MALHERBE (François), furnommé le Pere de la Poéfie Françoife, naquit à Gaen vers l'an 1555. Il était de la maifon de Malherbe de S. Agnan,
qui a porté les armes d'Angleterre, & fe difait defcendre de ceux qui fui-
virent Guillaume le conquérant. Il époufa en 1586 Mlle de Coriolis,
fille d'un Préfident à mortier du Parlement d'Aix.

Le Cardinal du Perron le loua tellement en préfence de Henri IV,
qu'il voulut le connaître, & l'aima bientôt; mais ne lui fit aucun bien.

Après fa mort, la Régente lui donna 1500 livres de penfion.

A l'âge de foixante-douze ans ayant perdu un fils qu'il aimait extrêmement & qui fut tué en duel, il voulut fe battre contre le meurtrier de
fon fils; & comme on lui repréfentait qu'il y avait de la difproportion,
« C'eft à caufe de cela, dit-il, que je veux me battre, je ne rifque
» qu'un denier contre une piftole ». Il mourut l'année fuivante en 1628,
d'une maladie qu'il rapporta du fiege de la Rochelle, où il était allé
faire fa cour à la Régente & au jeune Roi.

CHANSON.

« Le tems d'un infenfible cours
» Nous porte à la fin de nos jours;
» C'eft à notre fage conduite,
» Sans murmurer de ce défaut,
» De nous confoler de fa fuite,
» En le ménageant comme il faut ».

ODE

A M. du Perier, Gentilhomme Provençal, fur la mort de fa Fille.

« Ta douleur, du Perier, fera donc éternelle,
» Et les triftes difcours,
» Que te met en l'efprit l'amitié paternelle,
» L'augmenteront toujours.

» Le malheur de ta fille au tombeau defcendue,
            » Par un commun trépas,
» Eft-ce quelque Dédale, ou ta raifon perdue
            » Ne fe retrouve pas ?

» Elle était de ce monde, où les plus belles chofes
            » Ont le pire deftin,
» Et rofe, elle a vécu ce que vivent les rofes
            » L'efpace d'un matin.

» Pour moi, déja deux fois d'une pareille foudre
            » Je me fuis vu perclus,
» Et deux fois la raifon m'a fi bien fait réfoudre,
            » Qu'il ne m'en fouvient plus.

» Non, qu'il me foit grief que la terre poffede
            » Ce qui me fut fi cher :
» Mais dans un accident qui n'a point de remede,
            » Il n'en faut point chercher.

» La mort a des rigueurs à nulle autre pareilles :
            » On a beau la prier,
» La cruelle qu'elle eft, fe bouche les oreilles
            » Et nous laiffe crier.

» Le pauvre en fa cabane, où le chaume le couvre,
            » Eft fujet à fes loix :
» Et la garde qui veille aux barrieres du louvre,
            » N'en défend point nos Rois ».

MALLEVILLE (Claude de), né à Paris, en 1597, fut l'un des premiers Académiciens Français, après avoir remporté le prix fur Voiture, & fur les beaux efprits de fon tems, par fon fonnet de la belle Matineufe. Il était Secrétaire de M. de Baffompierre, à qui il rendit de grands fervices pendant fon féjour à la Baftille. Dès qu'il en fut dehors, il lui acheta une charge de Secrétaire du Roi, pour lui prouver fa reconnaiffance. Malleville devint auffi Secrétaire perpétuel de l'Académie, & mourut en 1647.

Sur une belle Statue d'Ariane.

« Ce que m'ôta jadis la fortune cruelle,
» Ne fe peut comparer à ce qui m'eft rendu ;
» Une favante main aujourdhui me fait telle
» Que j'acquiers mille amans pour un que j'ai perdu ».

Epitaphe d'un Chien.

« Rude aux voleurs, doux à l'amant,
» J'aboyais & faisais caresse ;
» Ainsi j'ai su diversement
» Servir mon maître & ma maîtresse ».

Sonnet de la belle Matineuse.

« Le silence régnait sur la terre & sur l'onde,
» L'air devenait serein, & l'olympe vermeil ;
» Et l'amoureux Zéphir, affranchi du sommeil,
» Ressuscitait les fleurs d'une haleine féconde.

» L'Aurore déployait l'or de sa tresse blonde,
» Et semait de rubis le chemin du Soleil ;
» Enfin ce Dieu venait au plus grand appareil
» Qu'il soit jamais venu pour éclairer le monde.

» Quand la jeune Philis au visage riant,
» Sortant de son palais, plus clair que l'orient,
» Fit voir une lumiere & plus vive & plus belle.

» Sacré flambeau du jour, n'en soyez point jaloux,
» Vous parûtes alors aussi peu devant elle,
» Que les feux de la nuit avaient fait devant vous ».

MANGENOT (l'Abbé), Chanoine du Temple, né à Paris en 1694, était neveu de Palaprat, & l'un des hommes de son tems le plus aimable & le plus sensible, quoique fort vif & quelquefois emporté. Il n'a composé que des pieces détachées, dont quelques-unes sont parfaites. Telle est son Eglogue du *Rendez-vous,* qui gagna le prix aux Jeux Floraux à Toulouse. Son oncle l'avait fait concourir sans qu'il le sut ; & ce fut le grand Rousseau qui lui présenta l'Eglantine en lui apprenant son triomphe.

Il mourut le neuf Octobre 1768, & s'était fait ces deux épitaphes.

» Sous ce marbre gît enterré
» Un Prébendier sexagénaire
» Qui ne lut jamais son bréviaire,
» Et qui ne connut son Curé
» Qu'en relisant son baptistaire ».

» Ci

« Ci gît qui crut long-tems affronter le trépas
» Et prévoir sans terreur le terme de la vie :
   » Vain espoir ! pensait-il, hélas !
» Que nécessairement sa mort serait suivie
» Des pleurs & de l'oubli de sa chere Silvie ».

Vers sur la Mort.

« Laissons au vulgaire des hommes
» Redouter de la mort les pieges imprévus ;
   » Elle n'est point tant que nous sommes,
   » Quand elle est, nous ne sommes plus ».

CHANSON.

« Si l'on peut compter sur un cœur,
» C'est sur le cœur d'une Bergere :
» Par son air naïf & trompeur,
» Ma Corine avait su me plaire ;
» Je la trouvais belle sans fard,
» Je chérissais son cœur sans art :
» Mais, comme une autre, elle est légere.

» Amour, venge un fidele amant
» Des trahisons d'une infidelle :
» Fais lui perdre quelqu'agrément
» A chaque inconstance nouvelle ;
» Hélas ! tu ne m'écoutes pas !
» Loin d'ôter rien à ses appas,
» Chaque forfait la rend plus belle ».

A U T R E.

« Dans un bosquet près du hameau
» Colin caressait Isabeau ;
   » La jeune Bergere,
   » D'une main légere
     » Le repoussait,
  » Le nommant téméraire ;
     » Et lui jurait
   » Qu'elle appellerait.

» Sa chienne qui voyait cela,
» Croyant l'obliger, aboya ;
    » La belle inquiette,
    » Saifit fa houlette
    » Et l'en frappa,
  » Maudiffant l'indifcrette ;
    » Jugez par-là,
    » Comme elle appella ».

A U T R E.

« Délicat, conftant & fidele,
» Mon cœur eft fait pour les amours :
» S'il pouvait fixer une belle,
» Je fens qu'il aimerai: toujours.
» Envain la reine de Cythere
» Entreprendrait de le charmer :
» Grands Dieux! que n'ai-je l'art de plaire !
» J'aurais fi bien celui d'aimer.

» Si, couronnant mon efpérance,
» Ma maîtreffe comblait mes vœux,
» Ce ferait dans la jouiffance
» Que je rallumerais mes feux.
» Jeunes beautés, laiffez-moi faire,
» Le plaifir fait me ranimer.
    » Grands Dieux ! &c.

» Je ne découvrirais les craintes,
» Dont un rival fait nous glacer,
» Que par de délicates plaintes
» Et par le foin de l'effacer.
» Quand on eftime une Bergere,
» Doit on autrement s'exprimer ?
    » Grands Dieux ! &c.

» Des biens qu'obtiendrait ma conftance,
» Je ne ferais point vanité,
» Et je faurais avec prudence
» Jouir de ma félicité :
» A l'ombre d'un fecret myftere,
» Un amant doit fe renfermer,
    » Grands Dieux ! &c. »

Autre faite en 1774.

« Malgré la bataille
» Qu'on donne demain,
» Ça faifons ripaille,
» Charmante Catin,
» Attendant la gloire;
» Prenons le plaifir,
» Sans lire au grimoire
» Du fombre avenir.

« Si la hallebarde
» Je peux mériter,
» Près du corps de garde,
» Je te fais planter;
» Ayant la dentelle,
» Le foulier brodé,
» La blouque à l'oreille,
» Le chignon cardé.

» Narguant tes compagnes,
» Méprifant leurs vœux,
» J'ai fait deux campagnes
» Roti de tes feux.
» Digne de la pomme,
» Tu reçus ma foi,
» Et jamais rogome
» Ne fut bu fans toi.

» Tiens, ferre ma pipe,
» Garde mon briquet;
» Et fi la Tulipe
» Fait le noir trajet,
» Que tu fois la feule
» Dans le régiment
» Qu'ait le brûle-gueule
» De fon cher amant.

» Ah! retien tes larmes,
» Calme ton chagrin;
» Au nom de tes charmes,

« Acheve ton vin.
» Mais quoi ! de nos bandes
» J'entends les tambours ?
» Gloire, tu commandes :
» Adieu mes amours ».

MARCHAND (Jean-Henri), né vers 1700 , Avocat & Cenſeur Royal, convive aimable & Poëte agréable, a ſouvent employé ſes momens de repos à ſe délaſſer par de charmans badinages, de ſes occupations ſérieuſes. Il a fait beaucoup de chanſons qui méritent d'être conſervées. La requête du Curé de Fontenoy, qui a eu tant de ſuccès, eſt de lui.

Agé de plus de ſoixante-dix ans, il a ſupporté l'opération de la pierre avec autant de force que de courage, & même de gaiété. Il mettait ſes bulletins en vers, & badinait ſur ſon état, que tant d'autres n'auraient pas trouvé plaiſant. Cette bonne humeur & ſa tranquillité d'ame ont autant contribué qne les remedes, à ſon rétabliſſement ; & cette opération douloureuſe aura été un nouveau bail avec la vie.

CHANSON.

« Je mépriſe la ſervitude
» Où vivent les gens de la cour,
» Le plaiſir fait ma ſeule étude,
» Et je n'encenſe que l'amour.
» Dans une heureuſe indépendance ;
» J'ai choiſi Chloé pour mon roi,
» Et je partage ſa puiſſance :
» Son premier miniſtre, c'eſt moi.

» Je ſuis content ſous ſon empire :
» Ses beaux yeux ſeuls dictent mes loix ;
» Et gaiment l'on me voit ſouſcrire
» Au devoir d'acquitter ſes droits,
» Elle les perçoit elle-même,
» Je lui paie de bonne foi,
» L'entrée & même le dixieme,
» Et ſon ſeul tréſorier, c'eſt moi.

» L'on voit régner dans notre empire
» La gaité, l'aiſance & la paix ;

» Nous favons tous deux nous fuffire,

» Sans vouloir de nouveaux fujets.

» Un même defir nous raffemble,

» Et fans prévoir aucun revers,

» Pour nous le plaifir d'être enfemble

» Vaut tous les biens de l'univers.

» Jamais la chaleur des querelles

» N'altere notre intimité.

» A l'exemple des tourterelles,

» Nous careffons la volupté;

» L'amour ne nous prête fes aîles

» Que pour aider à nous chercher;

» Et les moineaux font nos modeles

» Dans l'ardeur de nous rapprocher ».

MARCOUVILLE (Lefevre de), né à Paris, a donné en 1772, plufieurs petites pieces qui ont eu du fuccès.

MARGUERITE DE VALOIS, Reine de Navarre, née à Angoulême le onze Avril 1492, était fille du Duc d'Angoulême & de Louife de Savoye, & fœur de François I, moins âgé qu'elle de deux ans. Elle fut mariée le neuf Octobre 1509, au Duc d'Alençon, qui mourut à Lyon en 1525, de regret d'avoir fui à la bataille de Pavie.

On connaît la malheureufe paffion du Connétable de Bourbon pour elle, qui lui fit malheureufement refufer d'époufer Louife de Savoye; ce mariage eût évité fes malheurs & ceux de la France.

Marguerite alla en Efpagne pour y traiter de la rançon du Roi fon frere, &, par fon habileté, ayant échappée à toutes les embûches qu'on lui dreffa, elle le ramena dans fes états, & peu de tems après, en 1527, époufa Henri d'Albret, Roi de Navarre, qui ne la rendit pas heureufe.

Elle s'en confola avec les Lettres, & protégea les Poëtes, & fur-tout Clément Marot, fon valet-de-chambre, qu'on la foupçonna même d'avoir trop aimé. Elle paffa le refte de fa vie auprès du Roi fon frere, ou dans fa retraite d'Ortez qu'elle ne quitta plus, après avoir perdu ce frere chéri en 1547. Elle mourut deux ans après lui au château d'Odos en Bigorre, le deux Décembre 1549, âgée de cinquante-fept ans &

demi, & fut inhumée à Pau. Un de ses valets-de-chambre publia ses œuvres en 1547, sous ce titre : *les Marguerites de la Marguerite des Princesses, très illustre Reine de Navarre.* Ce livre est rempli de choses charmantes, & qui prouvent qu'elle était aussi instruite que spirituelle.

Chanson à un Amant qui ne s'exprimait que par ses yeux.

« De ton œil le regard je voi,
» Du mien aussi je te regarde ;
» Mais au cœur que l'on voit par foi,
» Je ne prends point autrement garde :
» De s'expliquer tant qu'on retarde :
» Mon jugement est suspendu ;
» Il faut premier qu'amour hazarde
» Le parler pour être entendu.

» Mon œil juge ce qu'il veut voir,
» Et non la pensée couverte ;
» Car l'œil de mentir fait devoir
» Autant que la parole ouverte,
» Moï qui n'y cherche gain ni perte ;
» Ne veux rien croire & rien sentir :
» L'amour, par le regard offerte,
» Peut, comme le parler mentir.

» Je ne dois croire à la douleur
» Qui ne m'est montrée ni dite ;
» L'œil piteux, la pâle couleur
» A nul jugement ne m'incite !
» L'amitié semble bien petite
» Qui ne chasse crainte dehors :
» Tout parler réponse mérite ;
» Parle, je répondrai pour lors.

» Si, en me servant, tu n'as rien
» De ce que ton desir pourchasse,
» Cherche un autre cœur que le mien,
» Puisqu'amour ne te sert d'audace.
» Mais, afin que plus tu ne fasse
» Poursuite d'un inconnu bien,
» Autre que toi a pris la place
» Du cœur qui ne peut être tien.

» La vertu, qui eſt fondement
» De cet amour ferme & honnête,
» Me la fait montrer clairement,
» Sans rougir ni baiſſer la tête :
» Aſſez ſe ſont mis en la queſte
» Pour trouver en mon cœur pitié :
» Mais je réponds à leur requeſte,
» Je n'ai qu'en un ſeul amitié ».

CANTIQUE.

« Pour être un digne & bon chrétien,
» Il faut à Chriſt être ſemblable ;
» Il faut renoncer à tout bien,
» A tout honneur qui eſt damnable,
» A la Dame belle & jolie,
» A plaiſir qui la chair émeut :
» Laiſſer biens, honneurs & amies ;
» Ne fait pas ce tour-là qui veut.

» Ses biens aux pauvres faut donner
» D'un cœur joyeux & volontaire ;
» Faut les injures pardonner,
» Et à ſes ennemis bien faire ;
» Séjouir en mélancolie
» Et tourment dont la chair s'émeut ;
» Aimer la mort comme la vie ;
» Ne fait pas ce tour-là qui veut ».

MARIE STUART, Reine de France & d'Ecoſſe, née en 1545, & fille de Jacques V, Roi d'Ecoſſe, & de la fille du Duc de Guiſe, devint Reine n'ayant que huit jours, & épouſa François II, alors Dauphin, le vingt-quatre Février 1558. Après ſa mort, elle épouſa Henri Stuart ſon couſin, qui, la ſurprenant un jour ſoupant avec un Muſicien, nommé *Rizzo*, & une de ſes favorites, fit tuer le Muſicien preſque ſous ſes yeux. Peu de tems après il fut aſſaſſiné, & elle ſe maria pour la troiſieme fois au Comte de Bothwel, ſoupçonné d'avoir empoiſonné le Roi.

Le Comte voulant s'emparer du jeune Jacques, fils de Marie (qui fut depuis Roi d'Angleterre & d'Ecoſſe, ſous le nom de Jacques I,) la Nobleſſe s'y oppoſa, chaſſa le Comte, & mit la Reine en priſon.

Elle trouva le moyen de fe fauver, & fe réfugia auprès de la Reine Elifabeth, qui lui avait promis du fecours ; mais elle ne fut pas plutôt à Londres, qu'elle fut mife en prifon fur de fauffes accufations, y refta dix-huit ans, & n'en fortit que pour avoir la tête tranchée. Elle mourut avec une conftance admirable, le dix-huit Février 1587, au château de Fondringaye.

Les Hiftoriens parlent avantageufement de fon efprit, de fes talens & fa beauté. Elle favait fix langues, & écrivait auffi bien en vers qu'en profe. Lorfqu'elle fe fut embarquée pour retourner en Ecoffe, & qu'elle eut commencé à perdre de vue les côtes de France, elle fit la chanfon fuivante qui nous a été confervée.

« Adieu plaifant pays de France,
» O ma patrie la plus chérie
» Que a norrit ma jeune enfance.
» Adieu France, adieu nos beaux jours :
» La nef. qui déjoint nos amours,
» N'a cy de moy que la moitié ;
» Une part te refte, elle eft tienne ;
» Je la fie à ton amitié,
» Pour que de l'autre il te fouvienne ».

Autre en Provençal.

Viei repupiaire, es tem de defarma,
Ké deffein as de t'euflamma ?
Laiffou la tendreffe à ou bel adge,
La keu kadré de fi laiffa reharma,
Eftez feloun, toun dire une foulie d'eïma ;
Per ké vos eftré foueu quand deves eftre fadge.

Traduction.

« Vieux fou, il eft tems de mettre bas les armes ;
» Quel eft donc ton deffein en t'enflammant ?
» Laiffe la tendreffe au bel âge ;
» Celui qui a droit de fe laiffer charmer,
» C'eft à ton dire un fou de vouloir aimer,
» Pourquoi donc être fou quand tu dois être fage ».

MARIGNY

Marigny (Jacques Charpentier de), né à Nevers vers la fin du seizieme siecle, fut fort aimé des Cardinaux de Richelieu & de Retz. On
trouve dans ses poésies des pieces charmantes. Nous ne citerons que la
chanson suivante. Il mourut en 1670; & le recueil de ses poésies parut en
1674.

CHANSON.

« Si l'amour est un doux servage;
» Si l'on ne peut trop estimer
» Les plaisirs où l'amour engage;
» Qu'on est sot de ne pas aimer !
» Mais si l'on se sent enflamer
» D'un feu dont l'ardeur est extrême;
» Et qu'on n'ose pas l'exprimer
» Qu'on est sot alors que l'on aime !

» Si dans la fleur de son bel âge;
» Fille, qui pourrait tout charmer,
» Vous donne son cœur en partage;
» Qu'on est sot de ne pas aimer !
» Mais s'il faut toujours s'alarmer,
» Craindre, rougir, devenir blême;
» Aussi-tôt qu'on s'entend nommer,
» Qu'on est sot alors que l'on aime !

» Pour complaire au plus doux visage
» Qu'amour puisse jamais former;
» S'il ne faut rien qu'un doux langage;
» Qu'on est sot de ne pas aimer !
» Mais quand on se voit consumer,
» Si la belle est toujours de même,
» Sans que rien la puisse animer,
» Qu'on est sot alors que l'on aime !

ENVOI.

» En amour si rien n'est amer,
» Qu'on est sot de ne pas aimer !
» Si tout l'est au degré suprême,
» Qu'on est sot alors que l'on aime ! «

A U T R E.

» Vous me l'accorderez, Silvie,

» Qu'il n'eft rien de fi doux qu'un baifer ;

» Ce charmant plaifir de la vie,

» Vous me l'accorderez, Silvie.

» Que fi, contentant mon envie,

» Nos feux fe peuvent appaifer ;

» Vous me l'accorderez, Silvie,

» Qu'il n'eft rien de fi doux qu'un baifer.

» Qu'aimer eft un fâcheux martyre,

» Et que c'eft un tyran bien cruel que l'amour,

» Vous riez de m'entendre dire,

» Qu'aimer eft un fâcheux martyre :

» Mais fi jamais l'amour vous tient fous fon empire ;

» Vous direz, belle, à votre tour,

» Qu'aimer eft un fâcheux martyre,

» Et que c'eft un tyran bien cruel que l'amour »

MARIN (Louis - François - Claude), Cenfeur Royal, né à la Ciotat en Provence, a donné & fait imprimer plufieurs pieces agréables.

MARMONTEL (Jean-François), né en 1723, reçu à l'Académie Françaife en 1763, nommé Hiftoriographe de France en 1771. Comme il eft celui des hommes de lettres qui paraît s'être le plus occupé des moyens de rendre la poéfie françaife fufceptible des divers caractéres de la Mufique, en donnant aux paroles la coupe, le tour & le rhythme les plus favorables au chant, on croit devoir donner plus d'étendue à fon article.

Quoique, dans fes premiers effais, il fût affujetti aux formes de l'an-tienne Mufique Françaife, on voit cependant que, dès-lors, il tâchait d'en rompre la monotonie & d'en varier les effets. Cette intention eft marquée dans l'acte de *la Guirlande* & dans celui des *Sibarites* ; elle l'eft encore plus dans l'*Hercule mourant*. Mais fon fyftème n'était encore ni affez mûrement réfléchi, ni affez complettement formé, ni affez ana-logue au génie & au ftyle des Muficiens de ce tems-là. Il l'a conçu depuis avec plus d'étendue, de précision & de clarté. Le voici tel qu'il l'a exposé dans différens articles de l'Encyclopédie.

« Le principe de tous les arts qui se proposent d'imiter la nature, est que l'imitation soit quelque chose de ressemblant, & non pas de semblable ».

« L'imitation est donc un mensonge, soit dans le moyen, soit dans la maniere dont elle fait illusion ; & ce qu'il y a de singulier, c'est que le témoignage confus que nous nous rendons à nous-mêmes, que l'art nous trompe, est la cause du plaisir sensible & délicat que nous éprouvons à être trompés. Il doit donc y avoir dans l'imitation une ressemblance, afin que l'ame y soit trompée ; mais il doit y avoir en même-tems une différence sensible, afin que l'ame s'apperçoive & jouisse confusément de son erreur ».

« Alternativement savoir & oublier que l'imitation est un artifice ; sentir à chaque instant le mérite de l'art, en le prenant pour la nature ; jouir, par sentiment, des apparences de la vérité, &, par réflexion, des charmes du mensonge, voilà le composé réel, quoiqu'ineffable du plaisir que nous font les arts d'imitation ».

« Tous ces arts font une espece de pacte avec l'ame & avec les sens qu'ils affectent ; ce pacte consiste à demander des licences, & à promettre des plaisirs qu'ils ne donneraient pas sans ces licences heureuses ».

« S'il est donc vrai que le chant, comme les vers, embellisse l'imitation de la parole, sans détruire l'illusion, on aurait tort de se refuser au nouveau plaisir qu'il nous cause : ce ne sera jamais un peuple doué d'une oreille sensible qui se plaindra qu'on parle en chantant ».

« La scène déclamée est ce qu'il y a de plus ressemblant au ton naturel de la parole ; la scène chantée sans accompagnement & sans mesure, est ce qui approche le plus de la déclamation ; le récit obligé s'en éloigne davantage ; enfin l'air est encore une imitation plus altérée, plus éloignée de la vérité ; car la rondeur, la symmétrie & l'unité du chant ne ressemblent que de très loin aux modulations libres & naturelles de la voix ».

« Si donc on ne cherchait dans l'expression musicale que la vérité de l'imitation, & si, pour produire l'illusion, il fallait que l'imitation fût fidelle, il n'y aurait aucun doute que la Musique la plus parfaite serait le

Ff 2

fimple récitatif ; & ce récitatif lui-même , moins naturel que la déclamation , n'en eût pas dû prendre la place ».

« Mais dans l'imitation on ne cherche pas feulement la vérité ; on y
defire la vérité embellie , c'eft-à-dire , une impreffion plus agréable que
celle de la vérité même ou de fon exacte reffemblance ; il s'agit donc ici
d'un calcul de plaifir ».

« Ne demandez-vous qu'à être émus par le tableau le plus frappant
d'une action pathétique ; fuyez loin du théâtre où l'on chante , & allez
à celui où des Acteurs habiles donnent aux paffions leur accent naturel.
Une voix étouffée , une voix déchirante , les gémiffemens , les cris , les
fanglots de la douleur bien imitée , vous feront plus d'illufion & une
impreffion plus profonde que la Mufique la plus touchante ; & à l'avantage de l'expreffion fe joindra celui d'un poëme où le génie , n'étant
gêné fur rien , n'a eu rien à facrifier. Mais voulez-vous joindre au plaifir d'être ému d'étonnement , de crainte & de pitié , celui d'avoir l'o-
reille agréablement affectée par une fucceffion ou par un enfemble de
fons mélodieux , d'accords harmonieux ? allez au théâtre où l'on chante ,
& demandez au théâtre que l'art du chant y foit porté au plus haut degré
d'expreffion & de charme ».

« La Mufique vocale a trois procédés différens : le récitatif fimple , le
récitatif obligé , & l'air ou le chant périodique & fuivi. Le premier s'em-
ploie à tout ce que la fcène a de tranquille & de rapide ; le fecond a
lieu dans des fituations plus vives & plus fortes ; il exprime le choc des
paffions , les mouvemens interrompus de l'ame , l'égarement de la raifon ,
les irréfolutions de la penfée , & tout ce qui fe paffe de tumultueux &
d'entre-coupé fur la fcène ; le troifieme eft placé toutes les fois que le
fentiment eft fufceptible d'une expreffion développée & circonfcrite dans
un efpace régulier ».

« Le récitatif , quel qu'il foit , réduit à fa fimplicité monotone , fati-
guera toujours l'oreille ; le récitatif obligé , quelqu'expreffion qu'on donne
à l'harmonie qui l'accompagne , quelqu'énergie qu'elle ajoute aux accens
dont il eft formé , ne répandra jamais dans la fcène affez de variété ,
d'agrémens & de charmes , pour compenfer l'altération de l'accent naturel ».

« Je quitterai mes motifs , nous dit l'Auteur du Mélodrame : *je les
multiplierai , je les tronquerai , je mêlerai l'air & le récit , je changerai*

les rhythmes, je mutilerai les phrases, mais je saurai bien vous en dé-
dommager ».

« Et nous dédommagerez-vous de la vérité fimple, énergique & inimitable d'une déclamation naturelle ? noterez-vous les accens de la voix de
Mérope, les fanglots, les cris déchirans de la voix d'une Dumefnil ? dédommagerez-vous la tragédie de l'efpece de mutilation, à laquelle elle
eft condamnée, pour épargner à la Mufique les gradations, les développemens dont celle-ci eft ennemie ? Nous dédommagerez-vous des penfées
approfondies que le Poëte s'eft interdites, par la raifon que leur caractere tranquille & grave de majefté, de force & d'élévation, fans aucun
mouvement rapide & varié, n'était pas favorable au chant ? Où fera la
compenfation de toutes les beautés qu'on aura facrifiées à la Mufique ? Une
déclamation rompue, où le rhythme & la période feront tronqués à chaque
inftant ; une déclamation entre-mêlée de traits de chant brifés, mutilés,
avortés ; une déclamation qui n'aura ni la vérité de la nature, ni aucun
des agrémens de l'art, vaut-elle bien ces facrifices ? L'expreffion en fera
pathétique dans les momens de force ; mais dans les intervalles où la
chaleur de la paffion vous abandonnera, quelle monotonie & quelle infi-
pide langueur ! »

« A l'Opéra, un feul moyen de plaire, toujours varié, toujours fenfible, toujours inépuifable dans fes reffources, c'eft le chant, parcequ'il
prend toutes les formes du fentiment & de la penfée ; qu'en même-
tems qu'il flatte l'oreille, il touche l'ame ; qu'il parle à l'efprit comme
au fens ».

« Concluons que la partie effentielle de la Mufique, c'eft le chant ;
que le récitatif obligé, qui, dans les mouvemens rompus & tumultueux
des paffions, peut emprunter de l'harmonie tant d'énergie & de puiffance, n'eft pourtant pas ce qu'on defire le plus vivement, & dont on
fe laffe le moins ; que c'eft de la beauté du chant périodique & mélodieux que l'ame & l'oreille font infatiables, & que par conféquent le
Poëte, qui écrit pour le Muficien, doit regarder la partie du récitatif
fimple comme celle qui exige le ftyle le plus concis, le plus léger, le
plus rapide, afin que l'oreille impatiente d'arriver au chant, ne fe
plaigne jamais qu'on l'arrête au paffage ; la partie du récitatif obligé,
comme celle qui demande à être employée avec le plus de fobriété, afin

que le fentiment de l'harmonie ne foit point émouffé par la fatigue de n'entendre que des accords fans deffin, & la partie du chant mélodieux & fini, comme celle dont la diftribution doit être fon premier objet, afin que le charme de la mélodie, le vrai plaifir de ce fpeétacle, fe reproduife fous mille formes, & que s'il altere la vérité de l'expreffion naturelle, ce ne foit que pour l'embellir ».

« L'air eft à la Mufique ce que la période (a) eft à l'éloquence, c'eft-à-dire, ce qu'il y a de plus régulier, de plus fini, de plus fatisfai-fant pour l'oreille ; & l'interdire au chant théâtral, ce ferait retrancher du théâtre lyrique le plus fenfible de fes plaifirs. Mais quelle eft la place de l'air ? »

« Il eft des momens où la fituation de l'ame eft déterminée, & fon mouvement décidé, ou par une paffion fimple, ou par deux paffions qui fe fuccédent, & qui l'emportent tour-à-tour. Si l'affeétion de l'ame eft fimple, l'air doit être fimple comme elle ; & ne revenir fur fes modula-tions que pour les varier, & pour les rendre plus fenfibles, il eft alors l'expreffion d'un mouvement de l'ame plus lent ou plus rapide, plus violent ou plus doux, mais qui n'eft point contraire ; & l'air en prend le caraétere. Si l'affeétion de l'ame eft implexe, & qu'elle fe trouve agitée, par deux mouvemens oppofés, l'air exprimera l'un & l'autre ; mais tantôt il n'y aura qu'une fucceffion direéte, un paffage, comme de l'abattement au tranfport, de la douleur au défefpoir ; & alors le premier fentiment doit être en contrafte avec le fecond, & celui-ci former fa période par-

---

(a) M. le Chevalier de *Chaftellux* nous dit, d'après *Demetrius de Phalere*, que les membres des périodes reffemblent aux voûtes qui foutiennent les toits des édifices, tandis que les phrafes des difcours négligés, reffemblent à des pierres éparfes çà & là.

(*Effai fur l'union de la Poéfie & de la Mufique*).

Il paraît certain que les Anciens n'ont point connu le chant périodique & motivé, que nous appelons *air*. (*Id. pag.* 10).

Les critiques de la *Période muficale*, & qui ne veulent pas admettre ce nom pour exprimer certaines phrafes qui reviennent plufieurs fois dans certains morceaux de mufique, devraient cependant fonger qu'un de leurs oracles, Rouffeau, dans fon Diétionnaire, (pag. 201, *in-4°*) fe fert de ce terme, & dit : « En général, plus le ftyle, les *périodes*, » les phrafes, la mélodie & l'harmonie ont de caraétere, plus l'enfemble eft facile à » faifir, &c. » Au furplus, il faut bien que ce retour *périodique* de quelques phrafes ait un nom. Vaut autant celui là qu'un autre.

ticuliere : c'eft-là ce qu'on appelle un air à deux motifs , mais fans retour de l'un à l'autre. Tantôt il y aura un retour de l'ame fur elle-même & comme une efpece de révolution du fecond mouvement au premier : l'air , par exemple, commencera par la colere, à laquelle fuccédera un mouvement de pitié, qu'un nouveau mouvement de dépit fera difparaître, en ramenant avec plus de violence le premier de ces fentimens. Ainfi l'on voit que l'air peut commencer par le fentiment le plus vif, dont la feconde partie foit le relâche, & qui fe réveille à la fin avec plus de chaleur & de rapidité. C'eft quelquefois l'amour que le devoir retient , mais qui lui échappe & s'abandonne à toute l'ardeur de fes defirs ; c'eft la joie que la crainte modére, & qu'un nouveau rayon d'efpérance ranime ; c'eft la colere que ralentit un mouvement de générofité, mais que le reffentiment de l'injure vient ranimer encore avec plus de fureur ».

« Il peut arriver cependant que la premiere partie de l'air, quoique la plus douce, ait un caractere fi fenfible, fi gracieux ou fi touchant, qu'elle fe faffe defirer à l'oreille ; & alors c'eft au Poëte à prendre foin que le mouvement de l'ame l'y ramene : l'oreille qui demande & qui attend ce retour, ferait défagréablement trompée, fi on lui en dérobait le plaifir ».

« Enfin les révolutions de l'ame ou fes ofcillations d'un mouvement à l'autre peuvent être naturellement redoublées ; & par conféquent le retour de la premiere partie de l'air peut avoir lieu plus d'une fois ».

« La marche & la coupe de l'air eft donc prife dans la nature, foit qu'il exprime un fimple mouvement de l'ame , une feule affection développée & variée par fes nuances, foit qu'il exprime le balancement & l'agitation de l'ame entre deux ou plufieurs fentimens oppofés, foit qu'il exprime le paffage unique d'un fentiment plus modéré, à un fentiment plus rapide, & *vice versâ* ; car tout cela eft conforme aux loix des mouvemens du cœur humain ; & demander alors que la déclamation muficale ne foit pas un air, mais un fimple récitatif rompu dans fes modulations , fans deffein & fans unité, c'eft non-feulement vouloir que l'art foit dépouillé d'un de fes ornemens, mais que la nature elle-même foit contrariée dans l'expreffion qu'elle indique ».

« Mais pour que l'air foit naturellement placé, il faut faifir avec juft
teffe le moment où la vérité de l'expreffion le follicite. L'air, dans un moment vuide ou froid, fera toujours un ornement poftiche. C'eft le moment le plus vif de la scène qu'il faut choisir pour y attacher l'expression la plus saillante ; & cette expression doit être prise elle-même dans la nature. Ce n'est, ni une image tirée de loin, ni une comparaison forcée, ni un madrigal artificiellement éguisé, ni une antithèse curieusement arrangée, qui doit être le sujet de l'air ; l'expression la plus simple de ce qui affecte l'ame est ce qui lui convient le mieux, parce que c'est-là ce qui donne lieu aux accens les plus sensibles de la parole, & par imitation ; aux accens les plus touchans de la Musique ».

« Le duo, tel que Métastase nous en a donné des modeles, est un dialogue concis, rapide, symmétriquement composé, & susceptible, comme l'air, d'un dessein régulier & simple. Dans ce dialogue les voix se font d'abord entendre séparément, & chacun dit ce qu'il doit dire ; les ames se répondent, les divers sentimens se contrarient & se combattent ; jusques-là tout se passe comme dans la nature. Mais vient un moment où le dialogue est si pressé, qu'il n'y a plus d'alternative, & que des deux côtés les mouvemens de l'ame s'échappent à la fois ; alors les deux voix se rencontrent, & leur accord n'est pas moins un plaisir pour l'ame que pour l'oreille, parcequ'il exprime ou la réunion de deux sentimens unanimes, ou le combat vif & rapide de deux sentimens opposés. Ici l'art prend quelque licence ».

« Une des plus grandes beautés du chœur, c'est le dessein. Ce dessein demande quelqu'étendue pour se développer, & quelque suite pour avoir de la rondeur & de l'ensemble : le moyen de décrire un cercle harmonieux en imitant des cris, des mots entre-coupés ? Voilà sans doute la difficulté, mais aussi le secret de l'art ; & ce secret se réduit, du côté du Poëte, à dialoguer le chœur, ainsi que le duo. Que les différentes parties se séparent & se rejoignent ; que tantôt elles se contrarient & que tantôt elles s'accordent ; que deux, trois voix, une voix seule de tems en tems se fasse entendre, qu'une partie lui réponde, qu'une autre partie la soutienne, & qu'enfin toutes se ramenent à un sentiment unanime, ou se choquent dans un combat de deux sentimens opposés ; voilà le chœur qui devient une scène étendue & dévolopée, & qui, dans son imitation a toute la vérité de la nature, avec cette seule différence, que d'un tumulte populaire, on aura fait un chant & un concert harmonieux ».

Tel est le sistème que M. Marmontel s'est proposé depuis long-temps.

Il avait cru s'appercevoir qu'au théâtre de l'Opera, rien encore n'y étoit favorable, au lieu qu'à l'Opéra-Comique tout y paroiſſoit diſpoſé. Il fit d'abord avec un amateur, une tentative qui réuſſit, mais ſur des théâtres particuliers. On ſait pourquoi ce petit Opéra d'*Annette & Lubin* ne parut pas ſur la ſcene publique. M. Marmontel y mit le conte de la *Bergere des Alpes*. Le dénouement n'en étoit pas heureux, & la Muſique en étoit foible; il n'eut point de ſuccès.

Mais un compoſiteur plein d'eſprit & de goût, M. Gréti, arriva d'Italie, & il eut recours à M. Marmontel. Ce fut alors que celui-ci pût mettre en œuvre ſes principes, & ſucceſſivement eſſayer à quel point notre langue étoit ſuſceptible des divers caracteres de la Muſique Italienne dans tous les degrés d'expreſſion. Le *Huron*, *Lucile*, *Silvain*, *l'Ami de la Maiſon*, *Zémire & Azor*, & *la Fauſſe Magie*, lui ſervirent d'études pour exercer ſon ſtyle & pour s'habituer à donner à ſes vers la coupe, le rithme, le tout périodique les plus analogues au ſentiment que le chant devoit exprimer. Dans la plûpart de ces ſujets, il a trouvé moyen de placer des morceaux qui approchent du genre héroïque : le *duo* de Silvain ſeroit beau dans le plus bel Opéra ; preſque tout Zémire & Azor eſt digne d'un théâtre noble.

Mais ce n'étoit là que la route, & non le terme où il vouloit arriver.

« Son but, en rapprochant l'Opéra-Comique de l'Opéra ſérieux, avoit été de faciliter à la Muſique Italienne le paſſage de l'un à l'autre ; pour y parvenir, il vit qu'il ſerait plus ſage de ne pas riſquer un ouvrage nouveau, mais de chercher à tirer parti d'ouvrages déjà faits, & deſtinés à la nation, tels que les Opéra de Quinault ». Projet louable, & par ſon motif, & par le courage qu'il fallait pour en vaincre les difficultés & les déſagréments.

« L'air phraſé à l'Italienne, avait-il dit dans un article de l'Encyclopédie, manque à la ſcène de l'opéra Français, pour l'animer & l'embellir ; & lorſqu'on ſaura l'y employer avec intelligence & avec avantage, ainſi que le duo & le récitatif obligé, il en réſultera, pour l'opéra Français ſur l'opéra Italien, une ſupériorité que nous ne craignons pas de prédire ; mais on aura toujours à regretter que les chefs-d'œuvres de Quinault ſoient privés de cet ornement ; & celui qui réuſſirait à les en rendre ſuſceptibles, en conſervant à ces poëmes leurs inimitables beautés, ferait

Tome IV. Gg

plus qu'on ne faurait croire pour les progrès de la Mufique en France ,
& pour la gloire d'un théâtre où Quinault doit toujours régner. Quelque
mérite que l'on fuppofe à Lully, la facilité, la nobleffe, le naturel de
fon récitatif peuvent être inutiles , & dans tout le refte il n'eft pas difficile
d'être fupérieur à lui; mais rien peut-être ne remplacera jamais les poëmes
de *Théfee*, de *Roland* & d'*Armide* ; & toute nouveauté qui les bannira
du théâtre , nous laiffera de longs regrets ».

Ce fut donc pour conferver au théâtre les poëmes anciens , que M.
Marmontel, en effaçant tout ce qui pouvait les déparer , & en les réduifant
à leurs beautés pures , entreprit d'y mêler lui - même des morceaux de
poéfie deftinés au chant, mais tellement liés avec le dialogue , qu'ils ne
fuffent que l'expreffion plus vive & plus faillantes du fentiment qui naît
de la fituation. Encouragé dans ce travail par les gens de lettres les plus
éclairés , les plus verfés dans l'art d'écrire , à l'examen defquels il l'avait
foumis , il était parvenu à difpofer pour une Mufique nouvelle les poëmes
d'*Amadis* , de *Roland* , de *Perfée* , de *Proferpine* , d'*Atys* , de *Phaëton* ,
d'*Ifis* , de *Théfée* & d'*Armide*. Lorfque l'un des plus célebres Compofiteurs
d'Italie , M. Piccini , fut appellé en France , on demanda pour lui , à M.
Marmontel , un des poëmes de Quinault , & l'on choifit Roland. M.
Piccini ne favait point la langue : il fallait donc , en lui expliquant le
poëme , fuivre pas à pas fon travail. M. Marmontel y mit le même foin
qu'y aurait mis Quinault lui-même.

Le Compofiteur Italien apprit de lui en peu de tems , & notre langue
poétique , & l'accentuation de nos vers, enforte que , dans fa Mufique ,
les Cenfeurs même les plus féveres n'ont pu relever une faute contre la
profodie & l'accent de la langue. L'on fait quel a été le fuccès de cet
ouvrage ; il a rempli le vœu de M. Marmontel ; il a réfolu le problême :
Si notre langue était fufceptible de la Mufique Italienne.

Il l'a établie fur notre théâtre lyrique , avec l'applaudiffement le plus
folemnel ; enfin il a ouvert aux Compofiteurs Italiens une nouvelle carriere,
& à la nation Françaife une nouvelle fource de plaifirs.

Ce qu'on remarque finguliérement dans le travail de M. Marmontel
fur les poëmes de Quinault , c'eft l'attention la plus févere à ne porter
atteinte à aucune de leurs beautés , & à n'en pas retrancher un vers que
l'on regrette ; c'eft auffi le foin qu'il a pris de donner aux traits qu'il

ajoute, la couleur même du tableau, de maniere qu'on ne s'apperçut pas que le tableau fut retouché ; & cet éloge, il l'a reçu des gens de lettres les plus diftingués par leur talent pour la poéfie, & les plus fenfibles à l'harmonie, à l'élégance, & au naturel du ftyle de Quinault.

M. Marmontel a donné à l'Opéra, en 1751, *Acante & Céphife* en trois actes, mufique de *Rameau: la Guirlande*, en un acte, *idem;* en 1757, *les Sibarites*, en un acte, *idem;* en 1761, *Hercule mourant*, mufique de M. *d'Auvergne;* en 1775, *Céphale & Procris*, mufique de M. *Grétry;* en 1778, *Roland*, de Quinault, remis en trois actes, mufique de M. *Piccini.*

Il a donné à la Comédie Italienne, en 1766, *la Bergere des Alpes*, mufique de *Kohaut;* en 1768, *le Huron*, mufique de M. *Grétry;* en 1769, *Lucile, idem;* en 1770, *Sylvain*, *idem: Zémire & Azor, idem;* en 1772, *l'Ami de la Maifon, idem;* en 1775, *la fauffe Magie, idem,* à Fontainebleau; en 1743, *Myfis & Delie,* à Choify; en 1762, *Annette & Lubin.*

CHANSON.

» Adelaïde
» Semble faite exprès pour charmer ;
» Et mieux que le galant Ovide,
» Ses yeux enfeignent l'art d'aimer
» Adélaïde.

» D'Adélaïde,
» Ah ! que l'empire femble doux ?
» Qu'on me donne un nouvel Alcide :
» Je gage qu'il file aux genoux
» D'Adélaïde.

» D'Adélaïde,
» Fuyez le dangereux accueil ;
» Tous les enchantemens d'Armide
» Sont moins à craindre qu'un coup d'œil
» D'Adélaïde.

» D'Adélaïde,
» Quand amour eut formé les traits,
» Ma foi, dit-il, la cour de Gnide
» N'a rien de pareil aux attraits
» D'Adélaïde.

» Adélaïde,
» Lui dit-il, ne nous quittons pas;
» Je fuis aveugle, fois mon guide :
» Je fuivrai par-tout pas-à-pas
» Adélaïde.

R O M A N C E.

» L'amour ma fait la peinture
» De Daphné, de fes malheurs;
» J'en vais tracer l'aventure,
» Puiffe la race future
» L'entendre & verfer des pleurs.

» Daphné fut fenfible & belle,
» Apollon fenfible & beau;
» Sur eux l'amour d'un coup d'aîle
» Fit voler une étincelle
» De fon dangereux flambeau.

» Daphné d'abord interdite,
» Rougit, voyant Apollon;
» Il s'approche, elle l'évite;
» Mais fuyait-elle bien vîte?
» L'amour affure que non.

» Le Dieu qni vole à fa fuite
» De fa lenteur s'applaudit;
» Elle balance, elle héfite,
» La pudeur hâte fa fuite,
» Le defir la relentit.

» Il la pourfuit à la trace;
» Il eft prêt à la faifir;
» Il va demander grace :
» Une nymphe eft bientôt laffe,
» Quand elle fuit le plaifir.

» Elle defire, elle n'ofe,
» Son pere voit fes combats;
» Et par fa métamorphofe
» A fa défaite, il s'oppofe;
» Daphné ne l'en priait pas.

» C'eſt Apollon qu'elle implore,
» Sa vue adoucit ſes maux,
» Et vers l'amant qu'elle adore,
» Ses bras s'étendent encore,
» En ſe chargeant en rameaux.

» Qnel objet pour la tendreſſe
» De ce malheureux vainqueur !
» C'eſt un arbre qu'il careſſe ;
» Mais ſous l'écorce qu'il preſſe,
» Il ſent palpiter un cœur.

» Ce cœur ne fut point ſévere,
» Et ſon deinier mouvement
» Fut, ſi l'amour eſt ſincere,
» Un reproche pour ſon 'pere ,
» Un regret pour ſon amant ».

AUTRE.

Comment Colin ſait-il donc que je l'aime ?
» J'ai ſi bien l'air de le haïr !
» Eſt-ce mon cœur qui s'eſt trahi lui-même ?
» Eſt-ce l'amour qui m'a voulu trahir ?

» Avec lui timide & farouche,
» J'ai du plaiſir, mais je ſais le cacher ;
» Je rougis ſitôt qu'il me touche,
» Je lui défends de me toucher.
» Comment , &c.

» Dans mes yeux il aurait pu lire ;
» Mais devant lui j'ai ſoin de les baiſſer ;
» Je retiens juſqu'à mon ſourire,
» Et je lui dis de me laiſſer.
» Comment, &c.

» Un baiſer qu'il croit me ſurprendre ;
» M'irrite au point qu'il ne peut m'appaiſer
» Je lui dis , tu peux le reprendre,
» Je ne veux point de ton baiſer.
» Comment , &c. »

MAROT (Jean), pere de Clément, naquit à Mathieu, village aux environs de Caen, l'an 1463, & auroit eu plus de réputation, si son fils en avoit eu moins ; il eut une conduite & des mœurs irréprochables, & mourut âgé d'environ soixante - trois ans, quelque tems avant la bataille de Pavie.

C H A N S O N.

« Qui en amours veut être heureux,
» Faut tenir train de seigneurie,
» Estre prompt & adventureux,
» Quand à monstrer l'armarie ;
» Porter diap d'or, orphévrerie ;
» Car cela les Dames esmeut
» Tout sert : mais, par sainte Marie,
» Il ne fait pas ce tour qui veut.

» Je fus na guerres amoureux
» De Dame en beauté assouvie,
» Qui me dist, en mots savoureux :
» Mon amour est en vous ravie ;
» Mais il faut qu'el soit desservie
» Par cinquante écus d'or ; s'on peut :
» Cinquante escus ! bon gré ma vie,
» Il ne fait pas ce tour qui veut.

» Alors lui donnai, sur les lieux
» Où elle faisait l'endormie
» Quatre venues de cœur joyeux ».

MAROT (Clément) naquit à Cahors en 1495, de Jean Marot, qui l'emmena à Paris pour faire ses études. Il entra ensuite chez Monsieur de Villeroy, en qualité de Page, & devint valet-de-chambre de Marguerite de Valois, sœur de François I ; ce qui ne l'empêcha pas de servir. Il suivit le Roi à Ardres & dans le Hainault, & se trouva à la bataille de Pavie, où il fut blessé & fait prisonnier.

On prétend qu'il fut aimé de Diane de Poitiers, depuis Duchesse de Valentinois, & maîtresse de Henri II, & on lui fait même l'honneur d'avoir trop plu à la Reine de Navarre ; ce qui est d'autant moins croyable , que cette Princeffe ayant eu deux maris , qui n'étaient ni aimables ni aimés d'elle, n'a jamais été accufée que de cette faibleffe.

Les perfécutions qu'il effuya pour caufe de religion , le forcerent de quitter la France. Il fe retira auprès de Madame Renée , fille de Louis XII , & Ducheffe de Ferrare , qui protégeait les Luthériens ; il revint en France , & fut encore forcé d'en fortir , pour avoir traduit les pfeaumes en vers français. Il fe retira à Genève , & de-là à Turin , où il mourut âgé de cinquante ans environ , en 1545.

« Sa vie eft un mêlange de gloire & d'infortunes ; il fut cher à plufieurs » Rois , & abandonné par eux ; honoré par-tout , & par-tout perfécuté , il » vécut dans le chemin des honneurs & de la fortune , & il mourut pauvre » & délaiffé ». (a)

CHANSON

« Plus ne fuis ce que j'ai été ,
» Et plus ne faurais jamais l'être ;
» Mon beau printems & mon été
» Ont fait le faut par la fenêtre :
» Amour tu as été mon maître ,
» Je t'ai fervi fur tous les Dieux !
» Ah ! fi je pouvais deux fois naître ;
» Combien je te fervirais mieux ».

Autre pour la Reine de Navarre.

« Amour me voyant fans trifteffe ,
» Et de le fervir dégoufté ,
» M'a dit que fiffe une maîtreffe ,
» Et qu'il ferait de mon cofté.
» Après l'avoir bien écouté ,
» J'en ai fais une à ma plaifance ;
» Et ne me fuis point mefcompté ;
» C'eft bien la plus belle de France,

» Elle a un œil riant , qui bleffe
» Mon cœur tout plein de loyauté ;
» Et parmi fa haute nobleffe ,
» Mefle une douce privauté.

(a) Annales poétique.

» Grand mal ferait, fi cruauté
» Faifait en elle demeurance :
» Car quant à parler de beauté,
» C'eft bien la plus belle de France.

» De fuir s'amour qui m'oppreffe,
» Je n'ai pouvoir ni volonté ;
» Arrefté, fuis en cette preffe
» Comme l'arbre en terre planté.
» S'ébahit-on, fi j'ai planté
» De peine, tourment & fouffrance ?
» Pour moins, on eft bien tourmenté,
» C'eft bien la plus belle de France ».

C H A N S O N.

« Récompenfe vous donnerai,
» Mon ami, & fi menerai,
» A bonne fin votre efpérance ;
» Vivante ne vous lefferai,
» Encore quand morte ferai,
» L'efprit en aura fouvenance.

» Si pour moi avés du fouci,
» Non pour vous n'en ai moins auffi ;
» Amour le vous doit faire entendre :
» Mais s'il vous fâche d'être ainfi,
» Appaifés votre cœur tranfi ;
» Tout vient à point qui peut attendre ».

A·U·T·R·E.

« Amour trouva celle qui m'eft amere ;
« Et j'y étais, j'en fais bien mieux le conte ;
» Bon jour, dit-il, bon jour, Vénus ma mere ;
» Puis tout-à-coup il voit qu'il fe mécompte,
» Dont la couleur au vifage lui monte,
» D'avoir failli honteux, Dieu fait combien ;
» Non, non, Amour, ce dis-je, n'ayez honte ;
» Plus clairvoyans que vous s'y trompent bien ».

MARRE (l'Abbé de la) était de Bretagne , & mourut en 1747.

CHANSON

CHANSON.

A une Princesse à la fin du bal de l'Opéra.

« Quoi ! j'aurais pu vous amuser,
　» Adorable Princesse !
» Que ne puis-je me déguiser
　» Pour vous parler sans cesse !
» Tout mon esprit est dans vos yeux,
　» Le désir de vous plaire
» A mis deux fois au rang des Dieux
　» Un mortel ordinaire.

» Si j'ai pu vous inquiéter,
　» Pardonnez mon audace ;
» Je me flatte de mériter
　» Que vous me fassiez grace :
» Mon crime fut-il des plus grands,
　» Mon repentir l'efface ;
» Et l'hommage que je vous rends,
　» Me remet à ma place.

» Cette prompte nuit va finir
　» Ma brillante aventure ;
» De mon bonheur le souvenir
　» Deviendra ma torture.
» Je vous verrai, fille des Dieux,
　» Au séjour du tonnerre :
» Vous allez rentrer dans les cieux,
　» Je reste sur la terre ».

Il donna à l'Opéra, en 1739, *Zaïde*, musique de *Royer* ; en 1753, *Titon & l'Aurore*, en trois actes & prologue, musique de *Mondonville*.

MASSIP donna en 1734 *les Fêtes nouvelles*, musique de *Plessis cadet*.

MENILGLAISE (le Chevalier de), Officier au régiment des Gardes-Françaises, d'une ancienne maison de Normandie, & neveu de M. l'Abbé de Canay, si aimé & si considéré de tous les gens de lettres, a donné à la poésie quelques momens de ses loisirs. Nous connaissons de

Tome IV. H h

lui plusieurs pieces charmantes jouées en société, & une infinité de chansons agréables, dont nous rapporterons quelques-unes.

CHANSON.

« Colin sur un verd gazon
» S'écriait assis près d'Alizon,
     » Non, non...
» Tu ne ressens point l'ardeur
     » Qui remplit mon cœur.
     » Mes yeux
     » Amoureux
     » Ne peuvent surprendre
     » Un regard tendre ;
     » Ah ! dit-elle, Colin,
     » Je te l'accorde envain.
     » C'est le sort des amours,
     » De se plaindre toujours.

     » Si je demande un baiser,
» Je te vois prête à le refuser....
     » Non, non,
     » Mon cœur t'accorde ce don ;
     » Mais que fais-tu donc ?
     » Déja
     » Pour cela,
     » Tu sembles attendre
     » Un don plus tendre !
     » Je savais bien, Colin,
     » Que ce serait envain ;
     » C'est le sort des amours
     » De se plaindre toujours.

     » La belle écoute ses vœux,
» L'instant arrive, il devient heureux,
     » Ses feux
     » Sont d'abord vifs & pressans ;
     » Bientôt languissans,
     » Comment,
     » Cher amant,
     » Ton ardeur chancelle,
     » S'écria-t-elle ;

» Hélas! reprit Colin,
» Mon cœur t'adore envain,
» C'est le sort d.s amours
» De se plaindre toujours ».

AUTRE.

« Colinet au pied d'un ormeau,
» Disait un jour à sa bergere;
» Si tu m'es toujours si sévere
» Je vais me pendre à ce rameau,
» Un peu surprise à ce langage,
» La belle lui dit alte-là.
» Colinet, si tu fais cela,
» Que dira-t-on dans le village ?

» Laisse-moi donc prendre un baiser,
» Lui dit le berger plein de flame;
» La bergere au fond de son ame
» Eût voulut ne point refuser:
» Il le ravit avec courage;
» La belle lui dit, alte-là.
» Colinet, si l'on sait cela,
» Que dira-t-on dans le village ?

» Le berger devient plus pressant
» Et la bergere moins farouche,
» Un baiser qu'il prend sur sa bouche,
» L'irrite, & puis elle y consent.
» Bientôt il ose davantage;
» Pour le coup, dit-elle, alte-là.
» Bon, reprit-il, que fait cela ?
» Le saura-t-on dans le village ?

» D'abord la belle à ce discours
» Demeure un instant interdite;
» L'amour déja la sollicite,
» Colinet la presse toujours.
» Ah! dit-elle, tu n'es pas sage;
» Elle voulut dire alte-là.
» Mais tous les deux après cela,
» Ne songerent plus au village ».

A U T R E.

« Au pied d'un ormeau,
» Un jour le beau Silvandre,
» Sur son chalumeau
» Répétait un air tendre ;
» Dans un bosquet Isabeau
» S'en vint pour l'entendre :
» Bientôt sa voix la toucha,
» Et comment s'en défendre !
» Bientôt son cœur palpita ;
- » L'amour l'attendait là.

» Un soupir trahit
» La belle qui s'agite ;
» Le berger la vit,
» Mais elle prit la fuite ;
» Plein d'amour, il la poursuit,
» Et l'atteint bien vîte.
» Hélas ! cruel, te voilà,
» Cria-t-elle interdite :
» Bientôt son cœur palpita ;
» L'amour l'attendait là.

» Le berger ardent,
» Plein du feu qui l'inspire ,
» Sur un ton pressant
» Exprime son martyre.
» Il prend sa main tendrement,
» Isabeau soupire,
» Son air touchant exprima,
» Ce qu'elle n'osait dire ;
» Bientôt son cœur palpita,
» L'amour l'attendait là ».

A U T R E.

« Mon Dieu, qu'on a de peine
» A conserver son cœur !
» Une amoureuse chaîne
» Promet tant de douceur !

» Eh ! pourquoi se défendre
» De suivre son desir ?
» Souvent à trop attendre,
» On perd bien du plaisir.

» Corine, sur mon ame,
» Doit régner à jamais ;
» Déja ma tendre flame
» Egale ses attraits.
» Mon amour, à l'aurore
» M'annonce un jour serein ;
» Puisse-le soir encore
» Ressembler au matin.

» Nuit & jour je soupire ;
» Je voudrais exprimer
» Ce que mon cœur desire ;
» Mais je ne sais qu'aimer.
» Hélas ! puisse Corine
» Le deviner un jour !
» Tenez, quand on devine,
» C'est permettre l'amour ».

AUTRE.

« Pierrot dit à Madeleine,
» Le cœur gros de soucis,
» Tu ris à pert d'haleine
» Au récit de mes ennuis :
» Tu me causes tant de peines,
» Que je ne sais où j'en suis.

» Madeleine, sans mot dire,
» Doucement le regarda :
» Pierrot s'agite & soupire,
» Puis il reste planté-là ;
» La belle se prit à rire,
» Bientôt elle soupira.

» Son bouquet tombe par terre ;
» Pierrot court le ramasser.
» Déja sa main téméraire

» Brûlait de le replacer ;
» Mais la crainte de déplaire
» L'empêche encore d'avancer.

» Pourtant il reprend courage,
» Puis il demande un baiser ;
» Madeleine, à ce langage,
» Sourit fans le refufer.
» Joyeux de cet avantage,
» Il eft prêt à tout ofer.

» Madeleine fent l'atteinte
» D'un trait que lance l'amour ;
» Un cri qu'excite la crainte
» Aux plaifirs donne le jour,
» L'ame infenfible à fa plainte ;
» Pierrot en rit à fon tour ».

A U T R E.

« Vois-tu, difait Lifette
» A fon jeune Berger,
» Auprès d'un fauvette
» Ce moineau voltiger ?
» A l'inftant de fa flame
» Un autre était l'objet ;
» Des tranfports de ton ame
» Je crains le même effet.

» Non, non, dit-il, cruelle ;
» Juge mieux de tes feux,
» Quelle chaîne plus belle,
» Pourrait fixer mes vœux.
» La conftance eft le gage
» D'un deftin plein d'appas ,
» Le plaifir eft volage,
» Le bonheur ne l'eft pas.

» Vois cette tourterelle
» Soupirer ardemment ;
» Ne vois-tu pas près d'elle ;
» Voltiger fon amant !

» Ce baiſer (quel modele
» Pour les cœurs amoureux !)
» Va le rendre fidele,
» En le rendant heureux.

» Au diſcours de Silvandre,
» Liſette, malgré ſoi,
» Sent un penchant plus tendre
» Diſſiper ſon effroi ;
» Du doute qui l'offenſe,
» Aiſément le deſir
» Fait pencher la balance
» En faveur du plaiſir ».

MENNESSON donna en 1711, l'opéra de *Manto la Fée*, muſique de *Batiſtin*; en 1715, *les Plaiſirs de la Paix*, muſique de *Bourgeois*; en 1716, *Ajax*, muſique de *Bertin*.

Il mourut à Paris, en 1742, à près de quatre-vingt ans.

MERVILLE (Michel Guyot de), naquit à Verſailles le 1 Février 1696, & ſe deſtina de bonne heure au théâtre. Il préſenta à la fois trois Tragédies, qui furent rejettées avec dédain. Dégoûté de ce genre, il eſſaya le comique, & y fut plus heureux, ſon *Conſentement forcé* ayant eu avec raiſon beaucoup de ſuccès.

Cependant dégoûté du théâtre, il ſe livra à ſon goût pour les voyages, mais ne put s'empêcher de compoſer en route un volume de comédies qui n'ont point été jouées.

Son peu de fortune, & le chagrin qu'il avait de voir preſque dans la miſere une épouſe & une fille qu'il chériſſait, lui firent prendre le parti de ſe retirer dans le pays de Vaux, où il eſpérait de vivre à moins de frais ; mais voyant le peu qu'il avait diminuer tous les jours, n'ayant plus d'eſpoir de l'augmenter, il fit un état de ſes effets, s'aſſura que le prix de leur vente ſuffirait pour acquitter ſes dettes, dreſſa un bilan qu'il mit ſur ſa table, écrivit pluſieurs lettres, chargea de ſes dernieres volontés un Magiſtrat de ſes amis, laiſſa ſes habits, ſon épée, & le peu qu'il poſſédait ; & ne prenant qu'une mauvaiſe capote, ſortit de la maiſon qu'il habitait à Genève, le 23 Mai 1765, en diſant qu'on ne l'attendît pas ce jour-là. Quelque tems après, on trouva fur les bords du lac un cadavre que les flots y avaient jetté. On n'a pas douté que ce ne fût fon corps, quoiqu'on ait fait courir le bruit qu'il s'était retiré dans un couvent du pays de Gex.

On trouve quelquefois des chofes agréables dans le recueil de fes poéfies.

MIERE (Antoine Marin le), né à Paris, a débuté dans la carriere des lettres, par remporter le prix de poéfie à l'Académie Françaife, en 1753. Le fujet de fon poëme était *la Tendreffe de Louis XIV pour fa famille*. Il a gagné depuis plufieurs prix à la même Académie, & a donné à la Comédie Françaife, *Hypermneftre, Terée, Idomenée, Artaxerce, Barneveldt, Guillaume Tell, la Veuve du Malabar*. Ces ouvrages remplis de beaux vers, & fon poëme fur la *Peinture*, ainfi que celui des *Faftes*, lui ont donné des droits inconteftables au fauteuil académique. Le public le nomme le premier à toutes les places vacantes; il eft à préfumer qu'enfin fes futurs confreres feront de l'avis du public.

C H A N S O N.

« Adorable Climene,
» Qui m'avez fu charmer,
» Trop aimable inhumaine,
» Laiffez-vous défarmer.
» L'amour reçoit mes vœux;
» Que n'eft-il dans votre ame
» Comme il eft dans vos yeux.

» Votre tendre jeuneffe
» Vous dit qu'il faut céder,
» Entr'elle & la fageffe,
» L'amour doit décider:
» L'on fuccombe avec gloire
» En fuivant fes defirs:
» La défaite eft victoire
» Dans le champ des plaifirs.

» Aimer fans être aimable,
» C'eft outrager l'amour:
» Il faut être adorable

» Pour

» Pour trouver du retour :
» Sans beauté, la tendresse
» Ne nous toucherait pas ;
» La beauté sans rudesse
» N'en a que plus d'appas.

» A devenir sensible,
» Instruisez votre cœur ;
» Nul n'est inaccessible
» A ce charme vainqueur.
» D'une douceur extrême
» Nous serons pénétrés,
» Si vous sentez vous-même
» Ce que vous inspirez ».

Couplet en l'honneur de Monseigneur le Prince de Condé.

« Voici l'heureux anniversaire
» Des succès d'un jeune héros :
» Messieurs, vous l'avez tous vu faire ;
» Chantez avec moi ses travaux ;
» La majorité pour la gloire
» Ne s'acquérait qu'avec le tems :
» Emancipé par la victoire,
» Il est héros à vingt-cinq ans.

» De ses éclatantes prouesses,
» Quels plus illustres monumens
» Que ces beaux drapeaux tout en pièces
» Qu'il sut ravir aux Allemands !
» Ses exploits, dignes de mémoire,
» Sont, sur ces lambeaux de satin,
» Mieux gravés des mains de la gloire
» Qu'ils ne le feraient sur l'airain.

» Parmi le belliqueux vacarme,
» Le sang, la poussière & les feux,
» Que les périls avaient de charme
» Sur ses traces & sous ses yeux.
» Non, à peine l'expérience
» Aux cheveux blancs, au front ridé,
» Eût donné plus de confiance
» Que l'ardeur du jeune *Condé.*

» Mois fécond, qui mûrrit la vigne,
» Tu feras cher à nos neveux;
» *Condé* vint au jour fous ton figne:
» Sous ton figne, il fe rend fameux;
» De fleurs formons-lui des couronnes,
» Honorons-le par la gaîté,
» Et le bon vin que tu nous donnes,
» Buvons-le tout à fa fanté ».

Romance du fiege de Calais.

Sur l'air de la Romance d'Enguerrand.

» Par Edouard, Roi d'Angleterre,
    » Calais bloqué
    » Se voyait confifqué,
» La faim, coufine de la guerre,
    » Met aux abois
    » Les plus riches bourgeois;
        » Pour tout feftin,
        » Même pour pain,
    » Dans ce coin de la terre,
    » Les offemens pétris,
        » Les fouris
    » Par-tout étaient fervis.

» Indigné de leur réfiftance,
    » Le Prince Anglais
    » Leur envoie un exprès;
» Livrez, dit-il, en diligence
    » A votre choix
    » Trois paires de Bourgeois,
        » Ou bien mon Roi,
        » Semant l'effroi,
    » S'en va dans fa vengeance
    » A grands coups de canon,
        » Patapon,
    » Mettre tout en charbon.

» Euftache, pour fauver la place,
        » Avec tranfport
    » Se dévoue à la mort,

» Les deux Wiſſans ſuivent ſa trace,
　» Puis avec eux,
　» Trois autres généreux ;
　　» Ils partent tous,
　　» Portant aux cous
　» Un collier de filaſſe ;
　» Mais de ce nœud d'horreur,
　　　» Leur grand cœur
　» Fait un cordon d'honneur.

» Hé, qui pourrait compter les larmes
　　» Tombant de l'œil
　» Des habitans en deuil ?
» L'Anglais lui-même en ces alarmes,
　　» Le cœur navré
　» Se ſent tout pénétré :
　　» Tant, ô vertu !
　　» L'on eſt vaincu
» Malgré ſoi par tes charmes :
» Edouard obſtiné,
　　　Roi mal né,
» Seul n'en eſt point gagné.

» Ils allaient périr, quand la Reine
　　» Vole aux genoux
　» De ſon barbare époux,
» Quoi ! dit-elle, tout hors d'haleine,
　　» Des gens de bien,
　» Mourir comme vaurien ?
　　» Se lamentant,
　　» Elle fit tant,
　» Que touché de ſa peine,
» Le Roi vit tout ſon tort,
　　» Le remord
　» Contremanda la mort.

» Depuis qu'une Reine ſi bonne
　　» Sut enſeigner
　» Comment il faut régner,
» Peut-on priver de la couronne
　　» Les jolis fronts
　» Qui portent des pompons.

» Ah ! la bonté,

» L'humanité,

» Sous les devoirs du trône

» Plus fenfibles que nous,

» Sexe doux,

» Ma voix fera pour vous ».

MIMEURES (le Marquis de), Menin de Monfeigneur, eut beaucoup de talent pour la poéfie. On a de lui quelques chanfons & plufieurs odes, entr'autres celle à Vénus imitée d'Horace, & qui commence ainfi :

Cruelle mere des Amours, &c.

C H A N S O N.

» De fes traits le Dieu de Cythere

» Vous a fait don, jeune Bergere,

» Tout cede à vos charmes vainqueurs.

» Ne gardez pas un préfent fi funefte,

» Un trait fuffit pour unir nos deux cœurs,

» Rendez à l'amour tout le refte ».

MOLIERE (Jean-Baptifte Pocquelin de), né à Paris en 1620, était fils d'un valet-de-chambre Tapiffier du Roi, & obtint la charge de fon pere. Il avait trente-quatre ans lorfqu'il donna fes premieres pieces, où il jouait lui-même. Sa troupe fut arrêtée au fervice du Roi, en 1665, & ce fut l'époque du vrai goût de la comédie. Il devait avoir la premiere place vacante à l'Académie Françaife, & allait commencer une traduction en vers de Lucrece, lorfqu'il mourut, après avoir joué le rôle du Malade imaginaire, qu'on donnait alors pour la quatrieme fois ; il fe rompit une veine, & mourut le même jour 17 Février 1673.

L'Archevêque de Paris (a) faifait beaucoup de difficultés pour permettre qu'on l'enterrât, lorfque le Roi en donna l'ordre, & on le porta dans le cimetiere de S. Jofeph, rue Montmartre, dans le même endroit, où l'on mit vingt-deux ans après le célebre la Fontaine. Vers l'année 1750, en

---

(a) Il s'appellait de Harlai, & était fort décrié pour fes mœurs.

treufant une foffe dans ce cimetiere, on trouva leurs cercueils, & on les transporta dans l'églife, où ils font maintenant.

Moliere compofa plufieurs petits ballets & autres fêtes pour le Roi, dont Lully & d'autres Muficiens de ce tems firent la mufique.

Epitaphe de Moliere, par Lafontaine

« En ce tombeau gifent Plaute & Térence,
» Et cependant le feul Moliere y gît ;
» Leurs trois talens ne formaient qu'un efprit ;
» Dont le bel art réjouiffait la France.
» Ils font partis ; & j'ai peu d'efpérance
» De les revoir malgré tous nos efforts.
» Pour un longtems, felon toute apparence,
» Térence & Plaute & Moliere font morts »,

MOLINE (Pierre-Louis), né à Avignon, a fait plufieurs ouvrages en vers & en profe. Les plus connus font *Orphée*, donné à l'Opéra en 1774. Le poëme eft traduit de l'Italien, de *Calzabigi* : la mufique eft de *Gluck* ; l'*Inconnue perfécutée*, traduite de l'Italien fur la mufique d'*Anfoffi*, donnée à la cour en 1777 ; *Roger Bon-tems & Javotte*, parodie d'Orphée, en fociété avec d'Orvigny ; le *Duel comique*, opéra bouffon, &c.

MONCRIF (François-Auguftin Paradis de), né à Paris en 1687, fut d'abord Maître en fait d'armes ; ce qui le lia avec prefque toute la jeune nobleffe de fon tems.

L'amour de la poéfie lui fit bientôt abandonner fa premiere profeffion ; & fes premiers effais en ce genre furent une ode fur la mort de Louis XIV, où dans prefque toutes les ftrophes il ne louait que M. le Régent.

Il eut au fuprême degré le talent de la louange, & heureufement il trouvait moyen de louer fans adulation, feulement quelquefois avec fadeur. Cette facilité lui fit des amis de toutes fes connaiffances ; car qui ne fe laiffe prendre aux éloges ? Peu redouté de fes rivaux, accueilli par tout le monde, aimé de beaucoup de gens, indifférent aux autres, il n'eut jamais la force de fe faire un ennemi, & c'eft ainfi qu'il fut heureux. Auffi dit-il dans un de fes ouvrages : « Un des fruits qu'on doit naturel-

» lement fe promettre des avantages de l'efprit, c'eft de fe procurer une
» vie agréable ».

Moncrif a fait quelques comédies , mais a fur-tout travaillé pour
l'Opéra , où il s'eft emparé du genre des enchanteurs galans. Plufieurs de
fes opéra ont eu beaucoup de fuccès & le méritaient ; mais ce qui lui
donne droit aux véritables éloges , c'eft fa charmante épître du *Rajeuniffe-
ment inutile* que Voltaire n'aurait point défavouée , & fa romance d'Alix
& d'Alexis , ainfi que plufieurs de fes chanfons.

Le plus bel éloge que l'on puiffe faire de lui , c'eft qu'ayant eu l'honneur
d'être nommé Lecteur de la feue Reine , il lui parut digne de fa confiance
& même de fon amitié.

Un beau trait de fa vie eft d'avoir demandé la permiffion de fuivre
M. le Comte d'Argenfon dans fon exil , quoiqu'alors comblé des bontés
de la Reine , il eût pu mener à la cour la vie la plus agréable. La reconnaiffance qu'il avait des fervices que ce Miniftre lui avait rendus , l'emporta fur toute autre confidération. Au bonheur de plaire à tout le monde ,
Moncrif ajouta celui de mener la vie la plus heureufe , & de pouffer fa
carriere jufqu'à l'âge de quatre-vingt-trois ans , fans avoir jamais éprouvé
d'incommodités , & en vivant toujours comme s'il n'en avait eu que
cinquante. Il s'éteignit en 1770 , fans douleur , fans crainte & fans remords ,
n'ayant jamais offenfé perfonne.

Epitaphe de Moncrif par M. de la Place.

« Des mœurs dignes de l'âge d'or ,
» Ami sûr, Auteur agréable ,
» Ci gît qui vieux comme Neftor ,
» Fut moins bavard & plus aimable ».

Il a donné à l'Opéra, en 1741, *Linus*, en un acte, mufique du Chevalier *de Braffac* ; en 1744 , *les Auguftales* , prologue, mufique de *Rebel
& Francœur* ; en 1745 , *Zélindor* , en un acte, mufique de *Rebel &
Francœur* ; en 1747 , *Almafis* , en un acte, mufique de *Roy* : *Ifmène* ,
en un acte , mufique de *Rebel & Francœur* ; en 1751 , *les Génies
tutélaires* , *idem.*

CHANSON.

« Songez bien que l'amour sait feindre ;
» Redoutez un sage Berger :
» On n'est que plus près du danger,
» Quand on croit n'avoir rien à craindre.

» Je voyais, sans être inquiete,
» Daphnis m'aborder quelquefois ;
» Il me trouvait seulette au bois,
» Sans jamais me conter fleurette.

» D'aimer on doit bien se défendre,
» Me disait-il dans ses chansons ;
» Mais il formait de si beaux sons,
» Qu'on s'attendrissait à l'entendre.

» Je me croyais si raisonnable
» En l'écoutant sur le gazon :
» Quel ouvrage de la raison
» D'écouter un berger aimable !

» Sans dessein, sans inquiétude,
» Chaque jour j'aimais à le voir ;
» Bientôt sans m'en appercevoir,
» Je perdis toute autre habitude.

» L'enchanteur ! qu'elle adresse extrême,
» Il employait pour me charmer !
» Croirait-on qu'on se fit aimer
» Sans jamais dire : je vous aime ?

» Si je chantais dans le bocage,
» Pour m'écouter il s'arrêtait :
» Une autre bergere chantait,
» Il s'en retournait au village.

» Des amans me peignant l'ivresse,
» Il m'entretenait tout un jour ;
» C'était pour condamner l'amour,
» Mais c'était en parler sans cesse.

» Qu'amour féduit avec adreffe !
» Comme il fait déguifer fon feu !
» Jufqu'au mal qu'on dit de ce Dieu ;
» Tout eft un piege qu'il nous dreffe.

» Daphnis enfin fut me contraindre
» A partager fa tendre ardeur ;
» Je fentis qu'il avait mon cœur ;
» Quand je commençai de le craindre ».

AUTRE.

» Plus inconftant que l'onde & le nuage ;
» Le tems s'enfuit ; pourquoi le regretter ?
» Malgré la pente volage
» Qui le force à nous quitter ;
» En faire ufage,
» C'eft l'arrêter.
» Goûtons mille douceurs ;
» Et fi la vie eft un paffage ,
» Sur ce paffage au moins femons des fleurs ».

AUTRE.

» Qui par fortune trouvera
» Nymphes dans la prairie,
» Celle qui tant plus lui plaira,
» Tenez, c'eft bien ma mie.
» Si quelqu'une vient à danfer,
» Et d'une grace telle ·
» Qu'elle ne fait les fleurs verfer ;
» Hé bien, c'eft encore elle.

» Si quelqu'un dit avec ferment,
» Je donnerais ma vie,
» Pour être aimé rien qu'un moment ,
» Tenez, c'eft de ma mie.
» Si quelqu'autre fuit fans efpoir
» La nymphe qu'il adore,
» Content du charme de la voir ;
» Hé bien, c'eft elle encore.

Eglé

» Eglé vint aux jeux de Cérès,
    » Et fut d'abord fuivie ;
» Eglé revint le jour d'après,
    » On ne vit que ma mie.
» Si quelque nymphe a le crédit
    » D'être toujours nouvelle
» A vos yeux comme à votre efprit ;
    » Tenez, c'eft toujours elle.

» L'autre matin fous ces buiffons,
    » Une nymphe jolie
» Me dit, j'aime tant vos chanfons :
    » Je dis, c'eft pour ma mie.
» Pour célébrer fes doux attraits,
    » Fait-on chanfon nouvelle ?
» En y fongeant, l'inftant d'après
    » On chante encor pour elle.

» Je lui fais maint adorateur,
    » Et n'en a jaloufie ;
» Amour, a mis tout mon bonheur,
    » Dans celui de ma mie.
» Que fervirait de m'alarmer ?
    » La chofe eft naturelle ;
» Amour la faite pour charmer,
    » Et nous pour n'aimer qu'elle ».

MONDONVILLE. (Voyez fon article parmi les Compofiteurs). En 1754 ; il donna à l'Opéra les paroles & la mufique de Daphnis & Alcimadure. Les paroles étaient d'abord en Languedocien , & enfuite il les parodia en Français fur les mêmes mefures.

MONDORGE (Antoine Gauthier de), né à Lyon en 1717, devint Maître de la chambre aux deniers du Roi , & compofa plufieurs pieces de vers charmantes.

Il avait une maifon de campagne à Yeres, village aux environs de Paris , qu'il orna d'infcriptions ingénieufes. On a confervé celle-ci pour une fontaine :

« Toujours tranquille, toujours pure ,
» Rien ne trouble jamais mon cours :
» Puiffe l'ami de la nature
» Voir couler ainfi tous fes jours ».

Tome IV.   K k

Il n'avait que vingt ans lorſqu'il fit les paroles des *Talens lyriques* ; opéra charmant mis en muſique par Rameau. M. de Mondorge oſa le premier s'écarter de ces lieux communs de morale voluptueuſe, dont les opéra étaient remplis. La harangue de Tyrtée eſt vraiment une harangue militaire, mais il n'avait pas aſſez de force pour porter ce genre où il pouvait aller. C'eſt toujours beaucoup d'avoir entrevu que celui qui régnait ne valait rien.

On donne à M. de Mondorge pluſieurs ouvrages agréables, entr'autres, *les Lettres d'une jeune Veuve à un Chevalier de Malte*, où l'on trouve infiniment d'eſprit & ſur-tout de ſentiment. Il mourut à Paris le 14 Octobre 1768, & avait donné à l'Opéra, en 1739, *les Fêtes d'Hébé* ou *les Talens lyriques*, muſique de *Rameau* ; en 1762, *l'Opéra de ſociété* en un acte, muſique de *Giraud*.

MONNIER (Pierre-René le), Commiſſaire ordinaire des guerres, eſt auteur du *Maître en Droit*, du *Cadi dupé*, du *Mariage clandeſtin*, de *Renaud d'Aſt*, de *la Meûniere de Gentilly*, & de *la Matrone Chinoiſe*, aux Italiens.

En 1773, il donna à l'Opéra *l'Union de l'Amour & des Arts*, muſique de *Floquet*. On ſait le ſuccès prodigieux de cet opéra.

En 1774, les mêmes Auteurs donnerent *Azolan*, opéra tiré d'un conte de M. de Voltaire. Il eut auſſi beaucoup de ſuccès ; cependant M. le Monnier la refait en entier. Nous avons recueilli quelques-unes de ſes chanſons.

C H A N S O N.

Les Adieux.

« Adieu donc ma chere Liſette,
» Adieu l'objet de mes amours ;
» Puiſque tu quittes la retraite,
» Je vais te perdre pour toujours.
» En vain pour calmer ma triſteſſe,
» Tu promets de m'aimer ſans ceſſe ;
» Ah ! qui ſait ſi, loin de moi,
» Tu me garderas ta foi ?

» Permets à mon ame bleſſée
» De s'occuper de tes appas,

» Et laiffe-moi par la penfée
» Suivre la trace de tes pas;
» Je ferai ton guide fidele
» Jufqu'aux lieux où l'on te rappelle;
    » Mais qui fait, &c.

» Je verrai fouvent ce bocage
» Témoin de nos premiers fermens,
» Où près de l'objet qui m'engage,
» J'ai paffé de fi doux momens.
» Voilà, dirai-je, où ma maîtreffe
» Me fit l'aveu de fa tendreffe;
    » Mais qui fait, &c.

» Si tu veux conferver fans ceffe
» Le fouvenir de notre ardeur,
» Songe, ma charmante maîtreffe,
» Au trait dont tu bleffas mon cœur,
» Rappelle-toi cet adieu tendre
» Qu'en partant je te fais entendre;
    » Mais qui fait fi, loin de moi,
    » Tu me garderas ta foi ? »

R O N D E.

« N'allez point au bois feulette,
» Belle qui craignez l'Amour,
» C'eft là que ce Dieu vous guette
» Pour vous jouer quelque tour,

» Bonjour, gentille fillette,
» Vous dit un Berger galant,
» Votre cœur à la fleurette
» Serait-il indifférent ?
    » N'allez point, &c.

» Laiffez-là votre houlette;
» Laiffez-là votre troupeau,
» Aux doux fons de ma mufette;
» Venez danfer fous l'ormeau.
    » N'allez point, &c,

» Par degrés il devient tendre ;
» Il vous preſſe, on ſe défend,
» Puis il vous force à l'entendre ;
» Le malheur n'eſt pas bien grand.
» N'allez point, &c. »

MONNOYE (Bernard de la) , l'un des plus habiles &'des plus judicieux critiques de ſon tems , naquit à Dijon le 15 Juin 1641 , & devint Correcteur des Comptes.

En 1671 , lorſque l'Académie Françaiſe établit un prix de poéſie , à l'imitation de celui d'éloquence , fondé par Balſac , qu'elle a continué depuis chaque année , la Monnoye remporta le premier qui fut donné. Il en remporta depuis pluſieurs autres , & fut reçu de l'Académie en 1713 , à la place de l'Abbé Regnier Deſmarais. Ce fut à ſa réception que le Roi ordonna que déſormais il y aurait aux aſſemblées des fauteuils pour tous les Académiciens. Juſqu'alors il n'y avait que le Directeur , le Chancelier & le Secrétaire perpétuel qui en euſſent ; & comme les Cardinaux n'en avaient que lorſqu'ils étaient revêtus de l'une de ces trois charges , ils ſe diſpenſaient d'aſſiſter aux ſéances publiques , lorſqu'ils n'étaient qu'Académiciens. M. le Cardinal d'Eſtrées qui aimait beaucoup la Monnoye , & qui voulait aſſiſter à ſa réception , mais non pas ſur une ſimple chaiſe , obtint cette déciſion du Roi par le moyen du Cardinal de Polignac qui la lui demanda. La Monnoye fut reçu le 23 Décembre au bruit des applaudiſſemens unanimes d'une nombreuſe aſſemblée. Il paſſait à Paris une vie auſſi tranquille qu'agréable , & dans l'union la plus étroite , avec une épouſe qu'il aimait autant qu'il la reſpectait , lorſque le ſyſtême lui emportant tout ſon bien , le réduiſit à la plus étroite miſere : il avait alors quatre-vingt ans , & ſa femme ſoixante-neuf. M. le Duc de Villeroy lui fit une penſion , qui l'aida à ſubſiſter juſqu'à ſa mort. Il perdit ſon épouſe en 1726 ; & quoiqu'alors âgé de 85 ans , il fit ces ſtances ſi pleines de ſentiment.

« Chere épouſe , tu n'es donc plus !
» Je te rappelle en vain , mes cris ſont ſuperflus.
» Rien ne peut adoucir le chagrin qui me ronge ;
» Je hais la clarté du ſoleil ;
» Et ſi je cherche le ſommeil ,
» C'eſt pour te retrouver en ſonge.

» Je ne te verrai plus ici,

» Claude (a) mon unique souci ;

» Nom pour moi préferable aux noms les plus illustres.

» Nous fûmes moins époux qu'amans.

» Dix lustres avec toi m'ont paru dix momens,

» Et dix momens, sans toi, me paraissent dix lustres.

» Je me souviens de tes secours,

» De tes attentions, de tes soins, de tes veilles.

» Malgré toi (b), sourde à mes discours,

» Tes yeux remplaçaient tes oreilles.

» Au moindre signe ils m'entendaient ;

» Et de mes volontés, interprètes habiles,

» Toujours prêts, jamais inutiles,

» Au langage des miens d'abord ils répondaient.

» Que deviendrai-je, hélas ! tu pars, & je demeure.

» Ton ame, loin de moi, sans doute dans les cieux,

» Goûte un repos délicieux :

» Moi, sur terre inquiet, je soupire, je pleure.

» Unis par une tendre & sincere amitié,

» Qui devait être inséparable,

» Nous formions un tout agréable ;

» Et je ne serai plus qu'une triste moitié.

» Devant te précéder, bientôt je te vais suivre.

» Agé de quatre-vingt-cinq ans,

» Désormais, chere ombre, il est tems

» Que la parque à la mort me livre.

» Et si l'heure de mon trépas

» Dans cet instant ne sonne pas,

» C'est que (le nommerai-je !) un héros me fait vivre :

» Un héros..... (c) que ne puis-je autrement m'exprimer ?

» Je le loûrais bien mieux, si j'osais le nommer ».

Il ne survéquit pas longtems à sa compagne chérie, & mourut le 15 Octobre 1728, âgé de quatre-vingt-sept ans, laissant quatre enfans, deux

---

(a) C'est ainsi qu'il nommait sa femme.

(b) Elle était sourde depuis dix ans.

(c) M. le Duc de Villeroy.

garçons & deux filles; l'aîné, Pierre de la Monnoye, se maria, & fut pere de feu M. de la Monnoye, aussi honnête qu'habile Avocat, & Conseiller des finances de M. le Duc d'Orléans.

C H A N S O N.

« Je me faisais un grand plaisir,
» Phylis, de vous suivre au village;
» Je croyais y rire à loisir;
» Mon amour fut de ce voyage;
» Mais ce qui cause mon souci,
» Votre rigueur en fut aussi ».

La fameuse chanson de la Palice est de la Monnoye.

A U T R E.

« Si je ne gagne mon procès;
» Vous ne gagnerez pas le vôtre;
» Vous n'aurez pas un bon succès,
» Si je ne gagne mon procès.
» Vous avez chez moi libre accès;
» J'en demande chez vous un autre,
» Si je ne gagne mon procès,
» Vous ne gagnerez pas le vôtre ».

MONTPLAISIR (N. de Bruc, Marquis de), d'une ancienne maison de Bretagne, naquit vers l'an 1610, & mourut vers 1671. Il fut l'ami particulier de Lalane, & fit avec lui le voyage de Picardie en 1636, & celui de Bretagne en 1638. On sait qu'en 1659, il était Lieutenant de Roi d'Arras. Il jouissait de la réputation d'un excellent Officier, & les agrémens de son esprit le firent estimer de la cour & de la ville. Il était frere de Madame du Plessis-Belliere, & par conséquent oncle de la Maréchale de Créquy.

Vers à Mademoiselle de Lenclos, jouant du luth.

« Quand vous touchez le luth, j'y trouve tant de charmes,
» Qu'amour avec ces douces armes
» Ne peut manquer d'être vainqueur.

» Votre main, belle Iris, n'eut jamais de pareille ;
 » Et quand on vous prête l'oreille,
 » On vous donne bientôt le cœur.

» Vous entendant jouer avecque tant d'adresse ;
 » Si l'on éprouve une tendresse
 » Pour des appas si précieux,
» Ce n'est pas, belle Iris, une grande merveille.
 » L'amour peut entrer par l'oreille,
 » Comme il se glisse par les yeux ».

Sur une horloge de verre remplie de cendre.

« Cette poussiere que tu vois ;
 » Qui tes heures compasse ;
» Et va recourant tant de fois
 » Par un petit espace ;
» Jadis Damon je m'appellais ;
 » Que la divine grace
» De Philis, pour qui je brûlais,
 » A mis en cette place.
» Le feu secret qui me rongea ;
» En cette poudre me changea ;
 » Qui jamais ne repose.
» Apprends, amant, que, par le sort,
 » L'espérance t'est close,
» De reposer même en ta mort ».

Montesquieu (Charles Secondat , Baron de), né au château de la Brede près Bordeaux, le 18 Janvier 1689, fut reçu le 13 Juillet 1716, Président à mortier au Parlement de cette ville.

Ses Lettres Persannes qu'il donna en 1721 , commencerent sa réputation, &, avec le Temple de Gnide, lui ouvrirent les portes de l'Académie Françaife en 1728, à la place de M. de Sacy.

Son ouvrage sur la caufe de la grandeur & de la décadence des Romains parut en 1734, & lui fit beaucoup d'honneur ; mais ce qui le rendit à jamais célebre, fut son *Esprit des Loix*, qui parut en 1750. Cet ouvrage est trop connu pour que nous en parlions. Le Préfident de Montefquieu mourut à Paris le 10 Février 1755, âgé de foixante-fix ans, en prononçant ces paroles :

« J'ai toujours refpecté la Religion ; la morale de l'Evangile eft une
» excellente chofe , & le plus beau préfent que Dieu pût faire aux
» hommes ».

Il avait entrepris une hiftoire de Louis XI ; & à mefure qu'il y travaillait, il jettait au feu les mémoires qui lui avaient fervi ; mais un
jour fon Secrétaire ayant mal compris ce qu'il lui difait , brûla la copie ;
& M. de Montefquieu, en fe levant , ayant trouvé le brouillon fur fa
table , crut que le Secrétaire avait oublié de le brûler , & le jetta au
feu. C'eft ainfi que nous avons été privés de l'hiftoire d'un regne des
plus intéreffans de la Monarchie, écrite par la plume la plus capable de
le faire connaître.

Nous avons recueilli de lui ces deux chanfons.

CHANSON.

« Amour, après mainte victoire,
» Croyant régner feul dans les cieux ;
» Allait bravant les autres Dieux ,
» Vantant fon triomphe & fa gloire.

» Eux, à la fin qui fe lafferent
» De voir l'infolente façon
» De cet orgueilleux enfançon ,
» Du ciel par dépit le chafferent.

» Banni du ciel, il vole en terre,
» Bien réfolu de fe venger,
» Dans vos yeux il vint fe loger,
» Pour, de-là, faire aux Dieux la guerre.

» Mais ces yeux d'étrange nature
» L'ont fi doucement retenu,
» Qu'il ne s'eft depuis fouvenu
» Du ciel, des Dieux, ni de l'injure ».

AUTRE.

« Boufflers, vous avez la ceinture
» Que la Déeffe de Paphos
» Reçut des mains de la Nature

» Au

» Au débrouillement du cahos.
» Si quelquefois votre parure
» A des irrégularités,
» Une grace qui les corrige,
» Fait voir à nos yeux enchantés ;
» Que la beauté qui se néglige,
» Est la premiere des beautés ».

MONTREUIL (Matthieu de), né à Paris en 1621, eut le défaut de faire insérer ses vers dans tous les recueils qui paraissaient : il aima beaucoup les voyages, & dépensa follement presque tout son bien. Il devint Secrétaire de Cosnac, Evêque de Valence, & le suivit à Aix lorsqu'il en fut fait Archevêque. Il y mourut en 1692. Ses madrigaux sont estimés.

CHANSON.

« Quoi ! sans vous souvenir de moi ni de ma peine ;
» Vous pouvez passer tout un jour !
» Haïssez-moi plutôt, Climene :
» L'indifférence est, en amour,
» Plus dangereuse que la haine ».

AUTRE

A une Dame qui jouait à Colin Maillart.

« De toutes les façons vous avez droit de plaire ;
» Mais sur-tout vous savez nous charmer en ce jour,
» Voyant vos yeux bandés, on vous prend pour l'Amour ;
» Les voyant découverts, on vous prend pour sa mere ».

MONVEL, Comédien ordinaire du Roi, a donné au Théâtre Italien ; en 1772, *Julie*, musique de M. *Desaides* ; en 1773, *la suite de Julie*, idem : *le Stratagême découvert*, idem ; en 1777, *les trois Fermiers*, idem.

MOREAU (Jacob-Nicolas), Historiographe de France, Conseiller au Parlement de Provence, & Bibliothécaire de Madame la Dauphine, né avec un caractere très gai, a eu cependant de bonne heure un goût décidé pour les études férieufes, & s'eft principalement occupé du droit public.

Le Miniftere inftruit des connaiffances de M. Moreau dans ce genre, le chargea, au commencement de la derniere guerre, de défendre la caufe du Royaume contre les Anglais; car on peut regarder comme autant de *factums* les quarante-fix lettres de l'Obfervateur Hollandais, auxquelles l'Angleterre ne put répondre. Cet ouvrage fit alors la plus grande fenfation; & ce qui honora le plus l'Auteur, c'eft que tout le monde le devina, quoiqu'il gardât l'anonyme le plus exact.

Ce fut alors (a) que feu M. le Dauphin qui favait apprécier les talens, les encourager & les récompenfer, chargea M. Moreau d'exécuter un plan qu'il avait conçu lui-même pour l'éducation des Princes, & qui confiftait à attacher à notre hiftoire toutes les vérités de morale, de politique & de droit public.

On imprime maintenant les différens ouvrages de M. Moreau fur ces matieres: le plus précieux eft celui qui a pour titre, *Leçons de morale, de politique & de droit public, tirées de l'Hiftoire de France*, &c.

Ce petit volume renferme les idées même de M. le Dauphin, & a été relu & approuvé par lui. Les autres qui n'ont été compofés que depuis fa mort, font, 1°. un volume intitulé: *les Devoirs du Prince réduits au même principe, ou Difcours fur la Juftice*; 2°. une fuite de Difcours fur l'hiftoire de France, qui font l'exécution du plan indiqué dans les Leçons de morale. Nous en avons déja fix volumes, & le feptieme eft fous preffe.

Cet auteur qui a paffé la plus grande partie de fa vie dans les recherches les plus laborieufes & les plus utiles, n'a pas dédaigné de fe délaffer (b) quelquefois, en faifant des chanfons charmantes, qui mériteraient qu'on en fît un recueil à part.

Nous en citerons de lui quelques-unes, & nous ne fommes embarraffés que fur le choix.

(a) En 1764.

(b) Tout le monde connaît fa charmante hiftoire des Caconacs.

CHANSON

Sur la petite maison de l'Abbé de Chamillard, où étaient
Mesdames les Comtesses de Tal... & de Cha....

« L'amour avec la folie,
« Ici logeaient autrefois;
» La derniere en est bannie;
» L'amour y revient par fois.
» Mais plus tendre & moins volage;
» Dans sa petite maison,
» Près du plaisir il est sage,
» Et soupe avec la raison.

» Dans ce charmant hermitage;
» Il a pris pour précepteur
» Un Abbé qui du ménage
» Est encor le directeur;
» C'est la blanche chevelure
» Que portait Anacréon,
» C'est le regard d'Epicure;
» Mais c'est l'ame de Caton ».

AUTRE

Pour Ismène.

« Amitié, c'est toi que je peins ;
» Je vais chanter le cœur d'Ismène.
» Trop long-tems tu causas sa peine;
» Viens lui rendre des jours sereins.
» Que ton pouvoir doit être extrême
» Dans ce cœur où brûlent tes feux !
» Car quand tu brilles dans ses yeux;
» On te prendrait pour l'Amour même.

» Sans se montrer, sans se cacher,
» Comme une fleur qui, dans la plaine;
» Souffre sans plaisir & sans peine
» Que nos yeux aillent l'y chercher,

» Ifmene ne fent point l'envie
» De mettre un amant fous fes loix ;
» Jamais elle ne fit un choix ;
» Mais tous nos bergers l'ont choifie.

» Qui la voit, croit n'être enchanté
» Que par fes regards pleins de flâme ;
» Mais qui peut lire dans fon ame,
» Ne penfe plus à fa beauté :
» Et quand, fur fes levres de rofe,
» La douce raifon vint s'affeoir,
» L'Amour foumis à fon pouvoir,
» Chérit jufqu'aux loix qu'elle impofe.

» Je l'aimerai dans mes beaux jours,
» Je l'aimerai quand ma vieilleffe
» Viendra fous le nom de fageffe,
» Glacer tous mes autres amours.
» Les feux dont je brûle pour elle,
» Survivront à tous mes defirs,
» Et le dernier de mes foupirs
» Sera leur derniere étincelle ».

A U T R E.

L'heureux Miniftre.

» Que Dieu m'accorde donc la grace
» D'entrer au confeil à mon tour,
» Pourvu que fa bonté m'en chaffe
» Après l'an, le mois & le jour.
» S'il foupe, s'il dort, s'il digere,
» Si l'âge ne l'a point glacé,
» L'être le plus heureux fur terre
» Eft un Miniftre déplacé.

» Rentré dans la route commune
» De la fageffe & du bonheur,
» Pour lui, la plus belle fortune
» Eft d'avoir perdu fa grandeur :
» Affuré de fa deftinée,

» Il peut donner, loin des ennuis
» A l'amitié toute l'année,
» A l'amour encor quelques nuits. ·

» Après un instant de murmure
» Contre l'intrigue & sa fureur,
» Aux simples vœux de la nature,
» Il est forcé d'ouvrir son cœur ;
» Pour lui, la douce jouissance
» N'est plus un obscur avenir ;
» Et s'il a perdu l'espérance,
» A sa place il met le plaisir.

» Il aime les fleurs & l'ombrage,
» Il goûte les chants des bergers ;
» Il connaît le prix d'un bocage
» Et le doux produit des vergers.
» L'astre qui rend le jour au monde,
» Ne lui promet que des bienfaits,
» Et lorsqu'il se plonge dans l'onde,
» Il ne lui laisse aucuns regrets.

» Ma muse légere & riante
» Fit ces couplets en vous quittant,
» Ne croyez pas que je les chante
» Chez les Ministres d'à présent.
» Je ne veux point leur faire envie
» D'un bien aujourd'hui si commun ;
» Mais s'il leur en prend fantaisie,
» Je n'en veux dégoûter aucun ».

AUTRE

A Mesdames la Duchesse du Châtelet & la Comtesse de Damas.

α S'il fallait à la plus belle
» De ces deux charmantes sœurs
» Offrir le portrait fidele
» De ses attraits enchanteurs,
» Ma peine serait extrême,
» Et les voyant toutes les deux,
» Je dirais à l'amour même,
» Ose choisir si tu peux.

» La beauté peut nous furprendre
» Un hommage paffager,
» Mais celui que je veux rendre,
» Ne pourrait fe partager.
» Viens amour, tu peux m'apprendre
» A qui s'adreffent mes fons ;
» Dis-moi quelle eft la plus tendre,
» Et porte lui mes chanfons ».

A U T R E.

Le Bal des Meres, à Madame la Comteffe de Périgord.

« A moi, charmant Anacréon,
» J'invoque aujourd'hui ton génie ;
» Des jeux prolonger la faifon,
» C'eft ajouter à notre vie.
» Appellons ici la gaité,
» L'innocence & la liberté,
» Enfans de quinze ans,
» Laiffez danfer vos mamans.

» Conviens, Amour, qu'ici des ans
» Tu méconnaîtrais l'intervalle.
» La moins jeune de ces mamans,
» Peut de fa fille être rivale.
» Il eft plus d'un mois pour les fleurs ;
» Et toutes les rofes font fœurs.
    » Enfans, &c.

» Belles qui formez des projets,
» Trente ans eft pour vous le bel âge ;
» Vous n'en avez pas moins d'atttaits,
» Vous en connaiffez mieux l'ufage.
» C'eft le vrai moment d'être heureux ;
» On plaît autant, on aime mieux,
    » Enfans, &c.

» Croyez-vous que ce Dieu malin,
» Dont je chéris & crains la flâme,
» Allume aux rayons du matin
» Le flambeau qui brûle notre ame ?
» Son feu, fi je l'ai bien fenti,
» Reffemble aux ardeurs du midi.
    » Enfans, &c.

AUTRE.

La Vieillesse.

« Quand la Vieillesse commence ;
» La douceur de soupirer
» Est l'unique jouissance
» Qu'il soit permis d'espérer.
» L'Amour fuit, l'amitié tendre
» Ose alors lui ressembler,
» Mais trop peu pour rien prétendre,
» Assez pour nous consoler.

» Adieu folle & douce ivresse,
» Que je pris pour le bonheur.
» J'eus des sens dans ma jeunesse :
» Il me reste encore un cœur.
» Que celle à qui je le donne
» Daigne en approuver l'ardeur ;
» Je dirai : mes jours d'automne
» Ont encor quelque chaleur.

» Pour l'amour tout est martyre,
» Enthousiasme ou fureur ;
» Pour l'amitié qui soupire,
» Tout est plaisir & faveur.
» Eglé regne sur mon ame,
» Sans en troubler le repos,
» Et mes desirs & ma flame
» N'allarment point mes rivaux.

» Je la verrai poursuivie
» Par la foule des amours,
» Et le déclin de ma vie
» Jouira de ses beaux jours.
» Tel, sur sa tige inclinée,
» Un vieux chêne de cent ans
» Croit renaître, chaque année,
» Avec les fleurs du printems.

MORFONTAINE, Gentilhomme de Brie, est auteur d'une grande partie es chansons de Dubousset ; il avoit fait un opéra de *Pirame & Thisbé*,

mis en partie en musique par le fameux organiste Marchand. Il est mort
vers 1732.

C H A N S O N.

« Je ne changerais pas pour la coupe des rois
» Ce petit verre que tu vois,
» Ami; c'est qu'il est fait de la même fougere,
» Sur laquelle cent fois
» J'amusai ma Bergere ».

Motin, né à Bourges, vivait du tems de Malherbe & de Regnier.
Il était ami de Théophile & grand buveur, il fut l'inventeur des chansons
à boire. Voici la premiere qui fut faite en ce genre.

C H A N S O N.

« Que j'aime en tout tems la taverne !
» Que librement je m'y gouverne !
» Elle n'a rien d'égal à soi;
» J'y vois tout ce que je demande;
» Et les torchons y sont pour moi
» De fine toile de Hollande.

» Pendant que le chaud nous outrage;
» On ne trouve point de bocage
» Agréable & frais comme elle l'est :
» Et quand la froidure m'y mene,
» Un malheureux fagot m'y plaît
» Plus que tout le bois de Vincennes

» J'y trouve à souhait toutes choses,
» Les chardons m'y semblent des roses,
» Et les tripes des ortolans :
» L'on n'y combat jamais qu'au verre ;
» Les cabarets & les brelans
» Sont les *paradis* de la terre.

» C'est Bacchus que nous devons suivre;
» Le nectar dont il nous ennivre,
» A je ne sais quoi de divin :
» Et quiconque a cette louange
» D'être homme sans boire du vin ;
» S'il en buvait, serait un ange.

» Le

» Le vin me rit, je le careſſe ;
» C'eſt lui qui bannit ma triſteſſe
» Et réveille tous mes eſprits ;
» Nous nous aimons de même ſorte :
» Je le prends, après j'en ſuis pris ;
» Je le porte, & puis il m'emporte.

» Quand j'ai mis quarte deſſus pinte ;
» Je ſuis gai, l'oreille me tinte,
» Je recule au lieu d'avancer :
» Avec le premier je me frotte,
» Et je fais, ſans ſavoir danſer,
» De beaux entrechats dans la crotte.

» Pour moi, juſqu'à ce que je meure,
» Je veux que le vin blanc demeure
» Avec le clairet dans mon corps,
» Pourvu que la paix les aſſemble :
» Car je les jetterai dehors,
» S'ils ne s'accordent bien enſemble ».

Cette chanſon a été imprimée en 1692, dans un *recueil des plus belles pieces des Poëtes Français*, en cinq volumes, ſous le nom de *Leſtoille*, Auteur du Journal de Henri III ; mais nous croyons être ſûr qu'elle eſt de *Motin*.

Motte (Antoine Houdard de la), né à Paris le 17 Janvier 1672, d'un Chapelier, donna ſa première piece en 1693, ſur le Théâtre Italien, & n'ayant pas eu de ſuccès, ſe retira à la Trappe où il vécut pluſieurs mois dans les plus grandes auſtérités.

Sa ferveur ne dura pas, & il reprit bientôt pour le théâtre, le goût qu'il conſerva toute ſa vie. Il fut reçu à l'Académie Françaiſe en 1710, & mourut le 25 Décembre 1731, âgé de cinquante-neuf ans, aimé & eſtimé même de ſes rivaux. Il avait perdu la vue pluſieurs années avant ſa mort. De ſes tragédies, *Inès de Caſtro* eſt la ſeule reſtée au théâtre. Ses mœurs étaient ſi douces & ſi honnêtes, qu'il eſt atroce que Foindin mourant en 1752, ait laiſſé un mémoire très-circonſtancié, dans lequel il déclare que *la Motte eſt l'auteur des fameux couplets qui ont fait exiler le grand Rouſſeau* ; & qu'il a eu pour camarade *Joſeph Saurin* ; de l'Acaː démie des Sciences , auſſi incapable que la Motte , d'avoir fait de pareilles horreurs.

La Motte eſt, ſans contredit, l'un des hommes qui a eu le plus d'eſprit. S'il n'a pas été un excellent poëte, ſi la chaleur & l'imagination ſeules peuvent mériter d'obtenir ce titre, au moins a-t-il été un des plus ingénieux, & a-t-il en le premier le mérite de ſentir & de prouver que le langage de la Poéſie n'était pas incompatible avec l'eſprit de morale & de philoſophie : ſous ce point de vue, la Motte a rendu un vrai ſervice à la Poéſie.

Il eſt d'ailleurs, après Quinaut, le plus lyrique & le plus galant des Poëtes qui ont travaillé pour l'Opéra.

Il a donné à ce théâtre en 1697, *l'Europe galante* , muſique de Campra ; *Iſſé* , muſique de Deſtouches ; en 1699, *Amadis de Grèce* , idem ; *Marthéſie* , idem ; en 1700, *le Triomphe des Arts* , muſique de la Barre ; l'acte de *Pygmalion* a été remis en muſique par Rameau en 1748 ; idem, *Canente* , muſique de Colaſſe ; en 1701, *Omphale* , muſique de Deſtouches , remiſe en muſique en 1769 par M. Cardonne , Officier de la chambre de MADAME ; en 1704, *le Carnaval & la Folie* , muſique de Deſtouches ; en 1705, *la Vénitienne* , muſique de la Barre, remiſe en muſique par M. d'Auvergne , en 1768 ; en 1706, *Alcione* , muſique de Marin Marais ; en 1709, *Semelé*. En 1735, on donna l'opéra de Scanderberg trouvé dans ſes papiers , & achevé par la Serre, mis en muſique par Rebel & Francœur.

C H A N S O N.

« Dans un lieu ſolitaire & ſombre
» Je me promenais l'autre jour :
» Un enfant y dormait à l'ombre ;
» C'était le redoutable Amour.

» J'approche, ſa beauté me flatte ;
» Mais j'aurais dû m'en défier.
» J'y vis tous les traits d'une ingrate ,
» Que j'avais juré d'oublier.

» Il avait la bouche vermeille,
» Le teint auſſi beau que le ſien.
» Un ſoupir m'échappe, il s'éveille :
» L'Amour ſe réveille de rien.

» Auſſi-tôt déployant ſes aîles,
» Et ſaiſiſſant ſon arc vengeur,
» D'une de ſes flêches cruelles,
» En paſſant, il me bleſſe au cœur.

» Va, dit-il, aux pieds de Silvie,
» De nouveau languir & brûler :
» Tu l'aimeras toute ta vie
» Po r avoir oſé m'éveiller ».

AUTRE.

« La raiſon n'eſt pas raiſonnable,
» Bien fou qui s'en laiſſe charmer :
» Elle me dit que vous êtes aimable,
» Et me défend, Iris, de vous aimer.
» J'aime Iris, dit l'Amour, puiſqu'elle a ſu te plaire,
» Profite des inſtans de ta belle ſaiſon :
» Ma foi l'amour, ſur cette affaire,
» Raiſonne mieux que la raiſon ».

AUTRE.

« Je vous nomme ſans que j'y penſe,
» Votre entretien me charme, & je crains votre abſence ;
» J'aime à cauſer tous vos deſirs ;
» Et votre rencontre imprévue
» Me cauſe de certains plaiſirs
» Que je ne ſens qu'à votre vue ;
» Je ſonge à vous malgré moi-même,
» Je crois vous voir la nuit, je vous cherche le jour ;
» Si ce n'eſt pas là comme on aime,
» Apprenez-moi ce que c'eſt que l'amour ».

AUTRE.

« Jeune Lucile, aimez qui vous adore,
» Ne craignez point de vous laiſſer charmer ;

Mm 2

» Que de plaifir un infenfible ignore !
» C'eft l'amour feul qui peut nous animer.
» Avant d'aimer, on ne vit pas encore,
» On ne vit plus dès qu'on cesse d'aimer ».

MURAT (Henriette-Julie de Caftelnau, Comteffe de), née en 1671, & fille du Marquis de Caftelnau, Gouverneur de Breft & Meftre-de-camp, qui mourut d'une bleffure reçue près d'Utrecht, réunit les avantages de l'efprit à ceux de la figure. Elle époufa le Comte de Murat, Brigadier des armées du Roi, &, après la mort de fon mari, fut exilée à Loches, vers 1709, on ne fait trop pourquoi. Le Duc d'Orléans Régent lui rendit la liberté ; mais elle en profita peu, étant morte l'année fuivante (1716), âgée de quarante-cinq ans.

Nous avons d'elle les Lutins de Kernofi, des chanfons & des contes qui ont eu un fuccès prodigieux, fur-tout celui intitulé : *le Palais de la Vengeance.*

On a d'elle auffi l'hiftoire de la Courtifanne Rhodope, qu'elle donna en 1708, & quelques autres ouvrages. Dans un manufcrit qui en renferme plufieurs non encore imprimés, & qui, peut-être, verra bientôt le jour, on trouve d'elle plufieurs chanfons charmantes : nous en tranfcrirons deux.

Chanfon faite pendant le grand hiver de 1709.

« Le tendre amour foupirant,
　» Hier difait à fa mere,
» Je ne fais quel accident
　» A fait geler ma terre ;
» Mais il fait bien mauvais tems
　» Dans l'île de Cythere.

» Les amoureux font tranfis
　» Auprès de leurs bergeres ;
» Dans fes doigts on voit Tircis
　» Souffler & ne rien faire ;
» Ah ! que de cœurs engourdis
　» Dans l'île de Cythere?

» Il nous faudrait des amans
　» Difcrets, mais téméraires,

» Qu'ils ne fuffent pas *tremblans*,
» Mais ardens & finceres :
» Tels ne font pas ceux du tems
» Qui régne dans Cythere.

» Après le froid, c'eft la faim
» Qui nous livre la guerre;
» On appauvrit le terrein
» D'Amour & de fa mere;
» On n'a plus que mauvais grain
» Au marché de Cythere.

» Jadis on allait femant
» Le grain en bonne terre;
» On faifait facilement
» Une récolte entiere;
» Que de déchet à préfent
» Aux greniers de Cythere !

» L'on apportait à foifon
» Farine aux boulangeres;
» Dans cette morte faifon,
» A peine les meûnieres
» Retirent-elles du fon
» Des moulins de Cythere ».

Cette chanfon fut faite à Loches, où Madame de Murat avait été exilée, pour une fête donnée par Madame Dangé, mere du Fermier général de ce nom, mort depuis quelques années. Cette femme aimable & de beaucoup d'efprit tenait une bonne maifon à Loches, & était amie intime de Madame la Comteffe de Murat.

CHANSON.

« Faut-il être tant volage,
» Ai-je dit au doux plaifir ?
» Tu nous fuis, las ! quel domage,
» Dès qu'on a pu te faifir.

» Ce plaifir tant regrettable
» Me répond, rends grace aux Dieux;
» S'ils m'avaient fait plus durable,
» Ils m'auraient gardé pour eux ».

ESSAI

Epître à Lisette.

« Muses de tous nos jeux, objet de nos hommages ;
» Songez que le dépit se mêle à nos suffrages ,
» Lorsque vous empruntez des travestissemens ,
» Trop peu dignes de vous , malgré leurs agrémens.
» D'un naturel heureux l'ascendant est extrême ;
» Pour nous plaire toujours, soyez toujours vous-même
» Sous des myrtes fleuris , dans des palais charmans,
» Devenez-vous princesse ou compagne de Flore ,
» Vous causez dans les cœurs de doux ravissemens :
» Un murmure s'éleve , éclate, augmente encore ;
» Vous entendez par-tout des applaudissemens :
» Quels triomphes flatteurs ! c'est un peuple d'amans
   » Qui couronne ce qu'il adore.
» Hé bien , croyez-les donc ces cœurs que vous troublez ,
» Sous les vrais ornemens que votre art vous présente :
   » Vous n'êtes jamais plus charmante
   » Que lorsque vous vous ressemblez ».

On connaît de Mad. de Murat l'*Histoire de la Comtesse de Châteaubriant
ou les Effets de la Jalousie, le Comte de Dunois, le Sylphe amoureux*, &c.

N*** (M. le Duc de). C'est avec regret que nous citerons seulement
ces deux pieces lyriques d'un des plus aimables Poëtes de notre siecle. Sa
tranquille indifférence pour les palmes poétiques , le rend aussi soigneux
de cacher ses heureuses productions, que tant d'autres le font de publier
par toute leur mauvaise prose en rimes. Ils croiraient voler le public, s'ils lui
dérobaient un seul petit quatrain ; mais le vol réel est celui que fait un
Auteur charmant , en tenant renfermé dans son porte-feuille des écrits
dictés par le goût , le sentiment , l'esprit & la délicatesse, tandis qu'ils
devraient être entre les mains de tout le monde.

Ode d'Horace : Donec gratus eram tibi.

HORACE ET LYDIE.

HORACE.

« Plus heureux qu'un Monarque au faîte des grandeurs,
» J'ai vu mes jours dignes d'envie ;

» Tranquiles, ils coulaient au gré de nos ardeurs :
    » Vous m'aimiez charmante Lydie.

LYDIE.

» Que mes jours étaient beaux, quand des soins les plus doux
    » Vous payiez ma flame sincere !
» Vénus me regardait avec des yeux jaloux,
    » Chloé n'avait pas su vous plaire.

HORACE.

» Par son luth, par sa voix organe des amours,
    » Chloé seule me paraît belle :
» Si le destin jaloux veut épargner ses jours,
    » Je donnerai les miens pour elle.

LYDIE.

» Le jeune Calaïs, plus beau que les amours,
    » Plaît seul à mon ame ravie.
» Si le destin jaloux veut épargner ses jours,
    » Je donnerai deux fois ma vie.

HORACE.

» Quoi, si mes premiers feux ranimant leur ardeur,
    » Etouffaient un amour fatale ;
» Si perdant pour jamais tous ses droits sur mon cœur,
    » Chloé vous laissait sans rivale. . . . .

LYDIE.

» Calaïs est charmant : mais je n'aime que vous,
    » Ingrat, mon cœur vous justifie ;
» Heureuse également en des liens si doux,
    » De perdre ou de passer la vie ».

CHANSON.

» Que l'on goûte ici de plaisirs ?
    » Où pourrions-nous mieux être ?
» Tout y satisfait nos desirs,
    » Et tout les fait renaître.

» N'est-ce pas ici le jardin
» Où notre premier pere

» Trouvait sans cesse sous sa main
   » De quoi se satisfaire ?

» Ne sommes-nous pas encor mieux
   » Qu'Adam dans son bocage ?
» Il n'y voyait que deux beaux yeux,
   » J'en vois bien davantage.

» Dans ce jardin délicieux,
   » On voit aussi des pommes
» Faites pour charmer tous les Dieux
   » Et damner tous les hommes.

» Amis, en voyant tant d'appas,
   » Quels plaisirs font les nôtres ?
» Sans le péché d'Adam, hélas !
   » Nous en verrions bien d'autres.

» Il n'eut qu'une femme avec lui,
   » Encore c'était la sienne.
» Je vois ici celle d'autrui,
   » Et n'y vois pas la mienne.

» Il buvait de l'eau tristement
   » Auprès de sa compagne !
» Nous autres nous chantons gaiment,
   » En sablant le champagne.

» Si l'on eut fait dans un repas
   » Cette chère au bonhomme,
» Le gourmand ne nous aurait pas
   » Damné pour une pomme ».

Non (M. de), de Châlons-sur-Saône en Bourgogne, & Gentilhomme ordinaire du Roi, est né avec le goût de tous les arts & l'esprit de tous les genres dont il veut s'occuper. Dès sa plus grande jeunesse il donna à la Comédie Française une piece intitulée *Julie*, qui eut du succès. L'envie de s'instruire & le goût des voyages l'emportèrent sur celui des théâtres, quoique son premier succès eût dû l'encourager. Il parcourut presque toute l'Europe, non pas comme la plupart des jeunes Français, qui ordinairement voyagent moins pour s'instruire que pour se moquer des usages

contraires

contraires à ceux de leur pays , mais en hiftorien exact, en juge impartial
& en obfervateur habile.

Son amitié pour nous l'a déterminé à entreprendre le voyage auffi
difficile que dangereux de la Calabre & de la Sicile , non pas feulement
en parcourant les côtes, ainfi que l'ont fait MM. le Baron de Riedezel
& Bridonne ; mais en pénétrant dans l'intérieur de ces pays fi peu
connus , quoique fi intéreffans , par les peuples fameux qui les habitaient
autrefois, & par les monumens de la plus haute antiquité qu'ils renferment.

M. de Non, accompagné de plufieurs Artiftes du premier mérite , vient
d'achever heureufement cette pénible entreprife où il a couru les plus
grands dangers de plufieurs genres, & a rapporté de ces pays fi curieux
une foule de deffins précieux dont quelques-uns ont déja paru dans les
livraifons de notre voyage de l'Italie. Artifte lui-même , & amateur de la
premiere force, il a deffiné tous les coftumes & des vues charmantes,
qui ne déparent point les ouvrages de fes habiles compagnons de voyage.
M. de Non a fait plufieurs chanfons , dont nous donnerons celle-ci.

CHANSON.

« Alexine à Coridon
   » Tenait ce langage :
» Bien que ce fut en chanfon ;
   » C'était une leçon.
» Un pigeon quitta fon ménage;
» Sa tendre moitié, fes petits,
» Pour une alouette volage ,
» Dont le caquet l'avait épris.

   » Il voulut en même tems
      » Prendre le ramage
   » De ces étourdis amans ;
   » Que l'on trouve charmans.
» Toujours pigeon, quoique volage ;
» Notre pauvre amant roucoulait ;
» Croyant imiter le langage
» De celle qui le perfifflait.

   » Moqué, confus, éconduit ,
      » Objet de rifée,

» Il revint bientôt fans bruit

» Retrouver fon réduit,

» Sa tendre moitié défolée

» Lui parut belle en ce moment ;

» Quand de dépit l'ame eft troublée ,

» On vante alors le fentiment,

» L'époux qu'elle revoyait ,

» L'avait délaiflée ,

» Souvent elle s'en plaiguait

» Et fouvent l'ennuyait.

» Soupir d'une belle offenfée ,

» Effraie & charme un tendre amant ;

» Mais quand la tendreffe eft paffée ,

» Soupir fatigue l'inconftant.

» L'humeur & l'air emprunté

» Que l'ennui fait naître ,

» Fit qu'ils vécurent fans gaîté

» Chacun de leur côté.

» Pour un bien qu'on cherche à connaître ,

» On abandonne un doux lien ;

» Puis l'erreur vient à difparaître ,

» Et fouvent il ne refte rien ».

Noue (Jean Sauvé de la) , né à Meaux , en 1701 , fameux Comédien ; plus connu encore par fa probité que par fes talens , a donné la tragédie de Mahomet fecond & la Coquette corrigée qui affurent fa réputation comme Poëte dramatique. Il a donné pour les fêtes de mariage de M. le Dauphin , *Zelifca* , mis en mufique par le célebre Jéliotte.

Il mourut le 15 Novembre 1761 , emportant les regrets du tous ceux qui l'avaient connu.

Orléans (Jean-Philippe d' , ou le Chevalier d'Orléans) , Grand-Prieur de France , mort en 1748 , avait beaucoup d'efprit , & faifait des chanfons charmantes , dont nous n'avons pu découvrir que celle-ci :

CHANSON.

» Qui connaît bien le fort des grands ,

» Du tout ne leur porte d'envie ,

» Leur faut trop de biens différens
» Pour paffer un jour de la vie,

» J'habite un champêtre féjour,
» Et j'ai pris ma mie au village ;
» Je la vois comme au premier jour ,
» Qu'amour forma notre ménage.

» Le fafte a bien un grand attrait ;
» Mais attrait qu'emporte l'ufage ;
» La fimplicité qui nous plaît ,
» Nous plaira toujours davantage ».

PALISSOT (Charles), né à Nancy, le 3 Janvier 1730. C'eft de nos Ecrivains modernes un de ceux qui s'eft le plus attaché à l'étude des excellens Auteurs du fiecle de Louis XIV , & particuliérement de Moliere & de Boileau. Ses ouvrages prouvent qu'il était appellé au genre de la bonne comédie. S'il n'a point égalé Moliere, qui n'a légué fon fecret à perfonne , il eft un de ceux qui s'en eft le plus approché par des vers pleins de fens & de précifion, de ces vers nés proverbes, comme les appellait Boileau , & fur-tout par la rapidité & la vivacité du dialogue, On trouve dans fes pieces des fcènes que fon modèle n'eût pas défavouées ; & n'eût-il fait que la comédie des *Philofophes* & des *Courtifannes*, il fera toujours mis au rang de nos meilleurs Poëtes comiques. La hardieffe de ces fujets, les difficultés qu'ils offraient à vaincre , & le mérite qu'il a eu de faifir dans notre fiecle les plus grands traits de ridicule qui s'offraient à fon pinceau, feront pour lui , aux yeux de la poftérité, des titres de recommandation qui ne s'effaceront jamais.

La réputation de fon poëme de la Dunciade ne fera que s'accroître à mesure que s'éteindra la génération des Ecrivains médiocres, intéreffés à en contefter le mérite. Mais de tous les ouvrages de M. Paliffot , celui, peut-être , qui lui affure les plus grands droits à la reconnaiffance publique , ce font fes mémoires littéraires, production d'un goût exquis , & à laquelle on fouhaiterait feulement qu'il eût donné plus d'étendue. L'éloge de M. de Voltaire , qu'il vient de publier en dernier lieu, nous a paru digne de fon fujet; & en général, fes jugemens pleins d'impartialité fur nos Ecrivains les plus célebres , feraient defirer que la littérature n'eût pas eu d'autre Hiftorien.

Nous acheverons de le caractérifer par ces vers peu connus, & qui étaient deftinés à être mis fous fon portrait.

> « Des fophiftes du tems, il confondit l'audace,
> » Démafqua les fripons, les catins & les fots,
> » Et réunit, dans fes bons mots,
> » Le fel d'Ariftophane à l'enjoûment d'Horace ».

On a recueilli en 1776 prefque tous fes ouvrages, dans une magnifique édition, enrichie de très belles gravures, faite à Liége, en fept volumes in-8°; & on fait en même-tems une petite édition en fept volumes in-12, qui fera très élégante & très correcte, en faveur des perfonnes à qui la précédente aurait pu paraître trop difpendieufe.

CHANSON.

A Madame la Princeffe de Robecq, qui avait joué le rôle d'Eglé dans le petit opéra de ce nom.

> « Eglé, du célefte féjour
> » J'ai vu les Dieux defcendre.
> » Vous chantiez : venez, dit l'Amour,
> » Accourez tous l'entendre.
> » Mufes, dans votre art enchanteur,
> » Mon Eglé vous égale.
> » Grâces vous avez une fœur,
> » Vénus une rivale ».

A U T R E.

> « L'enfant malin, dangereux, mais charmant,
> » Qui dans vos yeux commande à là nature,
> » Le tendre Amour doit vous faire un préfent :
> » J'ignore le deffein de cet aimable enfant;
> » Mais on dit que Vénus a perdu fa ceinture ».

A U T R E.

> « Ah ! fi les feux que Vénus fit éclore
> » Pour embellir le matin de mes jours,
> » Se ranimaient au flam eau des amours,
> » Nouveau Titon, vous feriez mon Aurore ».

PANARD (Charles-François), né en 1690, à Nogent-le-Roi, fut le plus gai, le plus simple & le meilleur des hommes. Né sans biens, il commença par être Commis pour pouvoir subsister, & se consolait quelquefois de son ennui, par les charmes de la poésie, qu'il cultivait dès son enfance.

Le Comédien le Grand le découvrit dans la poussiere de son bureau, & le détermina à se consacrer entiérement aux lettres. Quelques amis généreux l'aiderent à subsister, & bientôt ses premiers ouvrages commencerent sa réputation qui s'est soutenue jusqu'à sa mort.

Panard & M. Favart porterent à sa perfection le genre de l'opéra-comique, créé par le Sage, & si tombé de nos jours.

Mais ce qui existera toujours, ce sont les charmantes chansons & vaudevilles que nous avons de lui ; personne ne peut espérer d'en faire de meilleures que Panard, & M. Collé peut seul lui être comparé. Ces deux célebres Ecrivains se sont servis du vaudeville pour critiquer les mœurs en général, & tourner en ridicule les défauts de chaque âge & de chaque état. Ils parvinrent ainsi à lui assigner un caractere qui lui est propre.

Panard se trouvant trop âgé, lorsque le nouveau genre d'opéra-comique commença à prendre faveur, ne jugea pas à propos de s'y exercer. Ce Poëte aimable est celui qui a le plus approché de la Fontaine par sa naïveté & son enjouement. Il eut la même modestie, la même timidité & la même distraction. Tous deux ne dirent jamais de mal de personne ; & peut-être Panard y eût-il plus de mérite par la facilité avec laquelle il maniait l'épigramme & le couplet, non plus que l'inimitable la Fontaine. L'ambition ne le tourmenta jamais ; & quelque peu qu'il eut, il eut toujours assez.

Il faut lire dans ses œuvres la piece de vers où il trace son portrait ; ceux qui l'ont connu l'y reconnaîtront trait pour trait.

M. Favart, son rival & son meilleur ami, a dit de lui avec vérité :

Il chansonna le vice & chanta la vertu.

Cet homme aimable & si aimé de tous ses amis, mourut à Paris en 1765, âgé de soixante-quatorze ans, à la suite d'une attaque d'apoplexie.

C H A N S O N.

« Que vos yeux font touchans ! que leur regard eſt tendre !
» Si je les crois, Tircis, vous m'aimez tendrement.
     » Mais parlez-moi ſincérement ;
» Votre cœur ſent-il tout ce qu'ils me font entendre ?
     » Si vous ne m'aimez point, hélas !
     » Ne cherchez point à me ſéduire ;
     » Et que vos yeux ne parlent pas,
     » Si votre cœur n'a rien à dire ».

A U T R E.

    « Ah ! que vos yeux ont de pouvoir !
     » Qui s'expoſe à les voir,
     » Ne peut fuir l'eſclavage ;
    » Ils font l'ouvrage de l'amour,
     » Et chaque jour
     » L'amour eſt leur ouvrage ».

A U T R E.

« Dans Paris, l'autre jour, Vénus porta ſes pas.
» Même jour, dans Paphos, vit arriver Hortenſe.
     » Perſonne, dans ces deux climats,
     » Ne s'apperçut de leur abſence ».

Le Ruiſſeau de Champigny.

A M^c de V....

    « Ruiſſeau qui baignez cette plaine,
    » Je te reſſemble en bien des traits :
    » Toujours même penchant t'entraîne ;
    » Le mien ne changera jamais.
    » Ton murmure flatteur & tendre
    » Ne cauſe ni bruit ni fracas ;
    » Plein du ſouci qu'amour fait prendre,
    » Si j'en murmure, c'eſt tout bas.

    » Rien n'eſt dans l'empire liquide,
    » Si pur que l'argent de tes flots ;
    ». L'ardeur qui dans mon ſein réſide,
    » N'eſt pas moins pure que tes eaux.

» Je reffens pour ma tendre amie
» Cet amoureux empreffement
» Qui te porte vers la prairie
» Que tu chéris fi conftamment.

» Quand Thémire eft fur ton rivage,
» Dans tes eaux on voit fon portrait ;
» Je conferve auffi fon image ;
» Dans mon cœur, elle eft trait pour trait :
» Tu n'as point d'embuche profonde,
» Je n'ai point de piege trompeur :
» On voit jufqu'au fond de ton onde ;
» On lit jufqu'au fond de mon cœur.

» Au but prefcrit par la nature,
» Tu vas toujours d'un pas égal
» Jufqu'au tems où, par fa froidure,
» L'hiver vient glacer ton cryftal.
» Sans Thémire, je ne puis vivre,
» Mon but à fon cœur eft fixé ;
» Je ne cefferai de la fuivre
» Que quand mon fang fera glacé ».

Danfe de Vieillards.

Un Vieillard.

« Dans ma jeuneffe
» On fe divertiffait,
» Chacun fe trémouffait,
» Avec grace on danfait,
» Dans un bal on faifait
» Admirer fon adreffe.
» Aujourd'hui ce n'eft plus cela :
» Ce n'eft qu'indolence,
» Langueur, négligence,
» Les graces, la danfe
» Sont en décadence,
» Et le bal va
» Cahin, caha.

Une Vieille.

» Dans ma jeuneffe
» La vérité régnait,

» La vertu dominait ,
» La constance brillait ,
» La bonne foi réglait
» L'amant & la maîtresse.
» Aujourd'hui ce n'est plus cela :
　　» Ce n'est qu'injustice ,
　　» Trahison , malice ,
　　» Changemens , caprice ,
　　» Détours , artifice ,
　　　» Et l'amour va ,
　　　» Cahin , caha.

LE VIEILLARD.

　　» Dans ma jeunesse ,
» Les veuves , les mineurs
» Avaient des défenseurs ,
» Avocats , Procureurs ,
» Juges & Rapporteurs
» Soutenaient leur faiblesse.
» Aujourd'hui ce n'est plus cela :
　　» L'on gruge , l'on pille ,
　　» La veuve , la fille ,
　　» Majeur & pupille ;
　　» Sur tout on grapille ,
　　　» Et Thémis va
　　　» Cahin , caha.

LA VIEILLE.

　　» Dans ma jeunesse ,
» Quand deux cœurs amoureux
» S'unissaient tous les deux ,
» Ils sentaient mêmes feux ;
» De l'hymen les doux nœuds
» Augmentaient leur tendresse.
» Aujourd'hui ce n'est plus cela ?
　　» Quand l'hymen s'en mêle ,
　　» L'ardeur la plus belle
　　» N'est qu'une étincelle ,
　　» L'amour bat de l'aîle ,
　　　» Et l'Epoux va
　　　» Cahin , caha.

I.

Le Vieillard.

» Dans ma jeunesse,
» On voyait des auteurs,
» Fertiles producteurs,
» Enchanter les lecteurs ;
» Charmer les spectateurs
» Par leur délicatesse.
» Aujourd'hui ce n'est plus cela :
 » Les vers assoupissent,
 » Les scènes languissent,
 » Les muses gémissent,
 » Succombent, périssent,
  » Pegase va
  » Cahin, caha.

La Vieille.

» Dans ma jeunesse,
» Les papas, les mamans
» Séveres, vigilans,
» En dépit des amans,
» De leurs tendrons charmans
» Conservaient la sagesse,
» Aujourd'hui ce n'est plus cela :
 » L'amant est habile,
 » La fille docile,
 » La mere facile,
 » Le pere imbécille,
  » Et l'honneur va
  » Cahin, caha.

Le Vieillard.

» Dans ma jeunesse,
» L'homme sombre & prudent ;
» Au plaisir moins ardent,
» Se bornait sagement ;
» Et ce ménagement
» Retardait sa vieillesse.
» Aujourd'hui ce n'est plus cela :
 » Honteux d'être sage,
 » Le libertinage

» Dès quinze ans l'engage :
A vingt il fait rage ;
    » A trente il va
  , » Cahin, caha.

LA VIEILLE.

    » Dans ma jeuneffe,
  » Les femmes, dès vingt ans,
  » Renonçaient aux amans ;
  » De leurs engagemens
  » Les devoirs importans
  » Les occupaient fans ceffe.
» Aujourd'hui ce n'eft plus cela :
    » Plus d'une grand'mere
    » S'efforce de plaire,
    » Et veut encor faire
    » Un tour à Cythere ;
      » La bonne y va
      » Cahin, cahin.

LE VIEILLARD.

      » Dans ma jeuneffe,
    » Des riches partifans
    » Les tréfors féduifans,
    » Les fêtes, les préfens
    » N'étaient pas fuffifans
    » Pour vaincre une maîtreffe.
» Aujourd'hui ce n'eft plus cela :
      » Un commis, fans peine
      » Gagne une Climene ;
      » Et dès qu'à Vincenne,
      » En fiacre il la mene,
        » La vertu va
        » Cahin, caha. »

LA VIEILLE au Parterre.

        » Dans ma jeuneffe,
      » Le fpectacle chéri
      » Se voyait applaudi ;
      » Le théâtre garni , . . .
      » Le parterre rempli

» Nous comblaient d'alégreſſe.
» Faites-nous voir encor cela :
  » Qu'une ardeur nouvelle
  » Chez nous vous rappelle ;
  » Pour vous notre zele
  » Conſtant & fidele
    » Jamais n'ira
    » Cahin, caha ».

PASQUIER (Etienne), Avocat fameux, plus célebre par ſes *recherches* que par ſes poéſies, naquit en 1529, & devint ſous Henri III Avocat général de la Chambre des Comptes. Les déſordres de la ligue détruiſirent ſa fortune ; mais il ſupporta cette diſgrace avec courage & gaité, & mourut le 30 Août 1615, ſans avoir jamais été malade.

CHANSON.

« Malheureux amour, d'où procede
» Que plus je me livre au déduit
» Où ta folie nous réduit,
» Et moins ma Dame je poſſede ?
» Qui ſuit l'amour, l'amour le fuit,
» Qui fuit l'amour, l'amour le ſuit.

» D'où vient que d'une feinte honte
» Cette dédaigneuſe me fuit,
» Et qu'au contraire, elle pourſuit
» Celui qui d'elle ne fait conte !
» Qui ſuit l'amour, &c.

» Il faut bannir de ſa penſée
» Que l'aimer à aimer induit ;
» Tel en fut autrefois le fruit,
» Mais la ſaiſon en eſt paſſée.
» Qui ſuit l'amour, &c.

» Aie d'amour l'ame enflamée,
» Cela, pauvre ſot, te détruit,
» Un autre en rapporte le fruit,
» Et toi ſeulement la fumée.
» Qui ſuit l'amour, &c.

» Veux-tu favoir d'amour la gloire ?
» C'eft d'obfcurcir ce qui reluit,
» De changer en clarté la nuit,
» Par un efprit contradiƈtoire.
   » Qui fuit l'amour, &c.

» Dame, en qui le mépris habite,
» Afin d'éviter tout circuit,
» Puifque ton amour tant me nuit,
» Demeurons tous deux quitte-à-quitte.
   » Qui fuit l'amour, &c. »

A U T R E.

« Les jours s'en vont & revont,
» Et d'une éternelle fuïte,
» Chaque chofe prend fa fuite :
» Des foleils les nuits fe font,
» Et du même mouvement,
» Des nuits, les journées gliffent ;
» Ni les hommes ne jouiffent
» De rien que du feul moment »,

PASSERAT (Jean), né à Troyes en Champagne , en 1529, fuccéda au célebre Ramus dans la place de Profeffeur Royal en Eloquence , & fut fort ami de Ronfard , Belleau , Baïf & Defportes. Il vécut trente ans chez M. de Mefmes, & y mourut de paralyfie l'an 1602. Il paffa dans fon lit les cinq dernieres années de fa vie ; & quoiqu'il fouffrît beaucoup & fût devenu aveugle, fa gaité ne l'abandonna pas. Il compofa en latin fon épitaphe que l'on peut voir aux Jacobins de la rue S. Jacques , & dont voici à peu-près le fens. (a)

(a) « *Hic fitus in parva Janus Paffertius urna,*
   » *Aufonii Doƈtor regius eloquii*
 » *Difcipuli memores tumulo date ferta magiftri,*
   » *Ut vario florum munere vernet humus*
 » *Hoc culta officio mea molliter offa quiefcent,*
  » *Sint modò carminibus non onerata malis ».*

« Jean Passerat ici sommeille ,
» Attendant que l'Ange l'éveille ,
» Et croit qu'il se réveillera
» Quand la trompette sonnera.
» S'il faut que maintenant en la fosse je tombe ;
» Qui ai toujours aimé la paix & le repos,
» Afin que rien ne pèse à ma cendre, à mes os ;
» Amis, de mauvais vers ne chargez point ma tombe ».

CHANSON.

« Belle, ta beauté s'enfuit ;
» Cueillons ensemble le fruit
» De la jeunesse gaillarde.
» Pendant qu'en avons le tems,
» Rendons nos desirs contens.
» Beauté n'est un fruit de garde ».

AUTRE.

Pour le premier de Mai.

« Laissons le lit & le sommeil
 » Cette journée.
» Pour nous l'aurore au front vermeil
 » Est déja née.
» Or que le ciel est le plus gai
» En ce gracieux mois de Mai,
 » Aimons mignone ;
» Contentons notre ardent desir.
» En ce monde n'a du plaisir
 » Qui ne s'en donne.
» Viens, belle, viens te promener
 » Dans ce bocage ,
» Entends les oiseaux jargonner
 » De leur ramage.
» Mais écoute comme sur tous
» Le rossignol est le plus doux ,
 » Sans qu'il se lasse.
» Oublions tout deuil, tout ennui ;
» Pour nous réjouir comme lui,
 » Le tems se passe.

» Ce vieillard contraire aux amans,
        » Des aîles porte ;
» Et, en fuyant, nos meilleurs ans
        » Bien loing emporte.
» Quand ridée un jour tu seras,
» Mélancolique, tu diras ;
        » J'estoy peu sage,
» Qui n'usoy point de la beauté
» Que sitost le tems a ôté
        » De mon visage.
» Laissons ce regret & ce pleur
        » A la vieillesse ;
» Jeunes, il faut cueillir la fleur
        » De la jeunesse.
» Or que le ciel est le plus gai
» En ce gracieux mois de mai ;
        » Aimons, mignone ;
» Contentons notre ardent desir.
» En ce monde n'a du plaisir
        » Qui ne s'en donne ».

Vers à M. de Soucy , Tréforier de l'Epargne.

« Mes vers, Monsieur, c'est peu de chose,
» Et Dieu merci, je le sçai bien.
» Mais vous ferez beaucoup de rien ,
» Si les changez en vostre prose ».

PATIN (Guy) , fils du célebre Professeur en Médecine , a fait quelques chansons , dont nous citerons la plus estimée.

CHANSON.

« Je sens pour la jeune Lisette
» Tout ce que jamais dans un cœur
» L'amour & la beauté parfaite
» Ont pu faire renaître d'ardeur :
» Je n'ai qu'une vaine espérance
        » D'être heureux ;
» Mais rien n'altere la constance
        » De mes feux,

» Des charmes qui brillent en elle,
» La nature a fait tous les frais,
» Peut-être on la peindrait moins belle,
» De Vénus lui prêtant les traits.
» Mais l'ingrate ternit sans cesse
  » Tant d'appas,
» Par un défaut que la Déesse
  » N'avait pas ».

PATRIX, Gentilhomme Normand, né à Caen, en 1583, fils d'un Conseiller au Parlement de Rouen, avait une charge chez MONSIEUR, qui le fit Gouverneur de Limours.

Il était fort aimable & rempli de gaité. Jamais il ne voulut se marier, & mourut à quatre-vingt-huit ans, en 1671. Ce madrigal est fameux.

« Je songeais cette nuit, que de mal consumé
» Coste à coste d'un pauvre on m'avait inhumé,
» Et que n'en pouvant pas souffrir le voisinage,
» En mort de qualité je lui tins ce langage:
» Retire-toi, coquin, va pourrir loin d'ici,
» Il ne t'appartient pas de m'approcher ainsi.
» Coquin, me répond-il d'une arrogance extrême,
» Va chercher tes coquins ailleurs, coquin toi-même.
» Ici tous sont égaux, je ne te dois plus rien,
» Je suis sur mon fumier comme toi sur le tien ».

CHANSON.

« Soupirs, regards, petits soins,
» En amour tout est langage :
» Et souvent qui parle le moins
» En témoigne davantage.
» Servir & persévérer,
» C'est assez se déclarer ».

AUTRE.

« Reprenez; dès ce jour
» Votre amitié sans amour.
» Fussiez-vous cent fois plus belle,
» Sans lui je ne veux point d'elle ».

P.....(M. le Marquis de). Cet homme illuftre à beaucoup d'égards, & d'ailleurs connu par fon amour pour les arts & les belles-lettres, par fon érudition, par fa bibliothéque, qui, quoiqu'immenfe & formée avec choix & goût, eft prefque toute entiere annotée de fa main, & par des ouvrages charmans qui ont fervi de délaffement à fes importantes occupations, dont quelques-uns ont paru fans fon aveu; il a fait, entr'autres, un grand nombre de chanfons, pleines d'efprit & de fentiment. (a)

Nous faififfons avec joie cette occafion de le remercier des excellens avis qu'il n'a pas dédaigné de nous donner, & des reffources fans nombre qu'il nous a permis de tirer des tréfors que renferme fa fuperbe collection.

PAVILLON (Etienne), né à Paris, en 1632, fe diftingua d'abord dans la charge d'Avocat général au Parlement de Metz, qu'il exerça pendant dix ans. Mais la faibleffe de fa fanté le fit renoncer à toute autre occupation qu'à celle de la poéfie. Il fut nommé de l'Académie Françaife en 1691, à la place de Benferade, & fort peu de tems après fut attaqué d'une goutte qui ne le quitta guères jufqu'à la fin de fa vie.

Il fut cependant nommé depuis à l'Académie des Infcriptions, & mourut à Paris le 10 Janvier 1705, âgé de foixante-treize ans.

Le Roi lui accorda la penfion de deux mille livres que Racine laiffa vacante.

CHANSON.

« Iris a vingt amans qui l'obfedent fans ceffe,
» Dont elle fait vingt malheureux;
» Je fuis le feul parmi la preffe
» De qui fa cruauté daigne écouter les vœux :
» Mais d'une aventure fi belle,
» Rivaux infortunés, ne foyez point jaloux :
» Je fuis plus à plaindre que vous,
» Puifque vous m'empêchez d'être feul avec elle ».

AUTRE.

« C'eft envain que la jeune Iris,
» Pour m'obliger d'être plus fage,

(a) On en a vu plufieurs dans notre quatrieme livre.

Me

» Me fait souvenir de mon âge,
» Et me montre mes cheveux gris :
» Suivant l'avis de cette belle,
» Je pourrais bien me contenir,
» Si je voyais dans l'avenir
» Autant de tems à perdre qu'elle ».

A U T R E.

« L'honneur de passer pour constant
» Ne vaut pas la peine de l'être.
» Doit-on briguer sincérement
» L'honneur de passer pour constant ?
» Près de l'objet le plus charmant,
» C'est bien assez de le paraître.
» L'honneur de passer pour constant
» Ne vaut pas la peine de l'être ».

PAVIN (Denys Sanguin de S.), né à Paris, grand oncle de Louis Sanguin, Marquis de Livry, premier Maître-d'hôtel du Roi, & arriere-cousin du Chancelier Seguier, eut quelques bénéfices dès sa grande jeunesse, & vécut sans autre ambition que celle d'être homme de bonne compagnie. Il avait la répartie vive, aimait à railler sans médire, cherchait non pas à faire rire, mais à réjouir, & voulait plaire sans employer les artifices de la flatterie. Il se peint lui-même comme n'ayant été ni fâcheux, ni doux, ni fou, ni sage, & comme ayant été tout cela ensemble, sans que personne lui ressemblât. Le grand Condé l'honorait de son amitié, & allait quelquefois passer un jour avec lui dans son château de Livry, aujourd'hui le Raincy.

Les douleurs de la goutte affligerent sa vieillesse ; mais il les supporta avec une constance philosophique jusqu'à sa mort, qui arriva en Avril 1670.

On lui reproche ses liaisons avec deux fameux débauchés de ce tems-là, *Théophile & Desbarreaux* ; c'est contre ce dernier qu'on fit l'épigramme suivante, lorsqu'il parut vouloir se convertir.

« Des Barreaux, ce vieux débauché,
» Affecte une réforme austere ;
» Il ne s'est pourtant retranché
» Que ce qu'il ne saurait plus faire ».

Boileau parla mal de Saint-Pavin fans qu'il le méritât : il a fait plusieurs jolies pieces de vers & quelques chanfons quelquefois un peu fatyriques , comme celle-ci :

« Le changement vous eft fi doux ;
» Que quand ou eft bien avec vous,
» On n'ofe s'en donner la gloire :
» Celui qui peut vous arrêter,
» A fi peu de tems pour le croire,
» Qu'il n'en a pas pour s'en vanter ».

Cet homme aimable , dégoûté des affaires & des plaifirs du monde ; après la mort de fa femme , arrivée au commencement de 1686, prit le parti d'aller achever fa carriere dans la folitude des Camaldules de Grosbois. Il y mourut le 10 Septembre 1694, âgé de foixante-fept ans.

Le Maître des Requêtes, Fieubet, homme de beaucoup d'efprit, fit ainfi l'épitaphe de Saint-Pavin.

« Sous ce tombeau gît Saint-Pavin ;
» Donne des larmes à fa fin.
» Tu fus de fes amis peut-être ?
» Pleure ton fort & le fien :
» Tu n'en fus pas ? Pleure le tien ;
» Paffant, d'avoir manqué d'en être »

Voici encore quelques pieces de cet aimable Poëte.

E P I G R A M M E.

« Tircis fait cent vers en une heure ,
» Je vais moins vîte , & n'ai pas tort ;
» Les fiens mourront avant qu'il meurre ;
» Les miens vivront après ma mort ».

Epitaphe d'un homme qui s'était enté fur une famille étrangere.

« Ci gît un prodige du tems :
» Sa naiffance fut un myftere ,
» Tous les peres font leur enfans ;
» Cet enfant avait fait fon pere ».

Autre d'une Femme galante.

« Ci gît Doralife, qui fut
» Une merveille fans feconde,
» Comme elle plut à tout le monde,
» Auffi tout le monde lui plut ».

Vers fur une Demoifelle qui craignait le mariage.

« Iris, tremble qu'au premier jour
» L'hymen, plus puiffant que l'amour,
» N'enleve fes tréfors, fans qu'elle ofe s'en plaindre ;
» Elle a négligé mes avis ;
» Si la belle les eût fuivis,
» Elle n'aurait plus rien à craindre ».

PELLEGRIN (Simon-Jofeph , Abbé), fils d'un Confeiller au fiége de Marfeille , naquit dans cette ville en 1663 , & entra de bonne heure dans l'ordre des Servites , puis le quitta, & fe fit Aumônier de vaiffeau.

De retour de deux grands voyages , il gagna le prix de l'Académie Françaife en 1703 ; & on vit avec furprife que le feul concurrent qu'il eût eu, était lui-même , ayant envoyé deux pieces au concours. Mad. de Maintenon le fit paffer dans l'ordre de Cluny , moyennant un Bref du Pape , & lui fit faire des cantiques pour S. Cyr.

Pellegrin était fi pauvre , qu'il tenait boutique ouverte d'épigrammes, madrigaux, bouquets, &c. Il travailla auffi pour les théâtres ; ce qui fit qu'on dit de lui :

« Le matin catholique & le foir idolâtre,
» Il dîne de l'autel, & foupe du théâtre ».

Le Cardinal de Noailles l'interdit jufqu'à fa mort, & peu de tems après il obtint une penfion fur le Mercure, après avoir fait une foule d'ouvrages, dont très peu méritent d'être connus. Il mourut le 5 Septembre 1745 , âge de quatre-vingt-deux ans.

Il commença une mauvaife traduction d'Horace, dont il fit imprimer les cinq livres d'odes avec le latin à côté. La Monnoye fit à ce fujet cette jolie épigramme :

» Il faudrait, foit dit entre nous,
» A deux Divinités offrir ces deux Horaces,
» Le latin à Vénus, la Déeffe des Grâces,
　　» Et le français à fon Epoux ».

Le grand Rameau, alors peu connu, s'étant préfenté chez l'Abbé Pellegrin pour lui demander un poëme à mettre en mufique, le Poëte qui ne voulut pas rifquer la perte de fon tems, fit faire un billet de fix cent livres au Muficien, en cas que fa mufique ne réufsît pas.

Dès que les deux premiers aƈtes furent finis, Rameau les fit répéter chez M. de la Poupliniere qui l'aimait beaucoup. Pellegrin fut fi tranf-porté de ce qu'il entendait (c'était Hippolyte & Aricie) qu'il embraffa Rameau; & déchirant fon billet devant les Auditeurs : « Quand on fait de la » mufique comme vous, lui dit-il, on n'a pas befoin de faire des billets».

Il donna à l'Opéra, en 1714, *Télémaque*, mufique de Deftouches; en 1716, *les Fêtes de l'Eté*, mufique de Montéclair ; en 1718, *le Jugement de Pâris*, mufique de Bertin : en 1719, *les Plaifirs de la campagne*, idem ; en 1722, *Renaud*, mufique de Defmarets; en 1725, *Telégone*, mufique de la Cofte ; en 1728, *Orion*, idem ; même année, *la Princeffe d'Elide*, mufique de Villeneuve; en 1732, *Jephté*, mufique de Montéclair.

Il était fi pauvre, qu'il ne pouvait acheter depuis longtems une perruque, dont il avait le plus grand befoin. Le produit de Jephté le mit en état d'en avoir une. On ne l'appella que fa *Jephté*.

En 1733, *Hippolyte & Aricie*, mufique de Rameau ; en 1737, *les Caraƈteres de l'Amour*, mufique de Blamont.

PERAVI (Guerneau de Saint), né à Janville en Beauce. On connaît de lui une ode fur l'éreƈtion de la Statue du Prince Charles à Bruxelles ; Zalufca à Jofeph, Héroïde, & plufieurs pieces de poéfies charmantes que l'on a inférées dans tous les recueils.

Romance de Lucrece.

« Dans cette belle contrée,
» Où le Tibre, en fes replis,
» Roule fon onde dorée,
» Ma vue au loin égarée
» Errait parmi des débris,

» Le Dieu des ombres légeres
» M'invitait au doux repos,
» Quand d'antiques caracteres
» Suspendirent mes paupieres
» Qu'allaient fermer ses pavots.

» C'était la triste aventure
» De Lucrece & de Tarquin ;
» J'en ai tracé la peinture ;
» Puisse la race future
» Me savoir gré du larcin.

» Lucrece eut une ame tendre
» Avec un cœur vertueux.
» Tarquin ne put se défendre ;
» Et le défaut de s'entendre
» Fit le malheur de tous deux.

» Un jour tout parfumé d'ambre ;
» Méditant d'heureux efforts,
» Il la surprit dans sa chambre ;
» On n'avait point d'antichambre ;
» On n'annonçait point alors.

» Lucrece reste muette,
» Mais bientôt prenant un ton ;
» Elle court à sa sonnette :
» Il en avait en cachette
» Exprès coupé le cordon.

» A ses pieds, il tombe, il jure
» Qu'il sera respectueux,
» Que sa flame est vive & pure :
» On dit qu'en cette posture
» Un homme est bien dangereux.

» Tarquin devient téméraire ;
» Lucrece a recours aux cris :
» Elle tombe en sa bergere ;
» Le pied glisse d'ordinaire
» Sur les parquets sans tapis.

» Auprès d'une femme aimable,
» Il a des torts à punir,

» Je ne fais s'il fut blâmable ;
» Il faut être bien coupable
» Pour l'être au fein du plaifir.

» Dans le courroux qui l'enflame,
» Lucrece cede au dépit :
» On dit qu'elle en rendit l'ame ;
» Dans notre fiecle une femme
» A plus de force d'efprit ».

A U T R E.

L'Amour & la Folie.

« J'avais juré d'être fage ;
» Mais avant peu j'en fus las ;
» O raifon ! c'eft bien dommage
» Que l'ennui fuive tes pas.
» J'eus recours à la folie ;
» Je nageai dans les plaifirs ;
» Le tems diffipa l'orgie,
» Et je perdis mes defirs.
» Entr'elles je voltigeai :
» L'une & l'autre fe raffemble ;
» Et je les apprivoiferai
» Pour les faire vivre enfemble.
» Depuis, dans cette union
» Je coule ma douce vie ;
» J'ai pour femme la raifon,
» Pour maîtreffe la folie.
» Tour-à-tour mon goût volage
» Leur partage mes defirs ;
» L'une a foin de mon ménage
» Et l'autre de mes plaifirs ».

A U T R E.

« Un tendre aveu femble vous offenfer,
» Je me tairai, puifqu'il faut y foufcrire ;
» Et ce qu'on dit fouvent fans y penfer,
» Je le penferai fans le dire ».

AUTRE.

« De préfider à mes fens
» Trois Dieux difputaient la gloire :
» Phébus m'offrit de l'encens,
» Et Bacchus m'offrit à boire :
» Ils font féduifans tous deux :
» Que fit le Dieu de Cythere ?
» Le fripon plus malin qu'eux,
» Me fit fouper chez fa mere ».

AUTRE.

L'Hymen & l'Amour.

« Un jour l'Amour faifant voyage ;
» (Ce Dieu fripon eft grand coureur) ;
» Il rencontra fur fon paffage
» L'Hymen pleurant de tout fon cœur.

» Le voir pleurer eft ordinaire ;
» Cupidon en fut peu tonché ;
» Ces Dieux, dit-on, ne s'aiment gueres :
» Hélas ! pour nous, j'en fuis fâché !

» Mais toutefois ils s'approcherent :
» Bon jour l'Hymen, bon jour l'Amour ;
» Et l'un & l'autre ils s'embrafferent,
» Ainfi que font des gens de cour.

» Je fuis, dit l'Hymen, au teint blême ;
» Bien las de ma Divinité !
» J'aime mieux être un Dieu qu'on aime ,
» Que d'être un Dieu tant refpecté.

» A ma chapelle tant vantée,
» Petits & grands tournent le dos ;
» Et ta fougere eft plus fêtée
» Que tous mes grands lits nuptiaux ;

» Que ce jour nous réconcilie !
» Prens-moi pour fuivant, fi tu veux ;
» C'eft moi qui tiendrai la bougie,
» C'eft toi qui ferreras les nœuds.

« L'Hymen fut tant prêcher & dire
» Qu'à fes raifons l'Amour fe rend ;
» L'Amour eft facile à féduire :
» C'eft en quoi ce Dieu me plaît tant.

» Mais comme l'Amour ne voit goute,
» Il fut arrêté fans retour,
» Que le Dieu d'Hymen, dans la route
» Servirait de guide à l'Amour.

» Les voilà coureurs d'aventures,
» Et cherchant par monts & par vaux,
» Un couple en qui mere nature
» N'ait voulu mettre nuls défauts.

» Même il fallait qu'à nos deux freres
» Le couple plût également ;
» Sans quoi nul marché, point d'affaires :
» C'était la claufe du ferment.

» Bien des pays ils parcoururent
» Sans trouver ce tréfor de prix ;
» Las & recrus, ils réfolurent
» De retourner à leur logis.

» Arrive un couple, il leur préfente
» Vieilles mœurs & jeunes attraits ;
» C'était Aglaïde & Timante,
» Ah ! dit l'Amour, faifons la paix ».

PERRIN (Pierre), né à Lyon, fe fit Abbé, & devint ami de Voiture, qui traita avec lui de fa charge d'Introducteur des Ambaffadeurs, près de Gafton, Duc d'Orléans), frere de Louis XIII.

C'eft à lui que nous devons l'établiffement de l'Opéra ; il compofa la premiere paftorale que nous ayons eue, & dont Cambert fit la mufique. Ce ballet, qui n'a d'autre nom que *la Paftorale*, fut d'abord exécuté chez M. de la Haye, à Iffy, en 1659, mais fans machines & fans danfes, & fut fi applaudi, que le Cardinal de Mazarin en fit donner plufieurs repréfentations à Vincennes devant le Roi.

En 1669, ayant obtenu des lettres-patentes pour l'établiffement d'une Académie de Mufique, il s'affocia pour la mufique avec Cambert, &

pour

pour les machines, avec le Marquis de Sourdeac, & donna en 1672, *Pomone*, paſtorale, dont Cambert avait fait la muſique. Les danſes furent compoſées par le ſieur Beauchamp, Surintendant des ballets du Roi. Il avait fait venir de Languedôc pluſieurs Muſiciens, entr'autres, Beaumavielle & Roſſignol, &c.

Ce fut en cette même année que le Roi choiſit M. de Lully pour Surintendant de ſa muſique, & lui fit expédier ſes priviléges, &c. Son premier théâtre fut placé au jeu de paume de Bel-air, rue Mazarine, vis-à-vis la rue Guénégaud; & ſon premier opéra fut donné en 1672. C'étaient les Fêtes de l'Amour & de Bacchus, paroles de Quinault, machines de Vigarani. Ce qu'il y eut de plus ſingulier, c'eſt que M. le Grand-Ecuyer, M. le Duc de Villeroy, & pluſieurs autres Seigneurs y danſerent.

En 1673, le théâtre du Palais Royal étant venu à vaquer par la mort de Moliere, le Roi le donna à l'Académie Royale, qui l'ouvrit par Alceſte; & le ſieur Pecourt, ſi fameux enſuite, y danſa pour la premiere fois.

Quoique Perrin fût un Poëte médiocre, on ne peut lui refuſer la gloire d'avoir imaginé le premier de donner des opéra français, & d'avoir compoſé le premier qui ait été fait. Ses autres poéſies ont été imprimées en 1661. Ce qu'il a fait de mieux, eſt ſon poëme de *la Chartreuſe*. Sa mort arriva à Paris vers l'an 1680.

Après celle de Lully, en 1687, le privilége de l'Opéra paſſa à M. de Francine ſon gendre, Maître-d'hôtel du Roi, & à M. Dumont, Ecuyer du Roi, commandant l'écurie de Monſeigneur.

CHANSON.

Pour deux Bergeres.

« Voici le printems,
» Voici le beau tems
» Que toutes les fleurs ſont écloſes;
» Hélas & nous reſtons
» Languiſſantes & cloſes;
» Amour, de tes boutons
» Quand feras-tu des roſes?

E S S A I

» Tout aime en tous lieux
» La terre & les cieux,
» Les bois, les vallons & les plaines;
» D'amour & de plaifirs
» Les campagnes font pleines.
» Et nous, de fes defirs
» Nous n'avons que les peines ».

A U T R E.

« O doux fommeil, que tes fonges aimables
» M'ont donné de plaifir !
» Ah! fi la mort a des charmes femblables,
» Je confens de mourir.

» J'ai cru Philis dans vos bras adorables
» Enfin ne plus languir.
» O doux, &c. »

Chanfon à boire.

» Que l'inventeur de la bouteille
» Fut un grand fat
» D'enfermer le jus de la treille
» Dans un vaiffeau fi délicat
» Vive les flacons & les pots,
» Bacchus y fommeille en repos.

» Quoi! mettre à la merci du verre
» Et de l'ofier
» Le plus noble jus de la terre,
» Et les délices du gofier !
» Vive, &c.

» Alors que je frappe ma pinte,
» Ou mon grand broc;
» Au lieu de caffer elle tinte,
» Et ne branle non plus qu'un roc.
» Vive, &c.

» Au fon perfonne ne rechigne,
» L'on court au vin ;
» La bouteille eft comme le cygne,
» Elle ne chante qu'à fa fin.
» Vive, &c.

PERRON (Jacques Davy du), Cardinal, grand Aumônier de France, Evêque d'Evreux, naquit à S. Lo, en 1556, le 15 Novembre, fut Lecteur d'Henri III, & chargé de la réconciliation d'Henri IV avec le Saint Siége. Il y avait dans ses poésies une élévation naturelle & beaucoup de sentiment.

Sa mémoire était si prodigieuse, qu'un jour ayant entendu un Poëte réciter au Roi une piece de vers, il prétendit que cette piece était de lui, &, pour le prouver, la récita sur le champ. Il rendit aussi-tôt la tranquillité à ce pauvre Poëte, en avouant qu'il l'avait retenue.

Ce fut lui qui fut chargé de l'oraison funebre de Marie Stuart, & de celle de Ronsard.

Clément VIII le fit Cardinal, & peu de tems après il fut nommé à l'Archevêché de Sens.

Il mourut à Paris le 5 Décembre 1618, & fut enterré à Sens, où on lui éleva un magnifique tombeau dans le chœur de la cathédrale.

CHANSON.

« Sortez de mon esprit pensers pleins de délices,
» Cher & doux entretien, dont l'état est changé,
» Qu'un injuste mespris convertit en supplices,
» Je vous ouvre la porte, & vous donne congé.

» On ne me verra plus me baigner de mes larmes,
» Pour avoir esprouvé le feu de ses regards.
» Le tems contre ses traits me donnera des armes,
» Et l'absence & l'oubli repousseront ses dards.

» Avec vos mots flatteurs & vos feintes idoles,
» De constance & de foi, déités sans pouvoir,
» Dont le son déguisait si souvent les paroles,
» Quel amant n'eût été facile à décevoir?

» Me jurer que son cœur, dont les flâmes sont mortes,
» Embrasé d'un beau feu, soupirait nuit & jour,
» Et de myrthe enchaîné de mille & mille sortes,
» Brûlait avec le mien sur l'autel de l'Amour.

» A moi, qui ne vivais que pour lui rendre hommage,
» Et n'aimais mon esprit enclin à l'adorer,

» Que pour le feul refpect des traits de fon vifage,
» Que l'amour de fa main y fut fi bien placer.

» Adieu; mais qu'ai-je dit! quelle erreur me tranfporte?
» Qui, moi, de tes beaux yeux vouloir rompre la loi!
» Et brifer tant de nœuds, dont la chaîne eft fi forte,
» Comme fi mon vouloir était encor à moi » !

PESSELIER (Charles-Etienne), né à Paris le 9 Juillet 1712, d'une très bonne famille, reçut une excellente éducation, qui lui fit faire les progrès les plus rapides dans fes études.

Son goût pour la poéfie fe manifefta dès fa plus grande jeuneffe; mais il fut obligé de facrifier fon goût aux projets de fes parens. Cependant il ne put s'empêcher de faire quelques comédies qui eurent du fuccès, & qui l'auraient peut-être engagé à pourfuivre cette carriere, s'il n'avait pas été chargé d'un ouvrage fur les Finances, qui l'enleva pour toujours au théâtre.

Peffelier fe délaffait de fes férieufes occupations, en compofant des fables, qui, peut-être, ont plus de mérite que celles de la Motte, parce'qu'elles n'ont pas tant d'efprit, & dont il donna un recueil en 1748.

La fatigue que lui caufait un travail forcé, abrégea fes jours. Il languit environ fix mois, & mourut le 24 Avril 1763, emportant les regrets de tous fes amis.

Jamais il n'a rien dit ni écrit qui pût bleffer les mœurs ni la fociété; & ce n'eft pas un petit mérite dans ce fiecle.

On trouva à fa mort une grande quantité de pieces fugitives, fables, épîtres, madrigaux, chanfons, &c. dont plufieurs font charmantes.

PEZAY (Maffon, Marquis de), né près de Blois, fut d'abord Moufquetaire; il fit une ou deux campagnes en qualité d'Aide-de-camp; il fut enfuite Capitaine de dragons & Meftre-de-camp, puis employé en qualité de Maréchal des logis dans une efpece d'état major ambulant, créé par M. de Choifeul: il parvint environ un an avant fa mort à fe faire nommer Infpecteur général des gardes-côtes; & c'eft dans une de fes tournées qu'il fut attaqué de la maladie qui l'a conduit au tombeau. Il était actif, auffi infatigable dans le travail, qu'ardent dans les plaifirs, complaifant, doux, poli dans la fociété, plein de ces talens aimables qui en font le charme & l'amufement. Il avait joui quelque tems avant de mourir, de la confiance de plufieurs Miniftres ; & s'il eût un peu moins brigué la faveur, il eût mérité d'avoir encore plus d'amis. Il mourut en 1777, juftement regretté d'une femme charmante qu'il avait époufée depuis peu.

M. de Pezay a donné au public *Zélis au bain : la Clofiere & la Rofiere de Salency* , opéra-comiques : *les Soirées Helvétiennes, Alfaciennes & Francomtoifes* : une traduction de *Catulle , de Tibulle & de Gallus : les Campagnes de M. le Maréchal de Maillebois en Italie : plufieurs pieces de Poéfies fugitives,* imprimées dans différens recueils, & un recueil de Chanfons manufcrites, dont nous aurions bien defiré avoir connaiffance.

CHANSON.

« Thaïs le printems fe paffe,
» Il faut nous en confoler ;
» Oui, l'hiver qui le remplace,
» Près de toi peut l'égaler.
» Sont-ce les fleurs qu'on regrette ?
» Ton vifage en eft femé ;
» Te voir avant ta toilette,
» C'eft fe croire au mois de mai.

» Des jours où naît le feuillage,
» Un de ces charmes précieux
» Eft le féduifant ramage
» Du Roffignol amoureux ;
» Dis-nous ta chanfon nouvelle,
» Et nous allons convenir
» Que le chant de Philomele
» Commence au lieu de finir.

» Du regne charmant de Flore,
» Dont je trace le tableau,
» Près de toi, ta fille encore
» Nous offre un rapport nouveau ;
» Je veux vous placer enfemble
» Dans ce couplet de chanfon,
» Comme le printems raffemble
» La rofe près du bouton ».

A U T R E.

« Eh quoi ! déja sitôt passée ;
» Nuit heureuse, amoureuse nuit !
» Avec toi mon bonheur s'enfuit ;
» Mais il m'en reste la pensée.
» Oui, la mémoire fait jouir ;
» C'est un de nos plus doux partages.
» Plaisirs, vous seriez trop volages
» Sans le bienfait du souvenir ».

A U T R E.

« J'aime Rosette à la folie :
» L'Amour l'a faite si jolie !
» Qui n'en serait point amoureux ?
» Qu'elle soit tendre autant que belle,
» A jamais je lui suis fidele,
» Et gaîment nous vivrons tous deux.
» J'aime bien ; mais je veux qu'on m'aime ;
» Les saveurs me font aimer mieux,
» Et je n'ai point l'honneur suprême
» D'être constant sans être heureux.

» Pourquoi reprocher à Rosette,
» Si Dieu la fit un peu coquette ?
» Coquette en amour, quel bonheur !
» Un instant de coquetterie,
» Du caprice & de la folie,
» Que de volupté pour un cœur !
» Mais il faut jouir quand on aime ;
» Coquette, alors ton art vaut mieux ;
» Tu rirois, conviens-en toi-même,
» D'un cœur constant sans être heureux.

» Rosette, je suis ton esclave ;
» Et si tout haut mon cœur te brave,
» Tout bas il palpite d'amour :
» Je suis bien loin d'être infidele.
» Mais si tu fais trop la cruelle,
» Cela pourrait venir un jour.

» Couronne dont l'Amant qui t'aime ;
» Sois coquette après , fi tu veux :
» Mais j'ai pour maxime fuprême
» D'être inconftant ou très-heureux ».

PETIT (Louis), ancien Receveur général des domaines & bois , né à Rouen , en 1614 , était ami du grand Corneille , & fe chargea de faire imprimer fes pieces. C'était un des beaux efprits les plus affidus à l'hôtel de Rambouillet , & il était fort ami des Ducs de Montaufier & de Saint-Aignan. On a un recueil de fes poéfies , où l'on trouve des chofes charmantes.

Nous avons donné une chanfon de lui dans notre quatrieme livre , qui commence ainfi :

Dès que Robin eut vu partir Toinette, &c.

Petit mourut en 1693.

PIC (l'Abbé) donna à l'Opéra , en 1695 , *le Ballet des Saifons* , mufique de Colaffe ; en 1696 , *la Naiffance de Vénus , idem* ; en 1697 , *Aricie* ; ballet mufical de la Cofte. Il mourut en 1712.

PIRON (Alexis) , né à Dijon le 9 Juillet 1689 , était fils d'un Apo-thicaire qui fut Echevin & Poëte. Alexis fut d'abord Avocat , & vint en 1719 tenter fortune à Paris. Il entra chez le Chevalier de Belle-Ifle , où on l'employa comme copifte. (Joli rôle pour Piron) ? Il fit enfuite plufieurs opéra-comiques qui eurent beaucoup de fuccès , & donna plufieurs pieces aux Français , entr'autres , Guftave & la Métromanie , que Moliere aurait avouée avec plaifir.

Ce fut vers ce tems-là que le Comte de Livri le logea chez lui , & l'aima d'une amitié qui ne finit qu'avec fa vie ; il le maria avec Dlle. Quenauder , qui avait environ deux mille livres de rente , & il eut la générofité de lui affurer fix cent livres viageres. M. le Marquis de Laffay en fit autant , mais fans fe nommer ; & Piron fut obligé d'accepter le contrat chez un Notaire , fans pouvoir connaître fon bienfaiteur , qui n'a été connu qu'apès fa mort.

Ayant perdu fa femme en 1751 , il demeura le refte de fa vie chez une niece (mariée aujourd'hui avec M. Capron, fi connu par fes talens pour le violon), & mourut le 21 Janvier 1773 , âgé de quatre-vingt-trois ans & demi. Il fut plufieurs fois au moment d'être nommé à l'Académie Françaife ; mais fes ennemis trouverent les moyens de l'en écarter. Cependant Louis XV , en l'en excluant à la follicitation de l'Evêque de Mirepoix , eut la bonté d'adoucir fon refus , en lui accordant une penfion fur fa caffette.

Il faut lire la vie de Piron par M. Rigoley de Juvigny , à la tête de l'édition des œuvres de cet illuftre Poëte , qu'il a bien voulu rédiger ; elle eft remplie de chofes gaies & intéreffantes. Il ferait à defirer qu'on écrivît ainfi l'hiftoire des grands hommes.

CHANSON.

Le Miroir.

« Miroir officieux, je doi
    » T'aimer toute ma vie :
» Je poffede, graces à toi,
    » La charmante Silvie :
» Et je te regarde en ce jour,
    » Comme un Dieu tutélaire
» Qui fait pour moi plus que l'Amour
    » N'aurait jamais pu faire.

» Miroir plus peintre que la Tour,
    » Plus prompt & plus fincere,
» Et vous , mes trumeaux, tour à tour
    » Répétez ma Bergere :
» Croyez que jamais vous n'aurez
    » De plus parfait modele,
» Et que plus vous l'embellirez ,
    » Plus vous ferez fidele.

» Glace, ne faites votre effet
    » Qu'en faveur de ma belle ;
» Obfcure pour tout autre objet
    » Ne repréfentez qu'elle.
» Par le même art, en ma faveur
    » Et contre votre ufage,
» Puiffiez-vous, ainfi que mon cœur,
    » Conferver fon image »,

PLACE

PLACE (Pierre-Antoine de la), né à Calais, en 1709, ancien Secrétaire de l'Académie d'Arras, propriétaire du privilége du Mercure, a
fait plusieurs pieces estimées, dont quelques-unes ont eu un grand
succès. Il a donné une traduction du Théâtre Anglais en vers & en prose,
& est le premier qui nous ait fait connaître ce genre de littérature. Son
imitation du roman de Tom Jones est charmante, & nous doutons que
l'original soit plus intéressant. Cet auteur estimable & aimé d'un grand
nombre d'amis a fait plusieurs jolis chansons, dont nous rapporterons
celles qui sont venues à notre connaissance.

CHANSON.

« Ami, tel est mon destin :
  » Tout passe dans la vie.
» Quand je quittai le Dieu du vin ;
  » Je brûlai pour Silvie.
» Les Muses même trop souvent
  » Ont reçu mon hommage.
» Je les redoute maintenant,
  » Mais en suis-je plus sage ?

» Tu te trompes, si tu le crois ;
  » Et la sagesse austere,
» Vainement fait parler des droits
  » Que le desir fait taire.
» Le cœur est fait pour le plaisir ;
  » Il est jeune à tout âge ;
» Interdisez-lui le desir,
  » Quel sera son usage ?

» Espoir de succès & d'honneurs ;
  » Séduisante manie,
» Phosphores brillans & trompeurs ;
  » Laissez en paix ma vie :
» Contre vous je combats en vain ;
  » Quand la gloire vous guide ;
» Mais plus l'esprit se trouve plein,
  » Et plus le cœur est vuide.

» Froid & redoutable poison
  » D'un cœur tendre & sensible ;

» Tyran qu'on appelle raifon ;
　　» Que ton joug eft pénible !
» Lorfque fous la loi des defirs
　　» Je béniffais mes chaînes ;
» Je ne comptais que mes plaifirs ,
　　» Tu calcules mes peines ».

A U T R E.

« Vous voulez apprendre à rimer ,
» Et daignez me choifir pour maître ?
» Pour peu que vous fachiez aimer ,
» Charmante Eglé , je veux bien l'être.

» Telle eft la premiere leçon
» Que je donne à mes écolieres.
» Si le cœur eft votre Apollon ,
» Vous remplacerez Deshoulieres.

» L'efprit fouvent parle au hafard :
» La voix du cœur eft toujours fûre.
» Les regles font filles de l'art ;
» Mais l'art eft fils de la nature.

» N'écoutez que le fentiment ;
» Son effor eft toujours fublime :
» Si vous aimez bien votre amant ,
» Vous ne chercherez point la rime.

» L'efprit fait de fades chanfons ;
» La feule vanité l'infpire :
» Ovide était fûr de fes fons ,
» Lorfque l'amour montait fa lyre.

» Aimez donc , & fuivez la loi
» Que lui dictait ce Dieu fuprême.
» Quand vous aimerez comme moi ,
» Eglé , vous rimerez de même ».

A U T R E.

« Triftes regrets , fortez de ma penfée.
» Tout me l'apprend , j'ai perdu mon ami !

» Colin m'aimait, Colin m'a délaiffée :
» Raifon me dit de l'oublier auffi ;
» Plus je l'aimais, plus mon ame eft bleffée.
» Mais qui jamais me plaira comme lui ?

» Tous nos bergers empreffés à me plaire,
» S'offrent fans ceffe à calmer mon ennui ;
» Je puis ravir Licidas à Glicere,
» Le beau Cléon pour moi s'eft attendri ;
» Contre un ingrat, tout aigrit ma colere ;
» Mais qui jamais me plaira comme lui ?

» Le grave Orgon, l'oracle du village
» De mes parens a mandié l'appui.
» Le fier Hylas, fi riche & fi volage,
» Semble pour moi fe fixer aujourd'hui :
» L'ingrat Colin n'eft ni riche ni fage ;
» Mais qui jamais me plaira comme lui ?

» Parmi les pleurs, l'efpoir & les alarmes,
» Mon faible cœur laffé d'avoir langui,
» Pour le combattre effaya d'autres armes,
» Dont en fecret ce cœur même a gémi ;
» Du changement on vante en vain les charmes,
» Jamais amant ne m'a plu comme lui ».

Envoi d'une Rofe.

» Fille de Zéphir & de Flore,
» Belle Rofe ! jouis d'un fort que j'envierais ;
» Vas mourir fur le fein de celle que j'adore :
» Si tu fens ton bonheur, tu mourras fans regrets.
» Mais mon deftin ferait plus doux encore ?
» Car où tu meurs, je renaîtrais ».

L'heureux exil.

« Cher *Daphnis*, tu me plains à tort :
» Sois plutôt jaloux de mon fort.
» Seul & loin du fafte des cours,
» Avec Bacchus & mon Iris ;
» L'un me donne les plus beaux jours,
» Et l'autre les plus belles nuits ».

L'Amour ancien & l'Amour moderne.

« L'Amour, jadis enfant timide,
» N'ayant que le refpect pour guide ;
  » En dépit des fens,
» Marchait à pas lents,
  » Mais arrivait,
  » Et vivait
  » De fa gloire :
  » Au tems préfent,
  » Le fot enfant,
  » Toujours volant
  » Et triomphant,
» Survit à peine à fa victoire »

PLEIN-CHÊNE (de) a donné plufieurs opéra-comiques.

PLUMETEAU (M. Gigault de), Gentilhomme ordinaire du Roi, & l'un des plus aimables hommes de fon tems, naquit en 1726, & mourut en Novembre 1758.

Perfonne ne connut mieux que lui les graces & la délicateffe de la poéfie. Il fe préparait à donner quelques ouvrages lyriques, qui, fans doute, euffent eu le même fuccès que fes autres productions, lorfque la mort vint l'empêcher d'y mettre la derniere main.

Il ferait à defirer que fa refpectable famille, qui chériffait fi tendrement les qualités de fon cœur, rendît hommage à celles de fon efprit ; en raffemblant les productions éparfes de cet aimable Poëte. Ce ferait un des plus agréables recueils que l'on eût encore fait. Ce tribut eft bien dû à fa cendre ; c'eft le vœu de tous ceux qui, comme nous, ont eu le bonheur d'être aimé de lui, & qui donneront toujours des larmes à fa mémoire.

CHANSON.

« Il eft donc vrai, Lucille,
» Vous quittez ce hameau !
» Cherchez-vous à la ville
» Quelqu'hommage nouveau ?

» L'amant qui fait entendre
» Un langage apprêté,
» Vaut-il un berger tendre
» Qui dit la vérité !

» Vous verrez sur vos traces
» Mille jeunes galans
» Qui vanteront vos graces,
» Qui peindront leurs tourmens;
» C'est l'art qui les inspire,
» Et non le sentiment ;
» Moi, j'ose à peine dire
» Quand j'aime tendrement.

» A l'air qu'ils font paraître,
» Quand ils offrent leur foi,
» Vous les croirez peut-être
» Aussi tendres que moi.
» Leur vanité, Bergere,
» Allume tous leurs feux ;
» Je n'ai l'art ni de plaire
» Ni de tromper comme eux »

A U T R E.

» Ah ! combien l'amour a de charmes;
» Pour les cœurs tendrement épris !
» S'il nous cause quelques alarmes,
» C'est pour y donner plus de prix.
» Depuis que j'aime Eléonore,
» Tout semble brûler de mes feux;
» Tout me peint l'objet que j'adore;
» Tout conspire à me rendre heureux.

» Au matin, la clarté nouvelle
» Retrace ma Belle à mes yeux;
» L'astre du jour me la rappelle,
» Quand il brille de tous ses feux.
» Elle a la fraîcheur de l'aurore
» Et l'éclat d'un jour radieux.
     » Tout me peint, &c.

» Lorsque le souffle du Zéphire,
» Qui vient de caresser les fleurs,
» Agitant l'air que je respire,
» Y mêle de douces odeurs;
» C'est l'haleine d'Eléonore
» Qui semble parfumer ces lieux.
    » Tout me peint, &c.

» Si l'on me voit de ses égales
» Quelques instans suivre les pas,
» Même aux genoux de ses rivales,
» Je crois adorer ses appas!
» C'est quelque trait d'Eléonore
» Qui trompe mon cœur amoureux.
    » Tout me peint, &c ».

A U T R E.

« L'autre jour la jeune Silvie
» Voulut imiter les accens,
» D'Apollon, qui près de Clitye
» Rendait les sons les plus touchans.
» Elle chanta tout comme lui.
» Ce Dieu, la prenant pour modele,
» Voudrait l'imiter aujourd'hui,
» Mais il ne chante pas comme elle ».

A U T R E.

« Colin, à peine à seize ans;
    » Aimait déja Colette;
» Colette, à peine à treize ans
    » Ecoutait la fleurette :
» On ne vit de si jeunes amans,
    » Que Colin & Colette.

» Colin sent déja des feux,
    » En secret il soupire;
» Colette forme des vœux,
    » Et cache son martyre :
» Colette & Colin s'aiment tous deux;
    » Sans oser se le dire.

» Ils s'en allaient sans dessein
  » Le matin sur l'herbette,
» Le cœur battait à Colin ;
  » Il battait à Colette :
» Son bouquet lui tombe de la main,
  » Colin perd sa houlette.

  » Il s'approche doucement,
  » Un soupir le décele ;
  » L'un regarde tendrement ;
  » L'autre en devient plus belle :
» Qu'as-tu donc, lui dit-il en tremblant ?
  » Qu'as-tu donc, lui dit-elle ?

  » Colette, au dedans de moi,
  » Je sens un trouble extrême :
  » Moi, Colin, auprès de toi,
  » Je le sens tout de même :
» Ah ! Colette, je t'aime, je crois ;
  Colin, je crois, je t'aime.

  » Pour l'usage de ses dons,
  » Nature les éclaire ;
  » Un dieu par des charmes prompts,
  » Les conduit au mystere.
» En amour il n'est point de leçons
  » Qui vaillent la premiere ».

A U T R E.

« Non, non, le Dieu qui fait aimer,
» N'est pas le même qui fait plaire ;
» Le trait qui blesse le Berger
» Blesserait toujours la Bergere.
» L'Amour, dont vous avez les traits victorieux,
  N'est pas le même qui m'enflâme ;
» On ne le verrait pas si fier dans vos beaux yeux,
  » Et si timide dans mon âme.
  » Non, non, &c.

A U T R E.

« J'ai six fois, dans la plaine,
» Vu jaunir nos moissons,

» Depuis que ma Climène
» Ecoute mes chanfons :
» D'une ardeur éternelle
» Nous brûlons tous les deux :
» Le tems la rend plus belle,
» Et moi plus amoureux.

» Ses fermens fur l'arêne
» Ne furent point tracés,
» Nos noms fur aucun chêne
» Ne font entrelacés ;
» Ce font les faibles armes
» D'un amour impofteur ;
» Mes fermens & fes charmes
» Sont gravés dans mon cœur.

» Nous fervons de modeles,
» On nous voit dans nos feux
» Egalement fideles,
» Egalement heureux.
» Le froid de la conftance
» Eft loin de nos plaifirs,
» Et notre jouiffance
» N'a que l'air des defirs ».

A U T R E.

« Rien ne me plaît, s'il n'eft de Lifette ;
» Ce bouquet eft cueilli de fa main :
» Ce ruban qui pare ma houlette,
» Pendant long-tems a paré fon fein.
» J'aime Lifette, & dès l'aurore
» Je lui parle de mon amour ;
» Elle m'écoute, & j'en parle encore ;
» Quand le foleil a fini fon tour.

» Veux-tu m'aimer, me difait Climène ;
» Prens mon cœur, & donne-moi le tien.
» Point n'en voudrais, fuffiez-vous la Reine ;
» Lifette, hélas ! m'a donné le fien.
» J'aime Lifette, &c.

                     » Que

» Que Licidas quitte fa bergere,
» Et que Philis quitte fon berger,
» Qu'au plaifir d'être tendre & fincere,
» On préfere celui de changer.
» J'aime Lifette, &c. »

La Rofe & le Zéphir,

CANTATILLE.

« Non, vous ne m'aimez pas,
» Difait une Rofe nouvelle,
» Au Zéphir empreffé, qui voltigeait près d'elle :
» Vous le jurez en vain tout bas,
» Quand je vous vois de cette aile légere,
. » Dont vous careffez mes appas,
» Voler au fein d'une rivale altiere,
» Et flatter jufqu'aux fleurs que foule fous fes pas
» La plus fimple bergere :
» Non, Zéphir, vous ne m'aimez pas.
» On cherche moins à plaire,
» Quand on eft bien épris ;
» Un cœur tendre & fincere
» Ne connaît d'autre prix
» Que l'objet qu'il préfere.
» Le Papillon volage
» Séduit par fes couleurs ;
» Mais on craint fon hommage.
» Moins brillant & plus fage,
» Il féduirait les fleurs.
» On cherche moins à plaire,
» Quand on eft bien épris ;
» Un cœur tendre & fincere
» Ne connaît d'autre prix
» Que l'objet qu'il préfere.
» Ah ! calmez, dit Zéphir, un injufte courroux ;
» Pour vous, j'ai méprifé les rofes les plus belles ;
» Si l'on m'a vu badiner avec elles,
» Je n'ai jamais foupiré qu'avec vous.
» On peut voltiger quelquefois,
» Sans bleffer un amour extrême ;

» J'amufe l'objet que je vois,
» Sans offenfer celui que j'aime.
» Au milieu des ris & des jeux,
» L'Amour n'eft pas toujours volage ;
» L'Amant trifte n'aime pas mieux,
» L'Amant badin plaît davantage.
» On peut voltiger quelquefois,
» Sans bleffer un amour extrême ;
» J'amufe l'objet que je vois,
» Sans offenfer celui que j'aime ».

POINSINET (Antoine-Alexandre-Henri), né à Fontainebleau, en 1735, d'une famille attachée à la maifon d'Orléans, ne fit pas d'affez bonnes études pour bien remplir la carriere qu'il embraffa depuis. On l'a vu plufieurs fois être joué le même jour fur les trois théâtres de la ville, & même avec fuccès. Son opéra d'Ernelinde a le mérite d'avoir donné naiffance à la fuperbe mufique de M. Philidor. Ses opéra-comiques ont eu beaucoup de fuccès, fur-tout Tom-Jones & le Sorcier ; fa comédie du Cercle, qui eft de tous fes ouvrages celui qui a le plus réuffi, n'eft, dit-on, qu'un recueil de fcènes prife de tous les côtés ; mais cette piece n'en eft pas moins agréable. Poinfinet, né avec des talens, ne les a pas affez cultivés. Il a été un des exemples les plus finguliers de la poffibilité d'unir quelques talens à une fimplicité très voifine de la bêtife. On aurait peine à croire les fcènes de myftification dont il a été l'objet, fi elles n'étaient avérées par nombre de témoins dignes de foi.

En 1769, un de fes amis l'avait engagé à l'accompagner en Efpagne, où il allait établir une troupe de Comédiens. Poinfinet devait lui fournir toutes les pieces dont il avait befoin. Ce malheureux fe noya dans le Guadalquivir, en fe baignant ; & jamais on n'a fu fi fon corps avait été retrouvé.

Il a donné à l'Opéra, en 1767, *Ernelinde*, mufique de Philidor ; *Théonis*, acte mis en mufique par Berthon, Trial & Granier. À la Comédie Italienne, *Gilles, garçon Peintre, la Bagarre, Sancho Pança, le Sorcier, Tom-Jones*, &c.

POINSINET DE SIVRY (Louis), né à Verfailles, en 1735. Il a donné au

Théâtre Français Brizeis & Ajax, & a fait des traductions de plusieurs comédies d'Aristophane & d'autres poésies grecques remplies de vers charmans. Nous avons aussi de lui une édition d'Horace, avec des notes intéressantes, & une traduction aussi savante qu'élégante de Pline le Naturaliste. Cette traduction assure à jamais sa réputation. M. Palissot dit avec raison qu'un très grand nombre de fautes ne suffirait pas pour décrier un pareil ouvrage.

POMPIGNAN (M. le Franc de), connu par sa belle tragédie de Didon, par ses poésies sacrées, & par plusieurs autres ouvrages, ancien premier Président de la Cour des Aydes de Montauban, & l'un des membres de l'Académie Française, a donné à l'Opéra, en 1737, *le Triomphe de l'Harmonie*, musique de Grenet ; en 1750, *Léandre & Hero*, musique du Marquis de Brassac ; en 1759, *Apollon*, *Berger d'Admete*, en un acte, musique de Grenet.

O D E,

Tirée du Pseaume 103.

« Inspire-moi de saints cantiques,
» Mon ame, bénis le Seigneur.
» Quels concerts assez magnifiques,
» Quels hymnes lui rendront honneur !
» L'éclat pompeux de ses ouvrages,
» Depuis la naissance des ages,
» Fait l'étonnement des mortels.
» Les feux célestes le couronnent,
» Et les flames qui l'environnent
» Sont ses vêtemens éternels.

» Ainsi qu'un pavillon tissu d'or & de soie ;
» Le vaste azur des Cieux sous sa main se déploie ;
» Il peuple leurs déserts d'astres étincelans.
» Les eaux autour de lui demeurent suspendues ;
» Il foule aux pieds les nues,
» Et marche sur les vents.

» Faut-il entendre sa parole,
» Les Cieux croulent, la mer gémit ;

» La foudre part, l'aquilon vole,
» La terre en silence frémit.
» Du seuil des portes éternelles,
» Des légions d'esprits fideles
» A sa voix s'élancent dans l'air.
» Un zele dévorant les guide,
» Et leur essor est plus rapide
» Que le feu brûlant de l'éclair.

» Il remplit du cahos les abîmes funebres ;
» Il affermit la terre & chasse les ténebres ;
» Les eaux couvraient au loin les rochers & les monts ;
» Mais au bruit de sa voix les ondes se troublerent,
    » Et soudain s'écoulerent
    » Dans leurs gouffres profonds.

» Les bornes qu'il leur a prescrites
» Sauront toujours les resserrer ;
» Son doigt a tracé les limites,
» Où leur fureur doit expirer.
» La mer, dans l'excès de sa rage,
» Se roule envain sur le rivage,
» Qu'elle épouvante de son bruit ;
» Un grain de sable la divise,
» L'onde écume, le flot se brise,
» Reconnaît son maître & s'enfuit, &c. »

Si le recueil de M. de Pompignan avait beaucoup de pieces de cette force, quel Poëte pourrait-on lui comparer ?

PONTALAIS (Janin du), Chef & Maître des Joueurs de farces & de moralités qu'il composait, & avec lesquelles il gagnait sa vie sous le regne de François I, ordonna par son testament que son corps fût enseveli dans un cloaque où s'égoutait l'eau de la marée de Paris, près de l'église de S. Eustache, Sa volonté fut exécutée, & le trou fut couvert d'une pierre, avec une épitaphe. Cette pierre s'appella depuis *le Ponta-lais* ; jusqu'en 1719 qu'on l'ôta pour construire une maison. Alais fit cet acte d'humilité, parcequ'il se repentait d'avoir donné l'idée d'imposer un denier tournois sur chaque panier de marée qui arrivait aux halles.

PONT-DE-VESLE (Antoine de Ferriol, Comte de), fils d'un Préfident à mortier du Parlement de Metz , & d'Angélique de Tencin , fœur du Cardinal , neveu de M. de Ferriol , Ambaffadeur du Roi à Conftantinople , & frere de M. le Comte d'Argental , Miniftre plénipotentiaire de l'Infant de Parme, connu par fon amour pour les arts, & par l'amitié de M. de Voltaire , naquit le 1 Octobre 1697. Il fut Intendant honoraire des claffes de la Marine , & Lecteur du cabinet du Roi.

Le goût qu'il avait pour le théâtre , l'engagea à compofer plufieurs pieces qui ont eu du fuccès, telles que *le Complaifant* , *le Fat puni* & *le Somnambule*. Cet homme aimable & aimé de tous fes amis, languiffait depuis longtems & dépériffait chaque jour , lorfque la mort termina des fouffrances qu'il fupporta avec le plus grand courage. Il a fini le 3 Septembre 1774.

CHANSON.

« Hélas ! qu'eft-ce donc que je fens ?
» Rêveufe languiffante, en fecret je foupire.
» La raifon, fur mon cœur, a perdu fon empire :
» Rien ne rend le calme à mes fens.
» Je veux, je me repens , j'efpere, je defire :
» En proie à ces troubles naiffans ,
» Je pleure, & ne fais que redire,
» Hélas ! qu'eft-ce donc que je fens »

AUTRE.

« Si tu veux que je boive, ami ,
» Buvons à celle que j'adore ,
» Je n'y faurais boire à demi ;
» Verfe-moi tout plein, verfe encore ;
» Ni l'Amour, ni Bacchus n'en feront point jaloux ;
» S'ils avaient vu celle que j'aime,
» L'Amour y boirait comme nous ,
» Et Bacchus l'aimerait de même ».

PONTHUS DE THIARD , Evêque de Châlons-fur-Saône , né à Biffy, dans le diocèfe de Mâcon, l'an 1521, mort en fon château de Bragny le 23 Septembre de l'an 1605 , âgé de quatre-vingt-cinq ans.

Il floriſſait ſous les regnes de Henri II, François II & Henti III. On a de lui un livre de Vers lyriques, un recueil de Poéſies mêlées, &c.

Il avait trop d'érudition pour un Poëte & pour un Evêque; cependant il n'a jamais été tous les deux enſemble; car il y avait longtems qu'il avait renoncé à la poéſie, quand, en 1578, Henri III le nomma à l'Evêché de Châlons. Alors il ne s'occupa plus que de la théologie.

Ses poéſies furent très bien accueillies, & Ronſard lui attribue la gloire d'avoir fait les premiers ſonnets français.

Autrefois la qualité de Buveur (a) était inséparable de celle de Poëte. M. de Thiard aurait dû ſe défaire de l'une en abandonnant l'autre; mais il la conſerva juſqu'à la fin de ſes jours. Cependant c'était moins par intempérance que par beſoin; car il jouiſſait d'une ſanté robuſte même à l'âge de quatre-vingt ans, quoique tous les jours avant de ſe coucher, il eut coutume de boire une grande quantité de vin pour s'endormir.

(a) Horace, L. 1, Ep. 19.

Nulla placere diù, nec vivere carmina poſſunt,
Quæ ſcribuntur aquæ potoribus : ut male ſanos
Adſcripſit liber ſatyris fauniſque Poëtas,
Vina ferè dulces oluerunt manè Camenæ;
Laudibus arguitur vini vinoſus Homerus.
Ennius ipſæ Pater nunquàm, niſi potus ad arma
Proſiluit dicenda. Forum putealque Livonis.
Mandabo ſiccis, adimam cantare ſeveris.
Hoc ſimùl edixi; non ceſſavere Poëtæ.
Nocturno certare mero, putere diurno.

« Jamais buveur d'eau ne fit des vers capables de plaire & de ſe ſoutenir long-tems.
» Depuis que Bacchus a ébranlé le cerveau des Poëtes, & qu'il les a enrôlés avec ſes
» Faunes & ſes Satyres, les muſes les plus retenues n'ont preſque plus rougi de ſentir
» le vin dès le point du jour : Homere a fait de cette liqueur des éloges qui font bien
» voir qu'il n'en était pas ennemi, & Ennius, le pere de notre poéſie, ne chantait
» jamais les exploits des Romains qu'après que le vin avait échauffé ſa veine. Le
» Barreau eſt pour les buveurs d'eau, & la Poéſie pour les ivrognes.

» C'eſt la loi que j'ai établie moi-même; & depuis ce tems-là, nos Poëtes ſe ſont
» mis à boire jour & nuit à qui mieux mieux ».

PONTOUX (Claude de), né en Bourgogne vers 1540, étudia d'abord en Médecine , se retira à Dole en Franche-Comté , & fit un voyage en Italie , où il apprit si bien l'Italien, qu'il composa des poésies en cette langue. Il en revint en 1571, & mourut à Châlons en 1579. On prétend qu'il fit des comédies & des tragédies , mais elles sont inconnues.

CHANSON.

» Ma petite Janneton,
» Me permet bien que je tâte
» Son beau col & son menton ,
» Et veut bien que je m'ébatte ;
» Mais sitôt que je me hâte
» De ravir le beau bouton ,
» Qui fleurit sur son teton ,
» Et les fraisettes jumelles ,
» Elle me dit en riant :
» Ne touchez pas là friand ,
» C'est le joyau des pucelles ».

PORTE-LANCE , né à Paris , Auteur estimable de la tragédie d'Antipater , a fait en société quelques comédies & opéra-comiques qui ont eu du succès.

POUJADE (le Vicomte de la), Lieutenant Colonel du régiment de Fleury, Cavalerie, né vers le commencement de ce siecle , est mort à Agen en 1774.

Il a fait plusieurs chansons fort agréables, & qui étaient presque toujours des impromptus.

CHANSON.

A Madame la Duchesse d'Orléans.

« Vous ne devez tenir compte à personne
» De son respect, de son attachement.
» Mais sachez gré du tourment qu'on se donne,
« Pour vous cacher un autre sentiment.

E S S A I

A . U T R E.

A une Princesse d'une belle figure.

« Cette figure m'importune ;
» La Princesse s'en passerait ;
» Et la bergere qui l'aurait,
    » En ferait sa fortune ».

A U T R E.

« Votre gorge en vain vous ocupe,
» Iris, vous prenez trop de soin ;
» A beau mentir qui vient de loin,
    » Je n'en suis pas la dupe ».

A U T R E.

A une Dame en deuil qui avait les dents éblouissantes & les yeux très noirs.

« Que vos yeux & vos dents, Silvie,
» Forment un joli petit deuil !
» Je n'ai jamais connu d'écueil
    » Plus à craindre dans ma vie ».

POUPLINIERE (Aléxandre le Riche de la), né vers la fin du dernier siecle, & mort en 1762, Fermier général, célebre par son amour pour les arts & pour les plaisirs, a fait plusieurs pieces qui ont été représentées avec succès sur son théâtre de Passy. Nous avons connu de lui plusieurs chansons agréables, dont nous n'avons pu recueillir que celle-ci.

C H A N S O N.

« Grands Dieux !
» Qu'ils sont heureux
    » Ceux
» Qui de leur amour bannissent la crainte,
   » Hélas ! je n'oserais ;
    » Mais
» Mon amant ne l'osera-t-il jamais ?

    » Il

» Il fuit par-tout mes pas,
» Pour me fatiguer de fa plainte.
» Il voit mon embarras,
» Quand je veux me fauver de fes bras ;
» Il n'entend pas ma feinte,
» L'ingrat ne le mérite pas ».

Vers de Voltaire à M. de la Poupliniere, en lui envoyant Sémiramis.

« Mortel de l'efpece très-rare
» Des folides & beaux efprits,
» Je vous offre un tribut qui n'eft pas de grand prix,
» Vous pourriez donner mieux : mais vos charmans écrits
» Sont le feul de vos biens dont vous foyez avare ».

PRIEUR (M. le), Officier de la chambre du Roi, a fait des pieces charmantes en vers & en profe. Il eft bien fâcheux pour les arts que des occupations plus férieufes & plus utiles lui aient fait abandonner une carriere, qui lui promettait les plus grands fuccès ; mais le motif de fes travaux ne lui laiffe rien à regretter.

CHANSON.

La Clochette.

« Dès long-tems Rofe était cruelle,
» Sourde aux fleurettes des garçons,
» Elle n'aimait rien, difait-elle,
» Hormis fon chien & fes moutons.
» Et pourtant voyez l'innocence,
» Elle avait près d'elle un agneau
» Qu'elle flattait de préférence ;
» C'était le mieux fait du troupeau.

» Cent fois de fes levres de rofe,
» En un inftant on le preffait :
» Une fleur était-elle éclofe
» Sur fon front, vîte on la plaçait :
» Sa moindre abfence l'inquiette....

Tome IV.   T t

» Auſſi dans ſes ſoins délicats,
» Roſe lui met une clochette,
» Bruyant témoin de tous ſes pas.

» Colin, amoureux de la Belle,
» Voudrait bien ſupplanter l'agneau :
» Un jour il le ſurprend, ſans elle,
» Et l'emporte loin du hameau :
» Puis il détache la clochette,
» Qu'il agite bien doucement ;
» Tant que l'innocente qui guette,
» Arrive où le malin l'attend.

» Jamais boſquet plus ſolitaire
» Ne fut ſi propice à l'amour.
» Colin conſole la Bergere,
» Puis de ſes feux parle à leur tour.
» Tout en vantant la gentilleſſe
» Du pauvre petit animal,
» Il lui peint ſi bien ſa tendreſſe,
» Qu'il prend les droits de ſon rival ».

A U T R E.

« Amitié, ma voix t'implore,
» L'Amour peut-il t'égaler !
» Comme la vermeille aurore,
» Tu brilles ſans nous brûler.
» Sur tes pas je m'abandonne,
» Tu ne promets pas en vain :
» L'aimable paix t'environne,
» Le bonheur naît ſous ta main.

» Ainſi parlait Cléonice,
» Elle n'avait que quinze ans :
» Douce erreur d'une novice
» Qui fait ſes premiers ſermens :
» A l'idole qui l'enchante,
» Un petit temple eſt dreſſé,
» Par la belle indifférente
» Soir & matin encenſé.

» Mais il lui faut une image
» Qui lui rappelle ses traits :
» Les arts pour ce digne ouvrage
» Seront-ils assez parfaits ?
» Elle court chez Praxitele,
» Veut un chef-d'œuvre à l'instant :
» Sa chimere était si belle ! . . . .
» Son buste sera charmant.

» L'artiste expose à sa vue
» L'aminé, mais comme elle est
» Simple, mâle, retenue,
» Sans graces & sans aprêt.
» L'art n'a point rendu, *dit-elle*,
» Ses traits, son air enchanteur ;
» Voulez-vous un sûr modèle,
» Il est empreint dans mon cœur.

» Non loin, sur un lit d'albâtre
» Repose un aimable enfant :
» Voilà ce que j'idolâtre,
» Dit-elle, en s'en emparant :
» Eh ! quoi donc, belle ingénue,
» De l'amitié dans ce jour
» Vous demandiez la statue,
» Et vous emportez l'amour ! »

A U T R E.

« Jupiter un jour en fureur
» Avait banni l'Amour sur terre,
» Gourmand & ne sachant rien faire,
» Il se mit frere quêteur.
» D'un personnage respectable,
» Avec la robe il veut le ton. . . . .
» Frere Amour en capuchon
» Ne pouvait qu'être aimable.

» Le voilà qui, tout marmotant,
» Se fait accès dans les familles :
» Escamote le cœur des filles,
» Et des meres prend l'argent.

ESSAI

» Tant il fait par son éloquence,
» Qu'il damne au lieu de convertir;
 » Et fait aimer le plaisir
 » En prêchant la pénitence.

» Un soir il frappe à la maison
» De la jeune & simple Glicère,
» Qui saintement, avec sa mere,
 » S'appliquait à l'oraison.
» Son habit le fait introduire,
» La petite court au trésor;
 » On donne encor; puis encor,
 » La raffe ne peut suffire.

» En échange, d'un air contrit,
» Le frere apprend une priere,
» Qui n'est pas dans le bréviaire,
 » Où chaque jour elle lit.
» Eh! mais d'où vient, dit la matrone,
» Etre si long-tems loin de moi?
 » Vraiment, j'accomplis la loi,
 » Ma mere, je fais l'aumône ».

AUTRE.

« Comme au fort d'un été brûlant,
» On voit les fleurs perdre leurs charmes,
 » Dès que l'aurore de ses larmes
» N'humecte plus leur sein ardent:
» De même en sa douleur mortelle,
» Lisis penche un front languissant;
 » On a banni son amant,
 » Peut-elle encore être belle.

» Mirtile l'aimait vainement,
» Il n'avait que le don de plaire,
» Faible trésor aux yeux d'un pere
» Qui juge au poids d'un sentiment:
» L'un de l'autre ils pleuraient l'absence;
» Les amans sont communs entr'eux,
 » Ils ont une vie à deux:
 » Leur cœur fait leur existence.

» Le mal dont Lifis va périr,
» Eſt un myſtere qu'on ignore :
» Son pere au temple d'Epidaure
» Veut la mener pour la guérir :
» Elle en ſent une peine extrême :
» Rarement un cœur amoureux
　» D'encens fatigue les Dieux :
　» Il ne croit qu'à ce qu'il aime.

» On arrive, un affreux ſerpent
» Eſt le Dieu que l'on y révere ;
» Mais aux marches du ſanctuaire,
» Pour Prêtre, elle voit ſon Amant :
» A ſes genoux l'impénitente
» Tombe, en demandant guériſon.
　» L'Amour dictait l'oraiſon,
　» Elle était bien éloquente.

» Le pere à peine en croit ſes yeux :
» Comme, dit-elle, dans la vie,
» On a plus d'une maladie,
» Il faut ſavoir borner ſes vœux.
» Pour les maux qui peuvent naître,
» Du Dieu réſervons-nous l'appui ;
　» Pour me guérir aujourd'hui,
　» Je n'ai beſoin que du Prêtre ».

Nous croyons qu'on fait difficilement de meilleurs vers que les ſuivans.

Vers à l'occaſion d'une des dernieres Tragédies de Voltaire.

« De l'Homere Français reſpectons les vieux ans
» Auſſi fier, auſſi grand au bout de ſa carriere,
» Il fait entendre encor ces ſublimes accens,
　» Qui tant de fois charmaient l'Europe entiere,
» Fils des Arts, ainſi qu'eux il triomphe du tems.
» Dévoré de chagrins, environné d'alarmes,
» De la publique joie un critique attriſté,
» Vainement dans mes jeux voudrait tarir les larmes :
» Par un charme plus fort mon cœur eſt emporté ;
» Ces larmes ſont pour lui des larmes criminelles :
» Mes yeux pour le confondre, en verſent des nouvelles.

» On admire en tout tems l'aftre brillant des Cieux:
    » On le bénit à fon aurore ;
» Au milieu de fon cours, il marche égal aux Dieux ;
» A fon coucher, il nous étonne encore ,
» Et fon dernier rayon nous fait briller les yeux ».

A une Demoifelle qui avait propofé le bonheur d'être libre pour
           fujet d'une piece.

« L'un s'attache à la gloire, & l'autre fert les Rois;
    » Chacun a fon Dieu qu'il encenfe :
» Il eft doux d'être libre & de vivre à fon choix,
» Le Courtifan le dit , & le fage le penfe.
    » Quand on vous voit, on n'a point à choifir ;
    » On eft honteux de fon indépendance :
» L'honneur eft dans les fers, la gloire eft de fervir.
» Eh ! comment conferver un parfait équilibre
    » Entre la raifon & l'amour ?
» Si le Ciel eut voulu que l'homme reftât libre ,
» Il fe fût bien gardé de vous donner le jour ».

Quétant a fait plufieurs opéra-comiques qui ont réuffi , fur-tout *le Maréchal* & *le Serrurier.*

Quinault (Philippe), né à Paris, en 1635 , fut d'abord domeftique de Triftan l'Hermite , qui lui apprit à faire des vers. Il commença par quelques tragédies qui eurent beaucoup de fuccès , & font oubliées aujourd'hui. Sa comédie de la Mere coquette a confervé celui dont elle jouit dès fon origine.

C'eft lors de l'époque de cette piece qu'il époufa la veuve d'un Marchand , qui lui ayant donné 300,000 livres, le mit en état d'acheter une charge d'Auditeur des Comptes en 1671. Il avait été reçu de l'Académie Françaife l'année précédente , & avait renoncé au théâtre de la Comédie pour fe livrer entiérement à celui de l'Opéra. Il y travailla conftamment depuis l'année 1672 jufqu'à l'année 1686 , & mourut à Paris le 28 Novembre 1688 , âgé de cinquante-trois ans. Il eft inhumé à S. Louis dans l'île.

Il donna à l'Opéra , en 1672 , *les Fêtes de l'Amour & de Bacchus* , pastorale, dont la musique est de Lully; en 1674, *Cadmus*, du même : *Alceste*, du même; en 1675, *Thésée*, du même; en 1676, *Atys*, du même; en 1677, *Isis*, du même; en 1680, *Proserpine*, du même; en 1681, *le Triomphe de l'Amour*, du même; en 1682, *Persée*, du même; en 1683, *Phaéton*, du même; en 1684, *Amadis*, du même; en 1685, *Roland*, *l'Idylle de Versailles*, *le Temple de la Paix*, du même; en 1686, *Armide*, du même.

CHANSON.

« Enfin la charmante Lisette,
» Sensible à mon cruel tourment,
» A bien voulu, dessus l'herbette,
» M'accorder un heureux moment.
» Pressé d'une charge si belle,
» Tendre gazon, relevez-vous;
» Il ne faut qu'une bagatelle
» Pour alarmer mille jaloux ».

Vers à Louis XIV.

« Ce n'est point l'opéra que je fais pour le Roi
    » Qui m'empêche d'être tranquille;
» Tout ce qu'on fait pour lui paraît toujours facile.
    » La grande peine où je me voi,
    » C'est d'avoir cinq filles chez moi,
    » Dont la moins âgée est nubile.
» Je dois les établir; je voudrais le pouvoir;
» Mais à suivre Apollon on ne s'enrichit gueres,
» C'est avec peu de bien un terrible devoir,
» De se sentir pressé d'être cinq fois beaupere.
    » Quoi! cinq actes devant Notaire,
    » Pour cinq filles qu'il faut pourvoir!
    » O Ciel! peut-on jamais avoir
    » Opéra plus fâcheux à faire » !

Nous n'avons pas osé risquer notre jugement sur les poëmes tant vantés, & depuis si longtems, de l'immortel Quinault, & critiqués si amérement depuis quelques années. Nous croyons faire plaisir à nos

Lecteurs de mettre fous leurs yeux une differtation fur les ouvrages de cet aimable Poëte, que M. Marmontel a bien voulu nous confier, avec la permiffion d'en faire ufage. Qui mieux que lui peut connaître fes beautés & fes défauts ?

« Quinault, en créant l'Opéra Français, a conçu la plus belle idée que le génie poétique ait produite, depuis l'invention de l'épopée & de la tragédie ; & cette idée, il l'a remplie avec une fupériorité de talent dont on n'a jamais approché depuis ».

« Son deffein a été de former un fpectacle de tous les prodiges des arts ; de réunir fur la même fcène tout ce qui peut intéreffer l'ame, l'imagination & les fens, & ce théâtre de l'illufion que M. de Voltaire a fi bien décrit ».

« Où les beaux vers, la Danfe, la Mufique,
» L'art de tromper les yeux par les couleurs,
» L'art le plus heureux de féduire les cœurs,
» De cent plaifirs font un plaifir unique ».

« Il fallait pour cela d'abord un genre de tragédie affez touchant pour émouvoir, mais non pas affez auftere pour fe refufer aux preftiges des arts qui devaient l'embellir ».

« La tragédie hiftorique, dans fa fimplicité majeftueufe & fombre, ne pouvait être, avec vraifemblance, ni chantée, ni mêlée de fêtes & de danfes, ni fufceptible de cette variété, de cette magnificence de fpectacle & de décoration, où l'art du Peintre & celui du Machinifte devaient produire leurs enchantemens ».

En Italie, où la tragédie n'a point de théâtre qui lui foit propre, un peuple paffionné pour la mufique a pu s'accorder à entendre Régulus, Thémiftocle, Alexandre, Caton lui-même, parler fur la fcène en chantant ; mais un peuple, dont le goût devait être bien plus fevere & plus délicat fur les vraifemblances, parcequ'il avait pour école & pour objet de comparaifon le théâtre des Corneille & des Racine, aurait difficilement confenti à fubftituer dans la tragédie la déclamation de Lully à celle de Baron. Le chant, comme on l'a déja dit, eft un accent fabuleux ou magique ; & fur un théâtre où tout eft prodige, « il paraît tout fimple » que la façon de s'exprimer ait fon charme comme tout le refte. On eft

» dans

„ dans un monde nouveau : c'eſt la nature dans l'enchantement , & viſi-
„ blement animée par une foule d'intelligences , dont les volontés ſont ſes
„ loix. La muſique y fait le charme du merveilleux : le merveilleux y
„ fait la vraiſemblance de la muſique ; mais dans un ſpectacle où tout
„ ſe paſſe comme dans la nature & ſelon la vérité de l'hiſtoire , par
„ quoi ſerions-nous préparés à entendre Auguſte , Cornelie , Agrippine
„ ou Brutus parler en chantant ? „

« Mais quand la tragédie , dénuée de merveilleux , aurait pu paſſer ſur
le théâtre lyrique , elle n'y aurait eu ni la magnificence , ni la variété
que l'inventeur de l'Opéra voulait donner à ſon ſpectacle ; & en perdant
l'avantage précieux de la vérité la plus touchante & la plus énergique
dans la déclamation théâtrale , elle n'eût preſque rien acquis du côté de
l'illuſion ».

« La tragédie , dans ſon auſtérité , eſt naturellement triſte & ſombre :
les deux ſentimens qu'elle excite , ſont la terreur & la pitié. Le progrès
de l'action conſiſte à rendre ces deux intérêts plus forts & plus preſſans ,
de ſcène en ſcène & d'acte en acte ; les momens de relâche que peuvent
occuper l'eſpérance , la joie , les paſſions heureuſes y ſont rares & fugitifs :
il n'y a preſque jamais de calme , & par conſéquent il y a peu d'eſpace
pour les fêtes , & peu de moyens d'y varier les caracteres de la muſique ,
de les oppoſer l'un à l'autre , & de tirer de leur contraſte cet éclat &
ce nouveau charme qu'ils ſe prêtent mutuellement ».

« Quinault vit donc bien qu'il devait préférer la tragédie fabuleuſe à
la tragédie hiſtorique ; & de cette idée ſimple & féconde a réſulté un
ſpectacle , dans lequel tout eſt menſonge , mais dans lequel tout eſt
d'accord ».

« La fable embraſſe deux ſyſtèmes, la Mythologie & la Magie ; & de
ces deux ſources Quinault a tout tiré ? La Mythologie lui a donné *Cadmus* ,
Alceſte , *Iſis* , *Atys* , *Perſée* , *Proſerpine* , *Théſée* & *Phaéton* ; la Magie
lui a donné *Amadis* , *Armide* & *Roland* ; & d'un côté la puiſſance des
Dieux , de l'autre celle des Enchanteurs l'on rendu maître de la nature
entiere. De-là cette multitude de prodiges dont il a rempli ſon théâtre
avec une vraiſemblance poétique qui ſuffit à l'illuſion ; car il en eſt des
convenances théâtrales comme de l'harmonie des couleurs dans un tableau :
on peut en élever le ton auſſi haut que l'on veut ; pourvu qu'il y régne

un bel accord, l'œil croira y voir la nature. Telle eſt la vérité relative que l'inventeur de l'Opéra Français a ſu donner à ſon ſpectacle, & qui manque eſſentiellement à l'Opéra Italien ».

« Mais à cette vérité qui réſulte de l'enſemble de ſon ſyſtême, & de la belle entente de ſes compoſitions, devait ſe joindre celle des mœurs & du langage ; & il n'appartenait qu'à un homme de génie de s'élever, comme a fait Quinault, à la hauteur de ſes ſujets ».

« La Fontaine ſemble avoir vécu parmi les animaux qu'il a fait parler ; Corneille parmi les Romains, du tems de Tullus & d'Auguſte ; Racine à la cour de Néron ou dans le Temple de Jéruſalem ; Quinault, parmi les Enchanteurs & les Dieux mêmes qu'il a mis ſur la ſcène. Or cette façon de ſe pénétrer des caractères que l'on doit rendre, & de ſe transformer ſoi-même, eſt éminemment le génie poétique ; & Quinault, dans le genre le plus inacceſſible aux études & à l'imitation du Poëte, l'a poſſédé au plus haut degré ».

« Qu'on ſe rappelle le langage d'*Arcabone*, de *Médée* & d'*Armide*, celui de la *Gorgone* dans l'opéra de *Perſée*, celui de *Cérès* & de *Pluton* dans l'opéra de *Proſerpine*, celui du *Soleil* dans *Phaéton* ; & qu'on juge ſi ce ſont là, comme l'a dit Boileau, des *lieux communs de morale lubrique* ».

Les Dieux de Quinault parlent d'amour ; mais de quel ton ?

Jupiter à la Nymphe Yo.

« La foudre eſt dans mes mains, les Dieux me font la cour,
» Je tiens tout l'Univers ſous mon obéiſſance ;
　　　» Mais ſi je prétends en ce jour
» Engager votre cœur à m'aimer à ſon tour,
　　　» Je fonde moins mon eſpérance
　　　» Sur la grandeur de ma puiſſance,
　　　» Que ſur l'excès de mon amour ».

Pluton à Proſerpine.

« Je ſuis Roi des Enfers, Neptune eſt Roi de l'Onde :
　　　» Nous regardons avec des yeux jaloux
　　　» Jupiter plus heureux que nous :
» Son ſceptre eſt le premier des trois ſceptres du monde ;

» Mais fi de votre cœur j'étais victorieux,
» Je ferais plus content d'adorer vos beaux yeux,
» Au milieu des Enfers, dans une paix profonde,
   « Que Jupiter, le plus heureux des Dieux,
» N'eft content d'être Roi de la Terre & des Cieux ».

Les Magiciennes de Quinault ne confervent pas moins leur caractere ;
& rien de moins doucereux que ces vers.

Médée.

« Mon frere & mes deux fils ont été les victimes
   » De mon implacable fureur,
   » J'ai rempli l'univers d'horreur;
» Mais le cruel amour a fait feul tous mes crimes.

» Peut-être que mon cœur cherche un malheur nouveau.
» Mon dépit, tu le fais, dédaigne de fe plaindre;
   » Il eft difficile à calmer;
   » S'il venait à fe rallumer,
   » Il faudrait du fang pour l'éteindre.

   » Que puis-je hélas ? parlons fans feindre.
» Les Enfers, quand je veux, font contraints de s'armer,
» Mais on ne force point un cœur à s'enflâmer:
» Mes charmes les plus forts ne fauraient l'y contraindre.
» Ah ! je n'en ai que trop pour forcer à me craindre,
   » Et trop peu pour me faire aimer ».

« Quinault, avec autant de correction dans le ftyle, que ceux de nos
Poëtes qui en ont le plus, a une facilité, une foupleffe, un naturel qui
lui font propres, & une harmonie qu'on n'a point égalée, quoiqu'on ait
travaillé fans ceffe à l'imiter. Son langage eft communément moins figuré,
moins élevé que celui de Racine; mais il a le degré de coloris & de
force qui lui convient ; & j'ofe dire que s'il était plus poétique, il le ferait
trop pour l'expreffion muficale, qui exige le tour le plus naturel, & qui
préfere le mot fenfible au mot plus fort ou plus brillant. Qui jamais, par
exemple, a defiré plus de poéfies dans ces plaintes d'un amant fur l'infidélité de fa maîtreffe ? »

α Vous juriez autrefois que cette onde rebelle
» Se ferait vers sa source une route nouvelle,
» Plutôt qu'on ne verrait votre cœur dégagé.
» Voyez couler ces flots dans cette vaste plaine ;
» C'est le même penchant qui toujours les entraîne,
» Leur cours ne change point, & vous avez changé.

» Le mal de mes rivaux n'égale point ma peine ;
» La douce illusion d'une espérance vaine
» Ne les fait point tomber du faîte du bonheur ;
» Aucun d'eux, comme moi, n'a perdu votre cœur ;
   » Comme eux à votre humeur sévere,
   » Je ne suis point accoutumé.
   » Quel tourment de cesser de plaire,
» Lorsqu'on a fait l'essai du plaisir d'être aimé » !

On a reproché au style de Quinault la *molesse* ; & la molesse est en effet le caractere de son style. Mais sa *molesse* est le contraire de la dureté, & non pas de la force. Rien de plus doux à l'oreille que ces vers :

   α Acheve ma vengeance Atys, connais ton crime,
   » Et reprens ta raison, pour sentir ton malheur.

   » O Dieux ! injustes Dieux ! que n'êtes-vous mortels ?
   » Faut-il que pour vous seuls vous gardiez la vengeance ?

   » Sortez, ombres, sortez de la nuit éternelle,
    » Voyez le jour pour le troubler.

   » Goûtons l'unique bien des cœurs infortunés :
    » Ne soyons pas seuls misérables ».

« Mais je demande s'il y a rien de plus énergique dans notre langue. Je demande si Racine lui-même eut mieux peint les fureurs d'*Atys*, la douleur de *Cérès*, le désespoir d'*Armide*, le dépit de *Méduse* sur la perte de sa beauté ? Par-tout où le sujet exige des touches fortes & de grands traits, le style de Quinault s'éleve au plus haut degré de noblesse, d'énergie ou de véhémence, selon le caractere de la pensée, de l'image ou du sentiment. Quoi de plus poétique & de plus sublime que ces descriptions de la défaite des Titans, & du tremblement de l'Etna, dans l'opéra de Proferpine ? »

  « Les fuperbes Géans armés contre les Dieux,
   » Ne nous donnent plus d'épouvante.
  » Ils font enfevelis fous la maffe pefante
  » Des monts qu'ils entaffaient pour attaquer les cieux.
  » Nous avons vu tomber leur chef audacieux
   » Sous une montagne brûlante.
  » Jupiter l'a contraint de vomir à nos yeux
  » Les reftes enflâmés de fa rage mourante.
   » Jupiter eft victorieux :
  » Et tout céde à l'effort de fa main foudroyante ».

P L U T O N.

  « Les efforts d'un géant qu'on croyait accablé,
  » Ont fait encor frémir le ciel, la terre & l'onde ;
   » Mon empire s'en eft troublé ;
   » Jufqu'au centre du monde,
   » Mon trône en a tremblé.
  » L'affreux Typhon, avec fa vaine rage,
  » Trébuche enfin dans des gouffres fans fonds,
  » L'éclat du jour ne s'ouvre aucun paffage
  » Pour pénétrer les royaumes profonds
   » Qui me font échus en partage.
  » Le Ciel ne craindra plus que fes fiers ennemis
  » Se relevent jamais de leur chûte mortelle ;
  » Et du monde ébranlé, par leur fureur rebelle,
   » Les fondemens font raffermis ».

Quoi de plus fimple & de plus noble que le langage d'Hercule au dénouement de l'Alcefte ?

   « Non, non, vous ne devez pas croire
  » Qu'un vainqueur des tyrans foit tyran à fon tour,
  » Sur l'enfer, fur la mort, j'emporte la victoire ;
   » Il ne manque plus à ma gloire
  » Que de triompher de l'Amour ».

Et je ne cite pas ici des morceaux choifis avec foin : toute la partie effentielle des opéra de Quinault eft écrite à peu-près de même : les plus faibles de ces poëmes ont des beautés du premier ordre ; il en a répandu jufques dans fes prologues, & jamais la louange n'a pris un ton plus élevé. C'eft même là ce qui lui a fait de fi dangereux ennemis. Il exprimait à fa maniere l'enthoufiafme que Louis XIV avait infpiré à fon fiecle ; & Louis XIV était flatté de fe voir retracer fa gloire dans de magnifiques tableaux. Ce fuccès du Poëte fit apparemment quelqu'ombrage à d'autres Poëtes courtifans ; & de-là cette haine injufte & ce mépris plus injufte encore que les arbitres de l'opinion littéraire firent éclater contre lui. Comme le talent de Quinault n'était pas le leur, ils le déprimerent fans ceffe. Ils ne voyaient que des *amourettes* dans *Théfée*, dans *Atys*, dans *Armide*; ils appellaient douceureux les beaux vers que l'on vient de lire. Ils attribuaient les fuccès du Poëte à fon Muficien ; ils firent fi bien, que de fon vivant Quinault fut privé de fa gloire, & qu'elle ne lui a été rendue que très longtems après fa mort, *non auditura cineri*. »

On lit dans un fragment de Defpréaux, que *Mad. de Montefpan & Mad. de Thiange fa fœur, laffées des opéra de M. Quinault, propoferent au Roi d'en faire faire un par M. Racine.* Defpréaux ajoute que Racine prit pour fujet la chûte de *Phaéton*; qu'il exigea de lui d'en compofer le prologue, & que ce *miférable travail*, auquel ils étaient occupés, fut heureufement interrompu par pitié pour Quinault qui, *les larmes aux yeux*, repréfenta au Roi *l'affront qu'il allait recevoir*. Defpréaux donne après ce récit les premieres fcènes de fon prologue ; & il n'y avait pas de quoi humilier Quinault ».

« Nul homme n'a tous les talens. Celui de Defpréaux aurait dû le rendre inacceffible à l'envie, & affez jufte pour ne pas s'aveugler fur le mérite d'autrui ».

« Il faut avouer cependant que dans ces poëmes admirables à tant d'égards, Quinault n'a pas laiffé de donner prife à la critique ; mais par un bonheur fingulier tous les défauts en font accidentels, & toutes les beautés inhérentes, enforte que fi on en retranche la partie faible & défectueufe, le poëme refte entier, & n'offre plus que des beautés pures ».

« Les défauts dont je parle, font des intrigues fubalternes, comiques ou galantes, qui coupent l'action principale, & refroidiffent l'intérêt. Tel eft dans *Théfée* l'épifode d'*Arcas*; tel eft dans *Proferpine* l'épifode d'*Alphée*; tel eft celui des Chevaliers dans le quatrieme acte d'*Armide*. Qu'on les fupprime, on ne fait que rendre l'action plus vive & plus rapide, & l'opéra conferve une jufte longueur ».

« Une autre partie négligée eft celle des divertiffemens. C'eft là que, dans des canevas, où le Poëte était afservi au caprice du Muficien, il a rimé fur des airs de danfe ces lieux communs de galanterie que Defpréaux lui a reprochés, comme fi c'eût été la partie effentielle & dominante de fes poëmes, tandis qu'un trait de plume peut les en détacher ».

« La premiere caufe de ces défauts a été la néceffité prétendue de fournir cinq actes avec une action, qui, le plus fouvent, n'en demande que trois ; & de-là une contrainte auffi nuifible à l'intérêt du fpectacle qu'elle eft pénible : je veux dire, la néceffité d'interrompre quatre fois l'action par des fêtes qui, trop fréquentes pour être toutes amenées avec la même vraifemblance, ne font que de froides longueurs. Le remède à ce mal eft donc de réduire à trois actes l'action fimple, intéreffante & noble, où le Poëte a déployé fes forces & n'a prefque rien négligé ».

« Lully voulait fe fauver lui-même de la monotonie ; il demandait beaucoup de fêtes & des épifodes d'un caractere qui fît variété avec celui de l'action. Quinault cédait par complaifance. On a trouvé depuis des moyens plus heureux d'animer & de varier les caracteres de la mufique ».

« Le malheur de l'Opéra Français a été, je l'ai déja dit, qu'un Poëte
» doué d'une imagination fi belle, d'un coloris fi pur & fi brillant, d'un
» ftyle fi mélodieux, fi élégant, fi naturel, & quand il le fallait, fi élevé,
» fi énergique, toujours au ton de fon fujet, & à la hauteur même du
» merveilleux qu'il a introduit dans fes fables ; que ce Poëte, dis-je,
» n'ait pas eu, dans fon tems, des Muficiens dignes de lui. Ce n'eft pas
» que Lully ne fût alors ce qu'il pouvait être avec du génie & du goût ;
» mais fon art était dans l'enfance, tandis que celui de fon Poëte avait
» acquis toute fa force & toute fa maturité ».

Les partifans de l'Opéra Italien, c'eft-à-dire, de la tragédie hiftorique chantée, ne fe font pas attachés aux défauts accidentels des poëmes de Quinault : ils en ont attaqué le genre.

Ne ferait-ce pas, ont-ils demandé, *une entreprife contraire au bon fens, que de vouloir rendre le merveilleux fufceptible de la repréfentation théâtrale ? Ce qui, dans l'imagination du Poëte & de fes Lecteurs, était noble & grand, rendu ainfi vifible aux yeux, ne deviendra-t-il point puérile & mefquin?*

Voici ce qu'on a répondu : « Ce qui n'eft pas devenu puérile & mef-
» quin fous le pinceau du *Titien* & de l'*Albane*, fous le cifeau de *Pra-*
» *xitele* & de *Phidias*, quoique rendu vifible aux yeux, peut ne pas être
» puérile & mefquin fur la fcène. Les Peintres & les Statuaires n'ont
» fait des divinités d'Homère que de beaux hommes & de belles femmes ;
» & peut-être ferait-il contraire au bon fens d'être plus difficile fur le
» merveilleux théâtral ».

Des Dieux de tradition, infiftaient les critiques, *pourraient-ils émou-*
voir un peuple, & l'intéreffer comme les objets de fon culte & de fa croyance?

« Il n'eft pas befoin, leur a-t-on dit, de croire au merveilleux, pour
» qu'il nous faffe illufion. Dans la poéfie dramatique, comme dans l'épo-
» pée, l'illufion n'eft jamais complette ; elle n'exige donc pas une croyance
» férieufe, mais une adhéfion qui lui eft offerte, & on l'obtient, cette
» adhéfion, à tous les fpectacles du monde ».

Eft-il permis, demandaient-ils encore, *de perfonifier tous les êtres que*
l'imagination des Poëtes a enfantés, un génie aérien, un jeu, un ris, un
plaifir, une heure, une conftellation, &c ».

« Pourquoi non, fi la poéfie leur a donné une exiftence & une forme
» idéale ; fi la peinture l'a fecondée, & fi nos yeux, par elle, y font
» accoutumés? La fable & la féérie une fois reçus, tout le fyftème en
» exifte dans notre imagination. Dès qu'*Armide* paraît, on s'attend à voir
» des *génies* ; dès que *Vénus* ou l'*Amour* s'annonce, on ferait furpris de
» ne pas voir les *grâces*, les *jeux*, les *plaifirs*. Le *Guide* a peint les
» *Heures* entourant le char de l'*Aurore* : il en a fait un tableau divin.
» Pourquoi ce qui nous charme dans le tableau du *Guide*, choquerait-il
» le bon fens & le goût fur le théâtre du merveilleux? »

Le merveilleux n'aurait-il pas banni tout intérêt de la fcène lyrique? Un
Dieu peut étonner : il peut paraître grand & redoutable, mais peut-il inté-
reffer? Comment s'y prendra-t-il pour nous toucher?

« Il ne vous touchera point ; mais les malheurs, dont il fera la caufe,
» vous toucheront, & c'eft affez. Lorfqu'Ifis eft pourfuivie par la colere
» de Junon, penfez-vous que ce foit Junon qu'on veuille rendre inté-
» reffante? Dans la tragédie de Phèdre, eft-ce Vénus qui nous touche?

» Eft-ce

» Eſt-ce Apollon ou les Euménides , dans la tragédie d'Oreſte ? Eſt-ce
» Diane dans l'Iphigénie en Aulide ?, Serait-ce Jupiter qui nous touche-
» rait dans l'opéra de Didon ? Avons-nous beſoin de nous intéreſſer à
» Cybele , pour être emus & attendris ſur le malheur d'Atys ? »

Mais ſuppoſé que la colere d'un Dieu ou ſa bienveillance inſlue ſur le ſort
d'un héros , quelle part pourrions-nous prendre à une aſtion , où rien ne ſe
paſſe en conſéquence de la nature & de la néceſſité des choſes ?

« Vous ne prenez donc aucune part au malheur de Phedre , brûlant
» d'un amour inceſtueux & adultere , parcequ'on le dit allumé par la
» colere de Vénus ? Aucune part au malheur d'Oreſte , parcequ'un ordre
» exprès des Dieux l'a condamné au parricide ? Aucune part à la fuite
» d'Enée , & au déſeſpoir de Didon , parceque telle a été la volonté de
» Jupiter ? »

« Tout ce que vous direz d'un opéra , je le dirai de ces tragédies. Et
» qu'importe que le reſſort , le mobile de l'action ſoit naturel ou merveil-
» leux ? Il eſt merveilleux dans preſque toutes les tragédies grecques ; &
» l'action n'en eſt pas moins une, moins réguliere ni moins complette ; elle
» n'en eſt même que plus ſimple & plus étroitement réduite à l'unité ».

On nous a encore oppoſé l'exemple des Italiens. Mais à leur égard « la
» verité ſimple eſt que les premiers eſſais du ſpectacle lyrique furent faits
» aux dépens des Ducs de Florence, de Mantoue & de Ferrare; que leur
» magnificence n'y épargna rien; qu'alors le merveilleux , qui exige de
» grands frais , pût paraître ſur leur théâtre ; & que dans la ſuite, les
» villes d'Italie, obligées de faire elles-mêmes les dépenſes de leur ſpec-
» tacle , allerent à l'épargne , & donnerent par économie la préférence à
» la tragédie dénuée de merveilleux. Or il eſt arrivé qu'au lieu de l'em-
» bellir, ils ont gâté la tragédie , non-ſeulement par les ſacrifices que
» leurs Poëtes ont été obligés de faire à leurs Muſiciens, mais parcequ'il
» eſt impoſſible à la muſique de compenſer le tort qu'elle fait à la vérité ,
» à la rapidité, à la chaleur de l'expreſſion ».

« Si Quinault n'avait voulu produire ſur ſon théâtre que l'effet de la
» tragédie , il aurait tâché d'imiter Racine, d'approfondir le cœur humain ,
» de donner plus de véhémence & plus d'énergie à ſon ſtyle, plus de
» force à ſes caracteres, plus de chaleur à ſon action ; & ſans employer,
» ni le charme du chant , ni le preſtige du merveilleux , il aurait fait

» frémir, il aurait fait verfer des larmes ; mais fon projet fut de réunir
» dans un feul fpectacle tous les plaifirs des yeux & des oreilles, & d'en
» faire un enchantement. Il fallait pour cela donner à fon action, non-
» feulement la conleur fombre de la tragédie, mais toutes les couleurs &
» toutes les nuances du fentiment qui plaît à l'ame, & qui eft fufceptible
» du chant ».

C'eft à préfent, fur-tout, qu'on doit fentir l'avantage de fon fyftême,
& combien cette variété infinie de couleurs, dont fes fables font fufcep-
tibles, eft plus favorable au génie de la Mufique moderne, que la tragédie févérement réduite à la vérité hiftorique, & dénuée de merveilleux.

Metaftafe, avec tout fon talent, a quelquefois bien de la peine à faire
naître de fon action cette variété de fentimens & d'images que demande
la mélodie, pour animer le chant ; & cette difficulté vient de la nature
de fes fujets, qui font tous d'un tragique auftere. Il a fouvent recours à
des comparaifons d'autant moins naturelles, qu'elles font plus ingénieufes ;
& ce qu'on appelle fes airs, font prefque tous de petits épilogues qu'il
attache à la fin des fcènes, & qui annoncent la fortie du perfonnage qui
va chanter. Avec le genre de Quinault il eût été plus à fon aife : tout y
favorife le chant : tout y eft fentiment ou image ; & pour fe former une
idée de la variété de couleurs, dont ce beau genre eft fufceptible, il fuffit
d'entendre ce qu'un Compofiteur très célebre a dit du poëme d'*Atys*. Ce
poëme reffemble à un jour d'été : le matin en eft calme & ferein, le
midi brûlant, & le foir orageux.

RACAN (Honorat du Bueil, Marquis de), né en 1589, à la Roche-
Racan en Touraine, fils d'un Chevalier des ordres du Roi, fut l'ami,
l'éleve & l'émule de Malherbe. Il fut d'abord Page d'Henri IV, & fut
fort aimé de fon maître. Il mourut pauvre en Février 1670, quoiqu'il
eut hérité de vingt mille livres de rente de fa coufine Madame de
Bellegarde.

Boileau en parle ainfi dans le premier chant de fon Art poétique.

« Malherbe d'un héros peut vanter les exploits,
» Racan chanter Philis, les bergers & les bois ».

CHANSON

A la Reine mere.

« Paiffez, cheres Brebis, jouiffez de la joie
» Que le ciel vous envoie :
» A la fin fa clémence a pitié de nos pleurs :
» Allez dans la campagne, allez dans la prairie;
» N'épargnez point les fleurs,
» Il en revient affez fous les pas de *Marie.*

» Nous ne reverrons plus nos campagnes défertes;
» Au lieu d'épis couvertes,
» De tant de bataillons l'un à l'autre oppofés :
» L'innocence & la paix régneront fur la terre,
» Et les Dieux appaifés,
» Oublieront pour jamais l'ufage du tonnerre.

» La Nymphe de la Seine inceffamment révere
» Cette grande Bergere
» Qui chaffe de fes bords tout fujet de fouci,
» Et pour jouir long-tems de l'heureufe fortune
» Que l'on poffede ici,
» Porte plus lentement fon tribut à Neptune.

» Paiffez donc, mes Brebis, prenez part aux délices
» Dont les deftins propices,
» Par un fi beau remede ont guéri nos douleurs;
» Allez dans la campagne, allez dans la prairie,
» N'épargnez point les fleurs,
» Il en revient affez fous les pas de *Marie* ».

AUTRE

A Mainard.

« Pourquoi te donner tant de peine,
» Buvons plutôt à longue haleine
» De ce nectar délicieux,
» Qui pour l'excellence précede
» Celui même que Ganymede
» Verfe dans la coupe des Dieux.

» C'est lui qui fait que les années
» Nous durent moins que des journées ;
» C'est lui qui nous fait rajeunir,
» Et qui bannit de nos pensées
» Le regret des choses passées
» Et la crainte de l'avenir.

» Buvons, Mainard, à pleine tasse,
» L'âge insensiblement se passe,
» Et nous mene à nos derniers jours,
» L'on a beau faire des prieres,
» Les ans, non plus que les rivieres,
» Jamais ne rebroussent leurs cours.

» Le printems vêtu de verdure
» Chassera bientôt la froidure,
» La mer a son flus & reflus ;
» Mais depuis que notre jeunesse
» Quitte la place à la vieillesse,
» Le tems ne la ramene plus.

» Les loix de la mort sont fatales ;
» Aussi bien aux maisons royales
» Qu'aux taudis couverts de roseaux.
» Tous nos jours sont sujets aux Parques ;
» Ceux des bergers & des monarques
» Sont coupés des mêmes ciseaux.

» Leurs rigueurs, par qui tout s'efface,
» Ravissent en bien peu d'espace
» Ce qu'on a de mieux établi,
» Et bientôt nous meneront boire
» Au-delà de la rive noire
» Dans les eaux du fleuve d'oubli ».

RACINE (Jean), né à la Ferté-Milon le 21 Décembre 1639, fut élevé à Port-Ro al, & portait encore l habit ecclésiastique, quand il fit *Théagene*, sa premiere tragédie, qui n'a point été imprimée, & les *Freres Ennemis*, dont Moliere lui donna le sujet. Il est intitulé : *Prieur de l'Épinai*, dans le privilége de l'*Andromaque*, qui parut en 1667. Louis XIV le combla de bontés, lui donna une charge de Gentilhomme ordinaire, le créa en 1677, ainsi que Boileau, Historiographe de France, le nomma quelquefois des voyages de Marly, & le fit coucher dans sa chambre, dans une de ses maladies.

Une Ode intitulée : *la Nymphe de la Seine*, qu'il composa en 1660, à l'occasion du mariage du Roi, le fit connaître à la Cour, & commença sa réputation qu'il a sçu depuis élever à un point tel que son éclat dispense d'en parler : ayant été consulter Corneille sur sa tragédie d'*Alexandre*, Corneille lui conseilla de ne plus faire de tragédies, en lui disant qu'il avait beaucoup de talent pour la Poésie, mais fort peu pour le Théâtre.

Ce jugement de Corneille doit, sans doute, paraître extraordinaire. Il est cependant à observer qu'il ne portait que sur l'auteur d'*Alexandre*, fort inférieur à ce qu'il s'est montré depuis dans *Andromaque*, *Iphigénie*, *Phèdre* & *Athalie*. Ce qui doit sembler vraiment bifarre, ce qu'on ne peut expliquer aisément, c'est le refus de suffrage que Racine a éprouvé de la part de quelques esprits célèbres du siécle de Louis XIV. Madame de Sévigné, sans modèle comme sans copie, dans le genre épistolaire, faisait peu de cas de Racine, & annonçait qu'il n'irait pas loin. Plusieurs autres personnes, dont le bon goût était cependant prouvé par de bons ouvrages étaient aussi peu frappés de l'excellence de ce Poëte aimable. A quoi attribuer de pareilles erreurs ? L'examen de leurs motifs pourrait donner lieu à une discussion intéressante, mais qui nous jetterait trop loin de notre sujet.

Racine qui était bien venu de Madame de Maintenon, ayant composé un Mémoire raisonné sur les moyens de soulager la misére du peuple, le lui faisait lire un jour, lorsque le Roi entra chez elle ; il voulut savoir ce que c'étoit, & applaudit à son zéle, mais trouva mauvais qu'il se mêlât de choses qui ne le regardaient pas.

Ce fut un coup de foudre pour Racine, qui avait le défaut d'être trop courtisan. Il ne fit plus que languir depuis ce moment, & mourut quelque tems après le 21 Avril 1699, âgé de soixante ans.

Il laissa de son mariage, avec Mlle de Romanet, qui lui survéquit trente-trois ans, deux fils & cinq filles.

Boileau fit ces vers pour mettre au bas de son portrait.

« Du Théâtre Français l'honneur & la merveille,
» Il fut ressusciter Sophocle en ses écrits,
» Et dans l'art d'enchanter les cœurs & les esprits,
» Surpasser Euripide & balancer Corneille ».

RACINE (Louis), fils du grand Racine, naquit à Paris en 1692, & voulut être Poëte malgré l'avis de Boileau, qui craignoit pour lui la réputation de son pere. Il fut reçu de l'Académie des Inscriptions en 1719, & donna en 1720, son Poëme de la Grace, & ensuite celui de la Religion, qui sont remplis de vers charmans. Mais le Cardinal de Fleury lui ayant donné un emploi de finance, il se fixa en province, où il abandonna la poésie. Son fils, jeune homme de la plus grande espérance, & le dernier de son nom, périt malheureusement le premier Novembre 1755 (*a*), jour du tremblement de terre de Lisbonne. Il était sur la jetée de Cadix, avec M. Masson de Plissay le fils, son ami intime, lorsqu'un coup de mer les emporta tous les deux. Le chagrin que cette mort causa à son pere, affoiblit sa santé, & empoisonna le reste de sa vie, qui fut terminée à Paris en 1763. Il a laissé une fille mariée à M. d'Hariague, qui, par des malheurs imprévus & non mérités, doit inspirer le plus grand intérêt à ceux même qui n'ont pas le bonheur de la connaître.

_____

(*a*) M. le Brun a célébré ainsi dans une Ode ce triste événement :

« Reviens.... la mer s'élance, arrête,
» Vois, crains, fuis ces flots suspendus ;
» Ils retombent.... Dieu ! la tempête
» L'entraîne à mes yeux éperdus.
» Divin Racine, ombre immortelle !
» Ton fils..... il expire, il t'appelle.
» Volez, Muses, Grâces, Amours,
» Volez, sa bouche vous implore !
» Toi, Déesse, plus chere encore,
» Amitié, vole à son secours ».

Louis Racine a fait une traduction de Milton, & des Mémoires fur la vie de fon pere, auffi curieux que bien écrits (a).

CHANSON

A la Femme d'un Officier qui enrôlait des foldats pour fon mari.

« Vous faites des foldats au Roi ;
» Iris, eft-ce là votre emploi ?
» Pour vous en épargner la peine,
» Que l'on affemble feulement
» Ceux qu'amour met dans votre chaîne,
» Et vous aurez un régiment.

» J'y veux entrer, & que l'argent
» Ne foit point mon engagement.
» Je n'ai point l'ame mercenaire ;
» D'un feul baifer faites les frais :
» Enrôlé par ce doux falaire,
» Je ne déferterai jamais.

» Mais n'allez pas, pour contefter
» A la taille, vous arrêter.
» Petit ou grand, cet avantage
» A la valeur n'ajoute rien ;
» C'eft du cœur que part le courage :
» Quand on aime, on fert toujours bien ».

ODE.

« Charmé de mon loifir & de ma folitude,
» Que les Grands, à l'envi m'appellent auprès d'eux ;
» On ne me verra point chercher la fervitude
　　» Lorfque je fuis heureux.

» Faut-il courir fi loin, infenfés que nous fommes ;
» Pour trouver ce bonheur que nous defirons tous !
» Maîtrifons nos defirs, n'attendons rien des hommes,
　　» Et vivons avec nous.

────────────────────

(a) On fait qu'il s'eft fait peindre tenant les œuvres de fon pere, & les regards fixés fur ce vers : « Et moi, fils inconnu d'un fi glorieux pere ! »...

» Déja trop accablés des liens néceſſaires,
» Pourquoi groſſir encore la ſource de nos pleurs?
» Epargnons-nous du moins tous les nœuds volontaires ;
    » Ménageons nos douleurs.

» Qu'un lâche adulateur chaque jour importune
» Le Maître dont il peut eſſuyer la fierté ;
» Je n'irai point à ceux qu'éleve la fortune
    » Vendre ma liberté.

» Dans le palais des rois un coup d'œil nous captive,
» L'homme y va follement chercher un meilleur ſort ;
» En entrant il le perd, libre quand il arrive ,
    » Eſclave quand il ſort.

» Le ſage toutefois ne pourra jamais l'être ;
» Pour l'homme vraiment libre, il n'eſt point de lien ;
» Au milieu de la cour, il peut vivre ſans maître,
    » Lui ſeul il eſt ſien.

» Ni l'or ni les honneurs ne le rendent fidele ;
» La vertu qui le guide eſt ſon unique appui,
» Quand il arrive au Louvre, il y monte avec elle ;
    » Elle en ſort avec lui.

» Il ſert ſans intérêt ceux que la terre adore ;
» Ce qu'ils ont à donner ne flatte point ſes vœux ;
» Il ne deſire rien, & lui ſeul les honore,
    » S'oubliant auprès d'eux.

» Lorſque l'air eſt ſerein, il prévoit la tempête ;
» L'air ſe trouble, la nuit ne peut l'intimider ;
» Sans changer de viſage, il entend ſur ſa tête
    » Le tonnerre gronder.

» La ſolide grandeur dont l'éclat l'environne,
» Dans ſa diſgrace encor répand un plus grand jour,
» Nous le félicitons, quand la cour l'abandonne,
    » Et nous plaignons la cour.

» Frappé d'une peinture & ſi rare & ſi belle ,
» Si quelqu'un croit qu'ici j'invente le tableau,
» Qu'il regarde Alexandre, il verra le modèle
    » Qui conduit mon pinceau,

                                          Ah !

» Ah ! fi par leurs vertus & leur douceur extrême,
» Comme toi, tous les grands enchantaient l'univers;
» Que je perdrais bientôt la liberté que j'aime,
　　　　» Pour courir dans leurs fers.

» Mais plutôt qu'ébloui d'une vaine opulence,
» Je recherche un honneur d'amertune rempli,
» Je veux, loin des palais, vivre dans le filence
　　　　» Et mourir dans l'oubli.

» Oui, mon obfcurité fera mon affurance;
» J'y braverai du fort le caprice inconftant;
» Tranquille, délivré de crainte & d'efpérauce,
　　　　» Pauvre & toujours content.

» Apollon quelquefois viendra dans ma demeure;
» Les Mufes m'offriront des charmes innocens;
» Douces divinités; c'eft pour vous qu'à toute heure
　　　　» Fumera mon encens.

» Que de momens heureux fe pafferont à lire
» Des Romains ou des Grecs les aimables écrits;
» Moi-même j'oferai répéter fur ma lyre
　　　　» Ce qu'ils m'auront appris.

» Et dans l'inftant fatal où la parque ennemie
» Coupera de mes jours le fil délicieux,
» Sans accufer la mort, fans regretter la vie,
　　　　» Je fermerai les yeux ».

RANCHIN (Jacques de), Confeiller au Parlement, defcendait d'Étienne Ranchin, célebre Profeffeur de Droit, en l'Univerfité de Montpellier, dans le feiziéme fiele. Il a fait un Livre fameux intitulé: *Révifion du Concile de Trente.*

Chanfon en triolets.

« Le premier jour du mois de Maï
» Fut le plus heureux de ma vie:
» Je vous vis & je vous aimai,
» Le premier jour du mois de Maï;

» Le beau deffein que je formai !
» Si ce deffein vous plaît, Silvie,
» Le premier jour du mois de Mai
» Fut le plus heureux de ma vie ».

C H A N S O N.

« Garder fon cœur & fon troupeau,
» C'en eft trop pour une bergere :
» Qu'on a de peine, quand il faut
» Garder fon cœur & fon troupeau !
» Quand tous les bergers du hameau
» Et tous les loups lui font la guerre,
» Garder fon cœur & fon troupeau,
» C'en eft trop pour une bergere ».

REGNARD (Jean-François), notre meilleur Poëte comique après Moliere, naquit à Paris en 1657, d'une bonne famille. Il eut d'abord la
paffion des voyages, fit celui d'Italie, fut pris par des Corfaires, &
mené en captivité. Racheté par le Conful, & revenu en France, il fit le
voyage du Nord, & pénétra même jufqu'au fond de la Laponie. De
retour dans fa patrie, il acheta la terre de Grillon, près Dourdan, &
y compofa la plûpart de fes Comédies. Il y mourut en Septembre 1710,
à cinquante-quatre ans, d'autres difent qu'il naquit en 1647, & qu'il
mourut en 1710.

Il donna à l'Opéra en 1699, *le Carnaval de Venife*, mufique de
Campra.

C H A N S O N.

« Pour Emilie,
» Qu'un autre fe laiffe enflammer :
» Si je n'avais pas vu Sophie,
» Je pourrais me laiffer charmer
» Pour Emilie.

» Sur fon vifage,
» Mille petits trous pleins d'appas
» Des amours font le tendre ouvrage ;
» Sans compter ceux qu'on ne voit pas
» Sur fon vifage.

» Sa gorge ronde .
» Eſt de marbre, à ce que je croi ;
» Car mortel encor dans le monde ,
» N'a vu que des yeux de la foi
» Sa gorge ronde ».

REGNIER (Mathurin), naquit à Chartres le 21 Décembre 1573. Sa mere étoit ſœur de l'Abbé Deſportes, fameux Poëte de ce tems.

Regnier fut tonſuré le 31 Mars 1682, par Nicolas de Thou, Évêque de Chartres ; & bientôt après obtint un canonicat de cette ville.

Il eut encore d'autres bénéfices, & une penſion de 2000 liv. qu'Henri IV lui donna en 1606, ſur l'Abbaye des Vaux-de-Cernay, après la mort de Deſportes, qui en était Abbé.

Son goût pour la ſatyre, perça dès ſa plus tendre enfance. Le déréglement dans lequel il vécut, ne le laiſſa pas jouir d'une longue vie. Il mourut à Rouen dans ſa quarantiéme année, le 22 Octobre 1613 ; & fut enterré dans l'Abbaye de Royaumont près Pontoiſe.

Il fit ainſi ſon épitaphe.

« J'ai vécu ſans nul penſement ;
» Me laiſſant aller doucement
» A la bonne loi naturelle :
» Et ſi m'étonne fort pourquoi
» La mort oſa ſonger à moi ,
» Qui ne ſongeai jamais à elle ».

Nous avons de lui quelques Chanſons aſſez agréables. Nous n'en citerons qu'une.

CHANSON.

« Dieu d'amour, lorſque je voulais
» Par raiſon enfreindre tes loix ,
» Rendant ma flame refroidie ;
» Pleurant, j'accuſai ma raiſon :
» Ft trouvai que la guériſon
» Eſt pire que la maladie.

» Un regret penſif & confus
» D'avoir été, & n'être plus,

» Rend mon ame aux douleurs ouverte ;
» A mes dépens, las ! je vois bien
» Qu'un bonheur comme était le mien
» Ne se connaît que par la perte ».

REGNIER DESMARETS (François-Séraphin) , Grammairien , Orateur ,
Poëte , Historien , Traducteur (a) , eut des succès dans tous ces genres ;
& fit des vers Espagnols & Italiens, aussi bien que dans sa propre langue.
M. de la Monnoye le compare au Géant de la Fable, qui toutes les
fois qu'il touchait la terre , venait à reprendre de nouvelles forces.

Il naquit à Paris le 13 Août 1632. Son pere étoit un Gentilhomme
de Saintonge.

Desmarets fut d'abord attaché au Comte de Lislebonne , de la Maison de Lorraine , & fit, avec lui, les campagnes de 1654 & de 1655.

Il demeura ensuite auprès du Duc de Bournonville , & l'accompagna
à Fontarabie, dans le tems du mariage du Roi. Ce fut alors qu'il apprit
l'Espagnol.

En 1662 , il passa à Rome en qualité de Secrétaire d'ambassade du
Duc de Créqui , & se rendit la langue Italienne si familiere , qu'il composa des Chansons assez bonnes, pour que l'Académie de la Crusca
jugeât qu'elles devoient être de Pétrarque. Dès qu'elle eut connu le véritable auteur , elle le reçut au nombre de ses Membres en 1667.

L'année suivante, le Roi lui ayant donné le Prieuré de Grandmont ,
près Chinon , pour le récompenser de ses services , il fut obligé d'em-
brasser l'état ecclésiastique.

En 1670 , il fut reçu à l'Académie Françaife à la place de M. de la
Chambre , le même jour que l'Abbé de la Chambre remplaça le Marquis de Racan , & en 1684 , il fut nommé Secrétaire perpétuel à la
place de Mézerai. Depuis ce tems jusqu'au 6 Septembre 1713 qu'il
mourut , il ne cessa de travailler , & de mériter l'estime & l'amitié de
tous ceux qui le connurent.

_____

(a) M. de la Monnoye, dans le discours qu'il fit à l'Académie Françaife , en succédant
à l'Abbé Desmarets, prétend, « qu'ainsi qu'il est plus aisé à la nature de faire un beau
» visage, qu'il ne l'est à l'art d'en attrapper la ressemblance, il est plus aisé de bien
» composer que de bien traduire ».

CHANSON.

« Aimable, vive, jeune & belle ;
» Amarillis apprend chez elle
» A souffrir, sans en dire rien.
» Qu'avec un esprit si docile
» Amarillis apprendrait bien
» Une leçon moins difficile !
» Et l'heureux maître que le sien ! »

AUTRE.

« Ne craignez point que votre humeur légere ;
» Dans ma colere
» Me fasse rien publier.
» Heureux, je ne sais que me taire ;
» Trahi, je ne sais qu'oublier ».

Epitaphe d'un de ses amis.

« Ci gît un homme exempt d'envie ;
» Qui toujours de peu se passa ;
» Et qui, sans bruit, passa la vie,
» Puis à petit bruit trépassa ».

Epitaphe de Bontems, premier Valet-de-Chambre de Louis XIV.

« Bontems est mort : tout le regrette,
» Tout plaint sa perte, tout la sent;
» Depuis le sceptre tout-puissant
» Jusques à la simple houlette.
» Vous qui pourriez dans vos emplois
» Rendre office auprès des grands rois ;
» Et qui n'en voulez jamais rendre,
» Les regrets qu'il sut mériter,
» Parlent à vous. Tâchez d'apprendre
» A vous faire un jour regretter ».

On trouvera dans le quatriéme livre cette Chanson de Desmarets.

« Un jour dans une grotte obscure, &c.

RIBARDIERE (la), né à Paris, a donné aux Italiens, les *Aveux indiscrets*, musique de Monsigny ; les *Sœurs Rivales*, musique de Desbrosses ; les *deux Cousines* & *la Réconciliation Villageoise*.

RIBOUTET (Charles Henri), de Commercy en Lorraine, a composé de jolis Vaudevilles & des Parodies charmantes. Il est mort en 1740.

CHANSON.

« Damon, calmez votre colere :
» A quoi bon ces emportemens ?
» Dès que je dépends de ma mere ;
» Suis-je maîtresse de mon tems,
» Pour vous d'amour mon cœur pétille ;
» Hélas ! je ne pense qu'à vous ;
» Et si je manque au rendez-vous,
» Vous savez que quand on est fille
 » On fait ce qu'on peut,
 » Et non pas ce qu'on veut.

» Pénétré d'un aveu si tendre,
» Damon de joie est transporté.
» Sur eux l'Amour allait répandre
» Les charmes de la volupté.
» Quand, par une malice extrême,
» Ce Dieu, voulant tromper leurs vœux ;
» De Damon suspendit les feux,
» Et lui fit voir que, quoiqu'on aime,
 » On fait ce qu'on peut,
 » Et non pas ce qu'on veut !

» Mais bientôt l'amour le ranime,
» Tout est force en lui, tout renaît ;
» Trois fois il répare son crime,
» Que son trop d'ardeur avait fait.
» Redouble, cher amant, dit-elle,
» Redouble, reste entre mes bras.
» J'y sens, répond-il, mille appas ;
» Mais vous seriez cent fois plus belle,
 » Qu'on fait ce qu'on peut,
 » Et non pas ce qu'on veut.

» Hélas ! je vois bien, dit Aminte,
» L'air attristé, les yeux baissés,
» Que votre amour n'était que feinte ;
» Votre tiédeur le prouve assez.
» De Damon, surpris de l'entendre,
» Ce reproche attise le feu.
» Elle en tire encor un aveu ;
» Mais cet aveu lui fit comprendre,
 » Qu'on fait ce qu'on peut,
 » Et non pas ce qu'on veut ».

AUTRE.

« Que ne suis-je la fougere ;
» Où sur le soir d'un beau jour
» Se repose ma Bergere,
» Sous la garde de l'Amour !
» Que ne suis-je le Zéphire,
» Qui rafraîchit ses appas !
» L'air que sa bouche respire ;
» La fleur qui naît sous ses pas !

» Que ne suis-je l'onde pure,
» Qui la reçoit dans son sein !
» Que ne suis-je la parure
» Qu'elle met sortant du bain !
» Que ne suis-je cette glace,
» Où son minois répété
» Offre à nos yeux une grace
» Qui sourit à la beauté !

» Que ne suis-je l'oiseau tendre,
» Dont le ramage est si doux,
» Qui lui-même vient l'entendre
» Et mourir à ses genoux !
» Que ne suis-je le caprice
» Qui caresse son desir,
» Et lui porte en sacrifice
» L'attrait d'un nouveau plaisir !

» Que ne puis-je, par un songe,
» Tenir son cœur enchanté !

» Que ne puis-je du menfonge
» Paffer à la vérité !
» Les Dieux qui m'ont donné l'être ,
» M'ont fait trop ambitieux ;
» Car enfin je voudrais être
» Tout ce qui plaît à fes yeux ».

RICCOBONI (François), né à Mantoue en 1707, débuta aux Italiens en 1726, & jouoit fupérieurement les rôles de Lélio ou d'amoureux. Il a fait un grand nombre de Piéces, & quelques Opéra comiques, dont le plus fuivi a été le *Prétendu*, mufique de Gavinies. Il mourut en 1772.

Son épouse (Marie Laboras de Mézieres), eft célébre par fes Romans, agréable occupation de fes loifirs depuis qu'elle a quitté le Théâtre.

RIVIERE (la), a donné en 1742, *Isbé*, Paftorale, mufique de Mondonville.

ROCHEMORE (Jean-Baptifte-Louis Timoléon, Marquis de), né en Sologne, fut fi paffionné pour la célébre Mlle Journet, Actrice de l'Opéra, qu'il mourut en 1722, de chagrin de la mort de cette Actrice. Il fit ces vers dans le premier moment de fon défefpoir. Nous doutons qu'il en exifte de mieux faits.

« Aux autels du tyran des morts ;
» D'une tremblante main je confacre ma lyre ;
» Je ne chantais que pour Thémire ,
» Thémire a vu les fombres bords ;
» Tendres concerts, charmant délire,
» Faites place à d'autres tranfports.
» Une douleur muette & fombre ,
» Des larmes qui partent du cœur ,
» Ne chercher, ne fentir, ne voir que mon malheur ;
» Voilà le feul tribut que je dois à fon ombre.
» Soyez les garans de ma foi ,
» Lieux redoutés où repofe fa cendre ;
» Il n'eft plus aujourd'hui d'autre plaifir pour moi,
» Que les pleurs qu'en fecret je viens ici répandre ».

CHANSON.

CHANSON.

« Thémire eſt belle & trop belle ;
» Douce & fiere en ſon maintien ;
» Tant d'attraits brillent en elle,
» Qu'on ne ſait dire combien.
» Elle eſt ſenſible & cruelle,
» Et rien n'attaſhe ſi bien.

» Je lui peins mon cœur fidèle ;
» Si tendre & digne du ſien ;
» Je vous aime auſſi, dit-elle,
» Et c'eſt ne promettre rien ;
» Elle eſt ſenſible & cruelle,
» Rien ne tourmente ſi bien.

» Que par magie on reprenne
» Un cœur qu'elle fait gémir,
» Tout un ſiecle on le promene,
» Sans rencontrer le plaiſir ;
» On retourne à l'inhumaine,
» La voir, l'aimer & ſouffrir.

» C'eſt grand abus de prétendre
» Fuir qui fait nous charmer ;
» Le cœur ne ſait où ſe prendre ;
» Langueur le vient conſumer ;
» Mieux vaut mourir d'amour tendre,
» Que de l'ennui de n'aimer ».

ROCHEBRUNE, ami de la Motte, fut compris dans les Couplets de Rouſſeau. Il mourut en 1732.

CHANSON.

« Vous n'avez pas, ſimple fougere ;
» L'éclat des fleurs qui parent le printems ;
» Mais leur beauté ne durent guere,
» Et vous nous plaiſez en tout tems.

Tome IV.   Z z

» Vous offrez des fecours charmans
» Aux plus doux plaifirs de la terre :
» Vous fervez de lit aux amans ,
» Aux buveurs vous fervez de verre ».

Rocque (Antoine de la), ancien Gendarme de la Garde, Auteur du Mercure de France, depuis 1721 jufqu'en 1744, le rendit plus intéreffant qu'il n'avait encore été. Il naquit à Marfeille en 1672, & fut fait Chevalier de Saint Louis après la bataille de Malplaquet, où il fut bleffé. Sa riche collection d'Eftampes a été célébre, & feu Gerfain en donna un Catalogue curieux. Dans fa jeuneffe il fit un voyage en Syrie & au Mont-Liban, dont il nous a donné la relation imprimée en 1716.

La probité, la douceur des mœurs, la candeur, & toutes les vertus néceffaires à la fociété, formoient fon caractère, & lui mériterent l'eftime & la vénération de tous ceux qui le connurent. Il mourut à Paris le 3 Octobre 1744, & fut inhumé à Saint Sulpice.

Il donna à l'Opéra en 1713, *Médée & Jafon*, mufique de Salomon ; en 1715 *Theonoé*, *Idem*.

Rolley (le Bailli de), a donné à l'Opéra en 1774, *Iphigénie*, d'après la Tragédie de Racine, mufique de M. Gluk ; en 1776, *Alcefte*, traduite de l'Italien de Calzabigi, *Idem*.

Ronsard (Pierre), furnommé le Prince des Poëtes français, fut fort eftimé, non-feulement des Savans de fon tems, mais des Rois Henri II, François II, Charles IX & Henri III.

Il était fils de Louis Ronfard, Chevalier de Saint Michel, alors l'Ordre du Roi ; & naquit au Château de la Poffonniere en Vendomois, le famedi 11 Septembre 1524.

Devenu Page du Dauphin, il paffa au fervice du Roi d'Écoffe, qui avait époufé Madeleine de France, & demeura en Écoffe deux ans & demi. A fon retour il fut employé dans les négociations, & fit un voyage en Italie, où il devint fourd. Charles IX l'aima beaucoup, lui écrivit fouvent, & le mena avec lui à Bayonne ; il l'accompagna auffi dans la fameufe retraite de Meaux.

Il mourut à fon Prieuré de Saint-Cofme-lès-Tours, le 27 Décembre

1585. On lui fit, le 24 Février suivant, les plus magnifiques funérailles dans la Chapelle du Collége de Boncourt à Paris; *le service, mis en musique nombrée, (c'est-à-dire mesurée) animée de toutes sortes d'instrumens; fut par l'élite des Enfans des Muses; s'y étant trouvés ceux de la musique du Roi, suivant son commandement, & qui regretta à bon escient le trespas d'un si grand personnage, ornement de son Royaume.* Après-dîner, Duperon prononça l'Oraison funébre. Tout ce qu'il y avait de Grands à la Cour & à la Ville y assista; & l'affluence était telle, que le *Cardinal de Bourbon, & plusieurs autres Princes & Seigneurs, furent contraints de s'en retourner, pour n'avoir pu forcer la presse.* (Binet, *Vie de Ronsard*). Ronsard fut loué de tous les Critiques de son tems, & mérite encore une partie de sa réputation. Scaliger lui dédia un Ouvrage comme au premier Poëte de France. Il était beau, bien fait, aimait beaucoup la musique, chantait agréablement, & était fort libéral. On trouvera dans le quatriéme livre, sa Chanson.

« Mignone, allons voir si la Rose, &c. »

CHANSON.

« La lune est coutumiere
» De naître tous les mois;
» Mais quand notre lumiere
» Est éteinte une fois,
» Sans nos yeux réveiller
» Faut long-tems sommeiller.

» Tandis que vivons ores,
» Un baiser donnez-moi,
» Donnez-m'en mille encores;
» Amour n'a point de loi;
» A sa divinité
» Convient l'infinité.

» En vous baisant, maîtresse,
» Vous m'avez entamé
» La langue chanteresse
» De votre nom aimé.
» Quoi! est-ce là le prix
» Du travail qu'elle a pris »?

Rosoy (de) a donné à la Comédie Italienne plusieurs opéra-comiques qui ont eu quelques succès.

Il a fait plusieurs autres ouvrages, & travaille depuis longtems aux annales de la ville de Touloufe, qui doivent faire un corps d'histoire fort intéreffant.

Rotrou (Jean), Lieutenant particulier au bailliage de Dreux, où il naquit le 21 Août 1609, fut le pere de la bonne tragédie ; & sa tragédie de *Venceslas* est toujours jouée avec grand succès. Le grand Corneille l'appellait son pere. Il a laissé cependant une foule d'ouvrages entiérement oubliés.

Il mourut d'une fievre épidémique qui défolait la ville de Dreux en 1650. Il écrivait à un de ses amis quelques jours avant sa mort. On sonne actuellement pour la vingt-deuxieme perfonne morte aujourd'hui : ce fera pour moi quand il plaira à Dieu.

Rousseau (Jean-Baptiste), fils d'un Cordonnier, né à Paris en 1671 ; & l'un des plus grands Poëtes que la France ait eu. Voltaire dit que ses beaux vers, ses grandes fautes & ses longs malheurs le rendirent fameux. On lui attribua ces fameux couplets qui firent tant de bruit, & furent caufe de son exil.

Il mourut à Bruxelles le 17 Mars 1741, & à l'article de la mort il protefta au nom du Dieu devant qui il allait paraître, qu'il n'était pas l'auteur de ces couplets.

En 1696, il fit la tragédie de *Jafon*, mufique de Colaffe ; en 1697 *Vénus & Adonis*, mufique de Defmarets.

C H A N S O N.

» Par un baifer fur les levres d'Iris ;
» De ma fidelle ardeur j'ai dérobé le prix ;
  » Mais mon bonheur a paffé comme un fonge :
  » Je doute encor de ma félicité.
» Mon bonheur fut trop grand pour n'être qu'un menfonge ;
» Mais il dura trop peu pour une vérité ».

AUTRE.

« Ce ne fut point la robe de Neſſus
» Qui conſuma l'amoureux fi's d'Alcmene ;
» Ce fut le feu de cent baiſeis reçus,
» Qui dans ſon ſang coula de veine en veine,
» Il en mourut, & la nature humaine
» Fn fit un Dieu qu'on adore aujourd'hui.
» Que de mortels, ſi vous vouliez, Climene
» Mériteraient d'être Dieu comme lui ».

CHANSON.

» Sortez de vos retraites ;
» Accourez, Dieu des bois ;
» Au ſon de nos muſettes
» Accordez vos hautbois ;
» Chantez l'objet que j'aime,
» Secondez mes deſirs,
» Et rendez le ciel même
» Jaloux de mes plaiſirs.

» Dans ce lieu ſolitaire ,
» Iris eſt de retour :
» Déeſſe de Cythere ,
» Célébrez ce grand jour ;
» Rappellez ſur ces rives
» Les amours envolés ,
» Les graces fugitives
» Et les ris exilés.

» Reprenez, belle Flore ;
» Vos premieres couleurs ;
» Couronnez-vous encore
» Des plus brillantes fleurs :
» Joignez-vous à Pomone,
» Pour embellir nos champs ;
» Et prêtez à l'automne
» Les beaux jours du printems.

» Sous ces tendres feuillages ;
» Venez petits oiſeaux ;

» Accordez vos ramages
» Au murmure des eaux ;
» Chantez l'objet que j'aime ,
» Secondez mes defirs ,
» Et rendez le ciel même
» Jaloux de mes plaifirs ».

A U T R E

« Arrêtez , jeune bergere ;
» Je fuis un amant fincere :
» Un amant vous fait-il peur ?
» Je n'ai qu'un mot à vous dire ,
» Et tout ce que je defire ,
» C'eft de vous tirer d'erreur.

» Le tems vous pourfuit fans cesse ;
» L'éclat de votre jeunesse
» Sera bientôt effacé :
» Le tems détruit toutes chofes ,
» Et l'on ne voit plus de rofes
» Quand le printems eft passé.

» Un peu de tendre folie
» Fait d'une fille jolie
» Le plaifir & le bonheur ;
» Et dans le déclin de l'âge ,
» Un dehors fier & fauvage
» Lui rend la gloire & l'honneur

» Par cette leçon fidelle ,
» Tircis presfait une belle
» D'avoir pitié de fon mal ;
» Son difcours la rendit fage :
» Mais elle n'en fit ufage
» Qu'au profit de fon rival ».

Épitaphe de Roufseau par Piron.

« Ci gît l'illuftre & malheureux Roufseau ;
» Le Brabant fut fa tombe & Paris fon berceau,

» Voici l'abrégé de sa vie,
» Qui fut trop longue de moitié :
» Il fut trente ans digne d'envie,
» Et trente ans digne de pitié ».

ROUSSEAU (Jean-Jacques), né à Genève, en 1708, était fils d'un Horloger. Sa mere de la maison Bernard ou Bernardi, originaire d'Italie, mourut en couches de lui. Son pere eut une querelle avec un Officier, & en ayant reçu un affront, ils se battirent. Ayant blessé l'Officier il fut condamné à huit jours de prison & à une légere amende ; mais ne voulant subir ni l'une ni l'autre de ces punitions, il quitta Genève, & alla s'établir à Nyons, où il se remaria.

Son fils, dont il s'agit dans cet article, se mit en apprentissage chez un Graveur à Genève ; mais ayant alors la plus grande aversion pour toute espece de métiers, il quitta Genève en 1728 ; & c'est à cette époque qu'a commencé le roman de sa vie ; il parcourut divers états, ne put rester dans aucun pays, & après avoir eu une jeunesse fort orageuse & changé plusieurs fois de religion, ne goûta pas dans sa vieillesse le repos & l'aisance que sa célébrité aurait dû lui procurer.

(Tout ceci est tiré d'une vie de Rousseau que nous avons sous les yeux, faite par lui, & écrite de sa main).

Cet homme chagrin, bisarre & éloquent, séduisant à lire, dangereux à croire, qu'on admire plus qu'on ne l'aime, a prouvé en musique & en poésie, que l'esprit pouvait suppléer aux connaissances.

Ses profondes recherches en musique l'ont fait parvenir, 1°. à nous donner un Dictionnaire excellent dans quelques articles, mais plein de fiel, & de choses absolument fausses dans d'autres ; 2°. à composer son intermede du *Devin de village*, dont l'ensemble est charmant, mais dont les paroles & la musique, examinées séparément, prouvent qu'il n'était ni Poëte ni Compositeur. On connaît assez sa vie, ses caprices & ses paradoxes, pour qu'il ne soit pas besoin d'en parler davantage.

Nous nous contenterons d'observer que, pendant qu'il écrivait avec acharnement contre le danger des Spectacles, il *faisait une Comédie* (Narcisse ou l'Amant de lui-même) ; que, pendant qu'il écrivait des injures à notre nation, lui niait qu'elle eût une musique, & voulait lui prouver que sa langue n'était pas propre à être mise en chant, il *faisait un opéra fur des paroles françaifes*; que, pendant qu'il déclamait par-tout contre les romans, comme n'étant propres qu'à gâter le cœur & l'efprit, il *compofait un roman*, qui, affurément, n'eft pas propre à former l'efprit ni le cœur; que tandis qu'il prêchait la vertu, la paix, la charité, &c. il faifait fourdement tous fes efforts auprès des Genevois, pour qu'ils for-çaffent Voltaire à quitter fa maifon des Délices; ce qu'il pourfuivit avec tant d'inftances, qu'il réuffit enfin à lui caufer ce chagrin, quoique ce grand homme, touché de fon indigence, lui eût offert généreufement de demeurer avec lui, ou de lui donner en pur don une maifon charmante fur les bords du lac de Genêve; & alors Voltaire ne s'était pas encore permis une feule plaifanterie fur les étranges idées que l'on trouve fou-vent dans les ouvrages de Rouffeau, &c.

Cette conduite ne prouve pas une liaifon bien fuivie dans les idées.

Il eft mort en 1778, âgé de près de foixante-dix ans, dans le château d'Ermenonville, près de Chantilly, où il s'était retiré. Cette terre appar-tient à M. le Marquis de Girardin, connu par fon goût pour les arts, & fur-tout pour celui des jardins. Il lui a fait élever un tombeau pittorefque dans une île appellée *l'île des peupliers*.

Rouffeau a donné à l'Opéra, en 1753, fon *Devin de village*, & on a trouvé dans fes papiers une nouvelle mufique fur les mêmes paroles. La nouvelle adminiftration de l'Opéra l'a fait exécuter il y a quelques mois; mais le public ne s'eft pas foucié de l'entendre deux fois.

Roy (Pierre-Charles), né à Paris en 1683, célebre Poëte lyrique, s'eft immortalifé par fon prologue des *Elémens*, *Callirhoé*, *le Ballet des fens*, & plufieurs autres ouvrages.

Il avait été d'abord Confeiller au Châtelet; mais fon malheureux pen-chant pour l'épigramme l'en fit exclure, comme il l'empêcha dans la fuite d'entrer à l'Académie Françaife.

Il eut cependant le cordon de S. Michel; ce qui donna lieu à cette épigramme, à l'occafion de fon poëme fur la maladie du Roi à Metz.

« Notre Monarque, après fa maladie,
» Etait à Metz attaqué d'infomnie :
» Ah! que de gens l'auraient guéri d'abord;

» Le

» Le Poëte Roi dans Paris versifie ;
» La pièce arrive, on la lit, le Roi dort :
» De Saint Michel la muse soit bénie ! »

Il mourut en 1764.

Roy a donné à l'Opéra, en 1705, *Philomele*, musique de la Coste ; en 1707, *Bradamante*, idem ; en 1708, *Hyppodamie*, musique de Campra ; en 1712, *Creuse*, musique de la Coste : *Callirhoé*, musique de Destouches ; en 1717, en société avec la Grange, *Ariane*, musique de Mouret ; en 1718, *Sémiramis*, musique de Destouches ; en 1725, *les Elémens*, musique de la Lande & de Destouches ; en 1726, *les Stratagêmes de l'Amour*, musique de Destouches ; en 1732, *le Ballet des sens*, musique de Mouret ; en 1735, *les Grâces*, idem ; en 1738, *le Ballet de la Paix*) musique de Rebel & Francœur ; en 1741, *le Temple de Gnide*, musique de Mouret ; en 1745, *la Félicité*, musique de Rebel & Francœur ; en 1747, *l'Année galante*, musique de Mion.

SABLIERE (Antoine de Rambouillet de la), né en 1615, était fils de M. de Rambouillet, Secrétaire du Roi. Il épousa Mlle Hesselin, qui eut une grande réputation parmi les beaux esprits de son tems, & qui donna retraite pendant vingt ans à la Fontaine, qui l'a célébrée dans plusieurs de ses pieces. Ce fut à la mort de cette Dame que ce charmant Fabuliste, perdant une ressource qui lui était si nécessaire, rencontra M. d'Hervard, qui lui dit en l'abordant : « J'ai appris, mon cher ami, le malheur qui » vous est arrivé, & j'allais vous prier de venir demeurer chez moi. J'y » allais, répondit le bon-homme ».

La Sabliere a fait un volume de madrigaux, où il s'en trouve plusieurs fort jolis, tels que celui-ci.

« Depuis deux mois d'absence enfin je vous revois,
  » Et le plaisir que j'en reçois,
» Efface de mes maux la mémoire importune ;
» Mais dites moi, Philis, de votre heureux retour,
  » Rendrai-je grace à la fortune,
  » Ne dirai-je rien à l'amour ? ».

Il mourut en 1680, âgé de soixante-cinq ans.

Tome IV.   Aaa

CHANSON

« Qu'on puiffe oublier ce qu'on aime,
» Et qu'un fatal éloignement
» Ebranle le cœur d'un amant,
» Non, cela ne fe peut, j'en juge par moi-même ;
» Je fonge à mon Iris & la nuit & le jour,
         » Je foupire après fon retour.
         » Et je connais bien que l'abfence
         » Eft un prétexte à l'inconftance
         » Plutôt qu'un remede à l'amour ».

A U T R E.

         » Eglé tremble que dès ce jour
         » L'hymen, plus puiffant que l'amour,
» N'enleve fes tréfors, fans qu'elle ofe s'en plaindre ;
         » Elle a négligé mes avis ;
         » Si la belle les eût fuivis,
         » Elle n'aurait plus rien à craindre ».

A U T R E.

« Devant moi, l'aimable Climene
» Ne montre que froideur & me regarde à peine.
         » Loin de moi, j'apprends que fon cœur
         » Rend à més feux plus de juftice :
         » Amour ! fouffres-tu ce caprice ?
» Ne ferai-je jamais préfent à mon bonheur ! »

SAGE (Alain-René le), né à Rhuis en Bretagne l'an 1677, avait de l'efprit & de l'imagination. Il poffédait plufieurs langues, entr'autres, l'Efpagnol, & il traduifit de cette langue plufieurs romans (a) qui ont eu beaucoup de réputation. Sa comédie de Turcaret eut un très grand fuccès, & en a encore toutes les fois qu'on la joue. Le Sage a fait plufieurs jolis opéra-comiques avec d'Orneval, qui ont donné naiffance à ce théâtre abandonné depuis quinze ans. Il eut deux fils ; l'un nommé *Montmenil*, était un excéllent Acteur comique. Après fa mort arrivée en 1743, le Sage alla paffer le refte de fa vie chez fon fecond fils, Chanoine, à Boulogne-fur-Mer. Il y mourut en 1747.

(a) Gilblas, le Diable boiteux, Gufman d'Alfarache, le Bachelier de Salamanque, &c.

CHANSON.

« L'excès de la délicatesse
» Est le poison de la tendresse ;
» Il faut de la crédulité.
  » Un amant nous jure
» Que de nous il est enchanté :
  » Fut-ce une imposture,
» Croyons qu'il dit la vérité.
  » Il est souvent fâcheux
  » De s'y trop bien connaître :
    » Se croire heureux,
    » N'est-ce pas l'être » ?

Épitaphe de le Sage.

« Sous ce tombeau gît *le Sage* abattu
» Par le ciseau de la parque importune ;
» S'il ne fut pas ami de la fortune !
» Il fut toujours ami de la vertu ».

SAINT-ALPHONSE (de Vismes de), né à Paris, en 1746, Lecteur du cabinet de S. A. S. Monseigneur le Prince de Condé.

Plusieurs fêtes & plusieurs comédies de lui en prose & en vers ont été fort applaudies sur le théâtre de Chantilly, & méritaient de l'être, par la maniere dont elles sont écrites, & par le charme inconcevable avec lequel plusieurs de ces pieces ont été rendues.

Nous espérons qu'on nous saura gré de rapporter ici quelques - uns de ses vers.

CHANSON.

« D'où vient donc quand je sommeille
» Ne rêvai-je qu'à Doris !
» D'où vient dès que je m'éveille
» S'offre-t-elle à mes esprits ?
» Souvent je veux m'en distraire :
» Hélas ! j'ai beau le vouloir ;
» Je vois que ma vie entiere
» Tient au bonheur de la voir.

» Le soleil fait dans la plaine
» Fertiliser nos guerêts,

» Du Zéphir la douce haleine,
» Donne à Flore des attraits.
» Ainfi, l'objet que j'adore
» De mon fort regle le cours.
» Dans fes yeux eft mon aurore,
» Et j'y cherche mes beaux jours.

» Quel eft donc ce charme extrême
» Qui m'affervit à fa loi ?
» Tout entier à ce que j'aime,
» Je ne fuis plus rien pour moi.
» Amour, je bénis mes chaînes,
» Je me plais dans mes foupirs :
» Ah! quand on chérit tes peines ;
» On a droit à tes plaifirs ».

A U T R E.

« Oui, pour toi, mon ame reffent
  » L'amitié la plus pure ;
» Te refufer ce fentiment,
  » Serait te faire injure.
» Mais pourquoi vouloir qu'en mon cœur
  » L'amitié feule brille ?
» De l'amour on la dit la fœur,
  » Fais la vivre en famille ?

» A l'amitié, pour t'obéir,
  » Si je fais rendre hommage ;
» Crois-tu que je lui puiffe offrir
  » Un culte fans partage ?
» M'eft-il poffible d'oublier
  » Que l'Amour qui me preffe,
» Dans mon ame né le premier,
  » Garde fon droit d'aîneffe ? »

LA MATINÉE.

« Loin du fracas de la ville,
» Il eft un bofquet tranquille,
» Séjour ouvert aux amans.
» Là, toujours le Ciel propice
» Annonce d'heureux momens :
» Les ardeurs de l'écreviffe
» N'y fatiguent point les fens ;
» Et jamais le fagittaire,

» N'a de fon regard auftere

» Condamné ces lieux charmans;

» Mais fur des monceaux de rofe ,

» L'aimable Flore en tout tems,

» Avec complaifance expofe

» Les témoignages conftans

» Des careffes du printems.

» C'eft dans ce riant boccage

» Qu'hier j'appellais Doris,

» Doris qui feule m'engage.

» Viens, difais-je, un cœur volage

» N'aurait droit qu'à tes mépris:

» Mais tu fais que mon hommage

» Pur, fidèle & fans partage

» D'amour mérite le prix.

» A peine la jeune Aurore

» Du ciel quitte les pourpris;

» Et de fes beaux yeux encore

» Les pleurs ne font pas taris:

» Viens, ô Beauté que j'adore,

» C'eft à préfent que nos cœurs

» Du Dieu que Cythere implore

» Doivent chanter les faveurs.

» Sur l'orient qui s'éclaire,

» Tombent des flots de lumiere,

» De ces voûtes de faphir;

» Tandis que plus folitaire,

» Ce bois, ami du myftère,

» Nous invite au doux plaifir.

» Viens donc, ô ma bien aimée;

» Viens à mon ame charmée

» Faire un fort digne des Dieux.

» La Naïade fugitive

» Qui s'échappant à nos yeux,

» Porte encore à chaque rive

» Le tribut myftérieux

» De fon onde moins active,

» Dans fes détours finueux

» Ne voulant être captive

» Ni quitter de fi beaux lieux;

» Des Moineaux féditieux,

» La troupe bruyante & vive,

E S S A I

» A la Linotte naïve
» Peignant l'ardeur de leurs feux ;
» Cependant que plus craintive ,
» Plus difcrete dans fes vœux ,
» La Colombe non loin d'eux ,
» Prête une oreille attentive
» Au ramage douloureux
» De Philomele plaintive ;
» Et le Zéphir amoureux
» Dont l'haleine parfumée
» Fait de la terre embaumée
» Un féjour égal aux cieux ,
» Tout nous .dit , ma bien aimée ,
» Que c'eſt l'inſtant d'être heureux,
» Seule en ce tems précieux ,
» Tu manques à la nature :
» Viens : que l'air encor s'épure
» Par ton fourire divin.
» Des amours l'aimable effaim
» Déja fe plaint & murmure,
» D'un retard trop inhumain.
» Qui t'arrête, quel deffein ?
» Eſt-ce d'orner ta figure ?
» Ah ! tout ce qui fait charmer,
» Le Dieu qui nous fait aimer,
» Te·l'a donné fans mefure.
» Te méfier de tes traits,
» Ce ferait lui faire injure.
» Pour honorer fes bienfaits,
» Pour lui rendre avec ufure
» Tous les préfens qu'il t'a faits,
» Prens une route plus fûre :
» Dans les graces du matin
» Viens montrer la beauté pure
» Que jamais de l'impofture
» N'ofa profaner la main.
» Sur l'albâtre de ton fein
» Laiffe de ta chevelure
» L'ébene ondoyant & fin
» Se jouer à l'aventure.
» Confie au Zéphir badin
» Le détail de ta coëffure :

» Zéphir, quoiqu'un peu malin,
» Eſt l'amant de la nature.
» Qu'une élégante ceinture
» Soit ton unique ornement.
» Hier c'était ta parure :
» Que d'attraits! que d'agrément!
» En te voyant auſſi belle,
» Au fond du cœur je compris
» Qu'aiſément d'une mortelle
» Les Dieux pouvaient être épris.
» Puiſſant maître du tonnerre,
» M'écriai-je en ce moment,
» Jette un regard tutelaire
» Sur le plus fidele amant.
» Que ta volonté modere
» A ton gré chaque élément;
» Diſpenſe des loix au monde;
» Que tes décrets éternels
» S'élevent du ſein de l'onde.
» Au trône des immortels,
» Je ne prétens ſur la terre
» Que l'eſpace ſeulement,
» Qu'avec tant de grace enferre
» Cette ceinture légere,
» Qui promet ſi décemment
» Tous les plaiſirs de Cythere,
» Et dont le tiſſu charmant
» Sait ſervir également
» La pudeur de la bergere,
» Et les deſirs de l'amant ».

SAINT-GILLES, Sous-Brigadier de la premiere compagnie des Mouſ-
quetaires, quitta le ſervice en 1706, après la bataille de Ramillies, &
ſe retira dans un couvent de Capucins, au grand étonnement de tout le
monde. On a de lui des *contes*, des *chanſons*, des *vaudevilles*, & d'autres
poéſies ingénieuſes, imprimés dans un volume intitulé *la Muſe Mouſ-*
quetaire. Son frere mort en 1745, à 85 ans, eſt auteur de la tragédie
d'*Ariarathe*.

SAINT-MARC (Lefevre de), a fait les paroles du *Pouvoir de l'Amour*,
muſique de *Royer*, donné le 23 Avril 1743.

Saint-Mars (Jean-Paul-André de), de la province de Guienne, est entré Gentilhomme à drapeau dans le régiment des Gardes-Françaises en 1744. En 1762, sa mauvaise santé l'a forcé de quitter le service.

Les lettres qu'il avait toujours aimées sans les cultiver, sont venues alors à son secours pour remplir les loisirs de sa vie, & ont fait sa principale occupation.

En 1770 & 1771, il a donné à la Cour & sur le théâtre de l'Opéra, la fête de *Flore*, pastorale en un acte, qui eut le plus grand succès.

Il donna ensuite *Adele de Ponthieu*, tragédie lyrique en cinq actes, dont les deux mises ont été également bien accueillies. Cet opéra, mis en ballet, pantomime par M. Novere, a eu aussi le plus grand succès à la cour de Vienne, & dans plusieurs cours d Italie.

En 1777, il a donné à la cour *le Langage des fleurs*, comédie-ballet qui n'a point encore paru à Paris.

Enfin il a été le premier à retoucher un des poëmes du Prince de nos Poëtes lyriques. Il a travaillé *Alceste*, de Quinault, en conservant scrupuleusement toutes les beautés de ce poëme, en y changeant seulement ce que le goût avait proscrit, & en donnant une coupe différente à certaines parties, pour servir plus avantageusement le Musicien & la Musique.

Ce poëme est encore dans son porte-feuille, ainsi que plusieurs autres.

Ce n'est pas ici le lieu de parler de ses ouvrages d'un genre différent.

Nous finirons en rapportant deux de ses chansons, auxquelles on a donné la préférence, parcequ'elles semblent peindre avec vérité deux époques de sa vie.

CHANSON.

« Oui, l'Amour, jeune Glicere,
» Charma souvent mes loisirs.
» Mais qu'une ardeur mensongere,
» Mais qu'une flame légere,
» Sont bien loin des vrais plaisirs !

» Par le feu de la jeunesse
» Mon cœur toujours emporté
» Ne donnait dans son ivresse
» Qu'un moment à la tendresse,
» L'autre à l'infidélité.

Cen

» Cent fois la folle inconstance
» M'offrit les traits du bonheur,
» Séduit par son apparence,
» J'y volai ; fausse espérance !
» Il n'était que dans ton cœur.

» Dès que l'Aurore vermeille
» Sort des portes du matin,
» Au bonheur qui me réveille,
» Se joint celui de la veille
» Et celui du lendemain ».

AUTRE.

« O toi qui portes dans les cœurs
» Le bonheur & l'oubli des peines ;
» Toi dont j'ai tant aimé les chaînes,
» Que j'aime à peindre tes faveurs !
» Comment à chanter ta puissance,
» Amour, ne pas trouver d'attraits ?
» C'est se payer de tes bienfaits
» Que t'offrir sa reconnaissance.

» Autrefois, au sein des desirs
» Et du prestige où tu nous plonges,
» J'étais bercé par d'heureux songes
» Et réveillé par les plaisirs.
» Souvent dans une folle ivresse,
» Je croyais plaire à vingt beautés.
» J'ai mieux senti les voluptés
» Avec une seule maîtresse.

» Vainement, dans son vol léger,
» Le tems veut m'éloigner des belles.
» Ne pouvant arrêter ses aîles,
» Tu m'appris à les diriger.
» Je peins les plaisirs du bel âge,
» Les transports du cœur & des sens ;
» Et dans mon ame je ressens
» Les feux dont je trace l'image.

» Par toi j'ai vécu sans langueur,
» Et je vis toujours sans alarmes.

» Pour qui fait connaître tes charmes,
» Il est toujours quelque bonheur.
» Je ne connus jamais l'envie,
» Et je vois de jeunes amans,
» Comme un pere voit ses enfans,
» Quoiqu'ils le chassent de la vie ».

SAINTONGE (Louise-Genevieve Gillot de), célebre par sa beauté & par ses talens pour la poésie, était femme d'un Avocat. Elle naquit à Paris en 1650, & y mourut le 24 Mars 1718. Elle a fait un recueil de poésies agréables, dont nous rapporterons quelques chansons.

Elle donna à l'Opéra, en 1693, *Didon*, musique de Desmarets; en 1694, *Circé*, *idem*.

C H A N S O N.

« Ah! j'ai bien mérité mon funeste malheur,
» Fallait-il me flatter de la vaine espérance
    » D'arrêter un amant trompeur ?
    » Fallait-il compter sur un cœur
    » Que je devais à l'inconstance » ?

A U T R E.

« Il vous sied bien, charmante Iris,
    » De calculer votre âge,
» Lorsque les grâces & les ris
    » Sont sur votre visage.
» Votre teint vif est du printems
    » Une image fidelle :
» C'est savoir arrêter le tems
    » Que d'être toujours belle ».

A U T R E.

« Quand vous ne m'aimez plus, inconstante Bergere,
» Je voudrais me venger de votre humeur légere,
    » Et suivre mes transports jaloux.
» Mais hélas! mon amour appaise ma colere,
    » Et quand je cesse de vous plaire,
» Je me trouve cent fois plus coupable que vous ».

AUTRE.

« Un jour que ma cruelle
» Conduifait fon troupeau
» Sur un charmant côteau,
» Je foupirais pour elle :
» Aux foupirs que je fis,
» Sa cher ebrebi ette
» Tourna les yeux de mon côté;
» Sa pitié parut indifcrete,
» Elle en eut un coup de houlette.
» Voyez la cruauté ».

SANADON (Noël-Etienne), Jéfuite, naquit à Rouen le 16 Février 1676, profeffa la Rhétorique à Paris, où il devint Bibliothécaire du collége de Louis-le-grand, & mourut le 21 Septembre 1733, à cinquante-huit ans. Sa traduction d'Horace eft fort eftimée. Il a laiffé plufieurs ouvrages, parmi lefquels on trouve des poéfies françaifes & latines fort agréables.

CHANSON.

« Le Dieu qui répand la lumiere
» Va terminer fa courfe dans les flots,
» Et quitte le matin l'humide fein des eaux,
» Pour recomme cer fa carriere.
» Mais malgré l'ordre du deftin,
» Qui lui fait éclairer le monde,
» S'il couchait dans le vin,
» Comme il couche dans l'onde,
» Il ne fortirait pas de fon lit fi matin ».

SANTERRE (Jean-Baptifte Lourdet de), Maître des Comptes, né à Paris en 1732. Quelques légeres productions de jeuneffe lui procurerent la connaiffance de Crébillon le pere, qui l'accueillit avec bonté, lui confacra des momens de loifirs, & quelquefois même daigna plier fon génie mâle au foin de lui corriger des vers & des couplets d'Opéra-comiques. Pré-fenté par cet homme célebre chez M. l'Abbé de Voifenon & M. Favart, il fe lia avec eux de l'amitié la plus intime & la plus folide. Ces deux auteurs charmans voulurent bien cultiver son goût pour les lettres, & il dut aux leçons & à la complaisance du dernier, l'avantage de mettre au théâtre quelques scènes & quelques couplets faits par amusement. De la facilité pour le travail, une imagination gaie, & le desir de contribuer aux plaisirs de ses amis, lui firent composer plusieurs pieces & un grand nombre de fêtes qui ont eu du succès dans la société.

C H A N S O N.

« Dans ces fleurs, charmante Cajaut,
» Que j'aime à t'offrir ton image!
» Jamais mon cœur n'est en défaut
» Pour te rendre un sincere hommage.
» D'un intérêt doux & pressant
» J'éprouve le charme puissant.
   » Je sens, je sens bien
   » Que t'aimer est le vrai bien.

» Du partage de ses bienfaits,
» Si la fortune osa t'exclure,
» Ah! tu brilles de mille attraits,
» Qui te vengent de cette injure.
» La nature & l'amour exprès
» T'enrichissent à communs frais.
   » Je sens, je sens bien
   » Que t'aimer est le vrai bien.

» Gentillesse, candeur, gaîté
» Forment ta dot & ta parure;
» Ton aimable simplicité,
» De Vénus vaut bien la ceinture:
» Dans ton esprit & dans ton cœur
» Sont les trésors & mon bonheur.
   » Je sens, &c.

» Par ses soins, chez toi chaque jour,
» La tendre amitié me caresse,
» Elle a les graces de l'Amour,
» Sa chaleur, sa délicatesse;
» Mais plus constante en ses desirs,
» Le tems assure ses plaisirs.
   » Je sens, je sens bien,
   » Que t'aimer est le vrai bien ».

A U T R E.

« Un jeune lis brille en nos champs
    » Entre les fleurs nouvelles,
» Ainſi Thémire en ſon printems
    » Eſt la reine des Belles :
» Sur un modèle fait exprès,
» Nature a taillé ſes attraits,
        » Un pied mignon,
        » Un œil fripon,
    » Une peau fine & blanche,
        » Souris naïf,
        » Air leſte & vif,
    » Mine lutine & franche.
» Un cœur noble, ſenſible & fier,
» Un eſprit prompt comme l'éclair,
            » Douceur,
            » Candeur,
            » Gaîté,
            » Bonté,
» Dès qu'on la voit, il faut qu'on l'aime ;
    » Elle plaît aux femmes même.
» Un jeune lis, &c. ».

A U T R E.

« Du ſentiment quand tu vantes les charmes,
» C'eſt ton portrait que tu pares de fleurs :
» A l'amitié l'amour cède ſes armes,
» Pour mieux régner avec toi ſur nos cœurs.

» Chez toi nos jours ſont marqués par des fêtes,
» Ton doux empire eſt celui des bienfaits :
» Par tes amis, tu comptes tes conquêtes,
» Tu ne crains point de le perdre jamais ».

A U T R E.

« Jeune Beauté, dont la nature
» Prit plaiſir à former les traits,
» L'art ſéduiſant de la parure
» Ajoute encor à tes attraits :

» Qu'un voile modeſte nous cache
» De ton ſein les tréſors naiſſans,
» L'heureux amant qui le détache
» Trouve leurs charmes plus puiſſans.

» D'une gaze légere & fine
» Venus couvre ſa nudité;
» Mais l'œil fripon qui l'examine,
» N'en échappe aucune beauté.
» Voyez les Grâces ingénues,
» Des plus doux appas, c'eſt la fleur?
» Elles ne ſont qu'à demi-nues,
» L'Amour en fait tout ſon bonheur ».

SARAZIN (Jean-François), né à Caen, était fils d'un Avocat du Roi &
Tréſorier de France. Il fut Secrétaire des commandemens de M. le Prince
de Conty, & mourut en 1657, diſgracié de ſon maître, pour s'être mêlé
d'une affaire qui lui avait déplu.

Sarazin était l'homme du monde le plus galant, le plus agréable & le
plus gai.

C'eſt lui qu'on a peint dans le roman de Clélie ſous le nom d'Amilcar.

C H A N S O N.

« Tircis, la plupart des amans
　　» Sont des imprudens
　　» De tant pleurer,
　　» Plaindre, ſoupirer
　　» Et ſe déſeſpérer.
» Ce n'eſt pas là pour brûler de leurs flames
　　　» Le cœur des Dames;
　　　» Car les amours
» Qui ſont enfans, veulent rire toujours.

　　» Il faut, pour être vrai galant,
　　　» Etre complaiſant,
　　　» De belle humeur,
　　　» Quelquefois railleur,
　　　» Et quelque peu rimeur.

» Le doux propos & les chanfons gentilles
  » Gagnent les filles ;
   » Et les amours
» Qui font enfans, veulent chanter toujours ».

AUTRE.

« Je vous donne avec grand plaifir
» De trois préfens un à choifir.
» La Belle, c'eft à vous de prendre
» Celui des trois qui plus vous duit.
» Les voici, fans vous faire attendre,
» Bon jour, bon foir & bonne nuit ».

SAVOYARD (le) était un Chanfonnier célebre vers l'année 1660, & courait toutes les rues, en chantant une foule de chanfons dont on a fait un recueil de quelques-unes en 1665. Tout ce que nous favons de lui, c'eft qu'il était alors fort à la mode, & n'était pas fans mérite. Dans une de fes chanfons il dit qu'il eft l'*Orphée du Pont-Neuf*.

CHANSON.

« Vous êtes trop belle
» Pour être cruelle ;
» Ah ! je meurs d'amour
» Ma belle inhumaine,
» Soulagez ma peine,
 » Où je perds le jour.

» Pourquoi fe défendre,
» Et ne rien comprendre
» A tant de foupirs ?
» Aux ames difcrètes,
» Ils font interprètes,
» De tous nos defirs.

» Je ne faurais dire
» Pourquoi je foupire :
» Mes maux font adroits,
» Ma flame eft fecrète,
» Ma langue eft muète,
» Mes yeux font difcrets.

» O rare merveille,
» Beauté fans pareille,
» Votre empire eft doux :
» Si je fuis à plaindre,
» C'eft qu'il me faut feindre
» Pour mieux être à vous.

» La plus belle chofe
» Que nommer je n'ofe,
» Eft fous votre main ;
» Permettez, de grace,
» Que j'y prenne place
» Jufques à demain ».

AUTRE.

« Je fuis jaloux de ma Philis,
» Je le chante & je le dis ;
» Mon ame eft fort inquiette,
» Je le fais connaître à tous.
» Ah ! fi vous être coquette,
» Puis-je pas être jaloux !

» Je fuis de mauvaife humeur,
» Je grimace à faire peur,
» Il eft vrai ; mais fi vous faites
» A cent galants les yeux doux ;
» Je ne puis vous voir coquette
» Sans vous paraître jaloux.

» J'ai de la fidélité
» Autant que vous de beauté ;
» Sachez mieux être difcrete,
» Cachez mieux vos rendez-vous,
» Tant que vous ferez coquette,
» Je ferai toujours jaloux.

» Philis, mettons-nous d'accord,
» Vous avez le premier tort.
» Aimez-moi d'amour parfaite,
» Et pour bien vivre entre nous,
» Ne foyez jamais coquette,
» Je ne ferai plus jaloux ».

SAURIN

SAURIN (Bernard-Joseph), né à Paris, eft fils du fameux Géomètre de l'Académie des Sciences, qui fut accufé par Rouffeau d'avoir fait ces indignes couplets qui firent tant de bruit en 1711 & 1712, & à l'occafion defquels un Arrêt du Parlement, rendu le 7 Avril de cette année, bannit Rouffeau, & juftifia Saurin.

Son fils avantageufement connu par plufieurs pieces reftées au théâtre, a été reçu à l'Académie Françaife en 1761.

Ce Philofophe fage, honnête & vertueux, fenfible aux charmes de l'amitié, a toujours confervé fes anciens amis. Il a époufé en 1762 Mlle Sandras, connue par les charmes de fa figure & les graces de fon efprit.

CHANSON.

« Vous, qui du vulgaire ftupide
» Voulez écarter le bandeau,
» Prenez Epicure pour guide
» Et la nature pour flambeau.
» Il n'invente point de fyftêmes;
» Il ne fait bannir que l'erreur;
» Et fi nous rentrons en nous-mêmes,
» Epicure eft dans notre cœur.

» La nature, prudente & fage,
» N'a jamais rien produit en vain;
» Nos fens ont chacun leur ufage,
» Et nous devons tendre à leur fin.
» Pour nous l'enfeigner, la nature
» Nous a fait préfent du defir;
» Par une route toujours fûre,
» Il nous mene droit au plaifir.

» Mais le plaifir ceffe de l'être,
» Dès qu'il ceffe d'être goûté;
» La débauche ne peut paraître
» Sans faire fuir la volupté.
» Qu'on mêle avec délicateffe
» Et les fens & le fentiment;
» Et que Bacchus laiffant l'ivreffe,
» N'ait avec lui que l'enjouement.

» Ton cœur est épris de Thémire !
» Thémire est sensible à son tour ;
» Tous deux dans un commun délire,
» Cueillez les roses de l'amour ;
» A servir l'ardeur de vos flames
» Employez l'été de vos ans ;
» Et qu'à l'ivresse de vos ames
» Se joigne celle de vos sens.

» Que les ardeurs de la jeunesse
» Se temperent avec Vénus ;
» Que les glaces de la vieillesse
» Se réchauffent avec Bacchus :
» La vie est un instant qui passe,
» Malgré nous il va s'envoler,
» Remplissons-en du moins l'espace,
» Ne pouvant pas le reculer ».

A U T R E.

« Soleil, précipite tes feux,
» Laisse régner enfin la nuit & le mystere ;
» Thémire, pour me rendre heureux,
» Veut que de son flambeau l'amour seul nous éclaire ;
» Hâte-toi, termine ton cours ;
» Puisse-tu, t'oubliant au sein de ton amante,
» Prolonger une nuit charmante
» Que ne vaudra jamais le plus beau de tes jours ».

A U T R E.

« Fais-nous brûler de tes flames,
» Amour, c'est l'unique bien ;
» Qu'il est doux d'unir deux ames !
» Mais pour former ce lien,
» Tendres amans, pour notaire,
» Ne prenez que le plaisir,
» Pour témoins, que le mystere ;
» Pour prêtre, que le desir ».

AUTRE.

« Vieillard la gloire de Théos,
  » Toi, dont l'heureux délire
» Célébrait & Naxe & Paphos,
  » Que n'ai-je en main ta lyre !
» De Bacchus la douce liqueur
  » Confolait ta vieilleffe,
» Et jeune encore par le cœur,
  » Tu chantais la tendreffe.

» A table je fuis jeune auffi,
  » Quand une main charmante
» Me préfente d'un vin d'Aï
  » La mouffe pétillante.
» Un feu maître de tous mes fens
  » Dans mes veines circule;
» Et Titon fous fes cheveux blancs
  » Croit devenir Hercule.

» Sans trop regretter le paffé,
  » Du préfent faire ufage;
» C'eft le parti le plus fenfé
  » En tout tems, à tout âge :
» Doux objets qui favez charmer,
  » A vos coups je me livre,
» Jeune, je vivais pour aimer,
  » Et vieux, j'aime pour vivre.

» Mes Dames, voilà trois couplets;
  » On les compte à mon âge.
» Jadis en voyant vos attraits,
  » J'aurais pu davantage,
» Beauté, Reine de l'univers,
  » Je te rends mon hommage;
» Mais ne te plus fêter qu'en vers,
  » C'eft un trifte partage ».

SAUVIGNY (Edme de), Chevalier de l'Ordre Royal & Militaire de S.
Louis, Cenfeur de la Police, Auteur du charmant roman de *Pierre le Long*

& *Blanche Bazu*, qui est un chef-d'œuvre de naturel, a fait plusieurs tragédies estimées, & beaucoup d'autres ouvrages en vers & en prose qui assu-
rent sa réputation.

CHANSON.

« Garde-toi pour Isabelle,
» Dit l'hymen, de soupirer;
» Elle va m'être fidelle :
» Car je l'en ai fait jurer.
» Tu me causes peu d'ombrage,
» Répond l'Amour en riant;
» J'aurai sur toi l'avantage;
» Car j'ai son premier serment »

AUTRE.

Le Songe.

« Je reposais sur la fougere;
» Morphée avait fermé mes yeux;
» Je croyais être avec Glycere,
» Et le plaisir m'ouvrait les cieux.

» Minerve m'offrit la sagesse,
» Venus, les grâces, la beauté;
» Hébé, la fraîcheur, la jeunesse;
» Mars, ses lauriers & sa fierté.

» Bacchus dit, bois; Apollon, chante;
» Et prends ce luth, s'il t'a charmé.
» Tiens, dit Plutus, si l'or te tente :
» Amour me dit, aime, & j'aimai »

AUTRE.

« O mes ennuis, ô mes ennuis !
» Baillez-moi treve, vous en prie;
» Sans en mourir, du tout ne puis
» Vous endurer loin de ma mie :
» Baillez-moi treve, vous en prie.
» Non que me plaigne de souffrir;
» C'est douceur que souffrir pour elle :
» Mais las ! si me faites mourir,
» J'ai peur que chagriniez ma belle »

SCARRON (Paul), né à Paris, en 1610, fils d'un Conseiller au Parlement, fut toujours de la plus grande gaité, quoique passant sa vie dans les souffrances. Il était impotent & presque toujours malade. Après avoir quitté l'état ecclésiastique, il épousa Mlle d'Aubigné, qui fut depuis la fameuse Mad. de Maintenon. Il fut aimé du Cardinal de Richelieu & d'Anne d'Autriche, & mourut à Paris le 14 Octobre 1660, emportant les regrets de tous ceux qui l'avaient connu. Quelques momens avant sa mort, voyant ses domestiques en larmes autour de son lit : « Mes » amis, leur dit-il, je ne vous ferai jamais autant pleurer que je vous » ai fait rire ».

C H A N S O N.

« Philis, vous vous plaignez que je n'ai point d'esprit
» A vous parler de mon martyre :
» Hélas ! ingnorez-vous qu'un mal que l'on peut dire
» N'est jamais si grand qu'on le dit.

» Un amant dit assez quand il est interdit,
» Quand il languit, quand il soupire :
» Mais apprenez, Philis, qu'un mal que l'on peut dire ;
» N'est jamais si grand qu'on le dit ».

SCUDERY (Magdeleine de), née au Havre, en 1607, vint de bonne heure à Paris, & fit bientôt parler d'elle par son esprit, ses longs romans & sa rare laideur. Elle obtint des pensions du Roi, de la Reine Christine, du Cardinal Mazarin, &c.

En allant en Provence avec son frere, ils couchèrent au pont du S. Esprit, & avant de s'endormir, Scudery demanda à sa sœur comment il ferait mourir un Prince qui était un héros du roman de Cyrus. Mlle de Scudery était d'avis qu'on l'empoisonnât. Mais après plusieurs contestations, il fut arrêté qu'on l'assassinerait. Des Marchands qui couchaient dans la chambre voisine, ayant entendu ce débat, allerent aussi-tôt déposer ce prétendu complot chez le Juge de la ville.

Le frere & la sœur furent arrêtés ; & ce ne fut pas sans peine qu'ils obtinrent la permission de continuer leur route. Elle mourut à Paris le 2 Juin 1701, à quatre-vingt-quatorze ans.

CHANSON.

« L'eau qui carresse ce rivage ;
» La rose qui s'ouvre au zéphir,
» Le vent qui rit sous ce feuillage ,
» Tout dit qu'aimer est un plaisir :
» De deux amans l'égale flame
» Sait doublement les rendre heureux ;
» Les indifférens n'ont qu'une ame ;
» Lorsque l'on aime, on en a deux ».

Sur son Portrait.

« Nanteuil, en faisant mon image,
» A de son art divin signalé le pouvoir ;
» Je hais mes yeux dans mon miroir ;
» Je les aime dans son ouvrage ».

SEDAINE (Michel Jean), Secrétaire perpétuel de l'Académie d'Architecture, n'est entré que par hazard dans la carriere du théâtre. En 1754, Monnet, Entrepreneur de l'Opéra - comique, faisant mal ses affaires, engagea M. Sedaine à lui donner une piece. Il y consentit avec peine, & fit le *Diable à quatre*, qui eut le plus grand succès.

En 1758 , il donna aux Italiens *Anacréon* ; en 1759, à l'Opéra-comique , *Blaise le Savetier*, musique de M. Philidor, dont le succès , avec raison , fut prodigieux.

L'Huître & les Plaideurs fut donnée la même année ; & , malgré son succès, n'a point été remise au théâtre.

En 1760 , *les Troqueurs dupés*, musique de Sody ; en 1761 , *le Jardinier & son Seigneur*, piece charmante & remplie de Musique délicieuse : *On ne s'avise jamais de tout*, musique de Monsigny, dont le succès fut prodigieux, & devint la cause de l'union de l'Opéra-comique à la Comédie Italienne, qui se soutenait à peine dans ce tems-là.

On fit alors un essai qui ne réussit pas ; ce fut de faire jouer à la cour *On ne s'avise jamais de tout*, par les Acteurs de l'Opéra : ce spectacle fut détestable. En 1762 , *le Roi & le Fermier*, qui tomba d'abord, & eut ensuite le succès le plus soutenu. En 1764 , *Rose & Colas* eut le même fort, & ne fe releva qu'à la feptieme repréfentation, mais d'une maniere que jamais fuccès n'a été comparable à celui de cette jolie piece.

En 1764, par complaifance pour un de fes amis, *l'Anneau perdu & retrouvé*, qui n'eut point de fuccès. En 1765, à la Comédie Françaife, *le Philofophe fans le favoir*, piece d'un genre fingulier, qui eut vingt-huit repréfentations de fuite. C'eft le feul ouvrage au théâtre, où le mot d'amour ne foit pas même prononcé. On donne fouvent cette piece, qui fait toujours la même impreffion.

En 1766, *la Reine de Golconde*, opéra tiré d'un roman charmant de M. le Chevalier de Boufflers.

En 1768, *les Sabots*, piece en un acte, mufique de Duny.

Même année, aux Français, *la Gageure imprévue*, en un acte. A l'exception du profit des onze premieres repréfentations, M. Sedaine en a abandonné le produit, pour contribuer à l'érection d'un bufte de marbre du premier auteur comique de l'univers, & peut-être du feul Philofophe de fon fiecle.

En 1769, *le Déferteur* eut un fuccès pareil à celui du *Roi & le Fermier*.

En 1770, *Thémire*, dernier ouvrage de *Duny*.

En 1772, *le Faucon*, mufique de M. de Monfigny.

En 1773, *le Magnifique*, mufique de M. Grétry. La fcène de la Rofe eft une des plus jolies qui foient au théâtre.

En 1775, *les Femmes vengées*, mufique de M. Philidor. C'eft une piece charmante à voir jouer, & l'une des plus difficiles à mettre fur la fcène.

En 1776, *le Mort marié*, mufique de Bianki.

En 1777, *Félix* ou *l'Enfant trouvé* en trois actes, mufique de M. de Monfigny, n'a eu que cinq repréfentations, & doit être bientôt remis au théâtre.

M. Sedaine a fait encore deux grands opéra, dont M. de Monfigny a fait la mufique, & qui, probablement, feront bientôt donnés.

Il a fait auffi avec M. Grétry un opéra-comique en quatre actes, intitulé *Aucaffin & Nicolette*, pris d'un fabliau, & mis en langue moderne par le favant M. de Sainte-Palaye.

M. Philidor a auffi de lui un opéra nommé *Protogene*.

Enfin il a effayé une tragédie en cinq actes & en profe, intitulée *Marcel & Maillard* ou *Paris fauvé*, & n'a pu parvenir encore à obtenir la permiffion de la faire repréfenter. M. Sedaine a fait imprimer deux volumes de pieces fugitives, d'où nous avons tiré les chanfons fuivantes.

C H A N S O N.

« Croiffez, feuilles, croiffez, le Printems vous l'ordonne,
» Sous votre ombrage appellez les zéphirs :
» Ce verd gazon me fert déja de trône :
» Servez de dais à mes plaifirs ».

A U T R E.

« La fortune & fes largeffes
» N'excitent point mes defirs;
» A la place des richeffes,
» J'en ai reçu des plaifirs.
» Plaifir vraiment délectable,
» Et plus précieux que l'or.
» Ma compagne eft agréable,
» Oui, ma femme eft un tréfor.

» Nous vivons affez à l'aife
» Dans un petit cabinet ;
» Car nous n'avons qu'une chaife ;
» Près du lit un tabouret ;
» Mais dans ce lieu délectable
» Que fa préfence embellit.
» L'appétit nous met à table,
» Et l'amour nous met au lit.

» Nos repas font peu fuperbes,
» Tout eft fi cher à préfent ;
» Mais ma femme avec des herbes
» Sait me renvoyer content ;
» Chaque morceau qu'elle touche
» Prend d'elle tant de faveur,
» Qu'il femble fait pour ma bouche
» Encor moins que pour mon cœur.

» Ma femme toujours opine
» Pour ménager quelque fous ;

Nous

» Nous ne buvons que chopine
» Chaque repas entre nous;
» Mais quoique vin de taverne
» Et souvent trop bas percé,
» Il vaut mieux que le Falerne
» Quand par elle il est versé.

» Nous avons bien de la peine,
» Nous la prenons sans regret;
» Car le poids de notre chaîne
» S'allege par son objet.
» Dans nos travaux même zele,
» Nous soutient & nous conduit;
» Quand mon cœur dit, c'est pour elle,
» Le sien répond, c'est pour lui ».

LÉANDRE & HÉRO,

Romance.

« Pourquoi passer à la nage?
» N'avait-il point de bateau?
» En amour qu'on est peu sage!
» Pourquoi risquer ce passage
» La nuit, au milieu de l'eau?

» Dès que Héro vit Léandre,
» Léandre fut son amant.
» Se regarder d'un air tendre,
» Soupirer, parler, s'entendre,
» Fut l'ouvrage d'un moment.

» Demeurez-vous loin, la Belle?
» N'êtes-vous point d'Abidos?
» C'est vrai, reprit la Pucelle,
» J'habite cette tourelle
» Tout vis-à-vis de Sestos.

» Quoi donc! dans cette tourelle,
» Ah! si vous vouliez ce soir,
» Y placer une chandelle;
» Je le veux bien, lui dit-elle,
» Mais Léandre, il fait bien noir.

E S S A I

» Quoique la mer nous sépare,
» Puis-je craindre le danger?
» Le flambeau qu'amour prépare
» Saura me servir de phare,
» Et de plus je sais nager.

» Le soir même sa lumiere
» Lançait un éclat tremblant.
» A ce signal qui l'éclaire
» Léandre fend l'onde amere;
» Le desir volait devant.

» Sur l'autre bord il arrive;
» Héro reçoit son vainqueur;
» Que de baisers sur la rive,
» La tendresse la plus vive,
» En disait moins que son cœur.

» Pendant quelques nuits de suite
» Il va la voir constamment,
» Plein de l'amour qui l'excite,
» Il allait toujours fort vite;
» Mais il revenait lentement.

» Une nuit, Ciel! quel orage!
» La mer se gonfle, mugit,
» Qu'importe, il s'élance, il nage;
» Mais quel horrible présage!
» Le clair flambeau s'éteignit.

» Le flot l'emporte, l'entraîne,
» En vain il étend les bras;
» Il succombe, il perd haleine;
» Il meurt en pleurant la peine
» Que va causer son trépas.

» Le matin Héro tremblante
» Jette les yeux tristement
» Sur les bords ... Sa vue errante ...
» Dieux! quel objet d'épouvante!
» Ciel! ô Ciel! c'est mon Amant.

» La mort seule à sa souffrance
» Donna du soulagement.
» Dans pareille circonstance,
» Nos femmes sauraient en France
» Se consoler autrement: ».

SEGRAIS (Jean-Renaud de), célebre Poëte-Français, l'un des Quarante de l'Académie Française, naquit à Caen en 1625, & devint premier Echevin de cette ville. Le Comte de Fiesque l'emmena à Paris, & le fit connaître à la cour. Il devint ensuite Gentilhomme ordinaire de la Duchesse de Montpensier, & quitta sa maison, pour n'avoir pas approuvé le mariage de Mlle de Montpensier avec M. de Lauzun.

Mad. de la Fayette le retira chez elle, & ce fut alors qu'ils travaillerent ensemble aux romans de Zaïde & de la Princesse de Cleves. Enfin il se retira à Caen, & y épousa une riche héritiere de ses parentes.

L'Académie de cette ville, qui était dispersée depuis la mort de M. de Matignon son protecteur, se réunit chez Segrais, & y prit la forme qu'elle a conservée depuis.

On a de lui plusieurs ouvrages de poésies, dont quelques-uns sont estimés.

Cet homme aimable mourut à Caen le 25 Mars 1701, à soixante-seize ans.

CHANSON.

« Timarete s'en est allée,
» L'ingrate méprisant mes soupirs & mes pleurs,
» Laisse mon ame désolée
» A la merci de ses douleurs.
» Je n'espérai jamais qu'un jour elle eût envie
» De finir de mes maux le déplorable cours;
» Mais je l'aimais plus que ma vie,
» Et je la voyais tous les jours ».

SEG..... Monsieur).

CHANSON.

« Point ne voudrais, pour bien passer ma vie,
» Des riches dons du rivage indien;
» Point ne voudrais des parfums d'Arabie

» Ni des tréfors du peuple Lybien,
» Il ne me faut que l'amour de ma mie,
» Pour moi fon cœur eft le fouverain bien.

» D'être un héros point ne me glorifie ;
» Pour guerroyer, je fuis trop citoyen.
» Que le Français difpute l'Acadie,
» Que le Hongrois batte le Pruffien,
» Il ne me faut que le cœur de ma mie ;
» Voilà mon trône, & le refte n'eft rien.

» Point ne voudrais de belle galerie
» Ni des beautés de l'art athénien ;
» L'art de Rubens ne me fait nulle envie ;
» Point ne voudrais primer le Titien :
» Il ne me faut qu'un portrait de ma mie.
» Ah ! fi je l'ai, je ne defire rien.

» De l'art des vers je n'ai point la manie,
» Je connais peu le Mont Aonien :
» Mais de rimer, s'il me prend fantaifie,
» Chez les neuf Sœurs je n'emprunterai rien :
» Il ne me faut que fonger à ma mie ;
» Pour fon nom feul, je rime & chante bien.

» Je ne veux point de la philofophie :
» Elle eft trop froide, & d'un trifte entretien ;
» Je ne veux point favoir l'aftrologie,
» L'état des cieux à mon cœur n'apprend rien :
» Il ne me faut qu'un regard de ma mie,
» C'eft là mon aftre, il me guidera bien.

» L'amour fait feul le bonheur de ma vie,
» L'efpoir de plaire en eft le vrai foutien ;
» Qu'un autre amant vante la pharmacie,
» Ou rende hommage au fameux Gallien :
» Il ne me faut qu'un baifer de ma mie ;
» Mon cœur renaît, & je me porte bien.

» Souvent j'ai pris un peu de jaloufie :
» Quand on eft tendre, on eft Pyrrhonien ;
» Dans les tranfports de cette frénéfie

» Tout me fait peur, difcours, gefte, maintien :
» Il ne me faut qu'un fouris de ma mie,
» Mon cœur s'appaife, & je ne crains plus rien.

» Si quelque crainte alarme mon génie,
» C'eft l'abandon d'un cœur comme le fien ;
» Tous les defirs de mon ame attendrie
» Sont d'infpirer un feu femblable au mien.
» Il ne me faut que conferver ma mie :
» Plaire toujours, c'eft le nœud gordien ».

AUTRE.

« Un enfant plein de charmes
» Hier vint m'embraffer ;
» Et me dit tout en larmes :
» On vient de me chaffer :
» L'inconftante Lucille
» M'accable de froideur,
» Ah ! je n'ai plus d'azile,
» Berger que dans ton cœur.

» N'en es-tu pas le maître,
» Lui dis-je en foupirant ?
» Viens donner un nouvel être
» Au plus fidèle amant :
» A ces mots, de mon ame
» Il s'empare en vainqueur,
» Et j'ai fenti fa flame
» Redoubler mon ardeur.

» Amour, refte fans ceffe
» En dépôt dans mon cœur ;
» Flatte encor ma tendreffe
» Par l'efpoir du bonheur.
» Un jour fi l'infidelle
» Retournait à ta loi,
» Pour moi, fais auprès d'elle
» Ce que je fais pour toi ».

A U T R E.

« Pourquoi te plaindre Titire !
» Ne vois-tu pas que toujours
» A tes chants, à tes difcours,
» J'applaudis par un fourire.
  » Un fouris n'eft rien,
  » Je voudrais, Thémire....
  » Ah ! tu m'entends bien.

» Senfible au cruel martyre
» Que te caufa ton amour,
» Ne vois-tu pas qu'à fon tour
» Mon cœur en fecret foupire ?
  » Un foupir n'eft rien,
  » Je voudrais, &c.

» Dans mes yeux tu n'as qu'à lire,
» Si tu m'aimes tendrement,
» Pour appaifer ton tourment,
» Ce regard feul doit fuffire ;
  » Un regard n'eft rien,
  » Je voudrais, &c.

» Je vois où ton cœur afpire ;
» Eh bien ! pour te contenter
» Tout ce qui peut te flatter,
» Je fuis prête à te le dire :
  » Un difcours n'eft rien,
  » Je voudrais, &c.

» Ma raifon perd fon empire,
» Je n'écoute que tes vœux,
» Mon berger, te voir heureux
» Eft tout ce que je defire :
  » Ce defir n'eft rien ,
  » Je voudrais, &c.

» A ce que mon cœur m'infpire ,
» Je me livre fans retour ;
» Sous les forces de l'amour ,

» Le trop faible honneur expire.
» Bon , l'honneur n'eſt rien ,
» Le plaiſir , Thémire ,
» Voilà le vrai bien ».

SENECÉ (Antoine Bauderon de), naquit à Mâcon le 17 Octobre 1643 , d'un Lieutenant général au Préſidial. Il devint à trente ans premier valet-de-chambre de la Reine, femme de Louis XIV. Ayant perdu ſa charge par la mort de cette Princeſſe , la Ducheſſe d'Angoulême le reçut chez elle avec ſa nombreuſe famille , & le garda pendant trente ans juſqu'à ſa mort , qui arriva en 1713. Cette Princeſſe était bru de Charles IX , ayant épouſé le Duc d'Angoulême , fils de ce Monarque & de Marie Touchet. Il n'eſt pas commun de mourir cent trente-neuf ans après ſon beau-pere. Il eſt vrai que le Duc d'Angoulême n'était né qu'après la mort de ſon pere, qu'il était fort vieux lorſqu'il ſe remaria en ſecondes noces avec Mlle de Nargonne , & que ſa femme vécut près de cent ans.

Senecé retourna à Mâcon , & y mourut le 1 Janvier 1737 , âgé de quatre-vingt-quatorze ans. Son conte du Kaïmak eſt un ouvrage excellent & digne de la Fontaine , quoique d'une autre maniere. On a de lui pluſieurs pieces de vers agréables.

CHANSON.

Amour, perce de mille traits
    » Un cœur tendre & fidele ;
 » La bleſſure que tu fais
    » N'eſt point mortelle.
    » Dans mon tourment,
 » Les yeux d'Iris m'ont appris à me plaire ;
 » Et la douceur de les voir un moment,
    » Du mal que tu peux faire,
    » Conſole aiſément ».

SERRE (Jean-Louis-Ignace de la), né en Quercy en 1662 , fut Cenſeur Royal , & homme de bonne compagnie. Il donna à l'Opéra, en 1706, *Polixene* , muſique de Colaſſe ; en 1710 , *Diomede* , muſique de Bertin ; en 1710 , *Polidore* , muſique de Batiſtin ; en 1723 , *Pirithoüs* , muſique de Mouret ; en 1726 , *Pyrame & Thisbé* , muſique de Rebel &

Francœur; en 1729, *Tarfis & Zélie*, *idem*; en 1741, *Nitetis*, mufique de Mion.

Il mourut le 30 Septembre 1756; âgé de quatre-vingt-quatorze ans. On a de lui plufieurs romans, & une traduction des Défefpérés d'Ambrofio Marini.

Suse (Henriette de Coligny, Comteffe de la) était fille du Maréchal de Coligny-Châtillon, époufa en premieres noces le Comte d'Hadinchton, Ecoffais. Son mari étant devenu jaloux à l'excès, voulut l'emmener dans fes terres; mais elle fe fit catholique pour ne plus dépendre de lui : ce qui fit dire à la Reine Chriftine, *qu'elle avait changé de religion pour ne voir fon mari ni dans ce monde ni dans l'autre.* Cependant toujours tourmentée par la jaloufie de fon mari, elle lui offrit vingt-cinq mille écus pour fe démarier; il y confentit, & le mariage fut caffé par un Arrêt du Parlement. Elle eut toute fa vie le cœur auffi galant que l'efprit.

Le Maître des Requêtes Fieubet, fit fur elle ces quatre vers charmans.

« *Quæ Dea fublimi rapitur per inania Curru ?*
» *An Juno, an Pallas ? Num Venus ipfa venit ?*
» *Si genus infpicias, Juno : fi fcripta, Minerva ;*
» *Si fpectes oculos, Mater amoris erit* ».

Elle mourut à Paris, le 10 Mars 1663, & nous a laiffé quelques poéfies tendres & délicates.

C H A N S O N.

« Je ne peux plus penfer qu'aux peines que j'endure,
» Je prends même plaifir d'irriter ma bleffure ;
» J'entretiens des penfers que je devrais bannir ;
» Je pouffe des fanglots que je veux retenir ;
» Lorfque l'on parle à moi, je ne faurais rien dire,
» Je rêve, je languis, je pleure, je foupire.
» Au feul nom de Tircis je change de couleur,
» Quand il eft près de moi, j'ai bien moins de douleur ;
» Si-tôt qu'il eft parti, je ne fuis plus la même.
» D'où vient ce changement? n'eft-ce point que je l'aime ».

AUTRE.

AUTRE.

« Babet, qui que tu fois, que tes lettres font belles!
» Que pour toucher les cœurs elles ont de pouvoir!
　　　　» Ce font des beautés naturelles
　　　　» Qu'on ne fe laffe point de voir.
　» Quand Tircis, infenfible aux accens de ma lyre,
　» Pour ne pas m'écouter, portait ailleurs fes pas,
　　　　» Que ne te connaiffais-je, hélas!
　　　　» Tu m'aurais appris à lui dire
　　　　» Ce que je ne lui difais pas ».

TANEVOT (Alexandre), Cenfeur Royal, né à Verfailles; en 1692, paffa foixante ans de fa vie dans les bureaux des finances. Cependant à peine fa fortune fuffit-elle pour payer fes dettes, quoiqu'il eut toujours été fage. Les Mufes firent tout fon bonheur. On a de lui plufieurs tragédies & différentes pieces de poéfie où l'on trouve du talent. Voltaire en faifait beaucoup de cas, & fut fon meilleur ami pendant plus de cinquante ans. Ce vertueux Littérateur mourut à Paris en 1773. On dit qu'il eut part à l'opéra des *Caracteres de l'Amour.*

THÉOPHILE, furnommé Viaud, naquit à Bouffères-Ste-Radegonde, près d'Aiguillon, en 1590. Accufé d'athéïfme, il fut mis pendant deux ans à la conciergerie, dans le même cachot que Ravaillac, puis banni par le Parlement; mais M. de Montmorency le retira dans fon hôtel, où il mourut le 25 Septembre 1726.

CHANSON.

« L'infidélité me déplaît,
» Et mon humeur juge qu'elle eft
» Le plus noir crime de la terre:
» Lorfque les Dieux firent venir
» Les premiers éclats du tonnerre,
» Ce ne fut que pour la punir.

» La Déeffe qui fait aimer,
» Des flots de l'inconftante mer

» Sortit à la clarté du monde :
» Or Vénus, fi ton doux flambeau
» Fut venu d'ailleurs que de l'onde,
» Sans doute il eût été plus beau.

» Ce qu'un hiver a fait mourir,
» Un printems le fait refleurir,
» Le deftin change toutes chofes :
» Mais mon amitié feulement,
» Vos beaux lys & vos belles rofes
» Dureront éternellement ».

E P I G R A M M E.

« Grace à ce Comte libéral
» Et à la guerre de Mirande,
» Je fuis Poëte & Caporal,
» O Dieux ! que ma fortune eft grande ?
» O combien je reçois d'honneur
» Des fentinelles que je pofe !
» Le fentiment de ce bonheur
» Fait que jamais je ne repofe :
» Si je couche fur le pavé,
» Je n'en fuis que plutôt levé,
» Parmi les troubles de la guerre ;
» Je n'ai point un repos en l'air ;
» Car mon lit ne fauroit branler
» Que par un tremblement de terre ».

A U T R E.

« Iris fans ceffe m'importune
» Pour la comparer au foleil ;
» Il eft commun, elle eft commune ;
» Voilà ce qu'ils ont de pareil ».

THOMAS (Antoine), né à Clermont en Auvergne, en 1734, & reçu à l'Académie Françaife en 1766, après avoir remporté tous les prix qu'il avait difputés, auteur de plufieurs ouvrages, & , entr'autres, d'un effai fur les éloges, très-eftimé, travaille à un poëme fur le Czar Pierre, dont on connaît quelques vers de la plus grande beauté.

Il a acnné à l'Opéra, en 1767, *Amphion*, en un acte.

CHANSON.

« Tandis que de nos bocages
» L'hiver ternit les couleurs,
» Que l'art a fous ces ombrages
» Créé des berceaux de fleurs ?
» Ah ! je ne puis méconnaître
» Le Dieu qui les reproduit :
» Le plaifir les fait renaître,
» Lorfque l'hiver les détruit.

» Ici, le plaifir raffemble
» Bacchus, l'Amour & les Jeux ;
» Ici folàtrent enfemble
» Les plus aimables des Dieux.
» Sous cet éclatant feuillage,
» Cent beautés que j'apperçois,
» Sont des rofes du même âge :
» L'œil héfite fur le choix.

» Parcourez ces fleurs nouvelles ;
» Vous dont le cœur fait aimer
» Au milieu de tant de belles,
» Il eft doux de s'enflammer.
» Propos tendres, foins aimables,
» Prodiguez tout en ce féjour,
» Et femez autour des tables
» Les jolis riens de l'Amour.

» Le jeune Zéphir careffe
» Trente rofes à la fois ;
» Comme lui volez fans ceffe :
» D'un café ce font les loix.
» Ne choifir qu'une bergere,
» C'eft être injufte envers cent :
» Lorfque toutes favent plaire,
» C'eft vertu d'être inconftant.

» Aux clartés étincellantes
» De ces flambeaux allumés ;
» Les beautés font plus brillantes,
» Leurs yeux font plus animés.

» Par de secretes magies,
» Tous les sens sont excités :
» Le jour tremblant des bougies
» Est le jour des voluptés,

» Ici la coquette attire,
» La dédaigneuse sourit,
» L'indifférente soupire,
» La rêveuse s'attendrit,
» La nymphe, sans rien connaître,
» Cependant se sent charmer,
» Et son cœur commence à naître :
» Car c'est naître que d'aimer.

» Belles, l'Amour sur vos traces
» Fait pétiller son flambeau ;
» Pour mieux contempler vos graces,
» Il souleve son bandeau.
» Dans vos yeux, mettez sa flamme,
» Dans vos pas, ses mouvemens,
» Par l'esprit régnez sur l'ame,
» Par les charmes sur les sens.

» Sur-tout desirez de plaire ;
» Vous plairez par ce desir :
» Il fixe une ame légere ;
» Il enchaîne le plaisir.
» A cet ordre est-on rebelle ?
» L'esprit perd de son ressort ;
» La beauté même est moins belle,
» Et l'Amour baille & s'endort.

» L'Amour qui, dans cette fête,
» Pas à pas suit la beauté,
» Peut trouver le tête-à-tête
» Au sein de la liberté.
» Souvent le Dieu du mystere,
» Dans le bruit vient s'arrêter,
» Et la foule est solitaire
» Pour qui sait en profiter.

» Laissez la raison boudeuse
» Seule à l'écart dans un coin ;

» Ou du moins fi la grondeufe
» Vous fuit, que ce foit de loin.
» Le Dieu qui, pour la jeuneffe,
» Créa les tendres defirs ;
» Fit le jour pour la fageffe,
» Mais la nuit pour les plaifirs ».

THYBERGEAU (Mad.) était la célebre Mademoifelle de Sillery , chantée par la Fontaine.

« Car, afin que l'on le fache ;
» C'eft Sillery qui s'attache
» A vouloir que de nouveau
» Sire Loup, fire Corbeau,
» Chez moi fe parlent en rime :
» Qui dit Sillery , dit tout »....

Mad. Thybergeau a vécu jufques dans un âge fort avancé, confervant toutes les graces de fon efprit. Elle a laiffé plufieurs petites pieces charmantes, qu'il ferait bien à defirer qu'on recueillît.

CHANSON.

« Tant doux plaifirs qu'offre la rêverie ;
» Jeux de l'efprit, brillante oifiveté ,
» Paifible oubli des peines de la vie ,
» Combien plaifez à mon ame ravie !
» Je ne connais d'autre félicité.

» On m'a bien dit ; tant douce rêverie ;
» Jeux de l'efprit, riante oifiveté ,
» Par trop fouvent rendent l'ame attendrie ;
» C'était ainfi que vivait Egérie
» Avec Lifis ; il en a profité.

» Moi , je réponds, flatteufe rêverie ;
» Jeux de l'efprit, doux emploi du loifir;
» Font jufqu'ici le charme de ma vie ;
» Pour un Lifis devenir attendrie,
» Peut-être encore eft-ce un plus grand plaifir »

Tour (la), mort en 1759, & connu seulement par cette chanson :

« Quand vous venez dans nos vergers,
» Voyez les maux que vous y faites ;
» Vos yeux font mourir les bergers,
» Et votre gosier les fauvettes.
» Qui chantera donc le printems,
» S'il n'est plus d'oiseaux ni d'amans ! »

Touraille (M. le Marquis de la), Gentilhomme de S. A. S. Mgr. le Prince de Condé. Un grand fond de gaîté, une tournure originale & le talent si rare, quoique souvent affecté de la *narration*, l'ont toujours fait chérir dans les sociétés où il a vécu. Après avoir rempli avec honneur ce qu'il devait à son nom, il a abandonné ses loisirs à l'étude & aux belles-lettres. Fidèle au principe qu'il avait soutenu dans une Lettre à Duclos, que l'exercice des lettres pouvait honorer toute sorte de professions. Nous avons de lui quelques pieces fugitives, où il y a de la grace, de la facilité & de la philosophie, & qui font regretter qu'il n'ait pas cultivé avec plus de suite l'accueil qu'on lui faisait au Parnasse.

Les dangers du point du Jour.

Cantatille.

Récit.

« Aminte au lever de l'Aurore
» Voulant prolonger son erreur,
» Du tendre Berger qu'elle adore,
» Gardait l'image dans son cœur :
» Son cœur en soupirait encore »

Air.

« Douce nuit, reviens sur tes pas,
» Et rappelle cet heureux songe,
» Mon amant était dans mes bras ;
» Ah ! Dieux …. ce n'était qu'un mensonge »

Récit.

« Ainsi la belle, à ses accens
» Mêlait un pénible murmure,

» Sentant les feux de la nature
» Étinceler dans tous ses sens....
» Mais déja l'horison s'éclaire,
» Tout s'anime & se reproduit ;
» Et du flambeau du jour, la belle avant-couriere
» Presse vers l'occident les ombres de la nuit ;
   » Pourquoi faut-il que tout ce qui respire,
     » Disait Aminte en sa douleur,
» Des charmes du matin chante le doux empire ;
» Quand je reproche au jour ma timide langueur ?
    « A l'Amour je rendais hommage
    » Dans le silence de la nuit,
» Et malgré moi, des pleurs inondent mon visage ;
» Quand je perds une erreur que j'aime & qui s'enfuit »

Air.

» Amour, viens consoler cette jeune Bergere ;
   » Viens calmer son cœur agité.
   » De ta main facile & légere
   » Séche les pleurs de sa paupiere
   » Par le feu de la volupté,
   » Et mets au lieu de la chimere
   » Une plus douce vérité.....

Récit.

» Ah ! mais du sein de ce plaisir suprême ;
   » Dont le tendre amour le combla,
   » Elle perdit le plaisir même
   » Avec l'Amour qui s'envola.

Air.

   » Conservons sans cesse l'attente
   » D'un bien que notre cœur poursuit ;
   » Souvent la vérité détruit
   » La douce erreur qui nous enchante »

A Madame la M. de V.

   « Le plaisir qu'on goûte chez vous,
     » Pour quiconque s'y livre,
   » Est mêlé d'un poison si doux,
     » Que bientôt on s'ennivre ;

» On croirait avec sûreté
　　» Dans une erreur extrême,
» Ne révérer que la bonté,
　　» C'eſt la Beauté qu'on aime.

» Il faut prononcer à genoux
　　« Le nom de Belle & Bonne :
» Les Dieux en feraient-ils jaloux,
　　» Quand la vertu l'ordonne ?
» Le ciel en formant tant d'appas,
　　» Excite nos louanges ;
» Et fans doute il ne défend pas
　　» Qu'on fête ici les Anges.

» De tous ceux qu'amour a foumis
　　» A votre loi févere,
» A qui donnerez-vous le prix
　　» Un jour fur la fougere ?
　　» Mais foyez fage, s'il le faut,
　　» Gardez cette chimere ;
　　» Et mêlez un petit défaut
　　» A tous les dons de plaire »

CHANSON.

« Plus je vous vois, plus je vous aime ;
» Rien n'eſt égal à mon ardeur :
» Hélas ! que n'aimez-vous de même,
» Que ne fixez-vous votre cœur ?

» Mais je vois mon erreur extrême,
» Et l'objet dont vous rafollez ;
» Narciffe n'aima que lui-même ;
» Et c'eſt ainſi que vous aimez.

» Pour finir ma cruelle peine
» Et rendre mon fort fans égal,
» Par pitié, charmante Climène,
» Abandonnez-moi mon rival ».

A U T R E.

« De la philoſophie auſtere
» J'ai trop écouté la leçon :

Elle

» Elle dit que ce qui peut plaire
» D'un jeune cœur eſt le poiſon :
» Belle Chloé, de la Philoſophie
  » J'oublie
  » La leçon ;
» Non, je ne trouve de raiſon
» Qu'à vous aimer à la folie.

» Vos yeux où régne la tendreſſe,
» Ont enfin décidé mon choix ;
» Ils inſpirent moins de ſageſſe ;
» Mais ce font mes Dieux & mes loix.
» Ah ! qu'aiſément de la philoſophie
  » J'oublie
  » La leçon ;
» Nou, je ne trouve de raiſon
» Qu'à vous aimer à la folie ».

A U T R E.

« J'ai déſarmé ta rigueur inhumaine !
» Quoi ! tu conſens à combler tous mes vœux !
» C'eſt à tes pieds que je portais ta chaîne,
» C'eſt dans tes bras que je vais être heureux.

» Pour ſoulager le tourment que j'endure,
» Obſcure nuit, j'implore ton retour :
» Viens, cache aux yeux de toute la nature
» Tous les tréſors que me promet l'Amour.

» Mon cœur frémit près du bonheur ſuprême,
» C'eſt dans le tien que je veux le trouver.
» N'ouvre les yeux que pour dire, je t'aime,
» Et ne les ferme que pour le prouver ».

A M. de St. A..., *Auteur d'une charmante Piece de théâtre ,*
jouée à Chantilly.

» J'ai vu l'*heureuſe confidence*,
» Je vous en fais une à mon tour ;
» Vous écrivez comme *Térence*
» Ou *Deſtouches*, mieux que *Dancour* :

» Je vous donne la préférence
» Sur tous les comiques du jour.
» Mais je vois déja la cabale
» Qui veille au Théâtre Français,
» Préparer de sa main fatale
» Du poison pour tous vos succès.
» Déja tous les folliculaires,
» Et les dévots persécuteurs,
» Et ces zoiles mercénaires
» Qui sucent le sang des Auteurs,
» Vont vous accabler de sottise,
» Parceque vous plairez à tous;
» Et votre cœur plein de franchise
» Ne pourra calmer leur courroux.
» Des histrions, l'aréopage
» Vous donnera d'autres dégoûts,
» Pour en obtenir le suffrage,
» Irez-vous fléchir les genoux?
» Non. Vous croirez leur faire grace
» En leur donnant votre labeur...
» Le semainier aura l'audace,
» La bêtise d'un protecteur.
» Renfermez dans votre commode
» Le fruit des dangereux talens;
» Jouez la bêtise à la mode,
» De crainte d'offenser les gens.
» Autrefois au divin *Moliere*,
» A qui nous donnons de l'encens,
» Quand il eut fini sa carriere,
» Au lieu de pleurs & de prieres,
» Des enterreurs extravagans
» Lui fermerent les cimetieres,
» Même celui des Innocens,
» Dont l'exhalaison meurtriere
» Empoisonne tous les vivans.
» Aujourd'hui chacun le couronne,
» Dans tout le monde il est prôné;
» Si son théâtre fut son trône,
» Il y vécut infortuné.
» Mais quand il mettait sur la scène
» Les bons tours qu'on fait aux maris,
» L'épouse qui flétrit sa chaîne,

» Les pratiquait dans son logis.
» Pour reconnaître en sa personne
» Le plaisir qu'il avait donné,
» Et fêter sa muse bouffonne,
» La sainte Eglise l'a damné.
» Plein d'esprit, doux & sociable,
» Ce n'est point assez, croyez-moi ;
» C'est pour autrui qu'on est aimable,
» Mais il faut être heureux pour soi ».

B . . . .

Réponse.

« Vous en qui l'agrément se joint à la prudence,
   » Aimable & sage B.....
   » (Puisque, sous ce nom déguisé,
» Vous voulez vous soustraire à ma reconnaissance),
» Ce sera donc aussi sous ce nom supposé
   » Qu'il me faudra vous faire entendre
   » Les remercimens que je doi,
» Non à des complimens trop au-dessus de moi,
   » Pour que jamais j'ose y prétendre,
» Mais à l'intérêt vif, mais à l'amitié tendre,
» Sur-tout aux bons avis que de vous je reçoi.
   » Ne craignez pas que mon ame, ennemie
   » De sa propre félicité,
   » Livre à la noire fantaisie
   » De la cabale & de la jalousie
» Des jours que j'ai voués à la tranquillité.
» D'un frivole public, je brigue peu l'hommage.
   » Je n'ai point l'orgueil insensé
   » De croire plaire sans partage,
   » Mais j'ai la prétention sage
   » De vivre heureux sans être tracassé.
» Je sais trop que d'un œil à la haine exercé,
» La critique de loin veille sur un ouvrage
» Que de quelque succès on a vu caressé.
   » Je n'irai point m'exposer à sa rage.
   » Si les Muses par leurs attraits,
» Ont quelquefois charmé les loisirs de ma vie,
   Je ne veux point profaner leurs bienfaits

» En versant leurs présens dans les sombres creusets
» Où fermentent les sucs dont se nourrit l'envie,
  » Non ; je m'en suis fait une loi.
  » Que le jaloux folliculaire,
  » Faux par système & méchant par emploi,
» Exerce ailleurs sa haine & sa mauvaise foi ;
» Il ne troublera point ma paisible carriere ;
  » Et jamais sa dent meurtriere
  » N'aura rien à mordre sur moi.
  » Plus modeste dans mon système,
» Et toutes fois plus noble en ma prétention,
  » Je place mon ambition
  » A savoir plaire aux gens que j'aime.
» Je me suis vu comblé du plus doux des succès :
  » Un Prince illustre, une aimable Princesse
» Ont bien voulu sourire à mes faibles essais.
  » De leurs bontés avec ivresse,
  » Il est vrai, mon cœur a joui,
  » Mais sans en être enorgueilli.
» De mon peu de talent l'opinion me reste,
  » Et j'ai senti qu'à Chantilly,
» C'est moins l'esprit brillant que le talent modeste
  » Que l'on aime à voir accueilli.
» Animé toutesfois par un si grand suffrage,
  » A vous plaire j'ose aspirer ;
  » Et si j'obtiens cet avantage,
  » Je n'ai plus rien à desirer ».

Vers adressés à un vieux Prêtre, *qui, dans une Eglise de village, vint sans égards & sans raison, dire des injures à l'Auteur, en le menaçant de le faire chasser par le Bédeau.*

  Homme féroce à barbe grise,
Ennemi du bon sens & de l'honnêteté,
  Tu m'as chassé de ton Eglise
Où j'étois à genoux en toute humilité.
Approcher de ton Temple est chose redoutable ;
  Plus n'irai prier en ce lieu ;
  Puisque j'ai rencontré le Diable
  Où j'allais chercher le bon Dieu.

TREMOILLE (Charles–Armand-René, Duc de la), premier Gentilhomme de la chambre du Roi, l'un des plus aimables hommes de son siecle, a fait des chansons charmantes. Il mourut de la petite vérole en 1741.

C H A N S O N.

« Dans ces hameaux, il est une bergere
» Qui soumet tout au pouvoir de ses loix;
   » Ses graces orneraient Cythere,
» Le Rossignol est jaloux de sa voix.
   » J'ignore si son cœur est tendre :
   » Heureux qui pourrait l'enflamer !
   » Mais qui ne voudrait pas l'aimer,
   » Ne doit ni la voir ni l'entendre ».

A U T R E.

« Dans ces prés fleuris, une abeille
» Vole & vient s'enrichir d'un précieux butin;
» Mais voit-on sur la fleur les traces du larcin ?
» Le baiser que j'ai pris sur ta bouche vermeille,
» En me rendant heureux, te laisse ta beauté.
   » Rose aimable, je suis l'abeille;
   » Mon bonheur ne t'a rien coûté ».

TRESSAN (Louis-Elisabeth de la Vergne , Comte de), Lieutenant général des armées du Roi, commandant dans le comté de Bitche, Commandeur de l'ordre de S. Lazare, Membre des Académies Royales des Sciences de Paris, de Londres, de Berlin, d'Edimbourg, & des Sociétés Royales de Montpellier, de Nancy, de Caen & de Rouen, né au Mans le 4 Novembre 1705, dans le palais épiscopal de son grand oncle, Evêque du Mans, Comte de Lyon, & premier Aumônier de MONSIEUR, Frere de Louis XIV. Il est le chef de la maison de la Vergne, l'une de celles du Languedoc, qui succomba sous la croisade de Simon de Monford, & qui, rentrée dans sa province en 1350, éprouva de nouveaux malheurs pendant les guerres du Calvinisme.

Seize *Lavergne* périrent à la bataille de Jarnac, en défendant le Prince de Condé qui n'était encore que blessé.

Cette maison a des Chevaliers de Rhodes dès 1440, des Comtes de Lyon depuis deux cent cinquante ans, & elle subsiste en Languedoc dans la branche aînée de *Tressan*, & dans la branche cadette de *Montbasin*, & en Périgord dans celle de *Marquessac Sesval*.

Le Comte de Tressan fut présenté au feu Roi en 1718, & fut élevé à la cour, sous les yeux de son oncle, Archevêque de Rouen, Comte de Lyon, & premier Aumônier de M. le Régent.

MM. de Fontenelle, l'Evêque de Luçon Bussy Rabutin & de Voltaire, tous les trois amis de l'Archevêque de Rouen, veillerent sur l'éducation de son neveu ; le premier lui inspirait l'amour des sciences, le second les qualités sociales, & le troisieme l'animait à faire des vers, & à tout ce qui peut être du ressort de l'imagination.

C'est ainsi qu'il eut le bonheur de passer ses premieres années.

Il fut fait Mestre-de-camp de Cavalerie en 1722, & est aujourd'hui le onzieme Lieutenant général de son nom.

Le goût qu'on lui avait inspiré pour les sciences & pour les arts, le fit voyager en Italie depuis 1732 jusqu'en 1733. Il passa quatre mois à la cour de Dom Carlos, alors Duc de Parme (aujourd'hui Roi d'Espagne) qui l'honora de ses bontés, & qui daigne les lui continuer. M. de Tressan resta cinq mois à Rome, où le Cardinal Quirini l'ayant pris en amitié, lui ouvrit la bibliothéque du Vatican, & le jeune Littérateur s'attacha principalement à rechercher dans la collection de la Reine Christine, tout ce qui pouvait l'éclairer sur le berceau de la Littérature Française, & sur tout ce qui a trait à l'ancienne Chevalerie.

La mort du Roi Auguste ayant allumé la guerre en 1733, le Comte de Tressan revint pour servir d'Aide-de-camp à feu M. le Maréchal de Noailles, qui le nomma chef de brigade des Gardes du corps, après la campagne de Philisbourg.

Il continua de servir dans ce corps jusqu'en 1745 ; & le feu Roi l'ayant honoré des marques de sa satisfaction, le soir de la bataille de Fontenoy, le Comte de Tressan obtint de l'auguste Maître, qui l'avait honoré de son amitié dès son enfance, d'être employé en ligne ; il fut alors nommé premier Maréchal de camp de l'armée que M. le Maréchal de Richelieu devait commander pour descendre en Angleterre.

Cette expédition manquée, le Comte de Tressan resta commandant en chef en Boulonnois & en Picardie; il y établit un ordre de défenſe, dont il a rendu compte dans l'Encyclopédie, à l'article *Gardes-côtes*, lequel a été ſuivi depuis ſur toutes les côtes de France.

Ce fut pendant les quatre ans qu'il reſta commandant ſur ces côtes, que les expériences ſur l'électricité lui rappellerent bien vivement les anciennes leçons de M. de Fontenelle. Le travail qu'il avait fait à la Fere ; une étude ſérieuſe des Mathématiques ; la tournée qu'il avait faite des places fortes du royaume ; ſa liaiſon intime avec MM. de Fontenelle, de Maupertuis, de Réaumur, de Mairan, de la Condamine, &c. les obſervations qu'il avait faites dans ſes voyages, ſur tout ce qui tient à la Phyſique générale, lui donnerent le courage d'écrire un long ouvrage ſur l'électricité, qu'il conſidéra dès-lors comme l'agent univerſel, & le principal moteur de toute la nature. Il ſoumit cet ouvrage à l'Académie des Sciences de Paris & à celle de Londres, qui toutes deux l'élirent le 1 Janvier 1750 ; & dans le mois ſuivant, celles de Berlin & d'Edimbourg, lui firent le même honneur. Ce Mémoire ſur l'électricité, que M. le Comte de Treſſan compoſa en 1749, n'a jamais été imprimé, & eſt dépoſé dans les regiſtres de l'Académie des Sciences.

A la fin de 1749, il paſſa du commandement du Boulonois & de la Picardie à celui de la Lorraine Françaiſe & du Toulois. La feue Reine & Mgr le Dauphin qui l'honoraient depuis longtems de leur protection & de leur ſociété intime, deſirerent qu'il fût attaché à la perſonne & au ſervice du feu Roi *Staniſlas*, qui le nomma grand Maréchal de ſa maiſon, après M. le Marquis du Chaſtelet qu'il fit ſon grand Chambellan.

Le deſir de plaire au Prince le plus éclairé & le plus aimable, excita plus vivement que jamais ſon émulation. Il travailla ſous les yeux & ſous les ordres de ce Prince à la fondation & aux ſtatuts de la Société Royale de Nancy, à laquelle il préſida pendant pluſieurs années. Le Comte de Treſſan venait depuis 1760 de paſſer au commandement en chef de la Lorraine-Allemande, lorſque ſon cœur fut frappé preſque à la fois des coups les plus mortels ; il perdit ſes auguſtes bienfaiteurs, Mgr le Dauphin & le Roi de Pologne. Les injuſtices ſans exemple qu'il eſſuya dans ſon commandement, & la douleur de vivre dans un lieu où tout lui rappellait le maître qu'il avait perdu, lui firent demander & obtenir de ne plus réſider dans ſon commandement, qu'il a cependant conſervé.

Il se retira d'abord dans une maison, sur les bords de la Marne, d'où souvent il venait à la Cour; mais ayant eu le malheur de perdre ses maîtres, ainsi que ses meilleurs & ses plus anciens amis, il s'est retiré dans une maison de la vallée de Montmorency, où la culture générale & des voisins éclairés, vertueux & aimables, embellissent ses vieux jours.

Dans le cours de tant d'années, les muses agréables se sont unies quelquefois aux muses laborieuses, pour occuper le tems que lui laissaient les fonctions de son état. Sa tendresse pour ses enfans lui dicta quelques réflexions sommaires sur l'esprit; & cet ouvrage, joint à plusieurs discours académiques, aux éloges du Roi Stanislas & de M. de Maupertuis, compose, avec quelques pieces de vers, un recueil de pieces diverses qui forment un in-8°. de plus de quatre cent pages.

L'attachement de M. de Treslan pour un savant illustre par sa naissance, ses emplois & sa réputation dans la littérature, lui firent essayer de faire quelques extraits pour la bibliothéque des Romans, dont Tristan de Léonois est le premier, & dont l'extrait du roman de la Rose est le onzieme. Ses amis l'ayant pressé de faire revivre l'*Amadis de Gaule*, & de continuer à faire connaître les plus anciens romans, & ce qui tient à l'ancienne Chevalerie, il paraît une seconde édition plus correcte que la premiere de la traduction libre qu'il a donnée cette année de cet ancien roman, dont il a attribué les trois premiers livres aux romanciers Français du 12ᵉ siecle.

Traduction libre de l'Ode d'Horace,

     Quantum distet ab inacho codrus.

« Thélephe, convive agréable,
» Pourquoi de fastes ennuyeux
» Troubler les propos de la table,
» Et nous rappeller nos aïeux?

» Crois-moi, ce long récit de guerre
» Déplaît à Bacchus, à Cypris;
» Du vin dont tu remplis mon verre,
» Dis-nous plutôt quel est le prix?

» Quitte le sang & la poussiere!
» Parle de parfums & de bains;
» Dis-nous chez qui, la nuit entiere,
» Silene se livre en nos mains?

                                                   » O

» O nuit, aux amans favorable,
» C'eſt en ton honneur que je boi !
» O Lune, aux baveurs ſecourable,
» Ce ſecond coup s'adreſſe à toi.

» Pour le troiſieme, je le porte
» Au maître de cette maiſon ;
» Trois coups, neuf coups, eh, que m'importe !
» Ai-je beſoin de ma raiſon ?

» Ne venez point, Grâces timides,
» Régler nos coups dans ce feſtin ;
» Le Scythe & les amis perfides
» Mèlent ſeuls le ſang & le vin.

» Mais reſtez : nous aimons à plaire,
» Et nous ne pouvons rien ſans vous :
» Si le plaiſir eſt néceſſaire,
» Plaire ! c'eſt le premier de tous.

» Muſe, par ton pouvoir magique
» Et tes accords harmonieux,
» Viens, de notre temple bachique
» Chaſſer le ſilence ennuyeux.

» Au ſein de ſa jeune maîtreſſe,
» Licus languit en ſoupirant ;
» Qu'à nos cris, qu'à notre alégreſſe,
» Licus s'éveille en murmurant.

» Plus doux, plus agréable encore
» Que la premiere ombre du ſoir,
» Téléphe ! Cloé qui t'adore
» Tend ſes bras pour te recevoir.

» Pour moi, dans les chaînes fidelles
» Où Glicere ſçut m'arrêter,
» Mon amour a perdu ſes aîles,
» Je voudrais en vain t'imiter ».

Envoi d'un Cantique à Madame la Ducheſſe de Villars.

« Je vous conſacre & ma voix & ma lyre ;
» Je reconnais un aſcendant vainqueur.
» Vous triomphez : le feu qui vous inſpire,
» Charme l'eſprit en pénétrant le cœur.

» De vos leçons rien ne peut me diftraire ;
» Je m'y foumets, & j'aime à vous céder ;
» Dans ces leçons vous commencez par plaire,
» Vous finiffez par nous perfuader.

» Recevez donc mon hommage timide ;
» D'un feu plus pur je me fens enflamer :
» Et pour Thérefe, abandonnant Ovide,
» J'apprends de vous un nouvel *art d'aimer* ».

Chanfon à Mademoifelle Gauffin.

« Si , près de celle que j'adore,
» J'ai fouvent chanté mon bonheur,
» Par des fons plus touchans encore,
» Puiffai-je exprimer ma douleur !

» Toi , dont la beauté, la tendreffe
» Egalent celle des amours ,
» Toi , dont la main enchantereffe
» Serre mes chaînes tous les jours ,

» Que ne vois-tu couler mes larmes !
» Ces vers en font prefqu'effacés ;
» Mais ils auraient bien moins de charmes,
» Si ma main les eût mieux tracés.

» Les traits de cette main tremblante
» Seront déchiffrés tour-à-tour :
» Rien n'échappe aux yeux d'une amante
» Qui lit au flambeau de l'amour.

» Ton amant loin de toi foupire ,
» Tandis que Paris enchanté
» T'écoute, & tous les jours admire
» Et tes talens & ta beauté.

» Le trifte joug dont la fortune
» M'accable & m'impofe la loi ;
» Ces vains honneurs ! tout m'importune :
» Je ne lui demandais que toi.

» C'eft en vain pour moi, que l'aurore
» Du foleil hâte le retour ;
» Je ne dois point te voir encore ,
» Je defire la fin du jour.

» Toute la nature en filence

» N'offre qu'un défert à mes yeux,

» Et les oifeaux, dans ton abfence,

» N'ont plus de chants harmonieux.

» Pour éviter les jours de fête,

» Je voudrais fuir dans les forêts ;

» Je n'y couronne plus ma tête

» Que de foucis & de cyprès.

» Quelquefois couronné de lierre,

» De Silene le nourriffon

» M'agace, me préfente un verre

» Et me demande une chanfon.

» Mais du tendre amant de Délie

» Ma voix a perdu les accens,

» Et du trifte amant de Julie ;

» J'imite les fons languiffans.

» En vain je voudrais à l'étude

» Pouvoir donner quelques momens :

» L'efprit a trop d'inquiétude

» Et le cœur trop de fentimens.

» Souvent, fans deffein & fans guide,

» Je m'égare au fond des vallons ;

» Là, de Maupertuis & d'Euclide

» Je veux répéter les leçons.

» Je paffe en ces fombres demeures

» Les jours fans m'en appercevoir,

» Et n'y calcule que les heures

» Que je dois paffer fans te voir.

» La nuit dans cette efpace immenfe

» Que Newton foumit à fa loi,

» Je n'obferve que la diftance

» Dont je fuis éloigné de toi ;

» Mon ame, abufée & ravie,

» Croit ainfi preffer mon retour ;

» Dans tous les inftans de ma vie

» Tout fe rapporte à mon amour ».

AUTRE.

« Dans votre village
» Vous vivez heureux;
» Nul berger volage,
» A fes premiers feux,
» Celle qui l'engage
» Seule a tous fes vœux.

» Par votre innocence
» Vous plaifez aux Dieux;
» Tout fent leur préfence;
» Toujours fous leurs yeux
» La paix, l'abondance
» Régnent dans ces lieux.

» A ces Dieux propices,
» A ces bienfaiteurs,
» Pour tous facrifices
» Vous offrez vos cœurs;
» Et quelques prémices
» De fruits & de fleurs.

» L'Amour qui vous guide,
» Eft comme un enfant
» Soumis & timide,
» Vif & careffant,
» De faveurs avide,
» Et toujours preffant.

» Si loin de fa mere,
» Un bois écarté
» Ote à la bergere
» Sa timidité;
» Un profond myftere
» Eft fa fûreté.

» Douce fympathie,
» Innocentes mœurs,
» Feux fans jaloufie,
» Mépris des grandeurs;
» Vous feuls, dans la vie
» Vous femez des fleurs.

» Près de ma Thémire,
» Comme vous heureux,
● Jadis sur ma lyre
» Je chantais mes feux,
» Et tout mon délire
» Partait de ses yeux.

» Mais des jours de fête
» Privé désormais,
» L'amour ne m'apprête
» Que pleurs & regrets,
» Et n'orne ma tête
» Que d'affreux cyprès ».

Ode Anacréontique.

« Muses, donnez-moi cette lyre
» Que Sapho baigna de ses pleurs ?
» Pour chanter la jeune Thémire,
» Je vais la couronner de fleurs.
» Amour, que ton flambeau m'éclaire
» Autant qu'il me fait enflamer ;
» Donne-moi le talent de plaire,
» J'ai déja le bonheur d'aimer.
» Par elle, mon ame ravie
» Sacrifie encor aux amours ;
» Thémire régne sur ma vie,
» Et peut seule embellir mes jours.
» Déja loin de moi, la jeunesse
» Fuyait d'un pas précipité ;
» Mon cœur abbattu, sans tendresse,
» Languissait dans sa liberté.
» L'amour de la philosophie
» Avançait pour moi la saison,
» Où la sombre mélancolie
» S'honore du nom de raison.
» Quelle erreur ! dans la solitude
» Je passais les nuits & les jours :
» Ah ! peut-on donner à l'étude
» Un tems que l'on doit aux amours ?
» Je vois Thémire !... & dans mon ame
» Le sentiment renaît soudain ;

» Ses yeux ont allumé la flamme
» Qui vient de rechauffer mon sein.
 » Eh ! comment pourrais-je encore lire,
» Loke de ses rivaux vainqueur ?
» Je n'écoute plus que Thémire ;
» Ma seule étude, c'est son cœur.
 » Newton, c'est en vain que tu m'ouvres
» Un chemin brillant dans les cieux :
» Les grands secrets que tu découvres,
» Sont moins qu'un regard de ses yeux.
 » Eh ! que m'importe en un systême
» De trouver l'ordre & la clarté ?
» C'est dans le cœur de ce que j'aime
» Que je cherche la vérité.
 » Une ame. & si belle & si pure,
» Les attraits qui m'ont su charmer....
» C'est pour moi toute la nature,
» Aujourd'hui je ne fais. qu'aimer.
 » Quels transports ! quel beau feu m'anime !
» Quel bonheur pour moi d'être amant !
« Tout l'effor d'un esprit sublime
» Vaut-il un tendre sentiment ?
 » L'Amour a remonté ma lyre,
» Ce Dieu d'Uranie est vainqueur ;
» Je ne chante plus que Thémire,
» Tout mon esprit est dans mon cœur ».

O D E.

Les charmes de la Poésie lyrique.

« Quels sons, quelle clarté nouvelle
» Fait luire à mes yeux un beau jour !
» Quelle est cette jeune immortelle
» Qui vient embellir ce séjour ?
» Telle sur les bords du Scamandre,
» Anchise te voyait descendre,
» O Vénus, mere des plaisirs !
» Telle dans un bois solitaire,
» La sœur du Dieu qui nous éclaire,
» Charme l'objet de ses desirs.

» Je la reconnais au délire
» De ses agréables concerts ;
» C'est la Muse qui, pour Thémire,
» Se plaît à me dicter des vers.
» Pour charmer mon inquiétude,
» Elle vient dans ma solitude
» M'inspirer de nouveaux accords :
» Tous ses feux coulent dans ma veine,
» Je m'élève, & de l'Hipociène
» Déjà je reconnais les bords.

» Tous les amans, dont l'esclavage
» Fut illustré par leurs chansons,
» Se promenent sur ce rivage,
» D'Ovide écoutant les leçons.
» Là Tibule, aux pieds de Délie,
» Peint tous les charmes de la vie
» Et l'innocence des hameaux ;
» Properce y couronne Cynthie,
» Et Catulle, de sa Lesbie
» Grave le nom sur les ormeaux.

» J'entends la trompette éclatante
» Célébrer le fils de Thétis ;
» J'aime à voir le vainqueur du Xante,
» Esclave aux pieds de Briséis.
» Hésiode, en sa docte ivresse,
» S'élève au plus haut du Permesse,
» A la terre il donne des Dieux :
» Dans ses chants le divin Alcée
» Vole plus haut que Prométhée,
» Pour ravir la flamme des cieux.

» O Vénus ! devenez sensible,
» De Sapho recevez les pleurs !
» Sur ce promontoire terrible
» Elle court finir ses malheurs.
» Conduisez l'amoureux Orphée
» Dans ces routes que suit Alphée
» Pour arriver aux sombres bords ;
» Qu'il y suspende le supplice,
» Qu'il rappelle son Euridice,
» Par la douceur de ses accords.

» Près d'Apollon je vois Pindare,
» De l'ode il dicte les leçons,
» Le beau désordre qui l'égare,
» Ne fait qu'animer ses chansons.
» Palès, viens écouter Virgile;
» Il chante aux genoux d'Amarille
» Tes dons ennoblis par sa voix;
» Près d'Auguste il reprend la lyre,
» Du fondateur de son empire
» Ses chants consacrent les exploits.

» En vain une troupe effrénée
» De satyriques furieux
» Veut d'une haleine empoisonnée
» Infecter ces aimables lieux :
» Je vois sur eux la noire envie,
» Les vices & la calomnie,
» Secouer d'horribles serpens;
» Pour eux Thalie inexorable,
» Déteste une veine coupable
» Qui déshonore ses talens.

» Quelles sont ces troupes riantes
» Qui m'attirent dans ce vallon?
» C'est Bacchus suivi des Bacchantes;
» Et conduit par Anacréon.
» Les Satyres & les Driades
» Se joignant aux folles Ménades,
» Frappent l'herbe d'un pied léger,
» De roses ils forment la chaîne,
» Dont en riant le bon Silene
» Cherche en vain à se dégager.

» A son secours sa voix appelle
» Sarasin, la Fare & Chaulieu :
» Ils accourent avec Chapelle,
» Ils entourent le demi-Dieu.
» L'un d'eux lui vole sa bouteille,
» L'autre, d'une mûre vermeille,
» Le barbouille d'un air badin;
» Ninon lui présente son verre,
» L'agace d'une main légere,
» Et Nolet lui verse du vin.

» Marot

» Marot chante fur la fougere

» Valois qu'il retrouve en ces lieux ;

» Sous les habits d'une bergere ,

» On reconnaît le fang des Dieux,

» Je vois les Grâces attentives

» Careffer fes Mufes naïves,

» Charmantes fous leurs vieux atours ;

» Leurs guirlandes toujours fleuries ,

» Ont le vif émail des prairies ,

» Et parent encor les Amours.

» De Malherbe la mufe altiere

» Ne fe pare que des lauriers

» Que cueillent, dans la carriere,

» Des demi-Dieux & des Guerriers :

» D'un ton plus naïf & plus tendre

» Deshoulieres fe fait entendre,

» Tous les cœurs s'ouvrent à fa voix ;

» Au bord d'une onde vive & pure,

» Elle reçoit de la nature

» Les leçons dont elle a fait choix.

» Sous un berceau que l'Hypocrène

» Entoure, en fufpendant fon cours,

» Je vois l'aimable la Fontaine

» Badiner avec les Amours ;

» Il s'entretient avec Horace :

» Quelle majefté, quelle grace

» Animent leurs brillans portraits !

Tous deux ils couronnent Thémire ;

» Tous deux ils accordent ma lyre

» Pour en célébrer les attraits ».

TRISTAN L'HERMITE (François), Gentilhomme de MONSIEUR (Gafton Duc d'Orléans) né en 1601 au château de Souliers dans la Marche, quoique fort aimé de fon maître & du Cardinal de Richelieu, n'en reçut aucun bienfait.

Sa feule piece de théâtre qui ait réuffi, eft *Marianne* ; elle lui acquit une grande réputation.

Il mourut de la poitrine à l'hôtel de Guife, le 17 Septembre 1655. Il fit ainfi fon épitaphe.

« Ebloui de l'éclat de la splendeur mondaine ;
» Je me flattais toujours d'une espérance vaine,
» Faisant le chien couchant auprès d'un grand Seigneur.
» Je me vis toujours pauvre, & tâchai de paraître.
» Je véquis dans la peine, attendant le bonheur,
» Et mourus sur un coffre en attendant mon maître ».

Épitaphe d'un Chien.

« Ci gît un chien, qui par nature
» Savait discerner sagement,
» Durant la nuit la plus obscure,
» Le voleur d'avecque l'amant.
» Sa discrete fidélité,
» Fit qu'avec beaucoup de tendresse,
» A sa mort il fut regretté
» Par son maître & par sa maîtresse ».

CHANSON.

« Je souffre tant de maux, que l'ingrate Climene
» Ne peut s'imaginer la moitié de ma peine ;
» Elle est une incrédule, & moi je meurs martyr.
» Amour, puisqu'il est vrai que je sers à ta gloire,
» Fais lui croire les maux que tu me fais sentir ;
» On ne m'en fait sentir qu'autant qu'elle en peut croire ».

VADÉ (Jean-Joseph), de Ham en Picardie, n'avait point étudié, ne savait rien, & devait tout à sa gaîté qui l'a fait Poëte.

Ses *Troqueurs* ont été le premier opéra-comique d'un genre moins bas.

CHANSON.

« Sti-là qu'a pincé Berg-op-zoom,
» Est un vrai moule à *Te Deon* :
» Vantés que c'est un fier vivant, pis que,
» Pour vaincre, il se fichait du risque.

» Spinola, près de Lowendal
» Est un sacré héros de bal :
» L'un molit devant la Pucelle,
» Et l'auné fait son lit cheus elle.

» Spendant pourtant le Gouverneur,
» Qui d'Berg-op-zoom était l'fouteneur,
» Voulut faire l'fendant, mais zefte,
» Lowendal lui ficha fon refte.

» Tien farpeguié, rien que fon nom
» Fait autant d'effet que l'canon :
» C'eft qu'dans c'te famill' l'courage
» Eft l'pus fort de leux héritage.

» Le Roi qu'a vraiment l'cœur royal,
» Tout d'fuit' vous l'fait Maréchal,
» Dam' vis-à-vis d'un Roi qui penfe,
» Et l'mérite a d'la récompenfe.

» Louis, en gloire eft connoiffeur ;
» Car c'te Déeffe là eft fa fœur :
» On doit les nommer dans l'hiftoire
» Les deux jumeaux de la victoire.

» J'nai rien, mais c'eft affez pour moi,
» Qu'un feul regard de notre Roi :
» Quand l'foleil donne fur une plante,
» Ses rayons la rendent vivante.

» Dans c'te chanfon, il n'y a gueres d'efprit,
» Mais le cœur fait bien ce qu'il dit :
» Et puis fouvent tel qui nous gouaille
» En biau ftil' ne fait rien qui vaille ».

A U T R E.

Ah! maman, que je l'échappe belle!
     » Colin
      » Ce matin
» S'était gliffé dans ma ruelle.
» Ah! maman, que je l'échappe belle!
     » On a bien raifon
» De fe défier d'un garçon.
» Il s'approche de moi fans rien dire ;
     » Le fripon foudain
      » Me prend la main,

» Je la retire,
» Il fourit, je le gronde, il foupire.
   » Mais, en foupirant,
  » Dieux ! qu'il avait l'air féduifant !
   » Ah ! maman, &c.

» Il pourfuit, je m'étonne, il m'embraffe,
   » Un prudent effort
   » De fon tranfport
   » Me débaraffe :
» Mais voyant redoubler fon audace ;
   » J'avais bien regret
  » De n'avoir pas mis un corfet.
   » Ah ! maman, &c.

» Malgré moi, mon fein frappe fa vue ;
   » Je le couvre en vain,
   » Il va plus loin,
   » J'en fus émue :
» Les deux mains, quand on eft prefque nue,
   » Ne fuffifent pas
  » Pour voiler ce qu'on a d'appas.
   » Ah ! maman, &c.

  » En tremblant, je recule, il s'avance :
   » Le traître à l'inftant,
   » D'un air content,
   » Sur moi s'élance.
» Son ardeur forçait ma réfiftance ;
   » Mais le fuborneur
  » S'enfuit, voyant entrer ma fœur.
   » Ah ! maman, &c. »

A U T R E.

« Je fuis un Narciffe nouveau
  » Qui s'aime & qui s'admire ;
» Mais dans le vin & non dans l'eau,
  » Sans ceffe je me mire.
» En y voyant le coloris
  » Qu'il donne à mon vifage,
» De l'amour de moi-même épris ;
  » J'avale mon image ».

Cantique de Saint Roch.

« Approchez-vous ; & que chacun écoute
» Sur un vieux Saint un cantique nouveau ;
» Le ton badin conviendrait mieux sans doute
» Sur un sujet & si noble & si beau :
        » Sur un air tendre
        » Faisons entendre
        » Comme à saint Roch,
    » Le paradis fut *hoc.*

» Ce fut d'un gros, grand, large & long village ;
» Que notre Saint se trouva né natif ;
» De quatorze ans à peine avait-il l'àge,
» Qu'à Satanas il se montra rétif :
        » Le diable insiste,
        » Le Saint persiste,
        » Et le lutin
    » Y perdit son latin.

» Un pauvre un jour lui demanda l'aumône ;
» Transi de froid, car il gelait alors ;
» Soudain saint Roch se dépouille, & lui donne
» Manteau, culotte, & veste & juste-au-corps :
        » Puis dans l'église
        » Fut en chemise,
        » Dont le devant
    » Flottait au gré du vent.

» Il soufflait fort, & la bise était froide ;
» Cette bonne œuvre allait lui coûter cher ;
» Voilà saint Roch tout transi, quasi roide,
» Quoiqu'il fut dur du côté de la chair :
        » Mainte canaille
        » Sotte marmaille,
        » Le honnissait
    » Et le vilipendait.

» Son cher papa le voyant de la sorte ;
» A coups de canne accueillit ce cher fils ;
» Saint Roch lui dit, le diable vous emporte,
» Pour Dieu, j'ai fait présent de mes habits :

       # E S S A I

» Ils font, je gage,
  » Peut-être en gage,
  » Dit le papa ;
» Mais nous allons voir çà.

» Saint Roch voyant qu'il était difficile
» De vivre là comme doit un chrétien,
» Prit le parti d'abandonner la ville,
» Et dans les bois s'enfuit avec son chien :
    » A leur fubftance,
    » La providence
    » Prenait le foin
  » De fournir au befoin.

» Saint Roch fentant venir fa derniere heure,
» Dit d'un grand cœur fon dernier *oremus.*
» Et puis adieu, mon pauvre chien, demeure,
» Moi je m'en vais, je dis mon *inmanus.*
    » Exemt de blâme,
    » Il rendit l'ame
    » En bon chrétien
  » Dans les bras de fon chien ».

Hiftoire de Manon.

« Qui veut favoir l'hiftoire entiere
» De Manfelle Manon la couturiere,
  » Et de Monfieur fon cher amant,
  » Qui l'aimait z'amicablement.

  » Ce jeune homme-cy t'un beau dimanche
» Qu'il buvait fon d'miftier à la croix blanche,
  » Fut accueilly par des farauts :
  » Qui racollent z'en magner' de crocs.

  » L'un d'eux l'y dit : voulez-vous boire
» A la fanté d'un Roi couvert de gloire ?
  » A fa fanté ? dit-y, zoui-dà ;
  » Il mérite ben c't'honneur-là.

  » Y n'eut pas plutôt dit la chofe,
» Qu'un racolleux dix écus l'y propofe,
  » En lui difant en abrégé,
  » Qu'avec eux t'il eft z'engagé.

» Oh! c'n'eſt pas comm'ça qu'on z'engage,
» Répond le jeun' garçon, faiſant tapage ;
» Y au guet! y au guet! y au guet, y au guet!
» Le guet vient pour ſavoir le fait.

» Pour afin d'éclaircir l'affaire, .
» L'guet les mene tretous cheux l'Commiſſaire,
» Qui condamne l'jeune garçon
» D'aller faire un tour t'en priſon.

» Ah! voyés t'un peu l'injuſtice
» De ces Meſſieux les gens de la juſtice !
» Ils vous jugeont ſans jugement,
» Sans ſavoir l'queul qu'eſt l'innocent.

» Sachant cela, Manon zabile
» S'en va tout droit de cheux M. d'Marville,
» Pour lui raconter, zen pleurant,
» Le malheur de ſon accident.

» Monſieur l'Lieutenant de Police,
» Soit par raiſon d'Etat ou par malice,
» Dit : Man'ſell' quoiqu'vous parlés bien,
» Vot' ſerviteur ; vous n'aurez rien.

» Là d'ſſus, s'te pauvre chere amante
» Pleure encor un p'tit brin, pour qu'ça le tente ;
» Mais voyant qu'ça n'opérait pas,
» Pour la Cour all' part de ce pas.

» A Fontainebleau zelle arrive,
» Quaſi preſque toute auſſi morte que vive,
» S'jette au col de M. d'Villeroy,
» Qu'alle prit d'abord pour le Roy.

» Monſieux, vot' ſarvante... J'ſuis l'votre ;
» C'n'eſt pas moi qu'eſt l'Roy, dity, c'eſt un autre,
» Mon enfant, t'nés l'v'à tout la bas. ...
» Ah! Monſieux, je l'vois, n'bougés pas.

» Sire, eſcuſés ſi j'vous dérange,
» Mais c'eſt que je ne dors, ne bois, ni mange,
» Du depuis que l'amant que j'ay,
» Sur vot reſpect, & s'engagé.

» On zy a forcé fa fignature
» De figner un papier plein d'écriture;
     » Il ne feroit point zenrolé,
     » Si on ne l'avait pas violé.

     » Le Roi qu'eft la juftice même,
» Dit : vous méritez qu'voté amant vous aime;
     » Puis lui fit donner mil zécus,
     » Et le congé par là deffus.

     » Ah! dit-elle, Roi trop propice,
» S'il y avait queuqu'chofe pour vot' farvice;
     » Je pourrions nous employer, da....
     » L'Roi dit qu'il n'vouloit rien pour 'çà.

     » De Paris regagnant la ville,
» Elle reva de cheux M. d'Marville:
     » M'faut mon amant, rendez-le moi,
     » T'nez, lifez, v'la l'ordre du Roi.

     » Il eft trop tard, Mademoifelle :
» Quand il s'rait encor plus tard l'y dit-elle;
     » M'faut mon amant, je l'veut avoir,
     » Non pas demain, mais dıès ce foir.

     » L'Magiftrat, voyant ben que c'tordre
» Allait lui donner du fil à retordre,
     » Fit venir le jeune garçon,
     » Et puis le remit à Manon.

     » Vous jugez comme ils s'embraffirent,
» Et puis enfuite comme ils s'époufirent,
     » Et l'on entend dire en tout lieu,
     » Que c'eft un p'tit ménage de Dieu.

     » Filles qui faites les fringantes,
» Parmi vous trouve-t-on de tell's amantes ?
     » Profitez de cette leçon,
     » Vous aurez le fort de Manon »

VALLIER (François-Charles de), Comte du Sauffay, Colonel d'Infanterie, &c. a fait plufieurs ouvrages en vers, & a fait jouer à la Cóur *Eglé*
& *le Triomphe de Flore*, mis en mufique par M. d'Auvergne.

Vers

*Vers à Mademoiselle ***.*

« Je voudrais... quoi? je voudrais être
» Où ce bouquet va se placer;
» Sans cesse sous vos yeux, j'apprendrais à penser;
» Je jouirais des biens dont je deviendrais maître,
» On ne s'y fane point, je saurais m'y fixer.
    » Est-ce donc là tout l'avantage
  » Qui flatterait & mes yeux & mon goût?
  » Non, je voudrais encore davantage,
» Je serais près du cœur, & le cœur mene à tout ».

VALLIERE (M. le Duc de la), né le 9 Novembre 1708, connu par son goût pour les arts, par ses rares connaissances en littérature, par les jolies pieces de vers qu'on a de lui, & par sa magnifique bibliothéque, l'une des plus précieuses qu'il y ait en Europe, a donné en 1765, à Fontainebleau, deux actes mis en musique par M. de Buty, Surintendant de la Musique du Roi. Le premier est intitulé *Palmyre*, & le second *Zenis & Almasie*, qui a donné lieu à la plus belle décoration qu'on ait vue au théâtre. Sa Romance de *Raoul de Coucy* & celle du *Comte de Comminges*, sont entre les mains de tout le monde, & remplies de vers de sentiment.

Nous croyons faire plaisir au public, en lui donnant plusieurs petites pieces de M. le Duc de la Vallière qui sont ignorées, ainsi que beaucoup d'autres, dont son porte-feuille est rempli.

« S'il suffisait d'aimer éperdument
  » Pour écrire ce que l'on pense,
» Et le pouvoir écrire tendrement,
  » Loin d'être dans la défiance
  » De m'exprimer trop foiblement,
  » Ah! que j'aurais de confiance!
  » Lorsque privé de la présence
  » De l'objet le plus charmant,
  » Qui jamais ait orné la France,
  » Je sens tous les maux de l'absence.
  » Pour en adoucir le tourment,
  » J'aurais la flatteuse assurance

E S S A I

» De lui peindre chaque moment,
» Et de peindre fidélement
» Et ma tendreffe & ma conftance;
» Mais, hélas! quand on aime auffi-parfaitement,
» L'efprit avec le cœur n'eft pas d'intelligence;
» L'amour le cherche vainement,
» Il échauffe l'indifférence
» Et refroidit le fentiment ».

S O N N E T.

« Qu'es-tu dans l'univers trompeufe liberté ?
» Un vain nom fabriqué par notre inquiétude,
» Sous de fauffes couleurs régne la fervitude,
» Et de tous les mortels nul n'en eft excepté.

» Chacun a fes defirs dont il eft furmonté ;
» L'un de l'ambition fait toute fon étude,
» L'autre eft prêt d'affronter la peine la plus rude ;
» Afin d'avoir un bien dont l'efpoir l'a flatté.

» Pour moi, qui féparé de la foule importune
» Ai méprifé le don de l'aveugle fortune,
» Dédaigné fes faveurs & bravé fon courroux :

» J'ai, du port jufqu'ici, comtemplé ces orages ;
» Captif, il eft bien vrai; mais de tant d'efclavages
» L'Amour, le tendre Amour m'a choifi le plus doux ».

Vers en envoyant une Boëte où il y avait une glace.

« Daignez me regarder, Annette, un feul moment,
» Et vous verrez la naïve peinture
» De l'objet le plus charmant
» Qu'ait fu former la nature.
» Mais brifez-moi l'inftant d'après,
» Ou ne m'offrez jamais d'autre objet que vous-même.
» Je n'aime que l'honneur fuprême
» De bien repréfenter vos immortels attraits,
» Vénus, dans fon char de victoire,
» Viendrait en vain m'offrir fes traits à raffembler :
» Vénus ne pourrait rien, Annette, pour ma gloire,
» A moins que de vous reffembler ».

VATAN (le Chevalier de), né au mois de Mai 1733, fils cadet de M. de Vatan , Prévôt des Marchands , était Cornette de la seconde Compagnie des Mousquetaires. Il venait de commencer un long voyage dans les cours du Nord, pour se consacrer à la partie des affaires étrangeres, comme à celle la plus capable d'occuper un esprit aussi pénétrant & aussi vif que le sien, lorsque la mort le surprit à Ratisbonne le 2 Janvier 1757. Peu de Poëtes ont annoncé plus de talent que lui; & pour en faire juger nos Lecteurs, nous ne pouvons lui offrir que la piece suivante, qui est remplie de beaux vers & de pensées sublimes.

Ode à l'Éternité.

« Bois sacré, lieux obscurs, dont l'horreur ténébreuse
    » D'une frayeur religieuse
    » Me fait sentir l'instinct nouveau,
» O bois muets & sourds, dont les retraites sombres,
    » Le morne silence & les ombres
» Ne peignent à mes sens que l'horreur du tombeau.

» Troncs antiques, témoins de l'enfance du monde,
    » Remparts de cette nuit profonde,
    » Tyrans sourcilleux des forêts,
» Précipices, rochers, hideuse perspective
    » A qui l'écho triste & plaintive
» Fait souvent répéter mes douloureux regrets.

» Clair ruisseau qui, du haut de ces cimes arides,
    » Précipitant tes flots rapides,
    » Arroses ces tristes côteaux,
» Et baignant lentement la plaine languissante,
    » Ne portes qu'une eau croupissante
» Dans des marais fangeux que couvrent des roseaux.

» Déserts, où m'égarant dans de seches bruyeres,
    » Aux cris des oiseaux solitaires,
    » De mes cris, je mêle l'horreur!
» Effroyables objets, les seuls que je réclame!
    » Par mes yeux, portez à mon ame
» Un aliment amer qu'implore ma douleur.

» J'ai perdu mon ami! fon ombre que j'adore,
   » Autour de moi voltige encore,
   » Et femble entendre mes regrets;
» Mais trop flatteufe erreur! dans un féjour terrible,
   » Sous une chaîne indeftructible
» L'affreufe éternité le retient pour jamais.

» Malheureux! il vivait dans une paix profonde,
   » Et le vain fpectacle du monde
   » L'amufait encore aujourd'hui,
» L'heure fonne; la mort fe leve & frappe; il tombe:
   » Enfermés fous la même tombe,
» Les êtres font rentrés dans le néant pour lui.

» Mais que t'importe, ami? cette nuit homicide,
   » Qu'on dit couvrir l'abîme vuide,
   » Ou du néant ou des efprits,
» T'environnant déja de fon ombre ftérile,
   T'enleve un defir inutile,
» De ces fenfations dont encor je jouis.

» Que dis-je, ce qu'il eft, je le ferai moi-même?
   » Avec une vîteffe extrême
   » Le midi fuivit le matin,
» Et peut-être bientôt une nuit trop hâtive,
   » Même avant que le foir arrive,
» Sans efpoir d'avenir va borner mon deftin.

» Toi, par qui tout finit, dans qui tout peut renaître,
   » A qui tout doit & rend fon être,
   » Et qui ne dois jamais finir,
» Théâtre du préfent que tu détruis fans ceffe,
   » Toi, dont la force enchantereffe
» Des cendres du paffé fait germer l'avenir.

» Océan dévorant, gouffre incompréhenfible,
   » O mer immobile & terrible
   » De la févere Éternité,
» Affemblage incréé de femences fécondes,
   » De tous les tems, de tous les mondes,
» Univerfel tombeau, principe illimité!

» Pour pénétrer au fond de tes abîmes sombres,
    » En vain j'unirai tous les nombres,
        » Un jour tu les surpasseras :
» Lorsqu'un soleil s'éteint, un autre le remplace,
        » Devant un troisieme il s'efface,
» Tu restes, tu les vois, & ne les compte pas.

» De tant d'aftres brillans la majesté tranquille,
        » Passe fous ton œil immobile,
            » Comme périt l'herbe des champs ;
» Ainsi devant toi l'ourse & l'étoile polaire,
        » Comme une rose passagere,
» Pour naître & pour mourir ont brillé deux instans.

» Quand l'être encor nouveau, dans un ordre sublime
        » S'élançant du fond de l'abîme,
            » Combattait encor le cahos,
» Quand les corps se jouant de leur force premiere,
        » Méditaient chacun dans leur sphere,
» Les loix du mouvement & celles du repos.

» Avant que les rayons de la premiere aurore,
        » S'efforçassent de faire éclore,
            » Le monde encore à peine mûr,
» Et que l'aftre du jour commençant sa carriere,
        » Lançât de son char de lumiere,
» Sur la nuit du néant des flots d'or & d'azur.

» Seule alors avec Dieu, dans son sein déja née ;
        » Tu n'étais pas moins éloignée
            » De ton magnifique berceau
» Que tu l'es aujourd'hui du jour qui t'a vu naître ;
        » Et que tu devras toujours l'être,
» De l'impossible instant marqué pour ton tombeau.

» Quand un second néant, détruisant cette masse,
        » Ne laissera plus que l'espace
            » A la place de l'univers,
» Quand tout ne sera rien ; que la cause premiere
        » Détruisant jusqu'à la matiere,
» Du cahos incréé mettra tout dans les fers :

» Quand d'autres univers, d'autres cieux que les nôtres,
　　» Auront fait place à d'autres
　　» Sujets à la commune loi,
» D'autres humains, mortels ainsi que leurs ancêtres,
　　» Les tems, les mondes & les êtres,
» Se feront tour à tour préfentés devant toi;

» Alors jeune toujours, & toujours immuable,
　　» Egalement inaltérable,
　　» Tu jouiras de ton printems,
» Comme en tes premiers jours de ta fin éloignée,
　　» Immortelle, indéterminée,
» Toujours également future en tous les tems; »

M. le Chevalier de Vatan avait fait une tragédie fur l'hiftoire du Cza-
rowitz Alexis, fils du Czar Pierre. La mort l'a empêché d'y mettre la
derniere main. Nous nous rappellons deux vers pleins de fenfibilité:

« De deux amis la mort ne fait qu'un malheureux,
» C'eft celui qui furvit; mais l'abfence en fait deux. »

VENDÔME (le grand Prieur de), mort en 1727, a fait de fort jolies
chanfons & d'autres poéfies.

C H A N S O N

« Iris porte le Dieu du vin
　　» Et l'enfant de Cythere,
» L'un dans fes yeux, l'autre en fa main,
　　» Pour nous faire la guerre.
　　　» Et lon lan la,
　　» Je crains plus ce Dieu-là
» Que celui qui tient le tonnerre».

VERGIER (Jacques), naquit à Lyon en 1657, étudia en Théologie, &
prit à Paris, en Sorbonne, fes grades de Bachelier.

En 1690, il fut fait Commiffaire de la Marine, & exerça cette place à
Rochefort, à Bréft & à Dunkerque. Il fut enfuite Commiffaire ordonna-
teur, & fut en 1700 nommé à la place de Préfident du Confeil de commerce de cette ville.

Après avoir fait plufieurs voyages en Angleterre pour le fervice du Roi,

& y avoir accompagné M. le Duc d'Aumont en qualité de Secrétaire d'Ambaffade en 1712, il revint à Paris; & les forts de Dunkerque ayant été démolis, il vendit fa charge, & paffa le refte de fa vie dans les plus agréables fociétés, où il était defiré & fêté.

Il fut affaffiné par des voleurs de la bande de Cartouche, dans la rue du Bout-du-monde, le 16 Août 1720, âgé de foixante-trois ans.

On connaît fes deux volumes de poéfies; nous nous contenterons d'en extraire quelques chanfons.

CHANSON.

« Que vos yeux, Iris, font charmans
» Iris, que votre voix eft tendre!
» Tous les Dieux feraient vos amans,
» S'ils pouvaient vous voir, vous entendre.
» Plus fenfible qu'eux à l'amour,
» Mais plus timide à le faire connaître,
» Je vous entends, je vous vois chaque jour:
» Que penfez-vous que je doive être »?

AUTRE.

« Que fait l'Amour à cette table?
» Ce Dieu doit-il être où l'on boit?
» Iris, eft-il inévitable
» De le trouver par-tout où l'on vous voit?
» Faites qu'il forte tout à l'heure:
» Je crains, je fuis fon entretien;
» Mais, non, autant vaut qu'il demeure,
» Si vous reftez nous n'y gagnerons rien ».

AUTRE.

« L'Amour aujourd'hui tout en larmes
» Se plaint hautement de nous deux.
» Il dit que vos yeux
» Ont enlevé fes charmes.
» Que mon cœur à dérobé fes feux.
» L'Amour aujourd'hui tout en larmes
» Se plaint hautement de nous deux ».

A U T R E.

« Bélize veut avoir tout ce qu'elle n'a pas,
   » Et la conquête la plus belle,
» Si-tôt qu'elle l'obtient, lui devient fans appas ;
   « Amant, qui foupirez pour elle,
» Pour faire que fon cœur foit plus d'un jour fidelle ;
» A fes yeux, plus d'un jour, foyez indifférent,
   » Vous la perdrez en l'acquérant.
» Un Amant de deux jours, pour elle a peu de grace ;
   » Et pour mieux vous en avertir,
» Celui qui dans fon cœur tient la premiere place,
   » N'eft que le plus près d'en fortir ».

V<small>IGNE</small> (André de la), Secrétaire d'Anne de Bretagne, a fait un Journal en vers & en profe du voyage & des conquêtes de Charles VIII en
Italie en 1494 (a). Il fut fort ami d'Octavien de S. Gelais, & vivait
encore en 1514 ; on croit qu'il était né vers 1560 ; mais était fûrement
mort en 1527, ainfi que nous l'apprend Jean Bouchel dans fa cinquante-
feptieme Epître familiere, où il met la Vigne au nombre des Poëtes qui
reçurent l'Abbé d'Angle Jean d'Anton dans les Champs-Elyfées.

C H A N S O N.

« De trop aimer, c'eft grand'folie,
» Quelque chofe que l'on m'en die ;
» De trop aimer, c'eft grand'folie.
» Je le fais bien, quand à ma part,
» De trop aimer, c'eft grand'folie.
» Qui fage eft, bientôt s'en départ ».

V<small>ILLEDIEU</small> (Marie-Catherine Desjardins de), née à Alençon en 1640 ;
vint à Paris à l'âge de vingt ans, & elle y fit beaucoup de bruit par fa
beauté & par fon efprit. M. de Villedieu, quoique déja marié en fecret,
l'époufa & mourut bientôt après. Elle époufa en fecondes noces M. de

---

(a) Ce Journal commence le mardi 9 Septembre 1494, & finit le famedi 7 Novembre
1495.

Châte

Châte, auſſi marié ſans qu'on le ſût, & qui ne vécut pas plus long-tems. Elle paſſa le reſte de ſes jours dans la galanterie, conſervant toujours le nom de Villedieu, même pendant la vie de ſon ſecond mari, & mourut en 1683, après avoir fait pluſieurs romans, & beaucoup de petites pieces de poéſie.

CHANSON.

« Amour, vous n'êtes pas encore mon vainqueur;
» Mais hélas! je vous crains, doux tyran de nos ames;
» Et loiſque vous mettez la crainte dans un cœur,
　　» Il eſt bien près de reſſentir vos fiames ».

AUTRE.

« La nuit fut de tout tems favorable à l'amour:
» Que des jours les plus beaux elle ſoit triomphante:
　　» Un moment d'une nuit charmante
　　» Vaut ſeul tous les plaiſirs du jour ».

AUTRE.

« Preſque toujours chacun ſuit ſon caprice:
» Heureux eſt le mortel que les deſtins amis
　　» Ont partagé d'un caprice permis,
» Ou de qui le tranſport devient une juſtice;
» Quand de ce don du ciel un cœur eſt revêtu,
» C'eſt toujours à l'honneur qu'il fait un ſacrifice.
» Mais, ſi d'un ſort contraire il était combattu,
　　» Le faible ferait pour le vice
　　» Tout ce qu'il fait pour la vertu ».

VOISENON (Claude-Henri Fuſée de), né au château de Voiſenon, près Melun, le 8 Juillet 1708, commença par être Grand-Vicaire de l'Evêque de Boulogne; mais il abandonna bientôt les dignités eccléſiaſtiques, ne ſe ſentant pas deſtiné à les bien remplir. Il était né plutôt pour l'état militaire, puiſqu'ayant plaiſanté un Officier qui le trouva mauvais, il ſe battit avec lui, le bleſſa & le déſarma.

Depuis ce tems il ſe livra entiérement au monde & au théâtre; mais preſque toujours ignoré dans ſes productions, il ſe couvrait de voiles qui n'étaient que de ces gazes légeres que perce le premier coup-d'œil. On le reconnaissait par-tout, & souvent même où il n'était pas ; car on lui a attribué beaucoup de choses qui sont entiérement de Favard.

. Son amitié pour cet aimable Poëte ne s'est pas démentie un seul moment jusqu'à la fin de sa vie.

En 1771 , il fut nommé Ministre de l'Evêque de Spire , & termina près de cinq ans ensuite une vie souvent tourmentée par un asthme, & par la complexion la plus délicate, qui le mirent plusieurs fois aux portes de la mort.

Il mourut à Voisenon le 22 Novembre 1775 , avec une fermeté & une constance peu communes.

Desmahis a fait ainsi son portrait.

> « Arbitre des talens qu'il cultive & possede ,
> » Son esprit est toujours d'accord avec le goût :
> » Toujours nouveau, sans cesse à lui-même il succède ;
> » Et sans prétendre à rien, il a des droits sur tout ».

L'Abbé de Voisenon a donné à l'Opéra, en 1758 , *l'Amour & Psyché*, musique de Mondonville ; en 1759, *les Fêtes de Paphos*, musique de Mondonville.

C H A N S O N.

> « Craignons ces bergers doucereux,
> » Maman le veut, ce sont, dit-elle,
> » Des loups malins & dangereux ;
> » Brebis, fuyez leur dent cruelle ;
> » Helas ! je frémis du danger.
> » Mais les discours de mon berger
> » Dissipent bientôt mes alarmes.
> » Maman, il a de si doux charmes,
> » Pour guérir un soupçon fatal !
> » Non, non, je ne puis m'en défendre :
> » Il est si soumis & si tendre,
> » Voudrait-il me faire du mal » ?

A U T R E.

> « L'aimable printems voit éclore
> » Des fruits que l'été fait mûrir ;

» L'automne plus heureux encore,
» Nous offre ce jus à cueillir.

» Ainsi, par d'aimables largesses
» Tout conspire à nous réjouir.
» Trois saisons forment nos richesses ;
» L'hiver est le tems d'en jouir.

» Chantons la saison favorable,
» Amis, qui nous rassemble tous ;
» Bravons chez une hôtesse aimable
» Tous les vents du nord en courroux,

» Je vois la délicate Annette
» Que la bise fait frissonner.
» Ah ! bergere, l'amour m'apprend
» Le plaisir de te réchauffer.

» L'amour & ce brillant champagne
» A l'envi t'offrent tous leurs feux :
» Choisis, mon aimable compagne,
» Ou plutôt, prens-en de nous deux.

» Au bout d'une courte carriere
» Phébus se plonge dans les eaux,
» Regretterai-je sa lumiere,
» Quand je vois Annette aux flambeaux !

» Tandis que sa face est visible,
» Au travail on voit tout courir ;
» Les heures de la nuit paisible
» Sont les heures du doux plaisir.

» De la clarté que l'art me donne,
» Je dispose au gré de mes vœux ;
» Une aimable rougeur l'ordonne,
» Je l'éteins, & je suis heureux.

» L'éclat d'une fête brillante
» Rassemble les sujets d'amour.
» Dieux ! que la bergere est contente !
» L'amant saura l'être à son tour,

» Seuls dans le cabinet d'Iphife,
» Que nos entretiens ont d'attraits !
» Dans le feu que fa main attife,
» Le tendre amour forge fes traits.

» Que l'hiver eft charmant à table !
» Les plaifirs s'y raffemblent tous ;
» Le vin rend l'amour plus traitable,
» Et l'amour rend le vin plus doux ».

Voiture, né à Amiens en 1598, & fils d'un Marchand de vin, fut élevé à Paris au collége de Boncour. M. d'Avaux, fon camarade d'école, étant devenu Surintendant des Finances, le nomma premier Commis, pour qu'il en eût les appointemens, & le fit connaître à la Cour, où il fut fort goûté. Il était prefque toujours à l'hôtel de Rambouillet, & faifait l'ornement de ces converfations fi fameufes dans ce tems-là. Jamais perfonne n'entendit mieux que lui l'art de badiner noblement & agréablement. Ses Lettres feront agréables dans tous les tems ; mais fort peu de fes vers méritent d'être confervés.

M. d'Avaux lui procura la charge de Maître-d'hôtel du Roi, & celle d'Introducteur des Ambaffadeurs chez Monsieur, frere du Roi. Il fuivit ce Prince en Languedoc, pendant le tems des brouilleries, & fut envoyé par lui en Efpagne, où il fe fit aimer du Comte d'Olivarès ; il apprit fi bien l'Efpagnol, qu'il fit des vers que l'on crut de Lopès de Véga. Il fit auffi deux voyages à Rome, où il fut accueilli de tous les Savans.

Il fut un des Académiciens Français les plus eftimés, & mourut en 1648 ; regretté des honnêtes gens, & fur-tout des Dames.

CHANSON.

« J'avais de l'amour pour vous,
» Charmante Silvie :
» Mais vos injuftes courroux
» Ont refroidi mon envie.
» Je fais aimer conftamment ;
» Mais fi l'on n'aime également,
» Ma foi, je m'en ennuie.

» L'amour fur un autre amour
» Volontiers s'appuie,

» J'aime fans aucun détour.
» Mais fi je vois qu'on me fuie,
» Et qu'on fe plaife à m'ouir
● Pleurer, tourmenter & gémir,
   » Ma foi, je m'en ennuie.

   » Vous exercez fur mon cœur
    » Trop de tyrannie,
» Je ne vis plus qu'en langueur,
» C'eft une peine infinie
» Que de vivre en vous aimant ;
» Et pour vous parler franchement,
   » Ma foi, je m'en ennuie.

   » Si vous penfez honorer
    « Une ame tranfie
» Qui meurt pour vous adorer,
» Pour moi, je vous remercie :
» Je ne veux point tant d'honneur ;
» Gardez-le à quelque grand Seigneur ;
   » Ma foi je m'en ennuie ».

VOLTAIRE (Marie-François Arrouet de). Il était de la deftinée brillante de ce grand homme (comme on l'a fouvent obfervé), d'étonner par l'univerfalité de fes talens, & de parcourir avec fuccès tous les genres de la littérature. Quoique le genre lyrique ne foit pas précifement celui dans lequel il ait acquis le plus de gloire, on lui doit cependant de très-belles odes, tellé que celle fur la mort de l'Empereur Charles VI, celle fur la mort de Madame la Margrave de Bareith, &c. Il a fait auffi quelques opéra, entr'autres *Samfon* & *Pandore*. L'opéra de *Samfon* fut mis en muíique par *Rameau* ; mais la repréfentation n'en fut pas permife, parcequ'on regarda la fcène lyrique comme trop profane, pour y repréfenter un fujet tiré de l'Ecriture, tandis qu'on tolérait que *Samfon* & *Arlequin*, comme le dit plaifamment Voltaire , fiffent conjointement des miracles à la farce Italienne.

Nous nous permettrons de tranfcrire un fragment de cet opéra, pour prouver que le génie de l'Auteur favait fe plier à tous les genres, & même y donner l'exemple de quelques beautés nouvelles.

E S S A I

Samson *enchaîné*, Gardes.

« Profonds abymes de la terre,
» Enfer, ouvre-toi !
» Frappe, tonnerre,
» Ecrase-moi :
» Mon bras a refusé de servir mon courage,
» Je suis vaincu, je suis dans l'esclavage,
» Je ne te verrai plus, flambeau sacré des cieux !
» Lumiere, tu fuis de mes yeux !
« Lumiere, brillante image
» D'un Dieu ton auteur,
» Premier ouvrage
» Du créateur,
» Douce lumiere !
» Nature entiere,
» Des voiles de la nuit l'impénétrable horreur
» Te cache à ma triste paupiere.
» Profonds abymes, &c. »

Une Prétresse des Philistins.

» Tous nos Dieux étonnés & cachés dans les cieux,
» Ne pouvaient sauver notre empire,
» Vénus, avec un sourire,
» Nous a rendus victorieux.
» Mars a volé, guidé par elle,
» Sur son char tout sanglant ;
» La victoire immortelle
» Tirait son glaive étincelant
» Contre tout un peuple infidele ;
» Et la nuit éternelle
» Va dévorer leur chef interdit & tremblant ».

Le Roi des Philistins *à Samson.*

« Eh bien ! qu'est devenu ce Dieu si redoutable,
» Qui par tes mains devait nous foudroyer ?
» Une femme a vaincu ce fantôme effroyable,
» Et son bras languissant ne peut se déployer.
» Il t'abandonne, il céde à ma puissance ;
» Et tandis qu'en ces lieux j'enchaîne les destins,
» Son tonnerre étouffé dans ses débiles mains,
» Se repose dans le silence ».

SAMSON.

» Grand Dieu ! j'ai soutenu cet horrible langage,
» Quand il n'offensait qu'un mortel,
» On insulte ton nom, ton culte, ton autel,
» Leve-toi, venge ton outrage ».

CHŒUR DE PHILISTINS.

« Tes cris ne sont point entendus,
» Malheureux, ton Dieu n'est plus ».

SAMSON.

» Tu peux encore aimer cette main malheureuse ;
» Accorde-moi du moins une mort glorieuse ».

LE ROI.

« Non, tu dois sentir à longs traits
» L'amertume de ton supplice.
» Qu'avec toi, ton Dieu périsse,
» Et qu'il soit, comme toi, méprisé pour jamais ».

SAMSON.

« Tu m'inspires ! Grand Dieu ! c'est sur toi que je fonde
» Mes superbes desseins ;
» Tu m'inspires, ton bras seconde
» Mes languissantes mains ».

LE ROI.

» Vil esclave, qu'oses-tu dire ?
» Prêt à mourir dans les tourmens ;
» Peux-tu bien menacer ce formidable empire
» A tes derniers momens !
» Qu'on l'immole, il en est tems ;
» Frappez, il faut qu'il expire ».

SAMSON.

« Arrêtez, je dois vous instruire
» Des secrets de mon peuple & du Dieu que je sers ;
» Ce moment doit servir d'exemple à l'univers ».

Le Roi.

« Parle, apprens-nous tous tes crimes ;
» Livre-nous toutes nos victimes ».

Samson.

» Roi, commande que les Hébreux
» Sortent de ta préfence & de ce temple affreux ».

Le Roi.

» Tu feras fatisfait ».

Samson.

» La cour qui t'environne ;
» Tes Prêtres, tes guerriers font-ils autour de toi ? »

Le Roi.

» Ils y font tous, explique-toi ».

Samson.

« Suis-je auprès de cette colonne
» Qui foutient ce féjour fi cher aux Philiftins ?

Le Roi.

« Oui, tu la touches de tes mains » ;

Samson *ébranlant la colonne.*

« Temple odieux, que tes murs fe renverfent ;
» Que tes débris fe difperfent
» Sur moi, fur ce peuple en fureur ».

Chœur des Philistins.

» Tout tombe, tout périt, ô ciel ! ô Dieu vengeur !

Samson.

» J'ai réparé ma honte, & j'expire en vainqueur » ;

Ces vers nous paraiffent moins doucereux, moins fades que ceux de la plupart de nos opéra. Ils prouvent que notre fcène lyrique pourrait s'élever à un ton de poéfie plus fier, plus mâle, plus élevé qu'on ne le croit communément, fur-tout d'après nos opéra modernes.

On

On trouve auſſi de très heureux morceaux dans Pandore ; mais nous nous bornerons à ajouter ici quelques chanſons échappées au génie facile de M. de Voltaire. Quelques-unes ont été faites par l'Auteur, ſans qu'il ſe doutât qu'on dût les chanter, telles que ces ſtances charmantes qui appellaient ſi naturellement la muſique.

STANCES.

« Si voulez que j'aime encore,
» Rendez-moi l'âge des amours ;
» Au crépuſcule de mes jours
» Rejoignez, s'il ſe peut, l'aurore.

» Des beaux lieux où le Dieu du vin,
» Avec l'Amour, tient ſon empire,
» Le tems, qui me prend par la main,
» M'avertit que je me retire.

» Laiſſons à la belle jeuneſſe
» Le plaiſir & les agrémens :
» Nous ne vivons que deux momens ;
» Qu'il en ſoit un pour la ſageſſe.

» Quoi, pour toujours vous me fuyez
» Tendreſſe, illuſion, folie,
» Dons du ciel qui me conſoliez
» Des amertumes de la vie !

» On meurt deux fois, je le vois bien :
» Ceſſer de plaire & d'être aimable
» Eſt une mort inſupportable ;
» Ceſſer de vivre, ce n'eſt rien.

» Ainſi je déplorais la perte
» Des erreurs de mes premiers ans ;
» Et mon ame, aux deſirs ouverte,
» Rappellait ces enchantemens.

» Du ciel alors daignant deſcendre,
» L'amitié vint à mon ſecours ;

» Elle était plus douce, auſſi tendre,
» Mais moins vive que les amours.

» Touché de ſa beauté nouvelle,
» Et par ſa lumiere éclairé,
» Je la ſuivis ; mais je pleurai
» De ne pouvoir plus ſuivre qu'elle ».

C H A N S O N.

A Madame la Princeſſe de Pruſſe.

« Souvent un air de vérité
» Se mêle au plus groſſier menſonge :
» Cette nuit, dans l'erreur d'un ſonge,
» Au rang des Rois j'étais monté :
» Je vous aimais alors, & j'oſais vous le dire :
» Les Dieux, à mon réveil, ne m'ont pas tout ôté,
» Je n'ai perdu que mon empire ».

A U T R E.

« Vos yeux ſont beaux, mais votre ame eſt plus belle,
» Vous êtes ſimple & naturelle ;
» Et ſans prétendre à rien vous triomphez de tous.
» Si vous euſſiez été du tems de Gabrielle,
» Je ne ſais pas ce qu'on eût dit de vous ;
» Mais on n'aurait point parlé d'elle ».

A U T R E.

« Pour ſoumettre mon ame
» A l'empire des plaiſirs,
» Un berger plein de flame,
» M'entretient de ſes deſirs :
» Pas à pas ſon feu le guide
» Vers la route des faveurs ;
» Mais ſon cœur encor timide
» N'oſe braver mes rigueurs.

» La ſageſſe trop fiere
» Me défend de l'écouter ;

» Et pour la faire taire,
» L'ingrat n'ofe affez tenter.
» Que n'a-t-il affez d'adreffe
» Pour dérober au devoir
» La preuve d'une faibleffe
» Que je n'ofe faire voir !

» Quand d'un œil moins févere,
» Je flatte fes tendres feux,
» Son embarras différe
» L'inftant de fe rendre heureux.
» Il craint, il tremble, il héfite;
» Il avertit ma fierté;
» Et la cruelle en profite
» Pour bannir la volupté.

» Hier à la victoire
» Marchant plus rapidement,
» Il atteignit la gloire
» Dont on couronne un amant.
» Que n'ofait-il davantage ?
» Encor un pas feulement,
» Ma raifon faifait paffage
» Au plaifir du fentiment ».

Autre, faite à plus de quatre-vingt ans.

« Eh quoi ! vous êtes étonnée,
» Qu'au bout de quatre-vingt hivers
» Ma mufe faible & furannée
» Puiffe encore frédonner des airs !

» Quelquefois un peu de verdure
» Rit fous les glaçons de nos champs;
» Elle confole la nature :
» Mais elle féche en peu de tems.

» Un oifeau peut fe faire entendre
» Après la faifon des beaux jours :
» Mais fa voix n'a plus rien de tendre;
» Il ne chante plus fes amours.

» Ainſi je touche encor ma lyre

» Qui n'obéit plus à mes doigts ;

» Ainſi j'eſſaie encor ma voix

» Au moment même qu'elle expire.

» Je veux dans mes derniers adieux,

» Diſait Tibulle à ſon amante ,

» Attacher mes yeux ſur tes yeux,

» Te preſſer de ma main mourante.

» Mais quand on ſent qu'on va paſſer ,

» Quand l'ame fuit avec la vie ,

» A-t-on des yeux pour voir Délie,

» Et des mains pour la careſſer ?

» Dans ces momens chacun oublie

» Tout ce qu'il a fait en ſanté ;

» Quel mortel s'eſt jamais flatté

» D'un rendez-vous à l'agonie ?

» Délie elle-même à ſon tour,

» S'en va dans la nuit éternelle,

» En oubliant qu'elle fut belle

» Et qu'elle a vécu pour l'amour.

» Nous naiſſons, nous vivons, Bergere ,

» Nous mourrons ſans ſavoir comment ;

» Chacun eſt parti du néant :

» Où va-t-il ?... Dieu le ſait, ma chere ».

Ussieux (M. d') a fait un recueil d'anecdotes hiſtoriques, imprimé en deux volumes *in-8°*, avec des figures, & eſt intitulé *le Décaméron Français*. Preſque toutes ces hiſtoires ſont du plus grand intérêt , & auſſi bien écrites qu'agréables à lire. Son *Siége de S. Jean-de-Lône* , piece héroïque en trois actes , eſt reçu à la Comédie Françaiſe depuis longtems, & probablement ſera bientôt repréſenté. Sa traduction de l'Arioſte eſt fort eſtimée , & digne de la beauté de l'édition. Il a fait auſſi en ſociété *Gabrielle de Paſſy* , parodie de *Gabrielle de Vergy*. M. d'Uſſieux eſt l'un des Auteurs du Journal de Paris, & l'orne ſouvent d'articles de la meilleure critique.

CHANSON.

« Amour me tient en fervage :
» En mon cœur plus n'eft repos ;
» En ma bouche, doux propos ;
» N'ai que larmes pour breuvage,
» Et pour voix n'ai que fanglots.

» Bien fe voit que de ma vie
» Fleur fe paffe chaque jour,
» Si m'aimez à votre tour,
» Las! dans peu, gente Émilie,
» Mourrai victime d'amour.

» Ah! fi me pouviez entendre,
» Si vous faviez que m'amoindrit,
» Que Roger d'amour périt,
» Vous connois ame affez tendre,
» Me pleureriez un petit.

» Mais non, non, ne craignez mie ;
» Mon fecret point ne dirai ;
» Avec moi, quand finirai,
» Vous le promets, belle amie,
» Au tombeau l'emporterai ».

WATELET (Claude-Henri), Receveur général des Finances, né à Paris,
& reçu à l'Académie Françaife en 1760. L'amitié, les lettres & les talens
ont fait le bonheur de fa vie, & fes plus agréables délaffemens.

Son poëme fur la Peinture méritera toujours l'eftime des Poëtes & des
Peintres, & jamais un poëme fur cet art ne pouvait être bien fait que
par un homme qui poffédât également les connaiffances néceffaires dans
ces deux genres. On attend de M. Watelet une traduction en vers de
la Jérufalem délivrée du Taffe. Ce qui en a été lu aux Séances publiques
de l'Académie, a fait juger avantageufement du refte de cette difficile
entreprife.

Jamais homme de lettres n'a moins été jaloux que M. Watelet, des
fuccès de fes confreres ; & jamais perfonne n'a plus encouragé les talens
naiffans, ni ne leur a donné de confeils plus utiles.

Nous avons de lui beaucoup de chansons échappées à ses loisirs; on les chante sans savoir de qui elles sont, & jamais il n'y a attaché assez de mérite pour s'en déclarer l'auteur.

XIMENÈS (Auguste-Louis, Marquis de), né à Paris le 28 Février 1726, a donné plusieurs tragédies au Théâtre Français, & a fait l'opéra de *Phara-mond* & celui d'*Hélène*, qui n'ont pas encore été représentés.

YVER, Seigneur de Plaisance & de la Bigotterie (Jacques), Gentil-homme Poitevin, naquit à Niort en 1520.

Branle de Poitou.

« Ores, mon Angelette
» Que le pampre croissant
» D'une accolade estroite
» Va sa treille embrassant,
» Et qu'on voit s'enlassant
» Tout à l'entour du chesne,
» D'une amoureuse chaîne,
» Le lierre verdissant.

» Que les arbres en terre
» Se vestent de blancheurs;
» Que le verd pré desserre
» Ses plus douces odeurs,
» Se bigarrant de fleurs,
» Et que l'eau qui ruisselle,
» Console la querelle
» Des oiseaux voyageurs.

» Le rossignol sauvage,
» Le passe, & le ramier
» Sous le nouveau feuillage
» Se vont apparier :
» Que d'une amour entiere
» Gémit la tourterelle
» Et que jà l'arondelle
» Cherche à se marier.

» Puifque tout ce, ma belle,
» Le printems nous fait voir,
» Serez-vous bien rebelle
» A l'amoureux devoir ?
» Pourrez-vous feule avoir
» L'hyver en la poictraine,
» Pour efteindre inhumaine
» D'un doux feu le pouvoir ?

» Pluftôt d'amour bénigne
» Faites un cœur nouveau,
» Pluftôt foyez ma vigne,
» Je ferai votre ormeau ;
» Et dans votre fein beau,
» Enfermés mon courage,
» Comme dans une cage
» On enferme un oifeau.

» Et pour un plus grand figne
» D'éternelle amitié,
» D'un lien androgyne
» Notre corps foit lié,
» Que de notre moitié,
» Amour ores parface
» Un tout qui ne s'efface
» Par la mort fans pitié.

» Qu'un trait qui ne rebouche,
» Nous enferre tous deux
» Sein à fein, bouche à bouche,
» Flanc à flanc, yeux à yeux ;
» Que ce ret doucereux
» Cent fois fur nous redouple,
» Duquel Vulcain accouple
» Les Déeffes aux Dieux ».

CHANSON.

« J'ai requis à l'amour un bien tant feulement ;
» Que, pour de mes travaux l'heureufe récompenfe,
» Il lui pleuft d'un baifer me donner allégeance,
» Tel que ma belle fceu fucrer fi doucement.

» Il me fut octroyé de le prendre en paſſant ;
» O jour infortuné que j'en eus jouiſſance !
» Mon œil n'ayant plus lors de voir ſon bien puiſſant,
» De ma bouche enviait le doux contentement.
» Amour, tu n'as rien fait pour ma triſte penſée,
» Ayant une autre guerre en moi recommencée.
» Et me faiſant, hélas, de moi-même envieux :
» Donc puiſqu'à deux deſirs un bien ne peut ſuffire ;
» Je te ſupplie, amour, ſi tu ne veux m'occire,
» Ou bien oſte-moi tout, ou bien me donne mieux ».

Fin du ſixieme Livre.

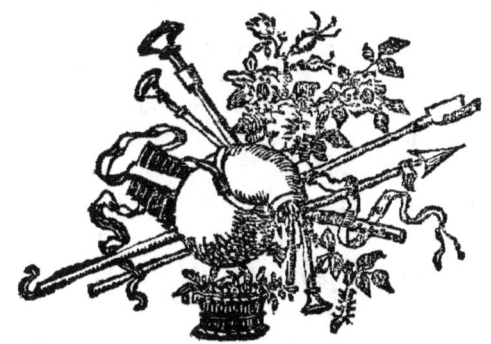

SUPPLÉMENT *AU CHAPITRE IV.* DU TOME III.

Nous devons à M. Suard, de l'Académie Françaife, ce Supplément qu'il n'a pas eu le tems de faire plus étendu. Il eût été à defirer que nous l'euffions confulté plutôt, il aurait enrichi notre Ouvrage de recherches & de remarques auffi agréables qu'utiles. Nous efpérons qu'il voudra bien nous communiquer tout ce qu'il a écrit fur la Mufique, fi le Public a la bonté de juger notre Ouvrage digne d'une feconde édition.

Nous ne faurions trop le répéter : fi jamais nous entreprenons cette tâche pénible, nous defirerons que cet ouvrage foit bien moins le nôtre que celui de tous les gens inftruits qui daigneront nous honorer de leurs confeils & de leurs recherches. Nous n'avons jamais ambitionné que le mérite d'être utile aux amateurs d'un art qui n'eft pas fondé, comme beaucoup de gens le croient, fur des regles arbitraires ; & nous n'avons cherché qu'à raffembler dans un même recueil les faits les plus intéreffans épars dans des milliers de volumes. Loin de redouter ou de braver les critiques que nous méritons probablement dans une infinité d'endroits, nous les recevrons avec reconnoiffance, fur-tout fi elles font dictées par l'amour du vrai, qui feul a été notre guide.

Des Compofiteurs Italiens.

Antoniotti (George), Compofiteur Italien, a fait imprimer à Londres, en 1760, un ouvrage intitulé *l'Arte Armonica.*

Agnesi (Marie-Thérefe), de Milan, a mis en Mufique plufieurs Cantates & trois Opéras qui ont eu du fuccès : *La Sofonisba,* le *Ciro in Armenia,* & la *Nitocri.* Cette dame était fœur de la célebre Marie Gaetana Agnefi, qui a profeffé les Mathématiques à Bologne, & qui eft morte il y a peu de tems.

Tome IV. Mmm

ARDORE (le Marquis de Saint-George, Prince d'), ce Seigneur Napolitain, très-connu en France, où il a été Ambaſſadeur il y a trente ans, a mis en muſique des Cantates & des Opéras, & ſes compoſitions ſont eſtimées des maîtres de l'Art. Le royaume de Naples a fourni beaucoup de noms illuſtres à la liſte des Compoſiteurs en Muſique : les plus célébres ſont le Baron d'Aſtorgas, le Duc Ruffo, Don Bartolomeo Vaſſallo, tous trois Siciliens ; Don Antonio Caputo, Monſignore de' Stefani, & quelques autres, dont les noms ſont omis dans le catalogue.

BERTONI (Ferdinand). On a omis à l'article de ce Compoſiteur, encore vivant, une anecdote qui me paroît intéreſſante pour l'hiſtoire de l'Art.

On ſait le ſuccès extraordinaire que l'*Orfeo* du Chevalier Gluck a eu ſur preſque tous les théâtres d'Europe. Après avoir été joué vingt-huit fois de ſuite ſur celui de Parme, où toute l'Italie était raſſemblée pour la fête du mariage de l'Infant, on le grava. C'eſt le premier Opéra Italien qui ait été gravé. On engagea quelque tems après M. Bertoni à mettre en Muſique le même Poëme pour le théâtre de Veniſe ; il le fit avec ſuccès. On fit graver ſa partition ; mais il exigea qu'on mît à la tête un *Avis au Lecteur*, dont voici la traduction littérale.

« Ce n'eſt pas ſans quelque frayeur que j'ai accepté la propoſition de
» mettre en Muſique l'*Orfeo* du célebre Signor Calzabigi, après l'heureux
» ſuccès qu'a juſtement obtenu dans la même entrepriſe M. le Chevalier
» Gluck chez toutes les nations de l'Europe. En me mettant à l'ouvrage,
» me trouvant dépourvu du ſecours du Poëte que j'aurois pu conſulter
» au beſoin, je regardai comme une circonſtance auſſi heureuſe qu'utile
» pour moi, d'avoir ſous les yeux la partition du Compoſiteur, pour
» ſuivre ſes traces, au moins dans la marche qu'il a tenue. C'eſt aux
» hommes d'un diſcernement juſte & délicat, à juger de la différence
» qu'il y a dans le reſte.

» Le ſuccès de mon ouvrage a paſſé toutes mes eſpérances, & d'après
» les inſtances qu'on m'a faites pour le publier, je n'ai pu me diſpenſer
» de le laiſſer graver.

» Je me trouverais fort heureux ſi je pouvais, non pas obtenir comme
» M. le Chevalier Gluck, les applaudiſſemens des autres nations, mais

» du moins trouver auprès d'elles une partie de l'indulgence qu'on m'a
» montrée à Venife.

» Pour prix de ma condefcendance, j'ai exigé de MM. les Editeurs,
» qu'ils mettraient cet avis à la tête de l'ouvrage, afin de rendre juftice
» à qui elle eft due, & d'éviter toute imputation de vanité, défaut
» très-étranger à mon caractere ».

Ce qui me paraît mériter attention dans cette Préface, c'eft de voir
qu'un habile Compofiteur, qui avait déja mis en mufique, fans en être le
moins du monde effrayé, (*fenza trepidazione*) des Poëmes fur lefquels
les Vinci, les Jomelli, les Buranello, les Haffe, &c. avaient déployé
toutes les richeffes de leur art, éprouve ce moment de frayeur en remet-
tant en mufique l'*Orfeo*, après M. Gluck; qu'il fe trouve fort heureux
d'avoir la partition fous les yeux pour fuivre la marche & la difpofition
générale que M. Gluck lui avait tracée; qu'il ait imité les intentions,
les mouvemens, & fouvent même les motifs de tous les morceaux intéreffans de l'original, & que cette imitation ait encore eu un grand fuccès chez les Italiens mêmes, qui femblent ne defirer & ne goûter que
la nouveauté. Je me contenterai d'expofer ce fait, & je laiffe aux gens
d'efprit à en tirer les conféquences.

Carissimi (Jacques). L'article de ce célebre Compofiteur nous paraît
mériter d'être traité avec plus de détail qu'il ne l'eft dans le catalogue.
Peu de Muficiens ont plus fait pour le progrès de l'art, & ont eu une plus
grande réputation. C'eft à lui que les Italiens doivent principalement le
ftyle actuel de leur récitatif, inventé d'abord par Jacopo Peri, &
par Monteverde; Cariffimi fut y imiter de plus près les intonations naturelles du difcours, en y confervant une tournure de chant facile &
agréable. Il eft l'inventeur des baffes figurées & mobiles, idée que Co-
relli faifit & imita avec tant de goût & de fuccès. Il fut auffi le premier qui, dans les Motets, fit accompagner les voix par des violons &
d'autres inftrumens; pratique qu'il tranfporta du théâtre à l'églife, & qui
fut imitée par tous les Compofiteurs Italiens. On lui a attribué l'honneur d'avoir inventé la Cantate; mais on peut voir à l'article *Barbara
Strozzi*, que cette invention, dont l'Opéra avoit donné l'idée, appartient
à cette Dame Vénitienne. Cariffimi ne fit que la tranfporter des Con-

Mmm 2

certs dans la Muſique d'Egliſe, en compoſant des Cantates ſur des ſujets de religion. Une des plus célebres de ces compoſitions eſt celle de *Jephté*. Kircher en parle avec raviſſement dans ſa *Muſurgie*, & il donne les plus grands éloges à Cariſſimi.

Ce Compoſiteur avait fait une grande fortune par ſes Ouvrages, & a vêcu quatre-vingt-dix ans.

CECCHINI (Ange), Auteur de la Muſique d'un drame ancien, imprimé ſous ce titre : *La Sincerita Trionfante*; *owero l'Erculeo ardire, favola boſcareccia d'Ottaviano caſtelli, poſta in Muſica da Angelo Cecchini muſico del ſig. Duca di Bracciano. Roma, per vitale Maſcardi* 1640, 4°. *atti V, con un diologo e intermedi.*

MAROTTA (Eraſme). On a omis dans le catalogue, de dire que Marotta était Jéſuite, en même tems que Compoſiteur de Muſique. On y dit qu'il mit en muſique l'*Aminte* du Taſſe en 1550, ce qui ne peut pas être. Marotta entra dans la Société de Jeſus en 1612; & mourut à Palerme en 1641. Je n'ai pas le tems de rechercher la date de cette compoſition; mais je trouve dans la *Storia critica* du P. Quadrio, qu'elle était poſtérieure aux Mélodrames d'Emilio del Cavaliere, dont le dernier, intitulé, *Il giuoco della cieca*, fut repréſenté en 1595.

MERULA (le Chevalier Tarquin). On peut ajouter à ſon article, que ce fut lui qui le premier introduiſit d'autres inſtrumens que l'Orgue dans la Muſique d'Egliſe pour accompagner le chant du chœur : il y employa la viole & même le violon. Un de ſes ouvrages eſt intitulé : *Canzoni overo ſonate concertate per chieſa e camera, a duo e tre Stromenti, lib. IV, 1637.* On voit par ce titre que dès l'année 1637, il compoſa des Sonates pour l'égliſe & pour la chambre; ce qui donne l'époque la plus reculée à laquelle on puiſſe rapporter l'invention de ce genre de compoſition; car on ſait que même pluſieurs années après cette époque, la ſeule muſique de concert qui fût en uſage en France, en Allemagne & en Angleterre, étaient des eſpeces de caprices pour la viole, ſans deſſein ni régularité.

Parmi les compoſitions de Muſique vocale de Merula, il y en a une

d'une espece un peu bizarre : c'est la déclinaison grammaticale du pro-
nom latin *hic*, arrangée en forme de fugue ou de canon à l'unisson.

MONTEVERDE (Claude). On pourrait ajouter à son article que plusieurs Savans le regardent comme le véritable créateur de la Musique
théâtrale, & comme un des inventeurs du récitatif; en effet, on ne
connaît point d'exemple de récitatif plus ancien que celui de son opéra
d'*Orfeo*, qui existe encore.

NASELLI (il cavaliere Don Diego), de la maison d'Arragon, a mis en
musique plusieurs opéras, l'*Attilio Regolo*, représenté à Palerme en 1748,
& le *Demetrio*, joué à Naples en 1749. Il était éleve de Perez. Comme
il ne voulait pas se faire connaître pour l'auteur de ces compositions, il
les faisait annoncer sous les nom d'*Egidio Lasnel*, qui est l'anagrame
de son vrai nom.

PESENTI (Martin), de Venise, mérite une place dans le catalogue
des Compositeurs. Quoique né aveugle, il s'est fait une grande réputation dans son tems par des compositions de Musique vocale & instru-
mentale. On pourrait croire, d'après nombre d'exemples, que la perte
de la vue est plutôt favorable que nuisible à l'étude & à la pratique de
cet art. On connaît les ouvrages & la célébrité de Salinas, né aveugle
aussi; Gaspar Krumbhorn, de Lignitz en Silésie, mort en 1621, &
Louis Brooman, mort en 1597, tous deux aveugles, ont eu de la
réputation comme Compositeurs. Le dernier, dont il n'est resté aucun
ouvrage connu, est appellé par Gerard Vossius, *Musices Princeps* : Handel
& Sébastien Back ont continué de faire de la Musique, après avoir
perdu la vue dans un âge avancé.

STROZZI (Barbara), Dame Vénitienne, qui vivait dans le milieu du
siecle dernier, mérite une place distinguée dans la liste des Compositeurs Italiens. Elle a publié en 1653, un recueil de Musique, intitulé :
Cantate, *Ariette e Duetti*, avec un avertissement à la tête, dans lequel
elle annonce qu'ayant imaginé un genre de Musique vocale, mêlé d'airs
& de récitatifs, elle en donnait un essai pour sonder le goût du public.

Cette nouveauté réuffit, & eut bientôt des imitateurs. On ne peut donc guère contefter à cette Dame l'invention de la Cantate, quoique quelques Ecrivains en ayent fait honneur à Cariffimi, qui vivait dans le même tems.

Il y a eu une Religieufe de Florence du même nom, Laurentia Strozzi, qui vivait à la fin du même fiecle, & qui a écrit fur la Mufique. Elle était très-favante, entendait parfaitement le Grec, & a écrit des hymnes en Latin, qui ont été traduits dans notre Langue, & mis en Mufique par Mauduit, Muficien français, fort loué par le P. Merfenne.

TERRADELLAS (Dominique). Son article n'eft pas exact : on le dit Napolitain ; il était de Barcelonne ; mais il avait étudié la Mufique en Italie, & était Maître de Chapelle de l'Eglife de S. Jacques des Efpagnols à Rome. Il eft mort en **1751**, de douleur de la chûte d'un de fes opéra.

VIADANA (Louis), Maître de Chapelle de la Cathédrale de Mantoue, ne méritait pas d'être oublié dans la même lifte. Il écrivait au commencement du feizieme fiecle. Outre un grand nombre d'ouvrages en Mufique qu'il a laiffés, & qui ont eu beaucoup de réputation de fon tems, l'art lui eft redevable d'une invention intéreffante, celle de la baffe continue. Voici comment Gafpard Printz, Muficien Allemand, qui a imprimé, en 1690, une hiftoire de la Mufique, rend compte de cette invention, « Au temps de Viadana, les Motets étaient furchargés de » fugues, de fyncopes, de contrepoints fleuris & brifés, & de toutes » les recherches favantes de l'Art; mais les Compofiteurs, plus occupés » de l'harmonie des fons que du fens des paroles, s'attachaient à bien » difpofer les uns, & abandonnaient les autres au hafard & au » caprice. Il en réfultait tant de confufion & d'irrégularité, que per-» fonne ne pouvait entendre ce qu'on chantait; auffi les gens de goût » difaient que la Mufique n'était qu'un vain bruit : *Muficam effe ina-* » *nem fonorum ftrepitum.*

　» Cet ingénieux Compofiteur Italien, frappé de ces abus, inventa des » Monodies ou Concerts, dans lefquels les paroles, moyennant la pro-» nonciation diftincte du Chanteur, étoient entendues fans peine; mais

» comme une baffe fondamentale était néceffaire pour remplir cet
» objet, il imagina cette méthode abrégée de noter, que nous appel-
» lons aujourd'hui baffe-continue ».

Printz place cette invention à l'an 1605. Ce récit mériterait d'être
examiné avec un peu de foin. Il y a lieu de croire, d'après quelques
ouvrages de Mufique connus, que la pratique des baffes continues était
en ufage avant le commencement du dix-feptieme fiecle.

Supplément au Chapitre des Auteurs qui ont écrit fur la Mufique.

Aaron (Pierre). On a oublié de citer fon meilleur ouvrage, *Tof-
canella della Mufica*, imprimé d'abord à Venife en 1523, & réimprimé
avec des additions en 1539. C'eft un des premiers écrivains qui ayent
réduit à des régles précifes l'art du contrepoint. Aaron réduit ces règles
au nombre de dix, & l'on voit que c'eft par confidération pour les dix
préceptes du décalogue. Ce n'eft pas le feul exemple de ce genre que l'on
trouve parmi les Ecrivains de ces temps de fuperftition.

Agricola (Martin). Je trouve dans le catalogue l'article de Rodolphe Agricola, érudit du quinzieme fiecle, de qui on a des ouvrages de
Théologie & de Scholaftique, mais qui n'a rien écrit fur la Mufique.
On fait feulement qu'il aimait beaucoup cet art, & qu'il jouait très-bien
de l'orgue & du luth.

On a oublié l'article de Martin Agricola, qui, à-peu-près dans le même
temps, a publié plufieurs ouvrages élémentaires fur la théorie & la pratique
de la Mufique, les uns en allemand, les autres en latin.

Il publia en 1529 un ouvrage intitulé : *Mufica inftrumentalis*, qu'il
fit réimprimer en 1545, avec de grands changemens. Il y explique non-
feulement les principes fondamentaux de la Mufique ; il y donne auffi la defcription de divers inftrumens en ufage de fon temps, avec des règles fur la maniere de les accorder & d'en jouer. Il y parle de la divifion du monochorde &
d'un tempérament pour l'orgue & le clavecin. Ce qu'il y a de remarquable
dans cet ouvrage, c'eft qu'il eft écrit en vers. Comme il était deftiné à l'inftruc-

tion de ceux qui voulaient apprendre la Mufique, il crut que c'était un moyen de graver plus aifément & plus fortement dans la mémoire des préceptes arides. Les premiers ouvrages dogmatiques chez les anciens peuples étaient écrits en vers, comme l'ont été parmi les modernes, les principes élémentaires de la grammaire & de la Philofophie fcholaftique à l'ufage des écoles.

Les autres ouvrages de Martin Agricola, font un *Traité fur le chant figuré*, en Allemand; un petit traité latin, *de Proportionibus*; un grand ouvrage intitulé, *Melodiæ fcholafticæ fub horarum intervallis decantandæ*, publié à Magdebourg en 1512; un autre intitulé, *Scholia in Muficam planam Venfceflai Philomatis de nova domo*, &c. & un ouvrage pofthume publié en 1561, intitulé: *Duo libri Muficces, continentes compendium artis & illuftria exempla, fcripti à Martino Agricola Silefio Soravienti.*

Cet écrivain était Chantre de Magdebourg. Il mourut en 1556.

BONA (Valerio), de Milan, publia en 1595: *Regole del contrapunto e compofizione, brevemente raccolte dei diverfi autori: Operetta molto facile e utile per i Scolari principianti.*

CAPELLA (Martianus Mineus Felix), né en Afrique, vivait à Rome fous le regne de Léon, dans le milieu du cinquieme fiecle.

On a de lui un ouvrage intitulé: *de nuptiis Philologiæ & Mercurii.* C'eft un traité des fept Arts libéraux; & le neuvieme livre roule uniquement fur la Mufique. Ce morceau a été imprimé à part à la fin du recueil des fept Auteurs Grecs fur la Mufique ancienne, recueillis par Meibomius, avec des notes du favant éditeur. L'ouvrage de Capella n'eft guere qu'un abrégé de celui d'Ariftide Quintilien, mais utile en ce qu'il eft plus clair & plus méthodique que l'ouvrage original.

Le Chevalier Henri Spelman remarque dans fon gloffaire, que Capella fut le premier qui donna le nom de *tons* à ce qu'on appellait *modes* dans la Mufique d'Eglife.

CALWITZ (Seth), de Gorfchleb, village de Thuringe, né en 1556. C'était le fils d'un pauvre payfan: élevé d'abord dans l'école publique de Franchenhaufen, il montra des difpofitions fingulieres pour les fcien-

ces,

ces, qui intéresserent à lui quelques personnes, dont les contributions le mirent en état d'aller étudier à l'Université de Leipsick. Il y fit des progrès rapides en différens genres d'études ; mais ce n'est que comme Musicien que nous le considérons ici. Il étoit fort jeune encore, lorsqu'on lui donna la direction du chœur de l'Eglise de l'Université. Peu de temps après il fut nommé Professeur de Musique dans l'école principale de la haute Saxe. Il devint ensuite chantre dans l'Eglise de S. Thomas à Leipsick, & Professeur de l'Université. Il mourut dans cette ville en 1615.

Il publia en 1595 *Melopeia seu melodiæ condendæ ratio, quam vulgo Musicam Poeticam vocant,* imprimé à Erfurt.

En 1611 il fit imprimer ses *Opuscula Musica,* & l'année suivante son *Compendium Musicum,* dont il donna dans la même année une seconde édition, sous le titre de *Musicæ artis præcepta nova & facillima, &c.* Il publia ensuite ses *Exercitationes Musicæ* divisées en trois parties, dont les deux premieres furent imprimées en 1660, & la troisieme en 1611 : ce dernier ouvrage est le plus savant & le plus estimé.

Calwitz fut un des premiers qui adopta & recommanda l'usage des sept syllabes inventées pour désigner les sept notes de l'échelle, afin d'éviter les inconvéniens des muances dans l'ancienne maniere de solfier.

Il croyait que la Musique à plusieurs parties était absolument inconnue aux anciens Grecs ; & d'après quelques passages des écrits de Bede, il ne faisait remonter l'invention du contrepoint qu'au commencement du huitieme siecle, où ce savant écrivait.

Il était fort lié avec Joseph Scaliger, qui en parle avec de grands éloges. Il était sur-tout très-savant en Chronologie. Il attaqua le Calendrier Grégorien dans un ouvrage intitulé : *Elenchus Calendarii Gregoriani,* imprimé à Francfort en 1612, & dans un autre imprimé au même endroit en 1627, sous le titre de *Chronologia.*

COCHLEUS (Jean), célebre Théologien de Nuremberg, Doyen de l'Eglise de Francfort sur le Mein, a publié un livre intitulé : *Rudimenta Musicæ & Geometriæ,* imprimé à Nuremberg en 1524.

COCLICUS (Adrien Petit), auteur d'un traité estimé dans son temps.

& qui a pour titre : *Compendium Musices*, imprimé à Nuremberg en 1552.

DIRUTA (Jérôme), Religieux Franciscain, & auteur d'un livre intitulé : *Il Transilvano, dialogo sopro il vero modo di suonar organi e instrumenti di penna*. Venezia 1625, folio...

Il observe dans cet ouvrage que la Musique profane & lascive, interdite dans les Eglises par un decret du Concile de Trente., consistait en airs ressemblans aux airs de danse : *Passemezzi ed altre sonate di ballo*.

FABER. Il faut ajouter à l'article de Grégoire Faber, celui de Henri Faber qui vivoit au milieu du quinzieme siecle. Il étoit lecteur du College de Quedlinbourg, & il est mort en 1598.

On a de lui deux ouvrages qui ont été imprimés plusieurs fois, l'un *Compendium Musica*, l'autre *Compendiolum Musica pro incipientibus*.

HAMBOYS (Jean), Musicien Anglais qui avait de la réputation dans le quinzieme siecle. Il a laissé un petit recueil de morceaux de Musique, *Cantionum artificialium diversi generis*, & un ouvrage intitulé : *Summa artis Musicæ*.

La Musique était fort cultivée, & avait fait de grands progrès en Angleterre dans ce siecle. On voit par un passage de l'*Eloge de la Folie*, d'Erasme, que les Anglais se vantaient de surpasser les autres peuples par la beauté du corps, la Musique & la bonne chere : *Natura est singulis mortalibus suam, ita singulis nationibus ac pene civitatibus communem quandam insevisse philautiam ; atque hinc fieri Britanni præter alias, formam, Musicam & lautas menfas propria sibi vindicent*.

L'enseignement de la Musique formait déja une des facultés des arts dans les Universités d'Oxford & de Cambridge. Quelques savans prétendent que Hamboys fut le premier qui obtint le degré de Docteur en Musique ; cet usage s'est conservé dans ces Universités. C'est dommage que parmi ces Docteurs en Musique, les seuls qui portent aujourd'hui ce titre en Europe, il ne se trouve pas un seul Compositeur qui ait quelque réputation ailleurs que dans son pays.

HERBST (Jean André). En latinifant fon nom, on l'a appellé aufſi *Autumnus*. Il était Maître de Chapelle à Francfort fur le Mein, où il eſt mort en 1660, âgé de 72 ans. En 1653, il publia en Allemand un livre intitulé : *Muſica poetica*. En 1658, il fit imprimer en Italien, *Muſica moderna prattica ovvero maniera del buon canto*; où il recommande fur-tout la maniere de chanter des Italiens.

On a auſſi de lui, dans la même langue, un *Diſcours fur le Contrepoint*, où il fe propoſe d'enſeigner à compoſer avec l'eſprit, non avec la plume; *à mente non à penna*.

HOFFMAN (Eucharius), Recteur de l'Ecole publique de Stralſund, a publié deux ouvrages fur la Muſique, l'un intitulé ; *Muſicæ praticæ precepta*; l'autre, *Doctrina de tonis ſeu modis Muſicæ*, l'un & l'autre, imprimés à Hambourg, en 1584, & réimprimés en 1588.

KUHNAU (Jean), fils d'un pêcheur de Geyſingen, petite ville de Saxe fur la frontiere de Bohême, s'eſt rendu célebre dans la théorie & la pratique de la Muſique. Il a publié en 1684 une diſſertation, *De juribus circa Muſicos Eccleſiaſticos*; & il a laiſſé des traités manuſcrits qui n'ont pas été encore imprimés, l'un intitulé : *Tractatus de monochordo, ſeu Muſica antiqua & moderna*, & l'autre, *Diſputatio de triade harmonica*.

Il eſt mort à Leipſick en 1722, âgé de ſoixante-trois ans.

LISTENIUS (Nicolas). On trouve à cet article le titre d'un ouvrage de Liſtenius que je ne connais pas, mais on a omis un traité en latin *de Muſica*, du même Auteur, qui fut imprimé en 1543, & réimprimé à Nuremberg en 1577.

MARCELLO (Benedetto); noble Vénitien, mort en 1739, âgé de cinquante-trois ans. La notice qu'on a donnée de cet homme célebre, à l'article des Compoſiteurs Italiens, paraît trop ſuccinte : le caractere & la réputation de ſes ouvrages de Muſique pouvaient donner lieu à des détails intéreſſans, & à des diſcuſſions utiles.

Il mérite auſſi une place dans la liſte des Ecrivains. Outre la préface

& les lettres fur la Mufique , qu'il a imprimés à la tête des volumes
de fes *pfeaumes*, il a publié en 1722 , un petit ouvrage intitulé : *Il
teatro alla moda*, qui a été réimprimé plufieurs fois depuis. C'eſt une
fatyre très-gaie, très-piquante , & en même temps très-fenfée de l'opéra
Italien : elle eut le plus grand fuccès en Italie : on en trouve un extrait
curieux & très-bien fait dans les *Variétés Littéraires*, tome 1.

Marcello y releve avec autant de goût que d'efprit, tous les vices qui
avoient déja corrompu le Mélodrame en Italie, & qui arrêtaient non-
feulement les progrès de la Mufique théatrale, mais encore la détournaient de la véritable route qu'elle aurait dû fuivre pour arriver aux
grands effets dont elle eſt fufceptible.

Cet ouvrage obtint les plus grands éloges de Scipion Maffei, d'Apof-
tolo Zeno, & de tous les gens d'efprit d'Italie, qui déploraient comme
Marcello, le faux goût qui égarait ou qui entraînait malgré eux les plus
habiles Compofiteurs.

La Mufique eſt un art qui fe perd, difait Marcello, & il le difait dans
le tems que Vinci, Porpora, Leo, Pergolefe même, enchantaient les
oreilles de fes compatriotes. La convenance , la fimplicité & l'expreffion,
voilà ce qu'il ne ceffait de demander aux Compofiteurs. Il aurait été bien
furpris de lire dans des journaux, que la puiffance premiere de la
Mufique réfide dans la forme des ariettes, lui qui croyait que fans s'arrêter à ces formes artificielles & fymétriques de la phrafe muficale , à
ces développemens prolongés & contraſtés d'un même fujet de chant, que
Vinci avait le premier introduits dans les airs de théatre il fallait
changer de motif, de mouvement, de modulation, toutes les fois que
le fentiment ou l'idée changeait, & ne s'attacher qu'à donner aux paroles le fens, l'expreffion, la rapidité & la vérité qui peuvent fe con-
cilier avec les moyens & l'objet de l'art. Ce qu'il enfeignait à cet égard ,
il en donna l'exemple dans fa fameufe Cantate de *Caffandra*, qui eut
le plus grand fuccès.

Lorfqu'un Compofiteur, homme de génie, eſt venu tranfporter fur
notre théatre lyrique les principes de Marcello & des plus favans hommes d'Italie, confirmés & éclairés par trente ans de réflexion, d'expérience & de fuccès, il a vu s'élever contre lui des hommes d'efprit,
qui femblaient devoir être les premiers à applaudir & encourager cette

tentative, s'ils ne s'étaient laiſſés entraîner par des idées de théorie pré-
maturée & par une admiration excluſive pour un genre de Muſique qu'ils
ne connaiſſaient cependant pas mieux que les Zeno, les Maffei, les Me-
taſtaſe, les Muratori, les Conti, & tout ce qu'il y a eu de gens de lettres
en Italie qui ont écrit ſur la Muſique, & qui ont tous regardé celle
de leurs opéras comme dépourvue de vérité, de dignité & d'expreſſion
tragique.

C'eſt dans les Concerts de Paris qu'on a découvert que cette même
Muſique eſt propre à tous les grands effets du théâtre.

MELONE (Annibal), Muſicien de Bologne. On a vu à l'article
Bottrigari, que Franceſco Patricio inſéra dans ſa pratique quelques opi-
nions ſur la Muſique, qui furent l'objet d'une diſpute aſſez vive parmi
les Savans. Melone écrivit contre Patricio un livre qui fit beaucoup de
bruit, intitulé, *Deſiderio di Allemano Benelli*, nom ſuppoſé qui n'était
que l'anagramme de celui d'*Annibal Melone*. On crut d'abord que ce
livre était de Bottigrari, qui non-ſeulement le laiſſa croire, mais même
le fit réimprimer ſous ſon nom.

Il Deſiderio eſt un dialogue aſſez curieux, dont le principal objet paraît être de parler des concerts de Muſique, qui commençaient alors à
faire l'amuſement des perſonnes du premier rang, dans les grandes villes
d'Italie, particulièrement à Veniſe & à Ferrare : on eſt étonné du grand
nombre de Muſiciens de toute eſpece que le Duc de Ferrare entretenait à ſon ſervice, & de la quantité d'inſtrumens dont on faiſait uſage
dans les concerts. On voit que les chanſons des Compoſiteurs Français
& Flamands y étaient fort goûtées. Dans le cours du Dialogue, les principes de la Muſique des Grecs & ceux des modernes y ſont expoſés
avec aſſez de netteté & d'érudition; le réſultat eſt de donner la préférence à la Muſique moderne. Cet ouvrage renferme des détails curieux
pour l'hiſtoire & les progrès de l'art.

OTTUSI (Octave), vivait en Italie à la fin du ſeizieme ſiecle. Il n'eſt
connu que par une lettre qu'il adreſſa à Artuſi, dans laquelle il avançait les propoſitions les plus étranges en Muſique.

Il prétendait, par exemple, que la diſſonance de ſeptieme eſt plus

douce à l'oreille que l'octave ; que la feptieme peut fe réfoudre en montant à l'octave ; la quarte en montant à la quinte ; la tierce à la quarte ;
la quinte à la fixte majeure ou mineure. Il fut folidement réfuté par
Artufi.

Patricio (François), mérite d'être placé dans la lifte des Ecrivains
en Mufique, quoiqu'il n'ait écrit aucun traité *ex profeffo* fur cet art.

Dans l'ouvrage très-connu, *Della Poetica*, imprimé en 1586, il parle
avec affez de détail de la Mufique, & fur-tout des genres de la Mufique
ancienne. Il y adopte la divifion des tétracordes établie par Euclide. Cette
opinion fut vivement attaquée par Ercole Bottrigari, dans le livre intitulé :
Il Patricio, annoncé à fon article, & auquel répondit Artufi.

Patricio était d'Offero en Dalmatie. Il avait voyagé dans fa jeuneffe
en Afie, & s'était établi dans l'île de Chypre, où il avoit un bien con-
fidérable : il le perdit lorfque les Vénitiens perdirent cette île, & il fe
retira en Italie, où il fut obligé, pour vivre, de profeffer la Philofophie Platonicienne dans l'Univerfité de Ferrare. Il mourut à Rome.

Prætorius (Michel), né à Creutzberg dans la Thuringe, en 1571,
Maître de Chapelle du Duc de Brunfvick, fe diftingua dans la théorie
& la pratique de la Mufique. Il a laiffé un ouvrage intitulé *Syntagmata
Muficum*, en trois vol. in 4° ; il en préparait un quatrieme volume quand
il mourut en 1621.

Cet ouvrage contient une hiftoire des progrès de la Mufique Eccléfiaftique, depuis fon origine, jufqu'au tems de l'Auteur, avec la
defcription des divers inftrumens en ufage dans les différens périodes.

Raselius (André) fit imprimer à Nuremberg, en 1598, un ouvrage
intitulé *Hexachordum, feu queftiones Muficæ praticæ*.

Reisch (Grégoire), de Fribourg, Auteur d'un livre intitulé *Marga-
rita Philofophica*, imprimé à Bafle en 1517, & réimprimé à Paris en
1723, avec des corrections. Il y traite des fept arts libéraux & de la
Mufique en particulier.

Rhaw (George), Libraire de Wirtemberg, mais favant comme 'étoient prefque tous les premiers Libraires, qui n'étaient pas alors de fimples marchands de papier, publia en 1536, un petit livre pour l'ufage des enfans, intitulé : *Enchiridion utriufque Muficæ praticæ Georgio Rhaw, ex variis Muficorum Libris pro pueris in Schola Vitebergenfi congeftum.*

SANTARELLI (le Chevalier), Chapelain de l'Ordre de Malthe, & Maître de Chapelle du Pape, a compofé un ouvrage curieux, *Della Mufica del Santuario e della difciplina dei fuoi cantori*, imprimé à Rome en 1764. C'eft le traité le plus complet fur l'hiftoire & les progrès de la Mufique d'Eglife.

SCACCHI (Marc), Romain de naiffance, Maître de Chapelle de Sigif. mond III & d'Uladiflas IV, Rois de Pologne, publia en 1643 un ou- vrage intitulé : *Cribrum Muficum ad triticum fiferticum feu examinatio fuccinĉta pfalmorum, &c. Venetiis.*

Ses compofitions muficales font encore eftimées en Italie pour l'en- chaînement favant des modulations & l'art du contrepoint.

SEBASTIANUS (Claudius) publia à Strasbourg en 1563, *Bellum Mu- ficale inter plani & menfuralis cantus Reges.* Ce livre eft une allégorie qui n'eft pas d'un trop bon goût, mais où il y a beaucoup d'érudition.

VARENNE (Alarius), de Touloufe, écrivit au commencement du fei- zieme fiecle des dialogues latins dont quelques-uns traitent expreffément de la fcience de l'harmonie & de fes élémens.

VICENTINI (Don Nicolas). On aurait pu citer à fon article une anec- dote qui me paraît curieufe fous un certain point de vue, parce qu'elle prouve combien dès le commencement du feizieme fiecle, l'étude de la Mufique excitait l'émulation parmi les Savans, & attirait l'attention du public.

Cette émulation générale fur les principes & la théorie de cet art, était due principalement aux fuccès des écrits de Franchini Gaffurio, dont l'article aurait pu être plus étendu.

Les premiers Ecrivains de Mufique ne furent prefque tous que des commentateurs de Boëce, & s'occupaient beaucoup à comparer la Mufique des Anciens avec la moderne.

Vicentini étant à Rome en 1551, eut une difpute dans une Académie de Mufique, avec Dom Vincenzio Lufitanio, & cette difpute a été l'objet d'un grand nombre de difcuffions parmi les Savans de ce temps-là; Don Vincenzio foutenait que la Mufique pratiquée de fon temps était du genre que les Anciens appellaient diatonique. Vicentini foutenait que c'était un mêlange des trois genres, diatonique, chromatique & enharmonique.

Ils parierent deux écus d'or, & convinrent de s'en rapporter au jugement de deux arbitres : ces deux juges étaient deux Prêtres, chanteurs de la Chapelle du Pape.

La queftion fut difcutée dans une affemblée folemnelle, qui fe tint dans la Chapelle de fa Sainteté, en préfence du Cardinal de Ferrare, protecteur de Vicentini, & de tout ce qu'il y avait à Rome de Savans, de Muficiens & de curieux. Vicentini fut cóndamné à payer le pari; il publia lui-même la Sentence qui le condamnait, mais il en appella toujours au jugement des Savans. Ce qu'il y a de fingulier, c'eft que Don Vincenzio parut quelque temps après retracter fa premiere opinion, & adopter celle de fon adverfaire, dans un ouvrage qu'il fit imprimer à Rome en 1553, intitulé : *Introduzione faciliffime a noviffima de canto fermo figurato, contrapunto femplice, &c.* Ce livre n'eft pas cité dans le Catalogue, où l'on a omis l'article de Don Vincenzio Lufitanio.

Bottrigari, dans l'ouvrage, intitulé *Il Melone*, rend compte de la difpute de Vicentini avec Lufitanio, cenfure vivement & la fentence des Juges, & les raifons des deux contendans; mais paraît être de l'avis de Vicentini fur le fond de la queftion.

Vossius. Dans la lifte des Ecrivains, on ne cite à cet article qu'Ifaac Voffius, Auteur du livre ingénieux *De poematum cantu & viribus rythmi.* Il ne fallait pas oublier fon pere, le favant Jean Gerard Voffius, qui dans fon livre *De quatuor artibus popularibus*, & dans celui *De univerfæ Mathefeos natura & conftitutione*, traite expreffément & fort au long de la Mufique, de fa nature & de fes principes, de la Mufique ancienne, des Muficiens Grecs & Latins, & de ceux qui ont écrit fur cet art. Ces

difcuffions

diſcuſſions ſont pleines d'érudition & de recherches utiles à conſulter. Il eſt mort à Amſterdam en 1649, âgé de ſoixante-douze ans.

WECKMEISTER (André), habile Organiſte d'Halberſtadt , où il eſt mort en 1705, âgé de ſoixante un ans. Il a compoſé pluſieurs bons ouvrages ſur la Muſique, tant en Allemand qu'en Latin; les titres de ceux-ci ſont, *Muſicæ Mathematicæ Hodegum curioſum*, 1687 : *Hydomnemata Muſica*, 1697 : *Cribrum Muſicum*, 1700 : *Harmonologia Muſica*, 1702.

WILPHLINGSEDER (Ambroiſe) fit imprimer à Nuremberg, en 1563, un livre intitulé : *Erotemata Muſices praticæ*, qui eut beaucoup de ſuccès, & qui étoit ſur-tout intéreſſant par un grand nombre de compoſitions des meilleurs maîtres, que l'Auteur y rapportait en exemples.

C'eſt dans la même année que Loſſius publia dans la même ville un livre qui porte le même titre. Ils étaient tous deux Luthériens : on peut croire, d'après le nombre des ouvrages élémentaires de Muſique, publiés dans le même temps en Allemagne par des Proteſtans, & deſtinés ſur-tout à l'inſtruction des enfans de chœur, que les Luthériens voulaient, à l'imitation des Catholiques Romains, donner à la Muſique d'Egliſe le plus d'intérêt & d'éclat qu'il étoit poſſible. Ils ſentaient qu'en augmentant l'appareil extérieur des cérémonies du culte, la religion elle-même acquéroit plus de dignité & d'empire. On a trop négligé depuis ce moyen de captiver l'eſprit par l'imagination des ſens. La foi & les arts y ont peut-être également perdu.

WOLTZ (Jean), Organiſte d'Helbrun, ville Impériale dans le Duché de Wirtemberg, eſt Auteur d'un ouvrage intitulé : *Nova Muſices Organicæ tablatura*, imprimé à Baſle en 1617.

ZACCONI (Louis), Moine Auguſtin de Pezzaro, & Muſicien du duc de Baviere, fit imprimer à Veniſe en 1596, un livre très bien fait, intitulé : *Pratica di Muſica, utile e neceſſaria ſi al compoſitore per comporre i canti ſuoi regolatamente, ſi anco al cantore per aſſicurarſi in tutte le coſe cantabili.*

En 1611, Zacconi publia une ſeconde partie de cet ouvrage, où il

Tom IV. O o o

traita avec plus de précifion encore des élémens de la Mufique & des principes de la compofition.

On y trouve, outre de bons principes clairement expofés, des détails curieux fur les progrès de l'art & fur le caractere des plus célebres Compofiteurs connus dans le feizieme fiecle.

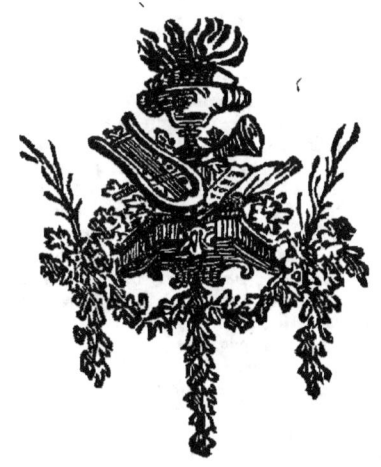

ERRATA

Pour la Notice d'un Manuscrit de la Bibliothèque de M. le Duc de la Vallière, contenant les Poésies de GUILLAUME DE MACHAU.

Page 1, *ligne* 6, d'après coup ; *lisez* : après coup.
Même page, derniere ligne, in-12 ; *lisez* : in-4.
Page 4, *ligne* 25, sur le Poëte ; *lisez* : sur ce Poëte.
Page 5, *ligne* 16, Lais ; *lisez* : Lays.
Page 6, *ligne* 16, divers observations ; *lisez* : diverses observations.
Même page, ligne 29, sceus ; *lisez* : Sceus.
Page 7, *ligne* 6, rien ; *lisez* : rieus. Et à la marge, vis-à-vis de cette ligne *Rien* : Ce mot signifie terre ; *lisez* : *Rieus*. Ce mot signifie terre en friche.
Page 9, *ligne* 18, Elle est terminée par cette souscription, dans laquelle l'Auteur a caché son nom, & celui du Roi de Jérusalem & de Chypre ; *lisez seulement* : Elle est terminée par cette souscription.
Page 10, *ligne* 20, ces Lais ; *lisez* : ces Lays.
Page 13, *ligne* 25, le nom de la premiere ; *lisez* : le nom de premiere.
Page 15, *ligne* 4, d'Ogni Poesia ; *lisez* : d'ogni Poesia.
Même page, ligne 13, Bibliotb. ; *lisez* : Biblioth.
Même page, ligne 14, des Membres de l'Académie ; *lisez* : des Mémoires.
Page 16, *note* (25), Histoires ; *lisez* : Histoire.
Même page, note (28), *ligne* 12, à placer la ville Lorris ; *lisez* : la ville de Lorris.
Même page, & *même note*, ligne 16, de Don Guillaume ; *lisez* : de Dom Guillaume.
Page 19, *lignes* 8, 9, 10, *de la note* (54*) M. DCC. XVII.) L'Abbé Massieu (Histoire de la Poésie Française, *pag.* 177, *in-*12. Paris, Prault fils, 1739). Prosper Marchand (Dictionnaire, tom. 1. pag. 274). *Lisez* : M. DCC. XVII), l'Abbé Massieu (Histoire de la Poésie Française, pag. 177, *in-*12. Paris, Prault fils, 1739), Prosper Marchand (Dictionnaire, tom. 1. pag. 274).
Page 20, *note* (60), *ligne* 6, donné à Paris ; *lisez* : donnée.
Même page, note (63), *derniere ligne* ; *ajoutez après le mot* Manuscrits, pag. 789 & 937.
Même page, note (64), *ligne* 1, Cette Piece est l'an 1349 ; *lisez* : de l'an 1349.
Page 21, *premiere ligne*, Valiere ; *lisez* : Valliere.
Même page, ligne 6, dans les deux derniers que, &c. ; *lisez* : dans les deux derniers vers que, &c.
Même page, note (68), *ligne* 2, est adressé ; *lisez* : adressée.
Même page ; *lisez ainsi les deux premiers vers de la note.*

Amis a toy donner Confort.
Ay meintes foys, &c.

Page 25, *ligne* 3, récise ; *lisez* : précise.
Même page, *lignes* 13 & 14, elle a été exécutée d'après un manuscrit de Froissart ; *lisez* : d'après une miniature d'un manuscrit de Froissart.
Même page, *ligne* 19, Mémoire ; *lisez* : Mémoires.
Même page, *ligne* 21, second tome ; *lisez* : deux tomes.
Même page, *sixieme vers.* Quant j'ay si longuement gem ; *lisez* : Quant j'ay si longuement gémi.
Page 26, *note* (78), *premiere ligne*, Caperonnier ; *lisez* : Capperonnier.

ERRATA pour la Lettre sur la Formule , NOS DEI GRATIA.

PAGE 1 , *ligne* 12 , le premier eſt en Allemand ; *liſez* : en Latin ; & *ajoutez en forⱥ me de note marginale* , Baring n'a pas rapporté aveo exaétitude le titre de ce livre. On diroit d'après lui, qu'il eſt écrit en Allemand : il eſt en Latin. Il n'y a en Allemand que les mots du titre que nous avons copiés , & quelques notes.

Page 4 , *note* (1) , *ligne* 2 , Vanden-hoekij ; *liſez* : Vanden-hoeckii.

Page 5 , *ligne* 20 , Lyon 1612 , *in-fol.* pag. 122 ; *ajoutez après ces mots* : Au reſte Baring s'eſt trompé , en diſant que cette Hiſtoire a été imprimée en 1612 ; elle ne l'a été qu'en 1614.

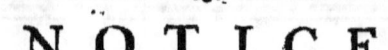

NOTICE

D'un Manuscrit de la Bibliothèque de M. le Duc de la Vallière, contenant les Poésies de GUILLAUME DE MACHAU, accompagnée de Recherches historiques & critiques, pour servir à la vie de ce Poëte, par M. l'Abbé RIVE.

Poésies Françaises & Latines de Guillaume de Machau, in-fol. deux tom. maroquin rouge, fil. d'or.

MANUSCRIT sur vélin. Il est sans date & sans nom d'Écrivain, mais il paroît avoir été exécuté vers l'an 1390. Ses lettres sont celles qu'on appele.... *Lettres de forme.* Ses pages sont presque toutes sur deux colonnes. Il y en a quelques-unes à longues lignes. Il a des signatures : elles y sont exprimées par des mots placés horizontalement au bas du dernier verso des cahiers. On y voit aussi des chiffres : mais ils y ont été mis d'après coup, & il n'y en a pas au haut de tous ses feuillets.

Ses sommaires sont en rouge. Ses capitales sont peintes de diverses couleurs. Il est enrichi de miniatures qui sont rehaussées d'or, & dont quelques-unes ont un blason qui est le même dans toutes celles où il est peint (1).

Il y en a cent quarante & une dans le premier tome, & sept dans le second. On trouve dans chaque tome plusieurs piéces notées en musique. La portée sur laquelle leurs notes sont posées, est de cinq lignes, & il y en a qui ont la forme d'un losange, portant une queue tournée, tantôt en haut & tantôt en bas.

Ce Manuscrit est très-précieux. Il vient de la Bibliothéque de Gaignat (2), & il est décrit dans son Catalogue, mais d'une maniere fautive (3) ; il étoit auparavant dans celle des Carmes Déchaux de Paris. Il appartenait encore à ces Religieux, lorsque l'Abbé Lebeuf en donna une notice. Elle est imprimée dans le tome XX des Mémoires de l'Académie des Inscriptions & Belles-Lettres, *in*-12, pag. 377 — 398. M. de Juvigny ne l'a pas

Essai sur la Musique.   A eonnue (4); elle manque de bonne foi (5), d'exactitude (6), de recherches (7), on y voit en revanche des conjectures que le bon sens ne permet pas de hasarder (8).

L'Auteur du Monde Primitif (9) en a fait le plus grand éloge. Mais il en a jugé par prévention & sans examen (10); il ne l'a ni collationnée sur les pièces originales (11), ni comparée avec les deux Mémoires que le Comte de Caylus a publiés sur la vie & les ouvrages du même Poëte (12).

Il n'a pas même sçu rendre intelligible, l'exposé qu'il en a fait (13). Au lieu de dire que l'Abbé Lebeuf trouva dans la Bibliothèque des Carmes Déchaux de Paris, le Manuscrit que nous allons décrire; il dit qu'il y découvrit les ouvrages de Machau. N'est-il pas naturel de conclure d'un exposé aussi équivoque, qu'on ne connaissait aucun manuscrit des ouvrages de ce Poëte, avant que l'Abbé Lebeuf eut découvert celui dont il a donné la notice?

Guillaume de Machau a été inconnu à la Croix du Maine, à Moreri, à ses Continuateurs (14), à l'Abbé Goujet (15), à Quadrio (16) & à Osmont (17).

Il a été omis dans la Bibliographie. Du Verdier (18) l'a cité: mais il en a estropié le nom (19), & il n'a connu ni son pays (20), ni son âge, ni le siécle auquel il florissait (21), ni ses Ouvrages (22). Guillaume de Machau était Champenois. C'est ce que nous apprend son épitaphe. Le Roi René, Comte de Provence, en est l'auteur. On la lit dans le Roman qu'il a publié sous le titre *De la Queste de très-doulce mercy au suer d'amour espris* (23). Baugier (24) & l'Auteur de l'Histoire des Comtes de Champagne (25) n'en ont pas eu connaissance, puisqu'ils n'ont pas mis Machau au nombre des Champenois qui se sont illustrés dans les Lettres. Elle n'est pas échappée à la Monnoye, qui avait lu le Roman dont nous venons de parler (26).

L'Abbé Lebeuf a substitué aux recherches qu'il aurait dû faire sur la patrie de Machau, les conjectures suivantes.... « Machau, a-t-il dit, » a fait un Motet latin en l'honneur de Saint-Quentin, cela m'a fait » juger que s'il était marié, sa femme pouvait s'appeler Quentine, ou » bien qu'il était Seigneur d'un lieu dont la Chapelle avait Saint-Quentin » pour patron, ou enfin qu'il était natif de la ville de Saint-Quentin » en Picardie (27) ». Il faut que l'Auteur du Monde Primitif soit bien prodigue d'éloges pour en accorder à quelqu'un qui raisonne ainsi.

Le Comte de Caylus s'est contredit sur le pays de Guillaume de Machau. Il a dit d'abord qu'il était Champenois; ensuite qu'il naquit dans la petite ville de Lorris (28). Il n'a pas fait attention que cette Ville n'est pas en Champagne, mais qu'elle est dans le Gâtinois; cela étant, comment Machau a-t-il pu naître dans deux différentes Provinces? Comme il faut moins de tems pour copier que pour vérifier, l'Auteur du Monde Primitif a répété la même faute (29).

On ignore l'année de la naissance de notre Poëte; mais s'il est ce même Guillame de Machau, qui en 1301 était attaché au service de la femme de Philippe-le-Bel, Roi de France, il a dû voir le jour vers l'année 1282 ou 1284 (30).

Il passa en 1307, du service de la Reine à celui du Roi, il devint Valet-de-Chambre de Philippe-le-Bel, & il exerça cet emploi jusqu'à la fin du régne de ce Monarque, qui est de 1314. Deux ans après, Jean de Luxembourg (31), Roi de Bohême, le prit en qualité de Clerc ou de Secrétaire (32). Ce fut Henri, Roi de Navarre, qui fit entrer Machau dans la maison de ce Prince (33).

Ce nouvel emploi l'obligea de s'éloigner de la France, dont il ne sortit qu'avec beaucoup de regret. Il resta plus de trente ans auprès du Roi de Bohême (34). Mais en 1346, ce Prince ayant été tué à la bataille de Créci, où il combattait pour la France, Machau eut une charge auprès de Bonne de Luxembourg, sa fille, que l'Auteur de l'Abrégé Chronologique de Mézeray, a mal à propos appelée Jeanne (35).

Elle était femme de Jean, Duc de Normandie, qui fut ensuite Roi de France, sous le nom de Jean II; elle mourut en 1349. L'Abbé Lebeuf, qui l'a qualifiée Reine (36), ne s'est pas ressouvenu que son mari ne monta sur le Trône qu'environ un an après sa mort (37). Les freres de Sainte-Marthe (38), Mézeray (39), le Pere Daniel (40), le Président Hénault (41) & Villaret (42), n'ont indiqué ni le mois, ni le jour auquel elle décéda. Marcel (42*) & les Auteurs de l'art de vérifier les dates (43), ont dit que ce fut le 11 Septembre de l'an 1349, Gueullette (44) a prétendu, au contraire, que ce fut en Janvier de la même année, selon le vieux style. Ils se sont trompés; ce fut le 11 Août, ainsi que les chroniques de S. Denis l'attestent (45).

Après la mort de cette Princesse, Machau fut Secrétaire du Duc de Normandie. Il continua de lui être attaché, lorsqu'il eut succédé à Philippe de Valois, son pere (45*).

Le Roi Jean étant mort, Machau conserva sa charge auprès de Charles V, son fils; il vécut même long-tems sous son régne; il était encore en vie en l'année 1370, puisqu'il a fait un Ouvrage intitulé: *La prise de la Ville d'Alexandrie*, dans lequel il raconte l'assassinat de Pierre, Roi de Jérusalem & de Chypre, qui n'arriva que sur la fin de 1369 (46).

Les détails chronologiques que nous avons donnés sur la vie de Machau & les divers emplois, par lesquels nous l'avons vu passer, serviront à relever les fautes suivantes.

1°. Si Machau n'est venu au monde qu'en 1282 ou 1284, J. J. Rousseau a fait un prochronisme, en disant qu'il était contemporain de Thibaut, Comte de Champagne & Roi de Navarre, dont il mit les chansons en Musique, puisqu'il ne naquit qu'environ trente ans après la mort de ce Comte (47).

2°. Machau n'avait que seize ou dix-huit ans en 1300, & il en a vécu encore au moins soixante & dix; du Verdier a donc eu tort de dire qu'il florissait à la fin du XIIIe siécle (48).

3°. S'il faisait encore des Ouvrages vers l'an 1370, le Pere Labbe n'a pas dû borner sa carriere littéraire à l'an 1349 (49). La Monnoie, au lieu de le corriger, l'a copié (50); M. de Juvigny, qui a été l'Éditeur de la Monnoye, a suivi la même erreur (51).... Il est d'autant moins excusable, qu'il pouvait profiter des notices que l'Abbé Lebeuf & le Comte de Caylus ont publiées sur le Poëte (52).

4°. Si Machau n'a eu dans sa vie d'autres emplois, que ceux de Valet-de-Chambre de Philippe-le-Bel, de Clerc ou de Secrétaire de Jean de Luxembourg, Roi de Bohême; de Bonne, sa fille, & des Rois Jean II & Charles V; si à l'âge de soixante & trois ans, un de ses emplois, le retenait encore dans une Cour étrangere, & loin de sa Patrie, qu'il n'avait quittée qu'avec douleur, il n'est aucunement vraisemblable que son extraction ait été aussi illustre & sa fortune aussi considérable, que le Comte de Caylus l'a prétendu. Il en a fait un descendant de l'ancienne Maison de Chalete, & un Seigneur de la ville de Lorris (53). Mais croira-t-on que Machau ait joint à ses talents & à ses connoissances, une Noblesse aussi distinguée & un si beau titre, puisqu'il n'a été que Valet-de-Chambre de Philippe-le-Bel & Clerc de divers Rois?

L'amour des conjectures ne doit jamais nous entraîner au-delà des vraisemblances. Le Comte de Caylus tient si fortement aux siennes, que non content de franchir le vraisemblable, il ferme même les yeux à la vérité. Il raporte un acte de partage passé en 1370, entre des Machau qui avoient pour ancêtres les anciens Seigneurs de Chalete. Notre Poëte vivait encore, il n'est ni compris, ni même nommé dans cet acte : il y a donc lieu de croire qu'il n'était pas de cette famille. Le Comte de Caylus en infére le contraire, nous ne saurions adhérer à une pareille logique. D'ailleurs Machau nous dit, dans son *Confort d'Ami*, que son extraction n'était pas des meilleures. C'est ainsi qu'il en parle à Charles II, Roi de Navarre.

> Car bien sees que tu yes mes sires
> Et je des miendres. Ne des pires
> Ne sui (*Col. 2. fol. verso 98, tom. 1. de notre*
>   *manuscrit, vers 23, 24, 25*).

Il nous apprend, à la fin de son dict de l'Alérion, ou des quatre oiseaux, qu'il n'était que Clerc ou Damoiseau.

> Se cils est Clers ou Damoiseaux
> Qui fit le dit de quatre oiseaux.

On sait qu'autrefois le nom de *Damoiseau*, ne se donnait ordinairement qu'aux fils des Seigneurs de Terres, & aux Gentilhommes qui n'étoient pas Chevaliers (53*).

Machau a fait des Pieces de divers genres : on peut les diviser en Dits, Jugemens, Remédes ou Consolations, Conforts, Amours, Histoires, Louanges, Complaintes, Lais, Motets français & latins, Balades notées, Rondeaux notés, & Chansons baladées.

Il y en a quelques-unes qui sont mêlées de Prose. Machau est-il le premier Auteur de cette sorte de Mêlange ; c'est ce que nous vérifierons tôt ou tard (54)? S'il était question de piéces de Prose française, dans lesquelles on a mêlé des vers, nous ferions voir que l'Abbé Lenglet (54*) en a ignoré la véritable époque, en disant que Théophile Viaud, qui ne florissait que dans le XVIIᵉ fiécle, en a été l'inventeur. Nous remonterions au XIIᵉ, où nous en trouverions de femblables. Témoin la Verfion françaife des quatre livres des Rois, dont on conferve un manufcrit du même fiécle, dans la Bibliothèque des Cordeliers de Paris (55), & qui vient de celle des Cordelieres de Long-Champ; témoins encore les Verfions en profe françaife des Romans de Lancelot, de Triftan & de Palaméde, qui font au plus tard du fiécle fuivant.

Revenons aux Ouvrages de Machau, il ne faut pas chercher à les connoître dans du Verdier, le Pere Labbe (57) & la Monnoye (58). A peine ils en ont indiqué deux. L'Abbé Lebeuf & l'Auteur du Catalogue de Gaignat, qui ont eu en main notre manufcrit, auroient dû en donner une defcription exacte & complette, & ils nous auroient difpenfés de faire imprimer celle qui va fuivre.

Nous rapporterons les Sommaires & les premiers Vers de la plupart des pièces qu'il contient. Il y en aura quelques-unes qui nous fourniront divers obfervations contre les deux Auteurs qui l'ont décrit.

Il eft jufte d'avertir que, prefque toutes les fautes qu'on lit dans le Catalogue de Gaignat, fur les Ouvrages de Machau, font tirées d'une notice manufcrite que feu M. Capperonnier en a faite (59).

Nous ne connaiffons aucune collection des Œuvres de Machau, imprimée, mais n'y a-t-il en aucune de fes piéces qui ait été mife fous preffe féparément; c'eft ce que nous ne faurions affirmer?

Defcription des Piéces de Guillaume de Machau, contenues dans notre Manufcrit, Tome premier.

1°. Comment nature volant orendroit (60) plus que onques, mais révéler & faire effaucier les biens & honneurs qui font en amours. Vient à Guillaume de Machau, & li ordene & en charge à faire feur ce nouviaus dis amoureus, & li baille pour lui confillier & aidier ad ce faire trois de fes enfans. C'eft affavoir, fceus (61) Rétorique & Mufique, & li dit par cefte maniere.

> Ie nature par qui tout eft forme
> Quaquá ca vis * & feur terre & en mer.

Cette Piéce eft d'environ quatre pages, elle eft divifée en quatre Chapitres.

2°. Ci commence le dit dou Vergier (61),
Quant la douce faifon repaire
Defte, qui maint amant efclaire.

Cette Piéce eft d'environ treize pages.

3°. Ci commence le Jugement du bon Roi de Behaingne (63),

Au temps pafcour q toutes * rien fesgaie
Que la terre de mainte couleur gaie.

*Rien. Ce mot fignifie terre.

Cette Piéce eft d'environ vingt pages.

4°. Le Jugement du Roi de Navarre, contre le Jugement du bon Roi de Behangne (*) (64).

Au départir du bel efte
Qui a gais & jolis efte.

Cette Piéce eft de près de quarante-deux pages.

5°. Reméde de fortune (65),
Cils qui voet aucun art apprendre,
A xij. chofes doit entendre.

Cette Piéce eft de près de quarante-fept pages, elle eft notée en divers endroits.

6°. Ci commence, le dit, dou Lyon (66),
Quant la faifon diver décline
Que par droit toute rien fencline.

Cette Piéce eft d'environ vingt-quatre pages.

7°. Ci commence, le dit de l'alerion (67),
En tout le monde entierement
Pour vivre feculerement.

Cette Pièce eft d'environ quarante-fept pages.

(*) Ce mot eft écrit en ce lieu, & dans le précédent, comme dans le Manufcrit.

8°. Ci commence confort dami (68) ;
Amys à toi donner confort
Ay meintes foys penfe moult fort.

Cette Piéce eft d'environ quarante-deux pages.

9°. Ci commence le dit de la Fonteinne amoureufe (69);
Pour moy déduire & folacier,
Et pour ma penfee lacier.

Cette Piéce eft d'environ trente-une pages.

On y trouve un Chapitre qui eft intitulé : *le Confort de Vénus & de la Dame.*

Il commence au milieu de la vingt-quatriéme page.

10°. Ci commence le dit de la Harpe (70),
Je puis trop bien ma Dame côparer
A la Harpe, & fon gent corps parer.

Cette Piéce eft de cinq pages.

11°. Ci commence le livre du voir dit (71),
A la loenge & à lonnour
De treffine amour q̃ ie honnour.

Cette Piéce eft en vers & en profe, elle eft de cent vingt-deux pages.

12°. Ci commence le dit de la Marguerite (72),
Aim une fleur q̃ fueure, & qui fencline
Vers le Soleil de jour q̃it il chemine.

Cette Piéce eft d'environ deux pages.

13°. Ci commence le dit de la Rofe
En May que Printens renouvelle,
Que lerbe point drue & nouvelle.

Cette Pièce eft d'un peu plus d'une page.

14°. Vefci les biens que ma dame me fait
Pour amender moy monneur & mõ fait,
  Sen gent corps fait a tour,
  Son regart fens folour (73).

Cette Piéce n'eft que de foixante-cinq vers.

TOME SECOND.

1°. La prife de la ville d'Alexandrie, par Pierre, Roi de Jérufalem
& de Chypre (74).

Cette Piéce eft de quatre-vingt-fept pages, elle eft fans fommaires. Nous
avons fait nous-mêmes celui que nous venons de rapporter, elle commence
ainfi :

  Quant li Dieu par amours amerét,
  Et les Déeffes fe jouerént.
  Aus dous gieus courtois favoureus,
  Qui font fais pour les amoureus,
  Li clers Solaus, la clere Lune
  Et des Eftoiles la commune, &c.

Elle eft terminée par cette foufcription, dans laquelle l'Auteur a caché
fon nom, & celui du Roi de Jérufalem & de Chypre.

  Pierre, Roy de Jherufalem
   Et de Chypre, le nomá lé,
  Et moy Guillaume de Machaut,
  Qui ne puis trop froit ne trop chaut,
  Si que nos ij. nons trouverez,
  Se diligément les querez,
  En ces ij. vers de groffe lettre,
  Mar oftes & h. y faut mettre,
  Si le trouveres proprement.
  Or les queres diligémét,
  Et vefci des Vers la maniere :
  ADIEU MA VRAIE DAME CHIERE

POUR LE MILLEUR TEMPS GARDE CHIER.
Voftre honneur que fai fans trichier.

Il y a quelques morceaux de cette Piéce qui font en Profe.

  2°. Ci cōmence la loange des Dames (75),
  En haut penfer plein damoureus defir,
  Ma bonne amour embatu fans retraire.

Cette Piéce eft de quarante-cinq pages.

  3°. Ci commencent les complaintes (76),
  Amours tu mas tât eft dure,
  Et fi ma tant dure & dure.

Cette Piéce eft d'environ neuf pages.

  4°. Ci commence le dit de la fleur-de-lis & de la Marguerite,
   Qui faroit parler propremēt
   Des couleurs & le jugemēt.

Cette Piéce eft d'environ quatre pages.

  5°. Ci commencent les Lays (77)
   Loyaute que point ne delay,
   Wet fans delay,
   Que face un Lay.

Ces Lais font d'environ vingt & une pages. Il y en a qui font notés en mufique.

  6°. Le paradis d'Amour,
   Amours fe plus demandoie,
    Ne voloie
   Ou fautre bien defiroie
   Que la joie qui me vient,
   De toy, vers toi mefprendroie,
    Et faroie,
   Ce que faire ne deuroie

Et ce qua moy napartient
Car il conuient que je croie ;
  Et ottroie
Quen ton dous Paradis foie
Quant de mamour me fouvient.

Cette Piéce eft de deux pages.

7°. Autres Lays, dont les principaux font le Lay Mortel, le Lay de la Fonteinne, adreffé à la Sainte Vierge (78); le Lay de Confort, le Lay de Bonne efpérance, le Lay de Plour, le Lay de la Soufcie, le Lay de la Rofe.

Ces Lays font d'environ trente-cinq pages ; il y en a qui font notés en mufique.

8°. Ci commencent les motes (ou motets)
Quant en moy vint premierement,
Amours, fi tres doucettement,
Me voft mon cuer enamourer,
Que d'un regart me fift prefent
Et tres amoureus fentement.

Ces Morets font de foixante & trois pages; ils font notés en mufi-que ; il y en a qui font en latin ; ils font terminés par une Meffe en mufique notée à quatre parties, que l'on croit avoir été chantée au facre de Charles V, Roi de France. C'eft ce que l'Abbé Lebeuf n'a pas fçu : *Voy. Mémoires de l'Académie des Belles-Lettres, pag. 382, tom. XX, in-4°.*

9°. Ci commencent les Balades notées,
Samour ne fait par fa grace adoucir,
Je fui certains qu'il mi couuiet morir.

Ces Balades font de trente-deux pages.

10°. Ci commencent li Rondeaulz notes (notés).
Dous viaire gracieus
De fin cuer vous ay fervi,

Weillies moy eftre piteús,
Dous viaire gracieus.

Ces Rondeaux font d'environ neuf pages.

11°. Ci commencent les Chanfons baladées & notées.
He Dame de vaillance,
Voftre douce fenlance,
Ma pris fans deffiance.

Ces Chanfons font de vingt pages.

NOTES.

(1) Ce blafon eft de fable au fautoir d'or, cantonné de quatre figures d'argent qui nous ont paru être des épis.

(2) Catalogues de Gaignat, tom. I, pag. 451.

(3) Toutes les piéces de Machau n'y font pas détaillées. Les mesures de leurs vers n'y font pas indiquées ; il y en a dont les titres font défigurés, &c. &c.

(4) M. de Juvigny. Voyez fa nouv. édition de la Croix Dumaine & de Duverdier, tom. IV, pag. 106.

(5) L'Abbé Lebeuf dit, pag. 367 du tome xx, in-4°. des Mémoires de l'Académie des Belles-Lettres, que defirant de connaître l'auteur des piéces qui font contenues dans le Manufcrit dont il a donné la notice, il ne trouva rien dans celle qui eft à la tête du premier tome, qui pût lui donner le moindre renfeignement là-deffus. Il ajoute, p. 381, qu'il lui a fallu parcourir tout ce Volume, & venir au fol. 67 du fecond, pour y découvrir le nom qu'il cherchait.

L'Abbé Lebeuf a voulu en impofer & donner plus de prix à fa notice, en exagérant les peines qu'elle lui a occafionnées.

Il eft faux que le nom de Machau ne foit que fur le folio 67 du tome fecond de notre Manufcrit. On le lit quatre fois dans la premiere piéce qui eft à la tête de fon premier tome.

C'eft ici où l'infidélité de l'Abbé Lebeuf paraît au plus grand jour. La premiere piéce de ce tome eft intitulée..... *Comment nature volant orendroit plus que onques, &c.* Elle eft divifée en quatre chapitres, dont chacun eft précédé d'un fommaire. On trouve le nom de Machau dans chacun de ces fommaires.

L'Abbé Lebeuf affirme qu'il n'y a vu aucune trace de ce nom, & il y eft quatre fois.

Pour juftifier ce qu'il dit, il fupprime cette premiere Piéce, de fa defcription, & il donne le nom de la premiere à celle qui vient après, & qui a pour titre....... *Ledit dou Vergier.* Il eft vrai, que le nom de l'Auteur n'eft pas dans celle-ci. Comment l'Abbé Lebeuf a-t il pu fe perfuader que perfonne ne découvrirait jamais fa fraude? le Comte de Caylus a été de meilleure foi; il a mentionné, page 404, du même Tome des Mémoires de l'Académie, cette Piéce que l'Abbé Lebeuf a paffée fous filence, & l'a prife pour le prologue de l'Auteur. C'eft auffi par cette même Piéce que commence la defcription des Œuvres de Machau, qui eft dans le Catalogue de Gaignat.

(6) L'Abbé Lebeuf a non-feulement paffé fous filence cette premiere Piéce, par manque de bonne foi, mais il en a omis d'autres par négligence. Bien plus, il n'a dit, ni qu'elle eft la mefure des Vers de la plupart des poéfies de Machau, ni de combien de lignes eft la portée des notes de celles qui font en Mufique. Il a fait auffi diverfes fautes.

de chronologie, témoin celle que nous avons relevée, fur Bonne Ducheffe de Normandie, & première femme de Jean, Duc de Normandie, qui fut enfuite Roi de France,
fous le nom de Jean II. Enfin il s'eft trompé fur le Charles, auquel Machau a dédié fon
Confort d'Ami ; c'eft ce que nous expoferons plus bas.

(7) Il eft certain que la Notice de l'Abbé Lebeuf manque de recherches ; il n'y en a
aucune fur le pays de Machau.

(8) Qu'on juge du mérite des conjectures de l'Abbé Lebeuf, par celles qu'il a avancées
fur le pays de Machau. Voy. *fuprà*, page 2.

(9) L'Auteur du Monde Primitif s'eft trop fié à certains Mémoires de l'Académie
des Belles Lettres, concernant l'Hiftoire Littéraire. Il eût été plus avantageux pour lui,
de vérifier les monumens que ces Mémoires ont pour objet, que de fe laiffer entraîner
par le préjugé. Nous l'en avions prévenu, avant que fon Ouvrage parût. Mais ce n'eft
pas feulement en cela qu'il eft répréhenfible, il l'eft encore dans fon plan, dans plufieurs
définitions, raifonnemens, étymologies, citations, dans quelques morceaux de traductions, & dans d'autres faits hiftoriques & littéraires ; on lui en adminiftrera les preuves
en temps & lieu.

Bornons nous actuellement aux fautes qu'il a faites fur Guillaume de Machau & fur
fes Ouvrages. 1°. Il n'a pas fçu que le nom de ce Poète a été orthographié de différentes
façons, par divers Auteurs ; il l'a appellé purement & fimplement *Machaut*. On lira ci-
deffous, note (19), ce qu'il faut penfer de cette orthographe.

2°. Il a prétendu que Machau était de Lorris ; cela ne peut pas être, parce que cet
Auteur était Champenois, ainfi que le Roi René nous l'apprend dans fon Épitaphe, &
qu'il n'y a aucune Ville de ce nom en Champagne.

3°. Il a mis la ville de Lorris en Champagne ; cela eft faux, elle eft dans le Gâtinois.
Baillet n'a pas fait la même faute. (Voy. *le Jugement des Savans*, tom. 4, p. 283, in-4.

4°. Il a dit qu'on foupçonne qu'il en était Seigneur ; nous avons démontré le
contraire.

5°. Il a cru que le Confort d'Ami, dont nous parlerons plus bas note (68), eft dédié
à Charles V, Roi de France. Cela prouve qu'il n'a ni collationné la Notice de l'Abbé
Lebeuf fur les originaux, ni lu avec attention les extraits du *Confort d'Ami*, que cet
Auteur a inféiés dans les Mémoires de l'Académie des Belles-Lettres, parce que ces extraits
prouvent le contraire, ni corrigé l'Abbé Lebeuf, par le Comte de Caylus, qui a dit,
avec jufte raifon, que cette Pièce eft dédiée à Charles II, Roi de Navarre, dit le Mauvais. Voy. *le Difcours Préliminaire du cinquieme Tom. du Monde Primitif*, pag. LXII
& LXIII.

(10) Voy. *fuprà*, note (9).

(11) Voy. même note (9).

(12) Voy. même note (9).

(13) Voy. *Difcours Préliminaire du Tom. 5, du Monde Primitif*, pag. LXIII.

(14) Continuateurs de Moreri jufqu'en 1749 inclufivement.

(15) Goujet, Bibliothéque françaife.

(16) Quadrio iftoria e ragione d'Ogni Poefia, *in-4.* 7 vol.

(17) Ofmont. Cet Auteur a parlé de divers Ouvrages manufcrits, moins connus que ceux de Machau, & il a omis ceux de ce Poëte.

(18) Du Verdier, nouvelle édition, Tom. II, pag. 106.

(19) Du Verdier, a appellé Machau, Machant; fon nom était Machau. Il eft écrit ainfi dans notre manufcrit; c'eft pour cela que nous avons fuivi la même orthographe : L'Auteur du Catalogue de Gaignat l'a écrit comme nous (tom. 1ᵉʳ, pag. 451).

L'Abbé Lebeuf, en a varié l'écriture : il y a mis d'abord une *s* à la fin (pag. 378), enfuite il en a retranché cette lettre (pag. 381). Le Pere Labbe (pag. 312 & 314 de fon *nova Biblioth. manufcript, in-4.* Paris 1653, chez Jean Henault), & le Comte de Caylus (pag. 399, du Tome XX, des Membres de l'Académie des Belles-Lettres), l'ont terminé par un *t*. La Monnoye a dit que les anciens l'appelloient Machault; (en effet c'eft ainfi qu'il eft nommé dans fon Épitaphe que nous allons rapporter); mais que fon vrai nom était Machaud. (Voy. Tom. II, *fur du Verdier*, pag. 106). Comme il n'a cité aucune Piéce qui juftifie fon orthographe, nous nous en tenons à celle de notre manufcrit.

(20) La Monnoye a fuppléé à l'omiffion de du Verdier, Tom. II, de la nouvelle édit. page 106.

(21) Du Verdier a dit que Machau floriffait en 1300, il s'eft trompé. Voy. *fuprà*.

(22) Du Verdier n'a attribué à Machau qu'un feul Ouvrage, qu'il a intitulé........ *Les Amours de Machand en rimes.*

(23) Voici l'Épitaphe de Machau.

> Guillaume de Machault, ainfi avoye nom,
> Né en Champagne fus & fi eus grant renom,
> D'eftre fort embraze du penfer amoureux,
> Pour lamour dune voir (*) dont pas ne fus eureux ;
> Ma vie feulement tant que la peuffe voir,
> Mais pour ce ne laiffay pour nous dire le voir (**),
> Faire ditz & chancons tant que dura ma uie,
> Tant auoye forment (***) de lui complaire enuye,
> Et tant que cuer & corps afprement lui donnay.

(*) Dune voir, c'eft-à-dire, de voir une.

(**) Le voir, la vérité.

(***) Forment, fortement.

Et fis mainte balade complainte & uirelay,
Et incontinent voir ie iendi à Dieu lame,
Dont le corps gist ycy en bas foubz cefte lame.

Il n'y a dans cette Épitaphe ni apoftrophe, ni cédilles, ni accents, ni points fur les i, ni v confonnes, ainfi que dans notre Manufcrit de Machau; elle eft tirée du *Verfo*, du *folio 92*, d'une copie Manufcrite du Roman de la *Quefte de très-doulce Merci*, &c. qui eft dans la Bibliothèque de M. le Duc de la Valliere, & dont on trouvera la Notice fous le nom de René d'Anjou, dans l'Hiftoire Critique des Manufcrits de fa Bibliothèque; que nous allons faire imprimer. Elle eft dans la partie de ce Roman, qui a pour titre : *L'Hôpital d'Amour*, & qu'il ne faut pas confondre avec un Roman, qu'un jeune Clerc de Tournay a mis au jour fous le même titre. Quelques-uns ont attribué *L'Hofpital d'Amour* de ce Clerc à Alain Chartier. Ils fe font trompés. Duchefne n'a pas fait la même faute, mais il n'a pas fçu de qui eft ce Roman. (Voy. l'édition qu'il a donnée des Œuvres d'Alain Chartier, *in-4*. Paris 1617, page 867). C'eft le Roi René qui nous a appris qu'il eft d'un jeune Clerc de Tournay. (Voy. *fol. verfo 94, de la Quefte de tres-doulce Merci.*

(24) Baugier. Mémoires hiftoriques de la Province de Champagne, à Châlons, *in-8*. 2 Tomes M. D. CC. XXI. Chapitre VII du Tome II...... intitulé : *Des Perfonnes illuftres de Champagne*

(25) Hiftoires des Comtes de Champagne, fecond Tome. *in-12*, Paris 1753.

(26) La Monnoye fur du Verdier, *fuprà*, note (19).

(27) L'Abbé Lebeuf, Mémoires de l'Académie des Belles-Lettres, Tome XX, p. 381, *in-4*.

(28) Le Comte de Caylus a fait deux Mémoires fur Guillaume de Machau. Ils font inférés tous deux dans le Tome XX, des Mémoires de l'Académie des Belles-Lettres, *in-4*; le premier commence à la page 399, il finit à la page 414.

Le fecond commence à la page 415, il finit à la page 439.

On lit dans le premier (page 401)..... « Guillaume de Machau était de Champagne, » de la petite ville de Lorris : du moins il en prend le nom dans plufieurs autres Manufcrits. » Peut-être en était-il Seigneur » ?

Le Comte de Caylus aurait dû indiquer les Manufcrits où Guillaume de Machau a pris le nom de Champenois, & a dit, en même temps, qu'il était natif de la ville de Lorris.

Ces Manufcrits feroient très-intéreffants, parce qu'ils ferviroient à relever une erreur commune aux meilleurs Géographes & Hiftoriens, qui fe font accordés à placer la ville Lorris dans le Gâtinois, & non pas dans la Champagne.

Il n'en a cité aucun, & il n'eft aucunement vraifemblable qu'il en exifte quelqu'un, où Machau fe dife Champenois & de la ville de Lorris.

Le Comte de Caylus avait feuilleté l'Hiftoire générale du *Gatinois*, de Don Guil-

laume

laume Morin , Paris, *in-4°*. 1630. Il y avait déterré à la page 93 une famille de Machau. Il a voulu mettre à profit fa découverte ; pour cela il a imaginé des manufcrits dans lefquels il a prétendu qu'on lit que Machau était de Lorris, & il a avancé un fait qui eft faux, en difant que cette ville eft en Champagne.

Au refte, l'Auteur de l'Hiftoire du *Gâtinois* qu'il a citée, y a fait mention des hommes illuftres de la ville de Lorris, fans parler de Machau. Voy. pag. 176.

(29) Voyez les éclairciffemens qui font à la tête de fon cinquieme tome, pag. 63.

(30) L'Abbé Lebeuf dit qu'on voit un Guillaume de Machol fur l'état de la Reine en 1301. Voyez tom. xx des Mém. de l'Acad. des Belles-Lettres, pag. 398, *in-4°*.

(31) Feu M. Capperonnier s'eft trompé, en donnant dans la notice manufcrite, dont nous avons parlé ci-deffus, le nom de *Pierre* à ce Prince. L'Auteur du Catalogue de Gaignat a copié cette faute, tome I, pag. 451 & 452.

(32) Voyez l'Abbé Lebeuf, pag. 395, & le Comte de Caylus, pag. 406, tom. xx des Mém. de l'Acad. des Belles-Lettres, *in-4°*.

(33) Voyez le Comte de Caylus, pag. 405 du même tome.

(34) Ie fus fes Clers ans plus de xxx. Voyez le verfo du fol. 4 du tom. 2 de notre Manufcrit, col. 2.

(35) Voyez l'Abrégé Chronologique de Mézerai, tome 2, pag. 574, *in-4°*. Paris, Thomas Jolli, m. dc. lxviii, & Amfterdam, *in-12*. 1673, chez Abraham Wolfgang, tom. 3, pag. 67.

(36) Voyez l'Abbé Lebeuf, Mémoires de l'Académie des Belles-Lettres, tome xx, pag. 398, *in-4°*.

(37) Bonne de Luxembourg , fille de Jean de Luxembourg , & premiere femme de Jean , Duc de Normandie, fils de Philippe de Valois, qui fut enfuite Roi de France fous le nom de Jean II, mourut en 1349. (Voyez l'Art de vérifier les Dates, pag. 556, col. 1, *in-fol*. Paris, m. dcc. lxx). Jean, Duc de Normandie, ne monta fur le trône que le 22 Août de l'an 1350, (Voy. ibid. p. 554, col. 2, *in-fol*.) Bonne de Luxembourg n'a donc point été Reine. Mézerai & Gueullette n'ont pas fait la même faute que l'Abbé Lebeuf, puifqu'ils ont averti qu'il ne faut pas comprendre cette Princeffe au nombre de nos Reines. (Voy. le recto de la fignature E ij, dans la préface du tome I de l'édition de l'Hiftoire & plaifante cronicque du petit Jehan de Saintre, de la jeune Dame, des belles Coufines, fans autre nom nommer, &c. donnée par M. Gueullette, & imprimée à Paris chez Pierre-Jacques Bienvenu, en trois tomes, *in-12*. en m. dcc. xxiv).

(38) Les Freres de Sainte-Marthe (tom. 1, pag. 473 de l'Hiftoire généalogique de la Maifon de France, Paris, m. dc. xxviii, *in-fol*.

(39) Mézerai, (Hiftoire de France, édition de Guillemot, Paris m. dc. xliii, tom. 1, pag. 855.

Effai fur la Mufique.   C

(40) Le Pere Daniel, (Hiſtoire de France, tome V, page 410, *in*-4°. Paris, derniere édition).

(41) Le Préſident Henault (Abrégé Chronologique de l'Hiſtoire de France, Paris, *in*-4°. M. DCC LXVIII, tom. I, pag. 261).

(42) Villaret (Continuation de l'Abbé Velly, pag. 536, *in*-4°. Paris, M. DCC. LXX).

(42*) Marcel, Hiſtoire de l'Origine & des Progrès de la Monarchie Française, tom. III, pag. 68.

(43) Voyez l'Art de vérifier les Dates, pag. 556, col. 1, de l'édition citée ci-deſſus, note (37).

(44) Gueullette, *ſuprà*, même note.

(45) Voyez les Chroniques de Saint Denis, *in-fol.* premiere édition imprimée en 1476, à Paris en trois tomes, chez Bonhomme, tom. II, *fol.* 263, col. 1, chap. XLIV, du Livre des Faits & Geſtes du Roi Philippe de Valois.

On lit dans ces Chroniques, que Bonne de Luxembourg mourut le XI d'Août un jour de vendredi, & qu'elle fut enterrée. . . . *le XVIIe jour du même mois en légle des Sœurs de Maubuiſſon empres Pontoiſe.*

Les Auteurs de l'Art de vérifier les Dates ont prétendu, ſans fondement, qu'elle mourut à Maubuiſſon même. Voyez *ſuprà*, pag. 556, col. 1. Ils ont pris cette faute dans Marcel (*ſuprà* note 42 *).

Aucun des autres Auteurs que nous avons cités, ne l'a dit, & c'eſt ce dont on ne trouve aucun veſtige dans les mêmes Chroniques.

(45*) Le Roi Jean le fit ſon Secrétaire. Voyez les complaintes de Machau, tom. 2 de ſes Œuvres, & l'Abbé Lebeuf, pag. 381.

(46) Cet aſſaſſinat arriva le 16 Janvier de l'an 1369, ſelon le vieux ſtyle.

> L'an mil trois cent neuf & ſoixante
> En temps que froide biſe vente
> . . . .
> Droit de Janvier le jour ſeizieme
> Et environ l'heure quinzieme.

Voyez pag. 439 du tom. XX des mêmes Mémoires.

L'Abbé Lebeuf (pag. 380 & 398) a daté cet aſſaſſinat de l'an 1370; mais il a manqué d'ajouter, ſelon le nouveau ſtyle.

(47) Voyez le Dictionnaire de Muſique de J. J. Rouſſeau, tom I, page 130, édit. de 1769, *in*-8°. à Amſt. avec ſes autres Œuvres en onze volumes.

(48) Du Verdier, *ſuprà* note (18).

(49) Le Pere Labbe. . . . *nova* Biblioth. manuſ. pag. 314, *in*-4°.

(50) Lamonnoye, fur du Verdier, *fuprà*, note (20).

(51) Juvigny, fur du Verdier, tom. II, nouv. édit. pag. 106.

(52) Voyez *fuprà*, pag. 7 de notre Notice, & note (28).

(53) Le Comte de Caylus, *fupra*, note (28).

(53*) Voyez Menage, Dictionnaire Etymologique, Paris, Briaffon, M. DCC. L, tom. I, *in fol.* & le Dictionnaire Hiftorique des Mœurs, Ufages & Coutumes des Français, Paris 1767, tom. 1, pag. 660.

(54) Lenglet, Tablettes Chronologiques, édit. de 1763, *in-8°.* Paris, tom. 2, p. 655.

(54*) Il y a eu avant Machau des pieces de poéfie mêlées de profe, ne fût-ce que le Roman du nouveau Renard, de Jacquemars Gielée, qui fut compofé en l'an 1289, environ fept ans après la naiffance de Machau, & dont nous donnerons auffi une notice. Nous obfervons ici en paffant que la Croix du Maine (tom. 1, pag. 386, nouv. édit.), du Verdier (pag. 257, tom. 2, nouv. édit.), leur nouvel Editeur (*ibidem*), Jean-George Eccard (pag. 48 de la préface qu'il a mife à la tête de l'édition du *Collectanea Etymologica*, de Geoffroy-Guillaume Leibnitz, *in-8°. Hanovra, fumpt. Nic. Foerfteri,* M. DCC. XVII). L'Abbé Maffieu (Hiftoire de la Poéfie Françaife, pag. 177, *in-12.* Paris, Prault fils, 1739). Profper Marchand (Dictionnaire, tom. 1, pag. 274). Barbafan (Differtation fur l'origine de la langue françaife, pag. 48, à la tête de fon édition de l'ordene de Chevalerie), & Quadrio (*fuprà*, tom. 6, pag. 403), qui l'ont daté de 1290, & que Montfaucon (tom. 2, Biblioth. manuf. pag. 1669) qui l'a daté de 1288, fe font trompés. Nous obfervons encore que Fauchet s'eft contredit fur la date de ce livre. Il a dit dans un endroit (*fol. verfo* 588, du Recueil de fes Œuvres *in-4°.*) qu'il eft de 1290, & dans un autre, (*ibid. fol. verfo* 511) qu'il eft de 1300. Toutes ces dates font fauffes. Le Roman du nouveau Renard a vu le jour en 1289 : c'eft ce qu'on y lit dans le 110° vers avant la fin.

> En l'an de l'Incarnation
> Mil. & ij cens & quatrevins
> Et ix. fu ci faite li fins
> De cefte brance en une vile
> Qu'on apele en Flandres Lifle.

(55) Voyez fur ce Manufcrit l'avertiffement qui eft à la tête du tome VII de l'Hiftoire Littéraire de la France *in-4°.* à Paris 1746, pag. LIV, & pag. VII de la préface qui eft à la tête du tome I des Fabliaux & Contes des Poëtes Français des XI, XIII, XIV & XV° fiecles tirés des meilleurs Auteurs, à Paris chez Vincent, en trois tomes *in-12.* 1756.

(56) Voyez note précédente.

(57) Le Pere Labbe, *fuprà*, note (49).

(58) Lamonnoye, fur du Verdier, *suprà*, note (20)

(59) M. Capperonnier fit cette notice que nous avons fous la main, pour M. Gaignat, lorfque cet Amateur de raretés bibliographiques eut acquis le manufcrit des Carmes Déchaux.

(60) *Orendroit*, c'eft à-dire dorénavant. Borel n'a cité que Marot, fur ce mot, à la pag. 363 de la première édition de fon Tréfor. Celui qui l'a fait réimprimer à la fuite du Dictionnaire Etymologique de Menage, *in-fol*. Paris, deux tomes, n'eft pas remonté plus haut. On voit cependant ce mot dans le Roman de la Rofe. L'Abbé Lenglet la cité dans le gloffaire de ce Roman, qui eft à la fin du tome III de l'édition qu'il en a donné à Paris en trois volumes *in-12*, en 1735 (page 362). On le voit aufli dans quelques-uns de nos anciens Fabliaux, pag. 288 du tom. 1 , pag. 344 du tom. 2, & page 297 du tome 3 du Recueil que nous en avons cité ci-deffus note (55).

(61) Sceus, c'eft-à-dire fens.

(62) L'Abbé Lebeuf n'a pas indiqué la mefure des vers de cette Piece, & il a dit une fauffeté en la qualifiant la première piece de notre Manuf. Voy. *suprà* note (5).

(63) Cette Piece eft appellée dans divers Manufcrits, le *Tems Pafcour*, à caufe des premiers mots de fon premier vers. C'eft ce que le Comte de Caylus a obfervé (p. 406). L'Abbé Lebeuf n'a pas fait la même remarque; de plus, il n'a rien dit fur la mefure de fes vers. Montfaucon l'a citée ainfi que la fuivante, mais fans en mentionner l'Auteur, tome II de fa Bibliothèque des Manufcrits.

(64) Cette Piece eft l'an 1349. Voy. l'Abbé Lebeuf, *suprà*, page 377, & le Comte de Caylus, page 407. Son fujet celui de la précédente, font expliqués *ibidem*, p. 407 & 408.

(65) Cette Piece eft antérieure au *Confort d'Ami*, puifqu'elle y eft citée. Voy. *fol. verfo* 110, du tome I, de notre Manufcrit, col. 2.

> Et fe fon pooir vnes favoir
> Sans oublier chofes nes une
> Qui ex en remede de fortune
> Et en mon lay de bon efpoir

C'eft ce que l'Abbé Lebeuf & le Comte de Caylus n'ont pas obfervé.

Elle porte dans quelques manufcrits, le nom de l'*Efcu bleu*, à caufe que l'Efpérance y donne à l'Auteur, un efcu de cette couleur. Voy. le Comte de Caylus, pag. 405 & 406. Cette remarque eft échappée à l'Abbé Lebeuf.

(66) Ce dit ou dict, a été mis au jour le 2 d'Avril de l'an 1342. Voy. l'Abbé Lebeuf, page 379, & le Comte de Caylus, page 408. Ces deux Auteurs n'ont pas fait mention des derniers vers de cette Piece, dans lefquels Machau a caché fon nom. Nous les rap-

porterons auſſi dans notre Hiſtoire Critique des manuſcrits de M. de la Valiere , en donnant la notice d'une copie ſéparée que nous en avons. L'Abbé Lebeuf a auſſi omis la meſure de ſes vers.

(67) L'Auteur du Catalogue de Gaignat s'eſt trompé en appellant ce dit, *le dit de Valerion.* Voy. tome 1, pag. 452; il eſt intitulé : *Le Diĉt de l'Alérion.* Il s'appelle auſſi *le Diĉt des IV Oiſeaux,* ainſi qu'on le voit dans les deux derniers que nous en avons cités ci-deſſus page 5. Le Comte de Caylus l'a connu ſous ces deux noms, page 408. L'Abbé Lebeuf ne l'a indiqué que ſous le premier.

(68) Le *Confort d'Ami.* L'Abbé Lebeuf a prétendu (pag. 379 & 382) que cette Piece eſt adreſſé à Charles V, Roi de France, & qu'elle a été compoſée, peu après ſon avénement au trône; c'eſt-à-dire, vers l'an 1365; c'eſt ce qui prouve, 1°. qu'il ne l'a pas lue en entier; 2°. qu'il a lu ſans attention les morceaux qu'il en a extraits, & fait imprimer dans le Tome xx des Mémoires de l'Académie des Belles-Lettres, *in-*4.

Elle commence dans notre Manuſcrit à la ſeconde colonne du *verſo , du fol. 98,* & elle finit vers la moitié de la premiere colonne du *verſo du fol.* 119.

L'Abbé Lebeuf n'en a lu que les Fragmens qu'il a publiés, & qui ſont contenus entre la ſeconde colonne du *reĉto* du fol. 114, & la ſeconde colonne du *reĉto* du fol. 118. Il aurait certainement changé d'avis, s'il avait lu tout ce qui précéde, parce qu'il n'y a pas un mot qu'on puiſſe appliquer à Charles V; il en aurait fait autant s'il avait réfléchi ſur les extraits qu'il en a donnés. Il n'y en a aucun qui prouve ſon opinion; il y en a, au contraire, qui la combattent.

Mais, à qui, & en quel tems, cette Piece a-t-elle été dédiée? Elle l'a été à Charles II, Roi de Navarre, dit le Mauvais, & beau-frere de Charles V, vers le commencement d'Octobre de l'an 1357; elle eſt mêlée de conſolations & d'avis.

Il y a à la tête un prologue, dans lequel Machau ſe qualifie ami de ce Prince, & lui témoigne le deſir qu'il a depuis long-tems de le conſoler ſur ſa détention. Il lui expoſe en même tems l'embarras où il eſt, de lui faire parvenir ce qu'il a envie de lui écrire. Il ajoute que ce qui diminue ſon embarras, c'eſt qu'il eſt fermement perſuadé de ſon innocence, & qu'il regarde comme inutiles tous les motifs de conſolations qu'il pourrait lui donner.

> Ami a toy donner Confort
> Ay maintes foys penſe moult fort
> Et diex ſeet que je le feroie
> Plus que ne di ſe je pooie
> De tres bon cuer & volentiers
> Mais il n'eſt voie ne ſentiers
> Qui mon oueil peuſt auoier
> Que vers toy peuſſe enuoier
> Non pourqnt ie commenſeray
> Et ſe diex plaiſt ie feneray

Comment que foies affes fages
Pour toi garder fans mes meffages
Et fans mes Confors recevoir
May je le fais fans decevoir
Pour tamour : & la ramebrance
Que jay toudis de ta grevence
Et par ma foy quant a ton fait
Je crois que tu nas riens meffait.
Se ten dois à dieu conforter
Et tes mefchies plus biau porter
Sire, & fe je tappelle ami
Nen aies pieur cuer ami
Car bien fees que tu yes mes fires
Et je des miendres. Ne des pires
Ne fui, mais fans riens retenir
Sui tiens quoy qui doie auenir.

Il finit fon prologue en l'avertiffant, que leurs deux noms font cachés à la fin du Confort qu'il lui adreffe, & en lui apprenant la maniere de les deviner.

Machau entre enfuite en matiere. Il rappelle à Charles II l'exemple de différens perfonnages de l'Ancien Teftament qui ont été ou fauffemunt accufés, ou mis dans les fers, tels que Sufanne, Daniel, Manafsès.

Il lui dit de ne pas s'inquiéter fur fa détention, parce qu'on en ignore la caufe, & que pour un qui paraît s'en réjouir, il y en a plus de deux mille qui s'en attriftent.

Je te di que la renomée
Sefpent par toute la contrée,
Que po de gens fcevent la caufe
Dont ta détention fe caufe
Si en dit chafcuns à fa guife
May pour. 1. queft liez de ta prife
Des dolens en ya. ij. mille
On le fcet bien parmi la Ville
Car chafcuns que de toy parole (*) (parle *)
En dit bonne & belle parole
Et te pleint, nes li enfencon
Chantent de toi bonne chancon.

(Voyez la premiere & la feconde colonne du *verfo* du *fol.* 108).

Il lui met fous les yeux le livre de la Confolation de la Philofophie de Boëce & l'Hiftoire d'Orphée, qui, par les doux accords de fa lyre, égaya les cavernes infernales, où fon amour l'avait fait defcendre.

D'ailleurs, lui dit-il, tu n'es pas auffi malheureux que tu pourrais te l'imaginer; fi tu avais été libre, n'aurais-tu pas combattu pour la France à la fatale journée de Poitiers? Hé! qui fait fi tu n'y aurais pas été, ou tué, ou pris, ou fi tu n'en ferais pas revenu, au milieu des fuyards, couvert d'ignominie & d'opprobre?

> On dit fouvent parmi la ville
> Et le tient ont pour efingile
> Plufieurs fois lay oy debatre
> Qui te faloit l'un de ces quatre
> Se tu nous fuffes demourez
> Car tu fuffes deshonnoures
> Mors. ou pris. ou que la bataille
> Vainquiffes. & ceftoit fans faille
> Une moult forte chofe à faire
> Qui bien confidere la faire
> Car les gens darmes a grans routes
> Sen alerent. & nõ pas toutes
> Car li preudõme demourerent
> Et tuit le autres fen alerent
> La fu pris li bons Roi de France
> Que ot tel cuer & tel conftance
> Quonque Judas Machabeus
> Hector ne Cefar Julius
> Alixandres ne Charle meinne
> Qui tint lEmpire en fon Domainne
> Godefroy de Buillon ne Artus
> Ayaus, Achilles, Troillus,
> Gauvains, Triftans, ne Lancelos
> Rolans, Nogiers, bien dire los
> Guillaumes, Oliuiers ne Ponpee,
> Norrent fi très bonne journée
> Ne ne firent tant cõme il fift
> En, 1. jour trop en desconfift.
> (Voyez *fol. verfo* 113, col. 1 & 2).

Enfin il l'exhorte à ne rien craindre, parce que le Roi Jean, fon beau-pere, eft jufte.

> Eins dift qui teft très bien cheu
> Et que c'eft ton bien & tonnour
> Quand tu yes pris de tel Signour

Qui te fera droit & juſtice
Et grace ſa li eſt requiſe
(Voy. *fol. recto* 114, col. 1).

Il mêle à tous ces motifs de conſolation, divers avis; il recommande à Charles II la
propreté, la ſobriété & la diſſimulation. Il lui conſeille de ne pas ſe plaindre de la maniere dont il eſt couché, & de ne pas manger un jour plus que l'autre, de peur que ceux
qui l'obſervent, ne s'étudient à le contrarier, & ne lui donnent qu'un ordinaire fort court,
lorſqu'il paraîtra avoir plus d'appétit. Il lui recommande d'être juſte, ſtable, reſpectueux
envers les Dames, &c.

Tout cela précéde les extraits de l'Abbé Lebeuf. Qu'on juge ſi nous avons eu raiſon de
dire, que cette Piece ne concerne en aucune façon Charles V, & que l'Abbé Lebeuf
n'en a lu que la derniere partie; mais l'a-t-il lue attentivement, & a-t-il réfléchi ſur les
fragmens qu'il en a tirés?

Machau conſeille dans ſes fragmens au Prince, auquel il écrit, de donner aux gens
de ſa Maiſon, des habits uniformes, ſelon la diverſité de leurs rangs, ainſi que le Roi
de France le pratique. Ce conſeil peut-il convenir à Charles V?

N'eſt-ce choſe plus honourable
Que tu voyes devant ta table
Tes Chevaliers, tes Eſcuyers,
Tes Clers, tes Servans, tes Meſtiers
Veſtis enſemble en ordenance
A la bonne guiſe de France
Que ce qu'il ſoient en belle guiſe
Que chaſcun ainſi ſe deſguiſe

(Voy. l'Abbé Lebeuf, page 392, & le *recto* du *fol.* 118 du premier tome de notre
Manuſcrit, col. 2.

Bullet (Recherches Hiſtoriques ſur les cartes à jouer. Lyon, chez J. Deville, M. DCC.
LVII, *in-*8. pag. 16 & pag. 30), & l'Auteur du Monde Primitif (*ſuprà*, pag. LXIII.),
qui ont répété d'après l'Abbé Lebeuf, que cette Piece eſt dédiée à Charles V, ſont doublement repréhenſibles,

1°. En ce qu'ils n'ont pas ſçu diſcerner dans les fragmens qu'il en a rapportés, le
Prince auquel Machau l'a adreſſée.

2°. En ce qu'ils ne ſe ſont pas apperçus, que le Comte de Caylus a contredit formel-
lement l'Abbé Lebeuf ſur ce point, & a obſervé, avec juſte raiſon, que le Prince pour
lequel Machau a fait ſon Conſort, eſt Charles II, Roi de Navarre, dit le Mauvais, gendre
du Roi Jean II, & beau-frere de Charles V. (Voy. le tome XX des Mémoires de l'Académie, pag. 410). Si le Comte de Caylus n'eſt pas tombé dans la même faute que nous
venons de reprocher à l'Abbé Lebeuf, & à ſes deux copiſtes; il en a fait une autre, en

diſant

difant que Machau félicite Charles II dans fon Confort, de ne s'être pas trouvé à la bataille de Poitiers, parce qu'il aurait été obligé de s'enfuir (pag. 410).

Nous avons rapporté ci-deffus les vers de Machau fur cette bataille. Ceux qui les liront y chercheront en vain la félicitation que le Comte de Caylus y a vue.

Mais paffons à la date du Confort d'Ami. Le Comte de Caylus s'eft contenté de dire qu'il eft poftérieur au 19 Septembre de l'an 1356, qui eft le jour auquel le Roi Jean fut pris (page 410): il aurait pu, s'il l'avait voulu, en déterminer la date d'une manière très-récife.

Le Roi de Navarre fut furpris par Jean, Roi de France , dans le Château de Rouen pendant qu'il était à table, le pénultieme jour de l'an 1355, qui fut le 3 Avril, & arrêté prifonnier par fon ordre.

Montfaucon a fait graver dans le tome II, de fes monumens de la Monarchie Françaife, pag. 296, une eftampe repréfentant la prife de ce Prince; elle a été exécutée d'après un Manufcrit de Froiffart qui eft à la Bibliothèque du Roi, num. 8320. (Voy. le verfo du fol. IX ˣˣ VII de ce Manufcrit).

Charles II était accufé de haute trahifon. Il fut traîné de prifon en prifon. Il était enfermé dans le Château d'Arleux en Cambrefis, lorfque Philippe de Navarre, fon frere, trouva le moyen de brifer fes fers. Ce fut le 8 Novembre de l'an 1357, que Charles recouvra fa liberté. Il fut donc près de vingt mois en prifon. (Voy. *Secouffe*, Mémoire pour fervir à l'Hiftoire de Charles II, Roi de Navarre, Paris, Durant, M. D C C. L V I I, *in*-4, fecond tome, page 72, 145 & 147 du tome I ᵉʳ, & le tome XXX, de la verfion françaife de l'Hiftoire Univerfelle des Anglais, pag. 66, 436, 439. Mais les dates n'en font pas auffi exactes que celles de Secouffe).

Lorfque Machau dédia fon Confort à Charles II, il y avait plus de dix-huit mois qu'il était détenu. Cette Piece eft donc du commencement d'Octobre de l'an 1357.

> Explicit le Confort dami
> Qui efveilla le cuer de mi
> Es Tenebres ou il dormi
> Et au refveiller dift aimi
> Que ne fuis je partis parmi
> Quant iay fi longuement gemi
> Et tant ploure & tant fremi
> Que le gros deluet dun fremi
> Nay recen par Saint Fremi
> De joye, en plus dan & demi.

(69) Le Comte de Caylus a mentionné ce dit, avant celui du *Confort d'Ami*, p. 409 il a obfervé qu'il porte auffi le titre de *Morpheus*. L'Abbé Lebeuf n'a pas fait la même obfervation, & il a omis la mefure de fes vers; mais il l'a cité dans le même ordre que nous, page 379.

Effai fur la Mufique.   D

(70) L'Abbé Lebeuf eft paffé très-rapidement fur cette Piece. Auffi n'a-t-il pas eu le tems de voir à quelle Princeffe elle eft dédiée. (Voy. pag. 379). Le Comte de Caylus, qui l'a examinée de plus près, a eu foin d'avertir que Machau l'a adreffée à Agnès de Navarre, femme de Gafton Phœbus, Comte de Foix. Voy. pag. 413.

Cette Princeffe était fille de Philippe d'Evreux, Roi de Navarre, fous le nom de Philippe III, & de Jeanne, fille de Louis Hutin, proclamée Reine du même Royaume, fous le nom de Jeanne II. (Voyez le tome xxx de la verfion françaife de l'Hiftoire Univerfelle des Anglais, pag. 62 & 58.

(71) L'Abbé Lebeuf convient de n'avoir pas lu le livre *du Voir* ou de *la Vérité* (p. 379). Il eft dédié à la même Princeffe. Il eft mêlé de profe. Il contient les Amours de Machau & de celle à laquelle il eft dédié.

Agnès de Navarre n'avait guères alors que dix-huit ou vingt ans. Le Poëte y a fait entrer plufieurs rondeaux, balades & chanfons, que cette Princeffe a compofés. Ce Dit eft très-intéreffant & très-curieux; mais il y a des détails que la bienféance ne permet pas à un Hiftorien de mettre à découvert. (Voyez *le Comte de Caylus*, pag. 413 & 414).

(72) Ce Dit & le fuivant ont été omis par l'Abbé Lebeuf, pag. 379, & par le Comte de Caylus, pag. 414.

(73) L'Abbé Lebeuf, le Comte de Caylus & l'Auteur du Catalogue de Gaignat ont publié cette Piece.

(74) Le fecond Mémoire du Comte de Caylus, n'a pour objet que l'Hiftoire de la prife de la Ville d'Alexandrie. Voy. pag. 415 — 439.

Cette Hiftoire eft poftérieure à l'an 1369, puifque Machau y parle de l'affaffinat de Pierre, Roi de Chypre. Voy. *fuprà*.

(75) L'Abbé Lebeuf a obfervé que cette Piece eft en vers alexandrins (pag. 380). Il s'eft trompé, témoins les deux premiers vers que nous en avons raportés.

(76) Machau a mis fon nom à la fin de cette Piece. (Voy. l'Abbé Lebeuf, pag. 381).

(77) Voici la maniere dont l'Auteur du Catalogue de Gaignat indique ces lais.....

Plufieurs lais fur différens fujets, avec les ftrophes, mis en chant pour la plus grande partie (pag. 452).

Que fignifient ces mots: *Plufieurs lais avec les ftrophes*, mis en chant? Il était bien plus fimple de fuivre la notice de feu M. Capperonnier, & de dire plufieurs lais fur différens fujets, dont les premieres ftrophes font notées.

(78) Ce Lay a été omis par l'Auteur du Catalogue de Gaignat & M. Caperonnier. Si le Comte de Caylus l'avoit lu, il s'en ferait peut être fervi pour corriger une faute qui lui eft échappée dans la notice de la Bible Guyot, qu'il a fait inférer dans le tom. xxx de l'Hiftoire de l'Académie des Belles-Lettres in 4°. (Voy. pag. 191).

Il a pris la bouffole pour la *trefmontaigne*, c'eft-à-dire pour l'étoile polaire, & il a prêté cette erreur au Poëte, dont il a fait connaître l'ouvrage.

La trefmontaigne n'eft point la bouffole. Guyot de Provins ne lui a pas donné ce nom. Machau n'a entendu par la *trefmontaine*, que l'étoile polaire.

Voici comme il en a parlé dans fon Lay de la Fontaine, adreffé à la Sainte Vierge.

> He Reyne fouverainne
> Qui feur toutes luis
> Confidere une fonteinne
> Plus cler que la trefmontainne.
>> (Tome 2 de notre Manufcrit, *fol. verfo 93*).

Machau a encore fait mention de la trefmontaine, dans fon Livre du *Voir dit*, (Voy. col. 1, du *recto* du *fol.* 137 de notre Manufcrit).

> C'eft droitement la trefmontaine
> Qui cuers au port de joye maine.

C'eft ainfi que Gauthier de Metz & Brunetto Latini ont appellé l'étoile polaire, long-tems avant Machau, l'un dans fon Roman de la Mappemonde en rimes, & l'autre dans fon Tréfor. L'Auteur du Livre intitulé *Dialogus Creaturarum Moralifatus*, l'a nommée de même [Dial. 2 & 3]. C'eft ce que M. Gaillard, qui a copié l'erreur du Comte de Caylus, n'a pas fu. [Voy. tom. VI de fon Hiftoire de François I, *in-12.* pag, 187]

Fin des Notes.

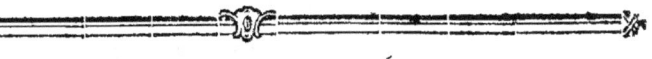

LETTRE

De M. l'Abbé *R I V E* à M. *D E L A B O R D E*, *sur la* Formule Nos Dei Gratia.

Vous me demandez, Monfieur, des éclairciſſemens fur la Formule......
Nos Dei Gratiâ: vous n'avez qu'à parcourir le Livre de Gatterer, qui a
pour titre........ *Elementa Artis Diplomaticæ* (1), & le nouveau Traité de
Diplomatique des Bénédictins (2), vous y trouverez l'origine & l'uſage de
cette Formule. Je ne vous renvoie pas à quatre autres petits Ouvrages qui
ont été écrits *ad hoc* fur cette matiere. Vous auriez beaucoup de peine à
vous les procurer dans Paris. Ils ont été imprimés chez l'Étranger. On ne tire
pas beaucoup d'exemplaires de ces fortes de Pieces, & elles diſparaiſſent tout
de fuite au fortir de la preſſe.

Baring a mentionné ces quatre petits Traités dans la Bibliotheque diplomatique qu'il a miſe à la tête de fon *Clavis Diplomatica* (3).

Le premier eſt en Allemand. Son Auteur eſt Fréderic Geiſler, & fon titre,
wir von Gottes Gnaden, &c. Il eſt diviſé en deux parties. Il a été imprimé
in-4. à Leipſick, en 1677.

Le fecond eſt de Balth. Tileſius. Il a été mis fous preſſe en 1723, fous ce
titre,..... *Diſſertatio de fenfu tituli.... Nos Dei* Gratiâ ...Regiomonti...
Baring en a omis le format.

Le troiſieme eſt de Chriſtophle Auguſte Heumann. Il eſt intitulé,.....
Programma de Titulo Dei Gratiâ. Il a vu le jour à Allendorff, *in*-4. en 1727.

Le quatrieme a pour Auteur Jean-Tobie Hagelgans. Baring ne dit ni en
quelle langue il a été écrit, ni en quel tems, ni en quel lieu, ni par qui
il a été imprimé (4). Il n'y a que la premiere & la feconde de ces pieces
qui foient citées dans le Catalogue alphabétique des Livres concernant la
Diplomatique, qui eſt au commencement du fixieme volume du Traité
des Bénédictins que j'ai indiqué ci-deſſus (5).

Si vous n'avez pas le tems de feuilleter les livres dont je viens de vous
parler, permettez-moi de vous offrir les recherches & obſervations critiques
que j'ai faites fur cette Formule. Il y en a pluſieurs que vous ne lirez aucune
part, & qui font entiérement neuves.

La Formule *Nos Dei Gratiâ* ne fut dans son origine qu'une marque de piété. Elle prit naissance dans l'Eglise. Il y eut des Evêques du Concile d'Ephese qui l'employerent, en souscrivant à la condamnation de Nestorius (6). Elle a été admise dans le même esprit jusqu'au quinzieme siecle par des Abbés, des Abbesses & des Ecclésiastiques du second ordre (7).

La Cour de Rome, toujours attentive à l'agrandissement de son autorité, profita sur la fin du treizieme siécle (8), de l'abolition des élections, pour y faire joindre, par des Evêques qu'elle gagna sous main, les mots...... *&
Sanctæ Sedis apostolicæ*.

Piganiol de la Force (9) a prétendu que le premier Prélat qui donna dans cette nouveauté, fut Gérard, Archevêque de Nicosie, qui, en 1298, s'intitula..... *Archevêque par la grace de Dieu & du Saint Siege apostolique*.

Il a ignoré qu'Arnoul, Evêque de Bamberg, s'était déja servi en 1287 de la même Formule (10).

Il s'est écoulé plus de deux cens ans avant qu'elle soit devenue générale & d'un usage constant. Il y a eu jusqu'à la fin du quinzieme siécle des Evêques même en Italie qui ont retenu l'ancienne (11), & ne se sont pas soumis à cette adulation ultramontaine.

Les mots *Dei Gratiâ* passerent de l'Eglise dans la Chancellerie de nos Souverains. Pépin fut le premier qui les introduisit dans ses Diplomes (12), & Charles le Chauve, le premier qui les fit graver sur ses sceaux (13).

Les Empereurs d'Occident (14), les Ducs, les Marquis (17), les Comtes (16), les Seigneurs même suivirent leur exemple (15).

On ne regarda d'abord cette Formule que comme une protestation religieuse que l'on faisait à l'Etre-Suprême, de tenir de sa faveur toute puissance & tout titre.

Bouche, Chifflet, le Pere Daniel, l'Abbé de Longuerue, le Pere Hergott & Menard, ont dit qu'elle a toujours été employée comme une marque de souveraineté & d'indépendance, ils se sont trompés (18). Il est vrai que l'idée de religion qu'on lui attacha au commencement, s'altéra dans la suite, & qu'il y eut en France des Comtes & des Ducs qui causerent de l'inquiétude à nos Rois, par l'abus qu'ils en firent. Mais ce ne fut que dans le quinzieme siécle (19). Aussi Charles VII fit défense, en 1442, à Jean IV, Comte d'Armagnac, de s'en servir. C'est ce que les Auteurs du N. Traité de Diplomatique (20), & de l'Art de vérifier les dates (21) n'ont pas manqué d'observer, & c'est ce qui nous est attesté par un Ecrivain du tems, appellé Gilles le Bouvier, surnommé Berry, premier hérault des Rois Charles VI

& Charles VII (22), dont Fauchet (23), La Croix du Maine (24), du Verdier (25), Duchefne (26), Bullet (27) & la Chefnaye des Bois (28), &c. ont mal à propos attribué l'Hift. à Alain Chartier.

Denys Godefroy (29), Moréri (30), Struve (31), le Pere le Long (32), l'Abbé Lenglet (33), la Monnoye (34) & l'Abbé de Guafco (35), &c. n'ont pas fait la même faute. Mais fi Struve a été du nombre de ceux qui ont évité cette erreur, il eft tombé dans une autre, en faifant de l'Auteur de cette hiftoire, deux Auteurs différens. Il en a nommé un Gilles, le Bouvier, & l'autre, de Berry (36).

Charles VII obligea pareillement, en 1449, Philippe le Bon, Duc de Bourgogne, à déclarer en termes exprès, qu'il ne prétendait donner, par cette Formule, aucune atteinte aux droits que la Couronne de France avait fur les poffeffions qu'il tenait d'elle (37).

Louis XI envoya, en 1463, fon Chancelier à François II, Duc de Bretagne, pour lui en interdire l'ufage (38).

Charles le Téméraire, Duc de Bourgogne, qui fuccéda à Philippe le Bon fon pere, le 15 Juin de l'an 1467 (39), s'en fervit dans le même fens que fon prédéceffeur, avant que Louis XI eût enfreint le Traité de Péronne (40). Mais il ne l'employa plus que comme un figne de fon indépendance & de fa liberté, dès que, felon ce Traité (41), ce Roi fut déchu, par fon infraction, de la fouveraineté qu'il avait fur une partie de fes Etats (42).

Au refte, fi Dom Plancher s'était reffouvenu de la déclaration que Charles VII exigea de Philippe le Bon, & de la promeffe que Louis XI fit à Charles le Téméraire, de le tenir quitte de toute fidélité & de tout hommage, s'il ne gardait pas le traité qui vient d'être cité, il n'aurait pas dit que Philippe le Hardy, ayeul de Philippe le Bon, obtint du Roi Jean, dont il était fils, le Duché de Bourgogne en fouveraineté (43).

Tout Prince qui tient d'autrui les Etats qu'il poffede, n'en a que la fuzeraineté fur les vaffaux qui lui font foumis. Telle eft la maxime féodale, telle eft la remarque de Bodin (44), de Loifeau (45), des Auteurs de la Verfion françaife de l'Hiftoire univerfelle des Anglais (46), & de M. d'Argenfon (47).

Il n'y a que la prééminence des Rois & autres potentats, fur ceux qui tiennent d'eux, qu'on qualifie *fouveraineté*. Ainfi l'Abbé de Condillac (48) & Linguet (49) fe font trompés, en nommant cette prééminence *fuzeraineté*.

Je ne vous ai pas parlé, Monfieur, d'un Mémoire de M. Bonamy, de l'Acad. des Inscript. & B. Lettres , qui est inséré dans le XXVIe. Tom. des Mém. decerre Acad. in-4°. il est du 30 Janvier de l'an 1755. Baring qui donna , l'année d'après , la seconde édition de son *Clavis Diplomatica* n'avait pas pû en avoir connaissance , c'est pour cela qu'il n'en a pas fait mention dans sa Biblioth. Diplomatique. Ce Mémoire est fort long : il est d'environ 20 pag. *in* 4°. Si vous êtes curieux de le lire , il vous paraîtra peut-être avoir moins d'ordre & contenir moins d'observations que le petit précis que je vous envoye. Les Auteurs du nouveau Traité de Diplomatique , ont parlé de cette formule plus savamment que M. Bonamy. Comme la forme de leur ouvrage exigeoit qu'ils partageassent en divers endroits , ce qu'ils en ont dit ; j'ai rapproché leurs divers passages , pour vous les offrir sous un même point de vue. J'ai corrigé quelques fautes , & contradictions qui leur sont échappées sur cet objet , & j'ai suppléé à quelques omissions qu'ils ont faites.

Je serai très-flatté , Monsieur , si les éclaircissemens que j'ai l'honneur de vous faire passer , peuvent vous être utiles. — Vous connaissez les sentimens que je vous ai voués pour la vie , & avec lesquels

J'ai l'honneur d'être ,

votre très-humble & très-obéissant

serviteur , l'Abbé R i v e.

Paris , ce 25 Janvier 1779.

N O T E S.

(1) G ATTERER (*Elementa Artis Diplomaticæ universalis* , in-4°. tom. I. *Gottingæ apud viduam b. Vanden-hoekij* cioiocclxv.)

(2) Nouveau Traité de Diplomatique en 6 vol. *in*-4°. Paris , Guillaume Desprez ; M. DCC. L. ⚊ M. DCC. LXV.

(3) Baring .... (*Danielis Eberhardi Baringii Clavis diplomatica* , &c. *iteratâ hâc editione , sic ab Auctore recognitâ , emendatâ ac locupletatâ , ut novum opus videri possit. Hanoveræ sumtibus Hæredum B. Nic. Foersteri & Filii* , M. DCC. LIV. in-4°.)

Il y a à la tête de cet Ouvrage , une Bibliotheque diplomatique qui est très ample & très utile. Elle est intitulée ... I *Bibliotheca diplomatica scriptorum Rei diplomaticæ* ; elle est précédée d'un faux titre. Son corps commence à la page 3 , il finit à la 144.

Il est suivi de quatre feuillets , dont les trois premiers contiennent l'Index des chapitres , & le quatrieme a pour sommaire : *Desiderata diplomatica quæ Amplissimus Joh. Heumannus in præfatione* , tom. II. *Commentar. de Re diplomaticâ Imperatorum ac Regum Germanorum inde à Ludovici Germanici temporibus* Norimb. 1753. *Præmissa exposuit* , &c.

Si les Auteurs du Journal des Savans (Novembre 1776 , *in*-4°. pag. 707), & M.-de Bıequigny, de l'Académie Française & de celle des Belles-Lettres , avaient fait ufage de cette Bibliotheque profeffionale , ils n'auraient pas adopté une erreur de Dom Vaiffete. Cet Auteur a prétendu, que Guillaume Catel a été le premier à fonder la vérité hiftorique fur l'autorité des actes, dans l'Hiftoire des Comtes de Toulouse, qu'il a publiée en 1623. (Voyez le Journal des Savans , *fuprà*).

Pour fe convaincre du contraire, on n'a qu'à parcourir la cinquieme fection de cette Bibliotheque. Elle a pour titre . . . *Hiftorici qui res à fe confignatas Diplomatibus illuftriores reddiderunt.* On y trouvera divers Ouvrages, qui ont été imprimés avant l'année 1623, fondés en partie fur l'autorité des Diplomes. C'eft ce qui prouve que l'obfervation de Dom Vaiffete n'eft pas jufte. En voici quelques-uns :

Jean Bouchet, Annales d'Aquitaine. Poitiers 1531 , *in-fol.* pag. 122.

Sig. m. L. B. in Herberftain Rerum Mofcovit. Commentar. Bafil. 1571 , *in-fol.* p. 129.

Petri Bizari Leges Reipublicæ Genuenfis , à Legatis fummi Pontificis , Cæfaris & Regis Catholici, in quos per Rempublicam collata fuerat autoritas conditæ. Antuerpiæ 1583 (*fine formæ & excuforis indicatione*), pag. 121.

Cronica della vera origine & attioni, della illuftriffima & famofiffima Conteffa Matilda, & de fuoi anteceffori & difcendenti dal Padre Benedetto Luchino. In Mantoua. 1592, *in*-4°. pag. 117.

Céfar de Noftradamus, Hiftoire & Chronique de Provence. Lyon 1612, *in-fol.* pag. 122.

Bertrand d'Argentré. — L'Hiftoire de Bretagne. Paris 1618 , *in-fol.* pag. 123.

André Duchefne , Hiftoire des Rois , Ducs & Comtes de Bourgogne & d'Arles. Paris 1719, *in*-4°. pag. 122.

Auguftin du Paz, Hiftoire généalogique de Bretagne. Paris 1620, *in-fol.* pag. 123.

André Duchefne , Hiftoire généalogique de la Maifon de Châtillon-fur-Marne. Paris 1621, *in-fol.* pag. 123.

(4) *Voyez* les quatre petites pieces fur la Formule *Nos Dei Gratiâ* , indiquées fur la page 22 de la Biblioth. diplom. de Earing.

(5) *Voyez* pag. xl & lxiv du Catal. alphab. des livres concernant la Diplomatique qui eft à la tête du VI° tome du nouveau Traité de Diplomatique

(6) *Voyez* le nouveau Traité de Diplomatique, tom. IV , pag. 588.

(7) *Voyez* le même Traité , pag. *eâdem.*

(8) Les Auteurs du nouveau Traité de Diplomatique, fe font contredits fur le tems auquel les mots, *& Sanctæ Sedis Apoftolicæ*, ont été introduits. Ils ont dit, tom. IV , p. 76 & 591 , qu'ils font de la fin du treizieme fiecle; & tom. V, p. 575 , qu'on en voit le commencement dans une charte de 1224. D'ailleurs ils n'ont pas fait attention que la charte de 1224, qu'ils ont citée, eft encore fufceptible d'une explication différente de celle qu'ils en ont donnée. Cette charte porte ces mots . . . *Divinâ permiffione & apoftolicâ autoritate Carnotenfis Ecclefiæ minifter humilis.* Ces mots, *apoftolicâ autoritate*, qu'ils ont interprétés ainfi, par *l'autorité du Saint Siege* , peuvent également fignifier par *l'autorité des Apôtres.*

(9) Piganiol de la Force, pag. 13 du 11e tome de son Introduction au Droit public de la France, *in-12*, 2 tom.

(10) *V.* les p. 76 & 591 du IVe tome du nouv. Traité de Diplomat. & Gatterer, p. 303.

(11) Mapheo Girardi, Patriarche de Venise, n'employa pas d'autre Formule, en approuvant le Livre de Jean le Chartreux, intitulé.... *Nosce te ipsum*, & imprimé pour la premiere fois à Venise, par Nicolas Jenson, *in-4°*. en 1480.

On peut voir son approbation dans le tom. IV des Singularités hist. & litt. de Dom. Liron, p. 526; & dans le *Bibliotheca Smithiana, Venetiis Typis Joannis Baptistæ Pasquali*, M. DCC. LI. *in-4°*. pag. cc. ij.

Robert de Litio (*), évêque d'Aquino, suivit aussi l'ancienne Formule. Il n'y a qu'à lire la souscription qui est à la fin du Livre, qu'il a composé sous ce titre.... *Specchio della fede*. Ce Prélat mourut en 1465, selon la Chronique de Guazzo, écrite en Italien, & imprimée *in-fol.* à Venise en 1553, par Francesco Bindoni (sur le recto du fol. 316); mais l'Artiste, qui imprima en 1490 son *Specchio*, &c. retint la souscription, qu'il y trouva à la fin. C'est ce qui prouve encore que la nouvelle Formule n'était pas universellement reçue à la fin du quinzieme siecle.

(12) Pepin fut le premier, &c.... *Voyez* le tome III du nouv. Tr. de Diplomat. p. 666; le tome IV du même Traité, p. 594, & le tome VIII du Recueil des Historiens des Gaules & de la France, *in-fol.* p. 677.

Le Diplome, dans lequel Pepin s'est servi de cette Formule, est de l'an 768. Il le fit expédier à l'Abbé & aux Moines de Saint Hilaire de Poitiers.

(13) Charles-le-Chauve fut le premier, &c. *Voyez* le nouv. Tr. de Diplomat. tom. IV, p. 67; & Gatterer, p. 303, note 41.

(14) Les Empereurs d'Occident, &c... L'Auteur du Chronicon Gottwicense (*in-fol.*) a observé que cette Formule n'est, ni sur les sceaux de Conrad I, ni sur ceux de Henri I, mais qu'elle est sur ceux d'Othon I, qui est venu après eux. *Voyez* les Diplomes, qu'il a insérés dans son premier tome, imprimé en M. DCC. XXXII. (*Typis Monasterii Tegernseensis O. S. Benedicti*), vis-à-vis les pag. 89, 106, 139, 159, 161 & 162.

(15) Les Ducs, les Marquis, &c. *Voyez* la pag. 589 du tom. IV du nouv. Traité de Diplomatique.

(16) Les Comtes. *Voyez* la même pag. du tom. IV du nouv. Traité de Diplomat. *Voyez* encore 1°. Duchesne dans son édition des Œuvres d'Alain Chartrier, *in-4°*. Paris. Pierre Le-Mur, M. DC. XVII, p. 843. 2°. L'Abrégé de l'Histoire de Provence, par Louvet, *in-12*, dans lequel on lit (tom. I, pag. 375), que Guillaume de Sabran, fils de Giraud Amic de Sabran, & d'Alix, fille de Bertrand III, comte de Forcalquier, employa la même Formule au commencement du treizieme siecle. 3°. Le Dictionnaire géographique des Gaules de l'Abbé Expilly, dans lequel on voit (tom. III, pag. 320, col. I), que Guillaume II, Comte de Forez, s'intitula en 920, *Comte de Forez par la Grace de Dieu*.

(17) Les Seigneurs même suivirent leur exemple. — *Voyez* le tom. IV du nouv. Tr.

(*) Litio, Lecce ou Leccie, ville du royaume de Naples.

de Diplom. Duchefne, *fuprà* (note 16); & le Traité de Gariel, intitulé : *Series Præ-fulum Magalonenfium*, *édit. fecundà* , *in-fol.* 1645, p. 228 & 229.

(18) *Voyez* le nouv. Tr. de Diplom. tom. IV , p. 588.

(19) *Voyez* le même tome , p. 590.

(20) *Ibid.*

(21) *Voyez* l'Art de vérifier les dates, 2de édit. p. 736, col. 1, *in-fol.*

(22) Gilles le Bouvier. *Voyez* l'Hiftoire de cet Auteur, imprimée dans la collection des Œuvres d'Alain Chartier , citée ci-deffus note 16. Le fait dont nous parlons, eft à la page 149 de cette collection.

(23) Fauchet. *Voyez* fes Œuvres , Paris , M. DC. XI. Jean de Heuqueville , *in-4°.* *folio verfo* 476.

(24) La Croix du Maine, nouv. édit. tom. 1 , p. 11.

(25) Du Verdier, nouv. édit. tom. 1 , p. 31.

(26) Duchefne, *fuprà* note 16. Il a enfuite reconnu fon erreur.

(27) Bullet. *Voyez* fes Recherches hift. fur les cartes à jouer. Lyon, chez J. Deville, M. DCC. LVII , *in-8°.* p. 30. (note I).

(28) La Chefnaye des Bois. *Voyez* fon Diction. hift. des Mœurs, Ufages & Coutumes des Français. Paris, M. DCC. LXVII. Vincent, *in-8°.* tom. 1 , p. 660 (imprimé fans nom d'Auteur).

(29) *Voyez* la note marginale que Denys Godefroy a mife fur la premiere page de l'avis au Lecteur, qui eft à la tête de l'édition, qu'il a donnée de l'Hiftoire de Charles VI, par Juvenal des Urfins, *in-fol.* Paris, Imprim. Royale, 1653. *Voyez* la même édition, p. 411. *Voyez* encore l'édition de l'Hift. de Charles VII, par Jean Chartier, donnée par le même Godefroy, *in-fol.* Paris, Imprim. Royale 1661, p. 369.

(30) Moreri, *infrà*, dans les Diff. de l'Abbé de Guafco (*Voyez* notre note 35).

(31) Struve, *Biblioth. Hiftoriæ felecta*, tom 1 , Jenæ , *in-8°.* 1740 , p. 359.

(32) Lelong, Biblioth. hift. de la France, tom. 2. nouv. édit. p. 192, col. I.

(33) Lenglet, Méthode pour étudier l'Hift. *in-12.* nouv. édit. Paris, M. DCC. LXXII, tom. XII, p. 140.

(34) La Monnoye fur la Croix du Maine (*fuprà*), p. 12 ; & fur du Verdier (*fuprà*), pag. 32.

(35) L'Abbé de Guafco, Diff. hift. politiq. litt. *in-8°.* Tournay , 1756 , 2 tom. pag. 275 du tom. 1.

(36) Struve , *fuprà* (note 31).

(37) Nouv. Tr. de Diplomat. p. 590, tom. IV.

(38) Nouv. Tr. de Diplom. *ibid.* tom. IV. Bodin de la République, liv. 1, chap. 10, p. 173, *in-fol.* Lyon, Jacques du Puys, M. D. LXXX. Le Théâtre d'Honneur de Favin , & le Traité de la Souveraineté du Roi, par Savaron, cités dans l'Ouvrage qu'Everard Otton a publié fous ce titre . . . . *Primæ lineæ notitiæ Rerum publicarum* , Jenæ 1728, *in-8°.* pag. 195.

(39) Cette date eft celle d'Olivier de la Marche, auteur contemporain. *Voyez* fes Mémoires *in-4°.* Lovain Everaerdt de Vitte, année 1645 , pag. 494, 4me édit. Elle a été fuivie dans le *Rationarium Temporum* du P. Petau. *Voyez* la page 400 de l'édition de 1710, *in-8°.*

Lugd. Bat.; & dans l'Art de vérifier les dates, *in-fol.* p. 675, col. 2, & p. 676, col. 1. Le Préfident Henault (p. 326, Paris, *in-4°* 1768); & les Auteurs de la Verfion Françaife de l'Hift. univ. des Anglais (tom. 30, *in-4°*. p. 546), n'ont pas indiqué le mois auquel ce Duc a commencé de regner. Fabert s'eft trompé en datant le commencement de fon regne, du 15 de Juillet de l'an 1467. (*Voyez* fon Hift. des Ducs de Bourgogne, *in-12.* Cologne, Pierre Marteau 1687, p. 260, & p. 168 du tom. 1 de la 2de édit. de cette Hift. chez le même, 1689).

(40) *Voyez* le Traité de Péronne dans la première partie du IIIe tome du Corps diplomatique de Dumont, p. 396, col. 1, *in-fol.* Amfterdam & La Haye, M. DCC. XXVI. La claufe de ce Traité qui contient la renonciation de Louis XI à la Souveraineté qu'il avait fur divers états du Duc de Bourgogne, a été omife dans l'Art de vérifier les dates (*in-fol.* p. 565, col. 2), dans la Verfion Françaife de l'Hift. univ. des Anglais (tom. XXX, p. 549), dans les Mémoires de Philippe de Comines (liv. 2, chap. 9. p. 111 (cxj), Paris, fous le nom de Londres, *in-4°*. 1747, chez Rollin), & dans l'Abrégé chronologique du Préfident Henault, *in-4°*. Paris 1768, p. 328, an. 1468.

(41) *Voyez* la teneur de ce Traité dans le Corps diplomatique, cité ci-deffus, note 41.

(42) *Voyez* Olivier de la Marche, cité ci-deffus, note 39. Il dit dans l'Introduction qui eft à la tête de fes Mémoires, p. 76 .... *laquelle paix fut rompue & contrevenue par icelui, Roy de France, par quoy le Duc Charles fe difait Souverain en icelles Seigneuries, & en jouift comme Souverain jufqu'à fa mort.*

(43) Dom Plancher dit que les Grands & le Peuple de Bourgogne, defirant d'avoir comme auparavant des Ducs pour leurs Souverains, fupplierent en 1361 le Roi Jean, de leur donner pour leur Duc & leur Souverain, le Prince Philippe fon fils, qui était déja leur Gouvèrneur. (*Voyez* l'Hift. de Bourgogne de cet Auteur, *in-fol.* tom. 2, p. 249. L'expreffion fautive de Dom Plancher a été adoptée par les Auteurs de l'Art de vérifier les dates, p. 672, col. 1, *in-fol.*

(44) Bodin de la République, liv. 1, chap. 9, p. 117, *in-fol.* Lyon, Jacques du Puys M. D. LXXX.

(45) Loifeau, des Seigneuries (dans la Verfion Françaife de l'Hift. univ. des Anglais, tom. XXX, p. 309, note).

(46) *Ibid.*

(47) Le Marquis d'Argenfon (Confidérations fur le Gouvernement ancien & préfent de la France, Amft. Marc-Michel Rey, *in-8°*. M. DCC. LXVI. p. 114). Il qualifie les Grands vaffaux, *Suzerains* de ceux qui tiennent d'eux directement; & le Roi *Souverain* des Grands, vaffaux qui tiennent immédiatement de la Couronne.

(48) L'Abbé de Condillac .... (tom. XI de fon Cours d'Education, p. 209, 1re édit.). « Charles Martel, dit-il, Pepin fon fils, & Charlemagne avaient donné des Bénéfices aux » Grands qu'ils voulaient s'attacher, exigeant d'eux le ferment de fidélité, l'hommage & le » fervice militaire, quand ils feraient commandés. Cet établiffement lia le Bénéficier à celui » qui conférait le Bénéfice, & mit entr'eux un rapport, qu'on exprimait par les mots de » *Vaffal* & de *Suzerain*. Il fallait dire de *Souverain* ».

(49) Linguet, en parlant de la Souveraineté que nos Rois avaient jadis fur ceux de la Grande-Bretagne, à caufe des terres qu'ils poffédaient en France, l'appelle *Suzeraineté*. Il devait la qualifier *Souveraineté. Voyez* le vol. 4 de fes Annal. polit. civ. & litt. année 1778, num. XXVI, p. 91.

TABLE GÉNÉRALE

DES MATIERES

Contenues dans les quatre Volumes de cet Ouvrage.

Les Lettres A, B, C, D, indiquent les volumes ; les chiffres
Arabes indiquent les pages.

Boisgelou

Cugnier

H.

M.

Massip,

Tome IV. f

Tome IV.

TABLE du Supplément au Chapitre IV du Tome III.

Fin de la Table des Matieres.

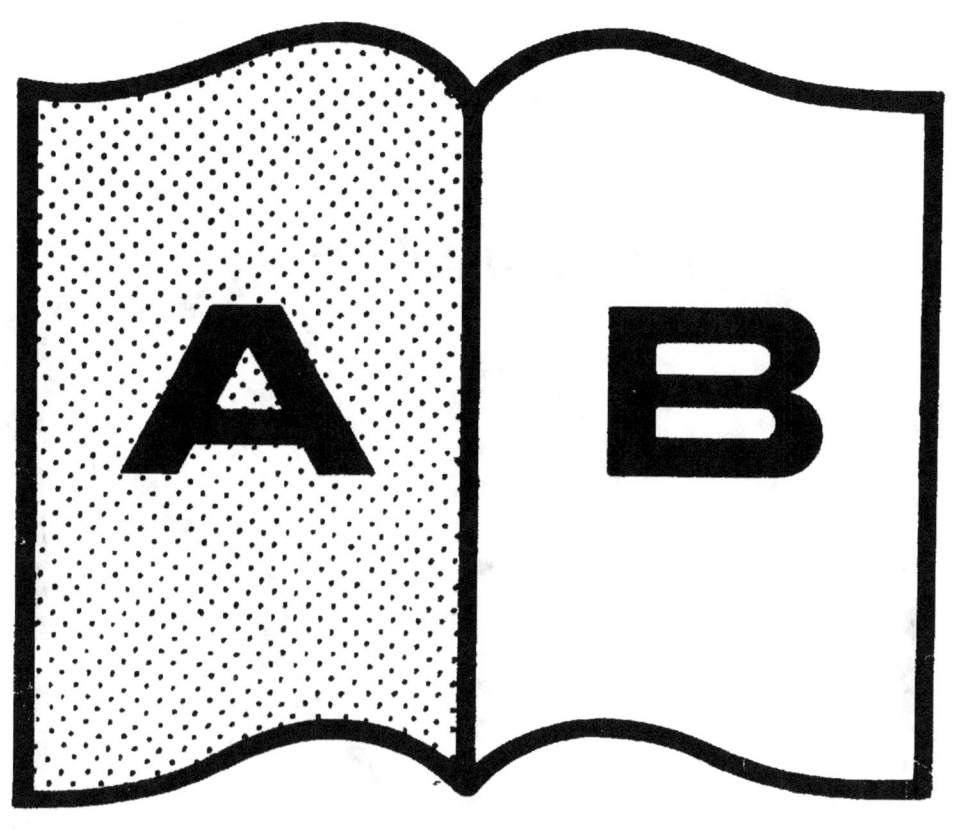

Contraste insuffisant

NF Z 43-120-14

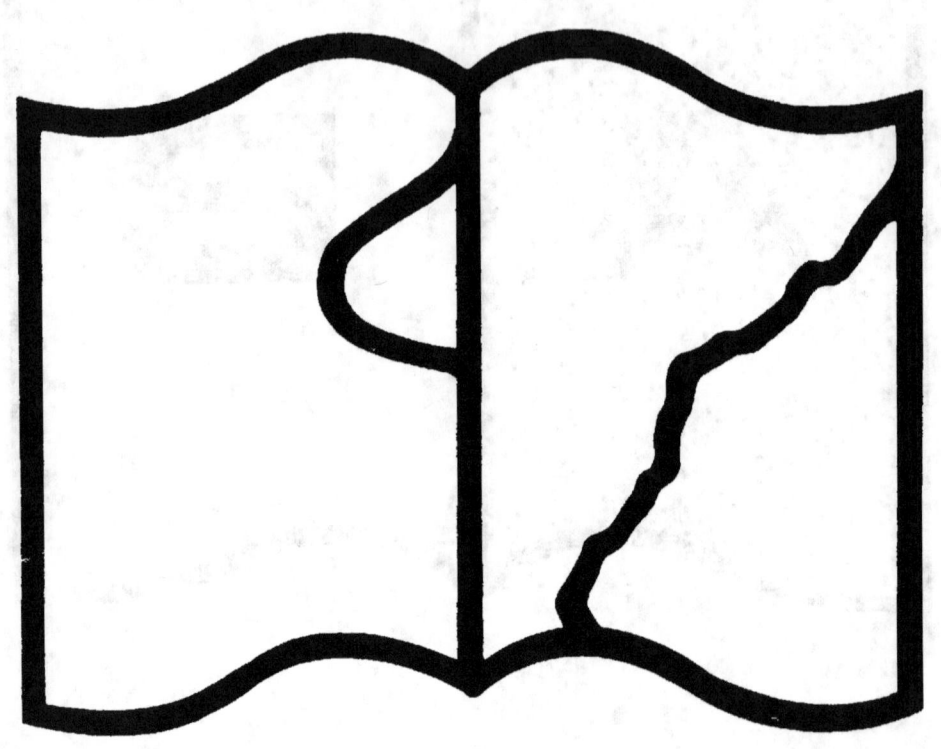

Texte détérioré — reliure défectueuse

NF Z 43-120-11

www.ingramcontent.com/pod-product-compliance
Lightning Source LLC
Chambersburg PA
CBHW051339220526
45469CB00001B/25